健康保险系列丛书

健康保险精算

主 编 李晓林

中国财经出版传媒集团
中国财政经济出版社

图书在版编目（CIP）数据

健康保险精算/李晓林主编.—北京：中国财政经济出版社，2018.4
（健康保险系列丛书）
ISBN 978-7-5095-8215-2

Ⅰ.①健… Ⅱ.①李… Ⅲ.①健康保险-保险精算 Ⅳ.①F840.625

中国版本图书馆 CIP 数据核字（2018）第 067629 号

责任编辑：杨　波　　　　　　　责任校对：徐艳丽
封面设计：李运平

中国财政经济出版社 出版
URL：http：//www.cfeph.cn
E-mail：cfeph@cfeph.cn
（版权所有　翻印必究）
社址：北京市海淀区阜成路甲 28 号　邮政编码：100142
营销中心电话：010-88191537　北京财经书店电话：64033436　84041336
中煤（北京）印务有限公司印刷　各地新华书店经销
787×1092 毫米　16 开　24 印张　467 000 字
2018 年 4 月第 1 版　2018 年 4 月北京第 1 次印刷
定价：72.00 元
ISBN 978-7-5095-8215-2
（图书出现印装问题，本社负责调换）
本社质量投诉电话：010-88190744
打击盗版举报热线：010-88191661　QQ：2242791300

《健康保险系列丛书》编委会

主　　任：宋福兴

副 主 任：董清秀　冯祥英　高兴华　伍立平　胡占民

　　　　　黄本尧　李晓峰　徐伟成　陈龙清

学术顾问：（按姓氏笔画为序）

　　　　　于保荣　马海涛　王　欢　王国军　王绪瑾

　　　　　王　稳　朱恒鹏　朱铭来　朱俊生　孙祁祥

　　　　　孙　洁　李　玲　李保仁　李晓林　杨燕绥

　　　　　余　晖　张　晓　卓　志　郑　伟　赵尚梅

　　　　　郝演苏　庹国柱　董朝晖　魏华林

编务统筹：蔡皖伶　范娟娟

总　序

健康是人类永恒的追求，是人民幸福的起点，党中央、国务院高度重视人民健康事业。习近平总书记在党的十九大报告中指出："人民健康是民族昌盛和国家富强的重要标志。"没有全民健康，就没有完美意义上的全面小康。发达国家的成功经验表明，没有成熟的健康保险，全民的健康权就难以得到根本保障。

目前，健康保险在中国的实践与发展中尚处于重要的探索阶段，理论体系的构建和指引尤为迫切和重要。编著《健康保险系列丛书》的初衷就是要梳理近年来我国专家学者的理论探索，系统总结行业的实践经验，提炼健康保险的经营规律，从立足本土实际、借鉴国际经验、揭示运营规律、展望发展趋势等维度，努力构建健康保险行业的知识理论体系框架，更好地为我国健康保险业的有序发展提供坚实的理论支持。这套丛书可谓是皇皇巨著，由中国人民健康保险股份有限公司组织编著，凝聚了来自保险、财政税收、公共管理、社会保障、医疗卫生等领域近40位知名专家学者的心血与智慧。

改革开放以来，特别是近十余年来，健康保险业发展迅猛，众多跨领域的专家学者进行了一系列理论研究，流派纷呈，有力地推动了行业的快速发展。但应该看到，这些研究还不成体系，还相对分散，研究的广度和深度与当前行业发展的实际需求还不相适应。历史证明，科学系统的理论指引是保险事业健康发展的根本保证。从保险业的实践来看，什么时候有正确的保险理论指导，什么时候保险业发展的形势就比较好，对经济社会发展的贡献就比较大。

当前，我国特色社会主义已进入新时代，社会主要矛盾已经转化为人民日益增长的美好生活需要和不平衡不充分的发展之间的矛盾。人民群众对美好生活的需要呈现多样化、多层次、多方面的特点，其中，健康服务正在成为人民过上美好生活的一个基本要求。习近平总书记在党的十九大报告中指出："要完善国民健康政策，为人民群众提供全方位全周期健康服务。"按照党的十九大报告新的部署，完善国民健康政策，将促进健康与经济社会建设相互协调，促进"人口红利"转向"健康红利"，全社会对健康投资和消费需求将日趋旺盛，消费结构升级将为健康服务创造广阔的发展空间，包括商业健康保险在内的健康产业进入了重要战略机遇期。专业健康保险公司要在把握重大战略机遇中实现持续快速协调发展，完成"服务国家治理体系和治理能力现代化"这一历史角色的转变，不仅需要从国内外行业自身发展实践的优势与不足中总结经验教训，更需要探究并构建科学、系统的理论体系来指引改革发展的进程。

近几年，商业健康保险发展势头强劲，专业健康保险公司在多层次医疗保障体系建设中发挥了积极的市场机制优势，在满足人民群众日益增长的健康保障需求中的作用也日渐凸显。特别是近些年，健康保险人只争朝夕，真抓实干，成绩卓著。然而在有速度、有效度发展的同时，尚未及时把积累的发展经验总结出来，更没有形成相对完善的以学术研究为先导的理论体系构建。未来，随着新医改的加速推进，商业健康保险的服务链条将逐渐延伸到社会保障、医疗卫生、保健养生等多个领域，跨行业特性使风险控制更加复杂，经营管理难度更大，市场竞争更趋激烈。如果拥有了原创性的理论研究成果，就可以获取行业的理论话语主导权，就能引领未来发展的战略制高点，就能及时应对行业中出现的新变化和新挑战，就能在激烈的市场竞争中获取其他企业难以比拟的发展优势。

习近平总书记在党的十九大报告中强调："创新是引领发展的第一动力，是建设现代化经济体系的战略支撑。"企业应该成为创新的主体，而推动创新的根本力量是人才。专业健康保险公司的快速发展，关键是要建设一支规模宏大、结构合理、素质优良的创新人才队伍，要培养一大批熟悉市场运作、具备研究能力的专业技术人才。理论知识体系的研究和构建就可以培养和集结这样一批专门人才，使他们成为健康保险事业发展中的中坚力量。

《健康保险系列丛书》就是在这样的时代与文化需求的大背景下应运而生的。全套丛书分为理论基石类、实践操作类、探索提升类三类共计十六册。其中，理论基石类五册，意在建立统一规范的工作语言环境，普及专业基础知识，分别有：《健康保险学》（西南财经大学卓志教授主编）、《健康保险医学基础》（东南大学张晓教授主编）、《健康保险辞典》（中央财经大学郝演苏教授主编）、《健康保险与健康管理》（辛丹博士主编）、

《健康保险制度与规制》（对外经济贸易大学王国军教授主编）。

实践操作类八册，重在梳理总结相对成熟的经验规律，解决目前实践中的困惑，为行业提供现实借鉴和趋势分析，分别有：《健康保险公司风险管理》和《健康保险经营管理》（对外经济贸易大学王稳教授主编）、《健康保险营销管理》（西南财经大学卓志教授主编）、《健康保险产品创新》（北京工商大学王绪瑾教授主编）、《健康保险精算》（中央财经大学李晓林教授主编）、《健康保险财务管理》（中央财经大学马海涛教授主编）、《健康保险信息技术与管理》（北京邮电大学王欢教授主编）、《健康保险客户服务》（北京大学孙祁祥教授主编）。

探索提升类三册，旨在探索未来健康保险业发展之道，分别有：《健康保险与医疗体制改革》（清华大学杨燕绥教授主编）、《健康保险与大数据应用》（北京航空航天大学赵尚梅教授主编）、《护理保险在中国的探索》（南开大学朱铭来教授主编）。

为确保丛书编著的专业性和权威性，这些专家学者搜集整理了大量资料，梳理研究了国内外最新的理论知识和实践经验，进行了多次学术研讨，反复斟酌、精益求精，在编著工作中倾注了大量心力。我们希望本丛书能为健康保险行业的从业人员、健康保险相关专业领域的研究人员提供实际操作的范本和理论参考，为健康中国战略和国家多层次医疗保障体系建设提供必要的理论建构、学术前瞻与路径导向。

前　言

在健康保险的经营中，无论是产品设计与定价，还是负债评估、准备金管理，以及利润测算或业务价值评估、公司价值评估，都是离不开精算的。精算是保险经营的灵魂，当然是健康保险经营中一切重大决策的前提。

健康保险是跨度最大的保险集合。它涉及补偿性的医疗费用保险，保障发生医疗费用时的支出风险；涉及给付性的疾病保险，主要保障疾病时的医疗费用之外的支出；涉及持续支付保险金的护理或津贴性的保险，保障疾病期间的护理和其他津贴性支出，类似于年金保险。

实践中，从保险险种的视角来看，健康保险一般分为疾病保险、医疗费用保险、失能收入损失保险和护理保险。在经济社会以及保险业发展的不同阶段，这些险种常常有不同的表现，其监管政策方针也常常不同，但是精算分析中，对健康保险的分类逻辑是从保险金支出的视角来展开的。健康保险首先分为补偿性的医疗费用保险和给付性的疾病保险，被保险人医疗费用支出风险由医疗费用保险来提供保障，罹患疾病后的其他各类支出由疾病类的保险来保障，而疾病类的保险又分为罹患疾病后一次性给付的保险和以年金形式给付的保险，前者即狭义的疾病保险，后者包括失能收入损失保险与护理或津贴性保险。

就精算模型或方法而言，医疗费用保险是典型的补偿性保险，属于非寿险精算的工作领域，非寿险精算的模型与方法适用于它，而疾病保险，无论是一次性给付的，还是以年金形式给付的，与寿险的精算逻辑是一致的，相应险种与普通人寿保险和年金保险的定价、准备金甚至利润测算逻辑是类似的。因此，应对寿险和年金保险精算相关内容有所掌握，并在此基础上将有关模型进一步拓展，形成健康保险某些险种独有的模型和函数。

显然，健康保险精算囊括了非寿险和寿险中几乎全部的精算种类。所以，常常没有一本单独的健康险精算的教材，如果有，也要像上述各类精算著作合起来那么厚。但是，如果能够给广大非精算岗位的健康险相关人员提供一本讲授精算基本原理和工具的教材，让大家方便了解和把握健康险精算的基本逻辑，以便在相关工作中有的放矢，这也是具有重要意义的。

定位于非精算岗位的健康险相关人员使用，也可供立志从事健康险精算工作的人在起步阶段使用，本教材将健康保险精算涉及到的主要方法或工具汇集于一书，尽力让读者阅读后能够对健康保险涉及的主要精算逻辑有所掌握，并方便在相关工作中查阅、对照。

本教材的前半部分以非寿险精算内容为主，旨在为医疗费用保险的精算奠定基础；之后的章节则讲解其他相关精算内容。

本书是作者在向诸多前辈先贤和同行多年学习的基础上，参考了诸多相关著作，特别是早年的英国精算教材，并在20多年的精算教学中，受益于诸多同学的反馈，最终完成的。应当感谢的人非常多，出于篇幅的考虑，就不一一列明了，在此向各位一并表示衷心的感谢。

由于作者水平有限，文中尚有诸多不足之处，更是一定存在错误和疏漏，敬请各位读者海涵，并不吝赐教。斧正内容请联系作者本人或中央财经大学保险学院、中国精算研究院。谢谢！

李晓林

2018年4月

目录

绪言
健康险精算的主要内容   1

    一、精算的概念   1
    二、预测未来   2
    三、健康风险下的支出   3
    四、长期的风险与不确定性   5
    五、数学模型   6
    六、健康保险精算的分类   8

第一章
数据的整理   9

  第一节   数据的描述   9
    一、频数分布和条形图   10
    二、群频数和直方图   11
    三、枝叶图   13
    四、点图   13
    五、其他描述方式   13
    六、精确度   15
  第二节   数据分布位置的度量   15
    一、均值   16
    二、中位数   17
    三、众数   18
  第三节   数据分布密集与分散程度的度量   18
    一、标准差   18

二、极差　　22

　　三、四分位间距　　22

第四节　对称与偏斜度　　23

　　一、偏斜度的度量　　23

　　二、均值、众数和中位数的相对位置　　25

　　三、盒图　　25

第二章
随机变量的数字特征与母函数　　26

第一节　随机变量的分布和数字特征　　26

　　一、随机变量及其分布　　26

　　二、随机变量函数的分布　　31

　　三、随机变量的数字特征　　33

　　四、几种重要的离散型随机变量的分布及数字特征　　38

　　五、几种重要的连续型随机变量的分布及数字特征　　43

第二节　概率母函数　　51

　　一、母函数　　51

　　二、概率母函数的概念　　52

　　三、几个分布的概率母函数　　52

　　四、矩的计算　　53

第三节　矩母函数　　57

　　一、矩母函数的概念　　57

　　二、概率母函数与矩母函数的关系　　59

　　三、几个分布的矩母函数　　59

　　四、随机变量线性函数的矩母函数　　61

　　五、独立随机变量线性组合的矩母函数　　64

第三章
生命表与疾病率表　　70

第一节　简单生存模型　　70

　　一、生存状况与生存模型　　70

　　二、新生婴儿的未来生存时间　　71

　　三、年龄为 x 岁（$x>0$）的人的未来生存时间　　72

四、未来生存时间的密度函数　　　　　　　　　　73

　　五、未来生存时间的密度函数　　　　　　　　　　74

第二节　死亡力与生命期望值　　　　　　　　　　　74

　　一、死亡力　　　　　　　　　　　　　　　　　　74

　　二、生命期望值　　　　　　　　　　　　　　　　77

第三节　生命表函数　　　　　　　　　　　　　　　　79

　　一、生命表的概念　　　　　　　　　　　　　　　79

　　二、l_x 函数　　　　　　　　　　　　　　　　　　80

　　三、d_x 函数　　　　　　　　　　　　　　　　　　81

　　四、延期死亡概率　　　　　　　　　　　　　　　82

　　五、非整数年龄的生命表函数　　　　　　　　　　83

第四节　生命表　　　　　　　　　　　　　　　　　　84

　　一、生命表的种类　　　　　　　　　　　　　　　84

　　二、选择表　　　　　　　　　　　　　　　　　　86

第五节　重大疾病发生率表　　　　　　　　　　　　　90

第四章
风险模型　　　　　　　　　　　　　　　　　　　　92

第一节　概述　　　　　　　　　　　　　　　　　　　92

　　一、预备知识　　　　　　　　　　　　　　　　　92

　　二、基本模型　　　　　　　　　　　　　　　　　93

　　三、在基本模型中所做的抽象和概括　　　　　　　94

　　四、符号和假定　　　　　　　　　　　　　　　　95

第二节　集合风险模型　　　　　　　　　　　　　　　96

　　一、集合风险模型　　　　　　　　　　　　　　　96

　　二、复合泊松分布　　　　　　　　　　　　　　　99

　　三、复合二项分布　　　　　　　　　　　　　　　102

　　四、复合负二项分布　　　　　　　　　　　　　　105

　　五、在按比例和超额损失再保险下的索赔总额分布　106

第三节　索赔总额分布函数 $G(x)$ 的计算　　　　　　　111

　　一、$G(x)$ 的递推公式　　　　　　　　　　　　　111

　　二、$G(x)$ 的正态近似　　　　　　　　　　　　　116

　　三、$G(x)$ 的修正伽马近似　　　　　　　　　　　119

第五章
破产分析理论　　　　　　　　　　　　　　　123

第一节　基本概念　　　　　　　　　　　　　123
一、符号　　　　　　　　　　　　　　　　　123
二、余额过程　　　　　　　　　　　　　　　124
三、连续时间上的破产概率　　　　　　　　　124
四、离散时间点上的破产概率　　　　　　　　125

第二节　泊松分布和复合泊松分布　　　　　　127
一、泊松过程　　　　　　　　　　　　　　　127
二、复合泊松过程　　　　　　　　　　　　　130
三、结论　　　　　　　　　　　　　　　　　131

第三节　调整系数和兰德伯格不等式　　　　　133
一、兰德伯格不等式　　　　　　　　　　　　133
二、调整系数　　　　　　　　　　　　　　　134
三、兰德柏格不等式的证明　　　　　　　　　138

第四节　影响破产概率的主要变量　　　　　　139
一、当 $F(x)$ 服从指数分布时，$\psi(U)$ 的一个公式　　140
二、有限时间里的破产概率　　　　　　　　　140
三、$\psi(U, t)$ 作为 t 的函数　　　　　　　　　141
四、初始余额对破产概率的影响　　　　　　　142
五、保费附加系数对破产概率的影响　　　　　142
六、泊松参数对破产概率的影响　　　　　　　144

第六章
置信度理论　　　　　　　　　　　　　　　　147

第一节　先验分布和后验分布　　　　　　　　148
一、符号　　　　　　　　　　　　　　　　　148
二、后验分布密度　　　　　　　　　　　　　149
三、二项分布—贝塔分布和正态分布—正态分布的后验分布　　149

第二节　置信度保费基本思想　　　　　　　　151
一、置信度保费公式　　　　　　　　　　　　151
二、置信度因子　　　　　　　　　　　　　　152

第三节　贝叶斯置信度　　　　　　　　　　　153

一、泊松—伽马模型　　154
　　二、泊松—伽马模型举例　　155
　　三、正态—正态模型　　158
　　四、贝叶斯方法与置信度　　161
第四节　经验贝叶斯置信理论：模型1　　163
　　一、EBCT 模型1：说明　　163
　　二、EBCT 模型1：置信保费的推导　　165
　　三、EBCT 模型1：参数估计　　169
　　四、运用 EBCT 模型1的例子　　175
第五节　经验贝叶斯置信度理论：模型2　　177
　　一、EBCT 模型2：说明　　178
　　二、EBCT 模型2：置信保费的推导　　179
　　三、EBCT 模型2：参数估计　　181
　　四、运用 EBCT 模型2的实例　　185

第七章
利率与确定年金　　189

第一节　利率、终值与现值　　189
　　一、利息与利率　　189
　　二、单利　　190
　　三、复利　　190
　　四、实际利率与名义利率的含义　　191
　　五、终值　　193
　　六、现值　　194
第二节　利息力与固定利率　　195
　　一、利息力与终值函数　　195
　　二、利息力与现值函数　　196
　　三、固定利率　　197
第三节　名义利率与名义贴现率　　199
第四节　价值方程和收益率　　201
　　一、现金流量的现值　　201
　　二、价值方程　　204
　　三、收益率　　205

第五节　基本确定年金　207
　　一、年金的概念　207
　　二、期末支付年金的终值和现值　207
　　三、期初支付年金的终值和现值　210
　　四、永久年金　212
　　五、延期年金　213

第六节　一般确定年金　214
　　一、支付频率高于每单位时间 1 次的年金（每年支付多次）　214
　　二、支付频率低于每单位时间 1 次的年金（多年支付 1 次）　217
　　三、连续年金　218

第八章
生命保险与年金函数　220

第一节　基本生命保险　221
　　一、生存保险（pure endowment）及其预期现值　221
　　二、定期寿险（term assurance）及其预期现值　222
　　三、两全保险及其预期现值　224
　　四、终身寿险及其预期现值　225
　　五、延期支付的生命保险　226

第二节　基本生命年金　227
　　一、终身生命年金及其预期现值　227
　　二、定期生命年金及其预期现值　229
　　三、生命保险与生命年金的预期现值之间的关系　232
　　四、延期支付的生命年金　233

第三节　基本生命保险与年金的数值计算　234
　　一、换算函数 D_x　234
　　二、换算函数 C_x 和 M_x　235
　　三、利用换算函数计算两全保险　236
　　四、换算函数 N_x　236
　　五、利用 M_x 计算定期的和延期支付的寿险　237
　　六、换算函数间的关系　238

第四节　一般年金与保险函数　238
　　一、每年支付 m 次的生命年金　238

  二、死亡时立即支付的生命保险   241

  三、连续支付的生命年金   243

第九章
长期性险种的定价与准备金原理   245

  第一节 价值方程   245

  第二节 保费与净保费   246

    一、保费   246

    二、净保险费   247

    三、利润   247

    四、符号   248

    五、净保费价值方程应用举例   248

    六、每年多次支付保费的情况   251

  第三节 费用   252

    一、费用的种类   252

    二、通货膨胀对费用的影响   253

    三、隐含费用   253

    四、毛保费价值方程   254

    五、求解毛保费的价值方程举例   254

  第四节 保单价值与准备金   256

    一、保单价值   256

    二、预期保单价值（The prospective policy value）   257

    三、不考虑费用的情况下预期保单价值   259

    四、保费保单价值的有关因素   262

    五、计算毛保费保单价值举例   263

第十章
复合状态模型和多原因减员模型   265

  第一节 复合状态模型   265

    一、简单状态模型   265

    二、复合状态模型   265

    三、复合状态模型的一般形式   266

  第二节 转换力与转换概率   267

一、转换力 267
　　二、状态持续概率 268
　　三、估计转换力 269
　　四、多原因减员模型 271
第三节　死亡、疾病模型 274
　　一、模型的描述 274
　　二、转换概率 275
　　三、死亡、疾病模型的特殊符号 278

第十一章
疾病保险 280

第一节　疾病给付 280
　　一、疾病保险的特征 280
　　二、基本疾病函数 282
　　三、疾病期间单位给付的预期现值和疾病换算函数 284
第二节　保费和准备金 286
　　一、等待期和延迟期 286
　　二、保费 289
　　三、准备金 291

附　录 292

附录一：复利年金表 292
附录二：中国人身保险业经验生命表（2000~2003） 304
附录三：中国人身保险业经验生命表（2010~2013） 328
附录四：英国 AM92 经验生命表 331
附录五：中国人身保险业重大疾病经验发生率表（2006~2010） 343
附录六：MU1893~1897 经验疾病率表 347
附录七：常用随机变量的分布 356

跋 363

绪言

健康险精算的主要内容

一、精算的概念

早在20世纪，世界上的那些老牌的保险公司就已经把精算师摆在非常权威的位置上。他们在强调自己的雄厚实力的时候常常这样说："本公司拥有多少多少名精算师"，而不去说有多少资金。因为经营者们已经清楚，对不确定性风险的分析水平和配置方略直接决定着保险业的信誉；任何涉及不确定性的保险、社会保障、福利、投资等方面的分析报告，如果不以精算为前提，一定是不可靠的。从那时起，拥有多少精算师，就已经成为衡量一个保险公司实力的重要标志了。

精算工作可以界定为对未来的、不确定的、涉及财务的事件提出数量化意见。

这里，"不确定的未来事件"表明的，是一种同不确定性打交道的能力，正是这种能力标志着精算师行业成为一个具有重要作用的独立的行业。

精算工作面对的是许多"财务或金融"问题。从非常简单的问题，如确定一次性支付与在未来10年中按月支付的关系，到非常复杂的问题，如管理一项大的养老医护基金。这些问题，都可以通过精算中的一个很重要的内容——利息理论——找到答案。

精算工作的对象是"不确定性"。说明财务行为不确定性的一个很好的例子就是保险合同。在投保医疗费用保险时，一个健康的运动员，与一个身体相对较弱的中老年人，应交多少保费呢？哪一位将生病是不确定的，但是研究一下这两种人的相关指标和过去的情况，精算师就可以为每人确定一个合适的保费。解决这种问题的主要工具是数学的一个分支叫作概率论。

精算工作是针对"未来的"不确定性。例如，个人养老基金问题，这是一笔很大的资产基金。它为特定的一些人提供将来的养老金。这笔基金也许必须为那些现在还很年轻的人提供退休养老金。这些养老金也许在40年中没有开始，于是，也许在领取者的有生之年要继续支付下一个40年。所以，养老基金的管理者们必须考察下面两种情况：一是这些资产在40年或更长的时间里的价值是什么；二是养老金领取者活着并领取养老金的时间多长。精算师的工作，就是把这些不确定事件的可能性数量化。

二、预测未来

精算师常常必须对将来要发生的事件作出估计（预测）。例如：

——估计一笔养老基金作为特殊的资产在未来的10年中的利率；

——估计每100 000个生活水平与生活方式在同一类别里的人在下一年将罹患重大疾病的人数；

——估计已经到具体的保险公司参加了人身保险的人中有多少将在未来10年中死亡；

——估计未来10年的通货膨胀率，进而估计正在营运的健康服务机构在支出方面受到的影响；

——就一笔对政府发行的10年债券的投资而言，估计它的可兑现的现金流量的增值情况；

——就一项由一家大公司发行的权益股，估计它的可兑现的现金流量的增值；

……

很明显，第一个问题就是要弄清"过去告诉了我们什么"。如果我们肯去研究过去40年的通货膨胀率，或是研究过去10年中患病的比例或者一系列类似的数据，就可以把未来的基本情况准确地测算出来。例如，如果我们发现在过去的每一年里，相应群体在年初的所有人的8‰将在这一年底以前罹患疾病，我们就可以预言出在保险公司投保了的这类群体将有8‰的会在这一年中患病，就能对相关保障责任的成本作出明确的预告。

然而，很多的情况是，我们不能精确地知道在给定的那一年中会有8‰的人患病，但是能知道整个比例在年复一年地上下波动。它可能在6‰～10‰变化。于是，通过对过去资料的分析和计算之后，也许我们可以说，平均起来，投保的群体在未来一年中将有8‰的人罹患疾病，但可能高出2‰或低出2‰。根据不同的情况，在计算之后可能会得到不同的平均值。

针对这种情况，通过对过去的研究，我们可以作出两个对未来的报告：

——按你预期，平均会有千分之几的人患病？

——实际的结果与我们预期的平均数的偏差幅度有多少？

这两个报告都很重要。第一个报告——预期的平均值——肯定是关键信息，但正是第二个报告——对不确定性的预测——是关于不确定的未来事件的报告，对于准确地设计未来的基本情况显得更为重要，也正是精算师的工作之一。这涉及到怎样更科学地使用概率论与数理统计理论。

同样地，我们可以研究通货膨胀率在过去的情况，做一份报告，不仅说明在未来最可能发生的情况，而且说明实际的结果可能会有多大的不同。

我们再考虑精算师工作的一个例子，这是针对某一个已知年龄的人在未来有生之年中获得具体保险金的不确定性。一个典型的健康保险合同是一定的时期内——比如说 20 年内——罹患重大疾病时支付一笔钱。于是这笔钱要支付的概率就是这人在 20 年内发生重大疾病的概率。

不同的人会死于不同的年龄，但是通过对大量的人死亡的年龄研究了之后，精算师就能估计出同样年龄的一大群人中有多少会在 20 年之内死亡，或者在另一个期间内死亡。对于给定了年龄的一组人，计算他们的生命平均起来将在多少年内结束是能够做到的，这就是"生命的平均期望值"。这些数据对决策工作是至关重要的。

同样，通过研究，过去通货膨胀率变动的方式，你可以判断未来最可能发生的情况以及实际情况可能和预期有多大偏差。

三、健康风险下的支出

如同无处不在的风险会带来各种各样的损失，人们失去健康时发生的损失或支出也是多种多样的。实践中的许多风险是经济或财务方面的，或者说是可以用货币衡量的，例如支付医疗费用的风险。如果一个被保险人向一家保险公司支付了保费，那么他就将这种财务方面的风险转移给了该公司，于是将不再面临相应费用的不确定性，其成本就是支付给保险人的保费；情况改变为保险公司面临着这个被保险人罹患疾病的风险了，它将不确定其费用支出情况。

当然，没有保险公司会承保货币无法衡量的风险。保险人可以支付被保险人的医疗费用，但如果疾病给被保险人的身体带来痛苦，钱可能就很难起到减轻的效果。精算师讨论的风险通常指财务方面的风险。

保险公司之所以能够承担起这种经济方面的风险，是因为它承担了大量的相似风险。显然，会有一部分被保险人在明天生病，因为所有人都不生病是很反常的，所有人明天都病了也同样是不正常的。

如果投保的被保险人数量很大，保险公司就能有一定把握地估计出它的成本，可能它可以从过去的经验中推断出特定群体每年罹患某疾病的人的比例在一定的范围，例如不会小于35‰也不会大于125‰。那么投保的被保险人之中能发生该疾病的人数就可以在这些界限中估计出来。保险公司就能够把所有相关医疗费的预期费用平均摊在投保的所有被保险人身上。

一般来说，保险公司承保的风险个体数量越大，发生事故并且索赔的人的比例就会越确定。在随后的章节中我们将更精确地得出这个重要的结论。

一个被保险人投保医疗保险所支付的保费看上去可能很高，但至少他能够支付。但一旦他罹患重大疾病而他又必须自己支付医疗费用的话，可能就难以支付了。慎重考虑之后，人们可能更愿意支付一个确定的数量不大的费用，而不愿支付一个不确定的但可能是毁灭性的费用。

在这个过程中，精算师的工作就是在保险公司接受了大量人群投保时，估计出公司所承担的风险，并由过去的经验推定费用大小。对过去了解越多，也就能够更好地测算将来的费用。可能费用仍是不确定的，但它能够降低不确定性的程度。

在健康险、寿险、养老金和投资中，精算师的工作是将过去的风险的不确定性进行量化，以估计出与将来相似风险有关的不确定性。精算师们还研究类似股市崩溃险之类的金融风险。

精算师不仅是量化风险，还能设计方法经营或控制风险。例如，精算师可以：

（1）向寿险公司建议应该采用的保费水平，以确保身体状况良好的人和身体状况不好的人都能支付合适的寿险保费。

（2）向保险人建议最好的投资方式，以保护公司不受通货膨胀的影响。

（3）向保险人或养老金提供人建议应当写入协议中的有关条款，以保证保险人或养老金提供人不要承担它本身并不愿承担的风险。

其他专业人士也会对承担风险的主体的相关经验数据作出分析。然而精算师将估测未来整体蓝图所必须的数学技巧和经济知识结合起来。因此，许多国家的立法要求在对保险公司及养老金基金进行监管的过程中必须有精算师的参与。

一般说来，保险业的精算师其主要职能包括以下几个方面：

- 收集整理人的出生、健康、死亡、婚姻、职业及其环境、退休、意外事故、自然灾害等一系列相关事件发生频率的一些经验统计资料，研究利率、保单失效率、费用率以及竞争环境等动态因素，以制定各险种的费率，等等；
- 根据收集的资料编制全国的及地区性的不同行业、不同类别的生命表、病伤频率表、人均收入增长率，等等；
- 计算法定责任准备金、支付准备金和各种累积金，等等；
- 根据经济环境的变化趋势，为保险投资决策提供各种数量化预测指标，如投资的回报率、资产的增长率；

- 分析保险公司年度利润及其来源，提供有效保单按盈余分配红利的数据；
- 根据保险环境的变化和要求，以及地区性特点，研究和设计新险种；
- 参与公司的计划、销售、投资、财务等经营管理决策，参与公司各种年度报表的编制，例如：财务状况报表、所得税报告、经营状况报告、呈送保险监管部门的其他定期报表等；
- 协助其他职能部门根据经验统计资料研究各种险种的效益与费率的调整，以适应竞争环境的要求，并编制内部使用的各种报告。

四、长期的风险与不确定性

在保险合同中，涉及到的风险和不确定性往往要持续很长的时间，精算师常常要研究一个较长时期内的种种变化。例如：

——寿险合约可能有10年、20年、30年或更长的期限。精算师关心的是在这些投保期限中被保险人疾病和死亡的风险。

——长期护理保险基金可能会有义务对一个看似健康的20岁的青年从某个时刻开始支付未来几十年的护理金。它要确保将基金进行安全的投资，并在需要的时候立即供款。但是投资所能获得的未来利息收入是不确定的。在决定有关保险金数额时，精算师必须对一个较长时间内的这种不确定的利息做出估计。

——一个设计未来几十年人口模型的人口工作者必须考虑到以后30～40年间出生、疾病、死亡、结婚、离婚等等的变化，包括随着社会的发展这些变量的变化。

这种长期性的概念在精算工作中是十分重要的。

首先，当精算师对未来做预测时采用各种技巧所描述的是长期性变化而不仅仅是短期变化。例如，投资分析家最感兴趣是下个月某公司股票的价格，希望能够迅速获利。而精算师可能更注意股票在较长时期内的价格变动，看看它能不能作为长期性基金采用的投资对象以应付多年后护理金、养老金的支付。

其次，精算师总是超越近期的形势，测算出任何特定的经济行为的最终结果。例如在给寿险公司就发行某种特定类型储蓄计划的效果提建议时，精算师会警告有关的长期风险。精算师会看到在近期效果有利的情况下可能会出现的不利的长期效果。公司也许最关心的是现在该做什么决定，而精算师考虑的是这些决定在遥远的未来意味着什么。

最后，精算师调查过去时必须考虑过去很长一段时间以预测未来的长期趋势。如果只观测资本市场过去一年的回报率用以预测未来40年的情况是没有意义的。

精算师还要密切注意表面现象可能会产生的误导。例如，假设在过去30年我国人口以某个稳定的增长率增长。很容易据此想象未来30年中人口的增长模型，或者在未来更短时间内的情况。然而，这其中有一个陷阱，因为你所观察的人口过去的增长正是一些有关人口的更基本特征的末期效果。例如，人口可能反映出如下特征：

——在40~60岁年龄段中人口数量大。这些人可能会加大未来老龄人口的数量，但他们不会再有更多孩子。

——婚龄人口增长，结婚数量增多而且以后才会生育，因而这一代人对出生率的全部影响在一段时间内不能表现出来。

——每对夫妇生育率降低，可能因为经济因素（例如夫妇两人都必须工作）。

这些因素综合起来将导致人口下降，而且会因为中年人变老和较高的死亡率，使人口下降得相当快。因此，就人口过去增长而得出未来将增长的简单结论可能是错误的。

还有很多类似的因素会使得表面现象推出错误的结论。为了设计人口模型，必须分别调查作为基础的出生率、死亡率、婚姻状况等等。

面对保险公司的承保实例，只有理解了保单涉及的人口状况和健康状况是不断变化的，才能够不觉得太惊奇。仅仅在过去数年保险公司现金流的变化图像上画一条线来预测未来数年该公司所需要的现金流是不可能的。保险公司在各个时间点上对现金流的需要取决于保单的具体要求，而针对不同的保单、不同的承保群体，在不同的时期其要求是不同的。因此，为了预测基金在未来各个时间点上应有的数额，就必须首先考察承保群体的变化状况。

五、数学模型

精算工作离不开数学模型。数学模型是把现实生活中的某个过程用数学方程进行的描述。通过解方程得到数学答案，可以更透彻地理解被模型化的过程中的各种行为。

例如，考虑一个年龄为30岁的人其未来生存的时间问题。

这个问题可以通过建立个人未来生存时间的数学模型得到解决，模型的细节都影响不大，模型的最终答案是一系列等式，它告诉我们一个人在一年死亡的概率是多少，在两年内死亡的概率是多少，等等。精算师可以运用这些概率计算出一个保险单的实际费用。

数学模型是解决问题的一个非常有用的方法。尤其是数学的概率理论在解决保险和投资中的不确定性和风险问题上起着重要作用。因而它对精算师也同样至关重要。它为精算师用正确的方式解决问题提供了思路，常常较为有效地解决这些问题。

运用数学模型时应当注意以下几点：

一是一个有效的模型总是要参照过去经验的基础上建立起来。例如在设计一个未来死亡率的模型的第一步是找到过去死亡率的模型。这一步总是要求过去的数量化数据，这些数据通常不会完全符合我们的期望，因此模型设计者必须确保模型不会由于使用了低质量数据而产生误导性结论。

二是所有的数学模型都在某种程度上简化了现实生活。这样做是因为复杂的模型常常无法求解，而一个简单模型同样能对一种复杂情况产生有价值的洞察效果。了解到这些简化过程会对模型产生什么影响，以及了解设计模型的技巧对这些假定的依赖程度是很重要的。

模型的选择取决于要解决的问题、建立模型所要用的数据，以及所要得到答案的性质。有时一个简单模型就足够了，有时需要一个复杂模型。事先说哪种模型最好是不可能的，但大体上我们可以说：

——如果一个简单模型能够给一个复杂问题提供非常有用的结论，那么简单模型所掩饰的部分应该被忽略掉，但是

——当复杂过程是源于一些基本的因素（例如某被保险群体的总人口的结构复杂与否），一个简单模型就无法考虑到这些基本的因素而显得太肤浅。

模型的选择取决于我们对基本因素的理解。当理解深入时，模型也会深入。

精算师必须把模型中的结果向众人解释，并不是所有人都会对模型有相同的理解。因此一个精算师用清晰的术语交流他们的结论，解释他们设计的结果是很重要的。做这些工作是一个考虑周到的技巧，随着我们对精算工作的深入就会发现，它将是最重要的技能之一，在精算师的职业生涯中会不断地运用。

在建立数学模型预测未来的过程中，我们总在不断地检验预测的结果和实际情况有多大距离，并且在有必要时用新信息来调整模型。这就是通常所说的"反馈"。

例如回到上述人口模型中，精算师或人口工作者首先建立了研究未来每年的疾病率、死亡率、结婚率、出生率和迁移状况的模型。这些模型是根据过去收集到的数据建立的。

这些包含基本因素的模型将被运用到当前的群体，用来预测未来每年的疾病、死亡等等的数量。可能的话，这个模型将会非常复杂，例如预测那些现在还未出生的人口30年后的出生率。其最终结果是设计出未来几年的总人口状况。

过几年后我们就知道测算之后实际的出生人口、疾病人口和死亡人口等数据，因此我们可以把这些数据与用模型预测出的结果进行比较。具体说，我们可以把实际疾病率与用模型预测的疾病率相比较，把实际死亡率、婚姻状况改变率与用模型预测的数据相比较，等等。于是我们就可运用这些新信息来改进模型，因此改进对其余各年的相关信息的预测。

如同上述运用新信息改进模型的情况，精算师在他们所使用的任何一个模型中都会遵循相同的步骤，使用新的经验数据来检验模型是否可以改进或维持。

六、健康保险精算的分类

健康保险精算几乎是最复杂的精算，这是因为健康风险下的支出涉及三大不同类型的特性：一是发生医疗费用时的支出，它的保障涉及到补偿性保险；二是疾病时的医疗费用之外的支出，它的保障涉及到约定给付性保险；三是疾病期间的护理和其他津贴，它的保障涉及到持续性的护理或津贴性的保险，与年金保险是同一个类型。这三类保险所涉及的精算，就基本囊括了保险精算的主要类型。

从保险险种的视角，健康保险一般分为疾病保险、医疗费用保险、失能收入损失保险和护理保险。这里的疾病保险是指以保险合同约定的疾病发生为给付保险金条件的保险，最常见的是重大疾病保险；医疗费用保险是指以保险合同约定的医疗行为的发生为给付条件，为被保险人接受诊疗期间的医疗费用支出提供保障的保险，这是典型的补偿性保险；失能收入损失保险是指以因保险合同约定的疾病或者意外伤害导致工作能力丧失为给付保险金条件，为被保险人在一定时期内收入减少或者中断提供保障的保险；护理保险是指以因保险合同约定的日常生活能力障碍引发护理需要为给付保险金条件，为被保险人的护理支出提供保障的保险。在经济社会发展的不同阶段，以及保险业发展的不同程度下，这些险种常常有不同的表现，也有不同的监督管理方式。

然而，从保险金支出的视角，精算分析工作中对健康保险的划分逻辑是这样的——健康保险首先分为补偿性的医疗费用保险和给付性的疾病保险，被保险人医疗费用支出风险由医疗费用保险来提供保障，罹患疾病后的其他各类支出由疾病类的保险来保障；而疾病类的保险又分为罹患疾病后一次性给付的保险和以年金形式给付的保险，前者即狭义的疾病保险，后者包括失能收入损失保险与护理或津贴性保险。

就精算模型或方法而言，医疗费用保险是典型的补偿性保险，属于非寿险精算的工作领域，非寿险精算的模型与方法适用于它；而疾病保险，无论是一次性给付的，还是以年金形式给付的，与寿险的精算逻辑是一致的，相应险种与普通人寿保险和年金保险的定价、准备金甚至利润测算逻辑是类似的，因此，应对寿险和年金保险精算相关内容有所掌握，并在此基础上将有关模型进一步拓展，形成健康保险某些险种独有的模型和函数。

因此，本教材的前半部分以非寿险精算内容为主，旨在为医疗费用保险的精算奠定基础；之后的章节则讲解其他相关精算内容。

第一章

数据的整理

一个完整的统计调查一般包括以下几个步骤：第一，数据的收集；第二，数据的描述；第三，正式的统计推断；第四，结果报告。

本章将从数据的描述开始，探讨数据的整理方法。

第一节 数据的描述

我们先来明确几个概念：

批数据（batch data），是一组相关的观察数据。例如：当前世界各国的通货膨胀率、我国各省的年度预算、某大学各班级的学生数、某群体每个人的体温。

样本数据（sample data），是一组从总体中抽出的，同时代表那个总体的数据。例如：从某保险公司人身意外伤害险保单中抽出的 100 份保单，其保额组成的样本；从某保险公司医疗保险索赔案中抽出的 300 个案例组成的样本；某养老金计划中 180 个被保险人的年龄组成的样本。

批数据分析是以数据的重要特征为指标来进行分类整理。样本数据分析，除了是为按数据的重要特征进行分类整理之外，还有一个重要的目的就是要作出关于样本总体的推断。本书前半部分的主要内容将与样本数据和推断有关。

可以把数据分为如下几种类型：

（1）数值性（Numerical）数据：

①离散型数据，产生于计数。如：精算师的人数，索赔的件数。

②连续型数据，产生于测量。如：比率、数额、年龄。
（2）范畴性（categorical）数据：
①属性数据，只有两个类型。如：是与否，男与女，索赔与不索赔。
②名义性数据，有好几种不规则的类型。如：保单的类型，索赔的性质。
③序列性数据，有多种不同程度的类型。如：调查表显示诸如大力支持……强烈反对。

下面将通过例子来做说明，大部分例子涉及数值性数据。

一、频数分布和条形图

例 1.1 假设某保险公司的 80 份家庭保单组成的样本，其家庭中 16 岁以下儿童的人数如下：

```
2 1 3 1 1 4 5 2 2 1 4 5 4 2 2 0
3 2 2 2 2 2 2 1 2 3 3 1 1 4 3 2
1 3 0 3 0 0 3 2 3 2 2 2 2 3 4 3
3 1 6 2 2 1 3 0 2 3 1 7 4 0 0 5
2 2 4 3 1 3 3 2 0 3 2 2 2 5 2 2
```

试用简明的方式描述这些数据，并用恰当的图表表示出来。

解：这是一个典型的离散型变量，其可能值为 0，1，2，3，…。很明显，通过计算出 0、1、2 等的个数可以很好地描述这些数据的特征。通常，我们把这些数字的个数或者说出现的次数称为频数，把这种描述方式称为频数分布。在此用 m 来表示频数，可将频数列表 1.1 如下：

表 1.1　　　　　　　　　　　频数列表

16 岁以下的儿童人数，x	样本中的家庭数，m
0	8
1	12
2	28
3	19
4	7
5	4
6	1
7	1
8 或 8 以上	0

第一章
数据的整理

显然,频数列表可以清晰地表述这些数据在其可能值上的分布。

条形图常常能比表格更好地表明数据的离散属性。如图 1.1:

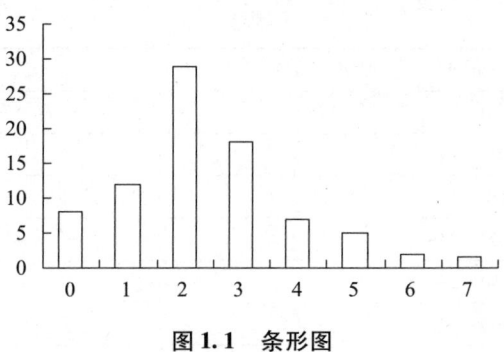

图 1.1 条形图

通过以上描述,对于这些数据是如何分布在其可能值上,我们已经有了一个清晰的印象,从而初步建立了该保险公司家庭保单中 16 岁以下儿童个数分布情况的概念。

二、群频数和直方图

群频数又称分组频数或组频数,我们通过实例来说明群频数和直方图的概念。实例中的数据是用最接近 100 元的方式分类的。现金额如用角或分的方式给出将是真正离散的,但在这里鉴于数额如此之大,我们可以认为它们是连续的。实际中,由于数据都只能以特定的精确度近似测量,而没有数据能以无限小的精度测量,所以所有数据都是离散的。

例 1.2 保险公司家庭财产保单中某 100 件由于渗漏引起的索赔组成的样本,索赔金额如下(单位 100 元):

243	306	271	396	287	399	466	269	295	330
425	324	228	113	226	176	320	230	404	487
127	74	523	164	366	343	330	436	141	388
293	464	200	392	265	403	372	259	426	262
221	355	324	374	347	261	278	113	135	291
176	342	443	239	302	483	231	292	373	346
293	23	223	371	287	400	314	468	337	308
359	352	273	267	277	184	286	214	351	270
330	238	248	419	330	319	440	427	314	414
219	299	165	318	415	372	238	323	411	494

试用简明的方式描述这些数据,并用恰当的图表表示出来。

解:如果考虑频数分布,可能值太多了,因此我们将它们分组,并计算每组中的件数。数值从 74 到 523，所以一个合理的分组是 50～99、100～149、150～199、…、500～549 等等，这将得到 10 组数据如表 1.2：

表 1.2　　　　　　　　　　　　群频数

组别	频数
50～99	1
100～149	5
150～199	4
200～249	14
250～299	22
300～349	20
350～399	14
400～449	13
450～499	6
500～549	1

这就是有相同间距的群频数分布，我们称之为组容相同，由此可以对数据分布在各组上情况有一个清晰的印象。

直方图能更好地表明现金额的几乎所有连续属性。如图 1.2：

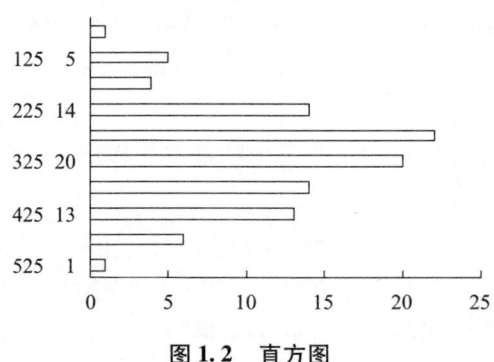

图 1.2　直方图

如此可以对这些数据的分布情况有清晰的了解，进而掌握公司此类业务的索赔额分布。

在例 1.2 中我们把数据分成了十组，这是舍弃细枝末节和获得清晰认识之间的妥协。如果分 5 组，会失去太多的细节，而分 20 组将不会有一个如此清晰的概括。

上述的群频数分布和直方图的组容相等。在某情况下，在两端分一个或两个更宽的组可能会更方便。在这些情况下必须注明长方形的面积而不是高度与频数成比例。原因在于直觉上的比较用的是面积。例如两个边长之比为 1∶2 的正方形。它们的面积之比为 1∶4。眼睛很自然地判断它们之比为 1∶4。

三、枝叶图

常用的另一种直方图为枝叶图。它的视觉印象与直方图相似，但是没有丢失组中数据的变化细节。这里是例 1.2 中数据的枝叶图（见图 1.3、图 1.4）。

```
0 | 7
1 | 11344
1 | 6888
2 | 0122333344444
2 | 5666777777788999999999
3 | 000111222222333334444
3 | 555566777777799
4 | 000001122333444
4 | 677899
5 | 2
```

```
0 | 7
1 | 113446888
2 | 01223333444445666777777788999999999
3 | 000111222222333334444455556677777799
4 | 000001122333444677899
5 | 2
```

图 1.3　枝叶图（左）（单位 100）　　图 1.4　（右）枝叶图（单位 10）

图中左边的枝单位是 100，右边的叶单位是 10。由此单位数据能被表达出来，虽然是以最接近 10 的数额近似表述出来。

构造一个枝叶图可以用与直方图相同的组容。图 1.3 的枝叶图我们称为半枝图，因为 100、200、300 等数据的两个半部分是分别描述的。图 1.4 的枝叶图称为全枝图。相比之下，半枝图的描述更清晰一些。

四、点图

对于更小的数据组常常用点图（dotplot）或线图（lineplot）来描述。其做法是把数据沿着一条有刻度的直线用点或叉号表示出来。

五、其他描述方式

（1）相对频数，即发生的频数或群频数与观察的次数的比值。

它给出了数额为某值或属于某组的数据所占的比例。

例如，例 1.1 中的儿童人数的相对频数分布见表 1.3。

表 1.3　　　　　　　　　　　相对频数分布

16 岁以下的儿童人数	相对频数
0	0.1
1	0.15
2	0.35
3	0.2375
4	0.0875
5	0.05
6	0.0125
7	0.0125

在第二章你将看到，这是一个等价于随机变量概率的数据，它被看作是从数据中得到的经验概率。

（2）累积频数，即把数据小于和等于某值或某数据组的频数累加后的和（包括取其自身和比其更小值的频数或群频数）

对分组的数据来说，我们很自然把累积频数与各组的上界联系起来。例如，例 1.2 中的索赔额分布，其累积频数见表 1.4。

表 1.4　　　　　　　　　　　累积频数

各组上限	累积频数
100	1
150	6
200	10
250	24
300	46
350	66
400	80
450	93
500	99
550	100

累积频数也能用图形表示出来。

我们也可以用相对形式来研究累积频数，在第二章将会看到数据的相对累积频数分布相似于随机变量的分布函数。

还有其他描述数据的方式，如饼分图和象形图等等，在此不一一叙说了。但是必须指出，图示是存在风险的：一种特定的图能引起误导。我们可能在传媒上看过这样的图片，如瓶子的图形被用来对不同时期某种酒的销量进行比较，视觉上的比较是被察觉出来的体积引起的，但是这类图片往往错误地用高度来代表频数。这与前面讲的正方形面积与长度的问题是类似的。

六、精确度

在描述数据时，我们不得不始终考虑它的精确度。例如，在例1.2的索赔额中，用角和分来记录数据是没有价值的。如果不考虑其他因素，知道索赔额是796.33元，总比知道是796元好。

读者可能对"4位小数"或"3位有效数字"的概念，已经非常熟悉。在风险统计中，我们更需要"重要数字"的概念。

例如，一个数集可能牵涉到计算的比率问题，该数集由以下数据组成：

1.0581   1.0366   1.0120   1.0404   1.0321
1.0156   1.0632   1.0026   1.0589   1.0333

由于所有数据都以1.0…开头，出于比较的目的，主要考察第三和第四两位数字。实际上，把它们表示成超过1的百分数更好比较。于是，我们往往考察下列数据：

5.8 3.7 1.2 4.0 3.2 1.6 6.3 0.3 5.9 3.3

在另一个有如下数据的例子里：

33 232元   7 677元   65 652元   86 675元   98 329元
40 020元   65 526元   4 484元   85 113元   52 886元

用1 000元为单位进行比较会更清晰，即考察数据：

33   8   66   87   98   40   66   4   85   53

在报告中表达数据时，应避免过于精确，常常是数字越简单，读者越容易理解和享用从数据中得到的信息。在实际中，一般用2或3个重要数字足够了。

第二节 数据分布位置的度量

通常，人们对数据分布情况关心的主要是数据分布的位置、密集或分散程度、偏斜情况等等。本节将探讨数据分布位置情况的各种度量。例如，看到例1.2的直方图，我们能发现索赔额集中在300元附近。第三节、第四节将讲解数据分布的密集或分散程度、偏斜情况。

一、均值

描述数据分布的最普通的度量是均值（mean）。严格来说应叫作算术平均值，因为还有其他"均值"，如调和均值和几何均值。但通常，我们还是把它简单地称为均值。

对一个有 n 个数据的数列，

$$x_1, x_2, \cdots, x_n$$

或：

$$x_i, i = 1, 2, \cdots, n$$

其均值是：

$$\bar{x} = \frac{1}{n} \sum_{i=1}^{n} x_i$$

读作" x – bar（巴）"。

实际上均值与大多数人常常称用的平均数是相同的概念。

对一个有可能值 $x_1, x_2, \cdots, x_k$ 的频数分布，其对应频数为 $m_1, m_2, \cdots, m_k$，其中 $\sum m_i = n$，其均值为

$$\bar{x} = \frac{1}{n} \sum_{i=1}^{k} m_i x_i$$

对一个群频数分布来说，其均值计算如上，不过这里的数值是各组的中点（中间值）。[①]

例 1.3 计算例 1.1 中的均值。

解：

$$\bar{x} = \frac{1}{80} \sum m_i x_i = \frac{186}{80} = 2.325$$

由于三位小数太多了，我们取 $\bar{x} = 2.3$。

例 1.4 以全部的数据和分组数据两种形式计算例 1.2 的均值。

解： 用全部的数据计算：

$$\bar{x} = \frac{1}{100} \sum x_i = \frac{31\,353}{100} = 313.53$$

我们取 $\bar{x} = 313.5$。

---

① 在一般的统计著作中把它定义为样本均值，而且把它当作总体均值的估计值。如果这些数据是样本数据，则这是很明显的。如果这些数据是批数据，那么将没有相应的总体均值。然而，由于大部分是样本数据，本书一般地将其称为样本均值。

用分组数据计算：我们取各组中间值 75，125，⋯

$$\bar{x} = \frac{1}{100}\sum m_i x_i = \frac{31\ 750}{100} = 317.5$$

严格来说，组中值应是 74.5，124.5，⋯，得出均值为 312.0，但注意到分组的误差，简单的选择是足够的。

由于分组的误差为 313.53 − 312.0 = 1.53，其相对误差为 0.5%。这个误差是由于分成群频数分布时丢失的细节造成的。

注意：上例中涉及了"过于精确"的概念。考虑到由于分组的误差或丢失的细节，用更高的精确度没有什么意义。

一般地，我们取比原始数据多一位小数作为均值。如果是一个较大的数列，我们可以考虑再多取 2 位小数，但不要取得更多。

二、中位数

另一个有用的度量是中位数。把 n 个数据按大小排列，中位数是把这个数列分成两半的那个数，一半小于它，一半大于它，如果 n 是奇数，中位数就是中间的那个，如果 n 是偶数，中位数则是中间两数的中点（或平均值），可以表示成是第 $(n+1)/2$ 个数。[①]

中位数与均值是两个不同的概念。例如，有 5 个观测值：

1.1　　1.5　　1.6　　1.8　　2.2

均值为 1.64，中位数是 1.6，相当接近。然而，对于另外个观测值：

1.1　　1.5　　1.6　　1.8　　202.2

均值为 41.64,，中位数仍是 1.6，差距非常大。显然 202.2 对均值影响很大，而对中位数没有影响，这里中位数对考察某些数列的潜在优势之一，即它对极端数据的影响能在一定程度上抵消。

中位数有时也认为对数据分布高度偏斜的数列能够更好地描述——见第四节。

另一个中位数有用的地方是，端点数据不能确切地知道，只是简单地知道它大于或小于某些数据。

例 1.5　计算例 1.1 的中位数。

解：查看频数分布，你将看到第 40 位和第 41 位都是 2，所以中位数是 2。

注意：累积频数对确定中位数是有用的。中位数就是累积频数 50% 所对应的那个数，而这能从累积频数分布图中看出来。

---

① 没有一个标准的符号表示中位数，一些书用 M，另一些书甚至用 $\bar{x}$。

例 1.6 利用下列方式计算例 1.2 的中位数：(a) 按枝叶图计算；(b) 按群频数分布计算，采用简单的插值法。

解： (a) 参见枝叶图，得到第 50 和 51 位数分别为 310 和 320，所以中位数为 315。[①]

(b) 中位数位于 300~349 这一组中，因为在这一组之前有 46 个数据，这一组中有 20 个数据，我们可以合理地假定这 20 个数据均匀地分布在 300~349 之间。因此用简单插值法来得到第 50.5 个数，得中位数为：

$$300 + \left(\frac{50.5 - 46}{20}\right) \times 50 = 311.3$$

注意：对这个数列来说，均值和中位数很接近。这是由于数据分布相当匀称的缘故。

三、众数

第三个度量是众数。它被定义为：出现频数最多或最典型的数。它在实际中的应用是有限的，但偶尔用到，如保险公司对最典型的投保人感兴趣。

例如，在例 1.1 中，由频数分布，我们会看到出现频数最多的数值是 2，因此众数为 2。(注意：中位数也为 2，均值为 2.3。) 而在例 1.2 中，我们发现，250~299 这一组的频数为 22，接着是 300~349 的组为 20，于是，我们可以大概地判断出，其众数约为 300。

第三节 数据分布密集与分散程度的度量

本节将讲解数据在均值附近分布的密集与分散程度。

一、标准差

最常用的度量是标准差，它是反映数据离均值远近程度的度量。

考虑一个均值为 $\bar{x}$ 的数列 $x_i, i = 1, 2, \cdots, n$ 对于数值 x_i，$(x_i - \bar{x})$ 是 x_i 到均值的距离，即 x_i 与均值的偏差。现在考虑这些偏差的均值：

[①] 实际上，从全部数据看，第 50 和 51 位数分别为 314 和 318，中位数为 316。

第一章
数据的整理

$$\frac{1}{n}\sum_{i=1}^{n}(x_i - \bar{x})$$

它等于 0，因为正的和负的相互抵消了，这很容易证明。

例 1.7 证明任何数列与均值的偏差之和为 0，即

$$\frac{1}{n}\sum_{i=1}^{n}(x_i - \bar{x}) = 0$$

证明：

$$\frac{1}{n}\sum_{i=1}^{n}(x_i - \bar{x}) = \frac{1}{n}\left(\sum x_i - \sum \bar{x}\right) = \frac{1}{n}\left(\sum x_i - n\bar{x}\right)$$

但是，

$$\bar{x} = \frac{1}{n}\sum x_i$$

因此：

$$\sum (x_i - \bar{x}) = 0$$

显然，数列与均值的偏差之和无法度量数据的密集或分散程度。

为此，我们取绝对值：

$$\frac{1}{n}\sum |x_i - \bar{x}|$$

上式叫作"均值绝对偏差"，这是一个明显的对密集或分散程度的度量，然而，它在计量上很困难，因此，也是没有意义的。

所以，我们不取绝对值，而用平方，取偏差平方的均值，然后开方，这也仍然是一次幂的度量函数。

于是，采用：

$$\sqrt{\frac{1}{n}\sum_{i=1}^{n}(x_i - \bar{x})^2}$$

即"偏差平方均值的根"，称为样本标准差或样本均方差。

由于统计推断的技术原因，用 $n-1$ 来代替 n，得到：

$$\sqrt{\frac{1}{n-1}\sum_{i=1}^{n}(x_i - \bar{x})^2}$$

称作样本修正标准差，或称样本修正均方差，记为 s，而

$$s^2 = \frac{1}{n-1}\sum_{i=1}^{n}(x_i - \bar{x})^2$$

称作样本修正方差。

在不至于发生混淆的情况下，有时将样本修正方差也称为样本方差，样本修正标准差也称为样本标准差。

上述公式用手工计算不很方便，这牵涉到采用合适的精确度计算均值，再用所有的 x_i 减去它，平方后求和等。为此，我们采用一个更适合手工计算的公式：

$$s^2 = \frac{1}{n-1}\left(\sum_{i=1}^{n} x_i^2 - n\bar{x}^2\right)$$

或者：

$$\frac{1}{n-1}\left[\sum_{i=1}^{n} x_i^2 - \frac{1}{n}\left(\sum_{i=1}^{n} x_i\right)^2\right]$$

我们只需要计算出 x 的和及其平方和就可以了。

$$\begin{aligned}
(n-1)s^2 &= \sum_{i=1}^{n}(x_i - \bar{x})^2 \\
&= \sum_{i=1}^{n}(x_i^2 - 2x_i\bar{x} + \bar{x}^2) \\
&= \sum_{i=1}^{n} x_i^2 - 2\bar{x}\sum_{i=1}^{n} x_i + n\bar{x}^2 \\
&= \sum_{i=1}^{n} x_i^2 - 2n\bar{x}^2 + n\bar{x}^2 \quad (\text{由于} \sum_{i=1}^{n} x_i = n\bar{x}) \\
&= \sum_{i=1}^{n} x_i^2 - n\bar{x}^2
\end{aligned}$$

所以，上式成立。

在例 1.1 中，由频数分布可得：

$$\sum m_i x_i = 186, \quad \sum m_i x_i^2 = 592$$

$$s^2 = \frac{1}{79}\left(592 - \frac{1}{80} \times 186^2\right) = 2.02$$

$$s = 1.4 \text{（取我们计算均值时所用的相同的精度）}。$$

而在例 1.2 中，可用全部的详细数据或分组后的群频数分布分别计算标准差。

采用全部数据计算，可得：

$$\sum x_i = 31\ 353, \quad \sum x_i^2 = 10\ 687\ 041$$

$$s^2 = \frac{1}{99}\left(10\ 687\ 041 - \frac{1}{100} \times 31\ 353^2\right) = 8\ 655.91$$

$$s = 93.0 \text{（取与均值一样的精度）}$$

对分组数据，像以前一样用 75、125 等组中值：

$$\sum m_i x_i = 31\ 250, \quad \sum m_i x_i^2 = 10\ 637\ 500$$

$$s^2 = \frac{1}{99}\left(10\ 637\ 500 - \frac{1}{100} \times 31\ 250^2\right) = 8\ 866.82$$

$$s = 93.8$$

第一章
数据的整理

由分组导致的误差为：$93.8 - 93.0 = 0.8$，相对误差为 0.99。

作为分别描述数据分布的位置及密集（或分散）程度的指标，均值和标准差常常联合使用。下面的例子就是这样。

例 1.8 对于数集 $x_i: i = 1, 2, 3, \cdots, n$，如果 $y_i = \alpha + \beta x_i$，说明 y 的均值和标准差与 x 的之间的关系。

解：

$$\bar{y} = \frac{1}{n} \sum y_i = \frac{1}{n} \sum (\alpha + \beta x_i) = \frac{1}{n} \{n\alpha + \beta \sum x_i\} = \alpha + \beta \bar{x}$$

$$y_i - \bar{y} = (\alpha + \beta x_i) - (\alpha + \beta \bar{x}) = \beta(x_i - \bar{x})$$

因此，显然有：

$$s_y^2 = \beta^2 s_x^2, \quad s_y = \beta s_x$$

注意：α 只影响数据分布的位置而不影响密集或分散程度，这是一个在其他场合有用的重要观点。

我们有了用 $\sum x_i$ 和 $\sum x_i^2$ 表示 $\bar{x}$ 和 s^2 的公式，反过来，也可以用 $\bar{x}$ 和 s^2 来表示 $\sum x_i$ 和 $\sum x_i^2$。

显然，$\bar{x} = \frac{1}{n} \sum x_i \Rightarrow \sum x_i = n\bar{x}$

$$(n-1)s^2 = \sum x_i^2 - n\bar{x}^2 \Rightarrow \sum x_i^2 = (n-1)s^2 + n\bar{x}^2$$

例 1.9 在例 1.2 中，$\bar{x} = 313.5$ 元，$s = 93.0$ 元，假设另外一例 50 个索赔案的索赔额均值、标准差分别为 $\bar{x} = 327.4$ 元，$s = 105.1$ 元。计算上述 150 个索赔案合并在一起的均值和标准差。

解： 第一例 100 个索赔案：

$$\sum x = 100 \cdot 313.5 = 31\,350,$$

$$\sum x^2 = 99 \cdot 93.0^2 + 100 \cdot 313.5^2 = 10\,684\,476$$

（注意：相应的精确值为 $31\,353$ 和 $10\,687\,041$）。

第二例 50 个索赔案：

$$\sum x = 50 \cdot 327.4 = 16\,370,$$

$$\overline{x^2} = 44 \cdot 105.1^2 + 50 \cdot 327.4^2 = 5\,900\,792.5$$

上述两例合并：

$$\sum x = 31\,350 + 16\,370 = 47\,720,$$

$$\therefore \quad \bar{x} = \frac{47\,720}{150} = 318.1$$

$$\overline{x}^2 = 10\ 684\ 476 + 5\ 900\ 792.5 = 16\ 585\ 268.5$$

$$\therefore \quad s^2 = \frac{1}{149}\left(16\ 585\ 268.5 - \frac{47\ 720^2}{150}\right) = 4\ 422.45$$

$$\therefore \quad s = 97.1$$

所以，合并后的均值为318.1元，标准差为97.1元。

二、极差

极差是关于数据密集或分散的一个非常简单的度量，如它的名字所示，被定义为最大值和最小值之间的差，即

$$R = \max(x_i) - \min(x_i)$$

显然，极差越小，数据越密集。

然而由于它完全依赖于端点，极差的用处很有限。但有一个应用领域是要普遍用到极差的，那就是，在统计过程控制中，用统计方法来控制产品质量。

在例1.1中，极差为：$R = 7 - 0 = 7$。

在例1.2中，极差为：$R = 523 - 74 = 449$。

三、四分位间距

像极差一样，四分位间距也是用来度量数据的密集或分散程度的。但它不受端点的影响。

首先我们定义四分位数：

像中位数将数据分成两半一样，四分位数将数据分成四段，分别标为 Q_1、Q_2 和 Q_3，第一段小于 Q_1，第二段介于 Q_1 和 Q_2 之间，…，最后一段大于 Q_3，Q_2 即为中位数，Q_1 为低四分位数，Q_3 为高四分位数。

我们规定中位数为第 $(n+1)/2$ 个数据，同样，我们规定 Q_1 为从小排起的第 $(n+1)/4$ 个数据，Q_3 为从大排起的第 $(n+1)/4$ 个数据，必要时可能需要插值法。

四分位间距定义为：

$$Q_3 - Q_1$$

例如，假设某商店的8款球鞋的售价分别为250，270，275，350，380，395，420，480（元），则：

$$250,\ 270,\ \vdots\ 275,\ 350,\ \vdots\ 380,\ 395,\ \vdots\ 420,\ 480$$

$$\qquad\qquad Q_1 \qquad\qquad Q_2 \qquad\qquad Q_3$$

$$Q_1 = \frac{270 + 275}{2} = 272.5$$

第一章 数据的整理

$$Q_3 = \frac{395 + 420}{2} = 407.5$$

所以，四分位间距为：

$$Q_3 - Q_1 = 407.5 - 272.5 = 135$$

注意：像中位数一样，四分位数可以用累积频数分布得到，也可从图上得到。

例1.10 分别由枝叶图和全部数据计算例1.2中的四分位间距。

解：由枝叶图：第25位和26位均为260，$Q_1 = 260$（元）；
在另一端，第25位和26位均为370，$Q_3 = 370$（元）。
所以，四分位间距为：

$$370 - 260 = 110 \text{（元）}$$

由全部数据：第25位是259，26位是261，$Q_1 = 259.5$（元）；
从另一端，25位是374，26位是373，$Q_3 = 373.25$（元）。
所以，四分位间距为：

$$373.25 - 259.5 = 113.8 \text{（元）}$$

注意：误差是由枝叶图引起的。

考察数据分布位置的度量，多数情况下（如分布是相当匀称的）在数字上是相近的，而考察数据密集或分散程度的度量却不同，用不同的方法度量时，不能指望它们在数字上相近。在前面探讨索赔额的案例中，均值 $\bar{x} = 313.5$，中位数为316.0，众数为300；而标准差 s 为93.0，极差 R 为449，四分位间距为114.9。

第四节 对称与偏斜度

在考虑了数据分布的位置、密集或分散程度之后，我们关注的是分布的形状，即是对称的或是偏向某一边的。

一、偏斜度的度量

偏斜度的度量，可以通过四分位数或以后将涉及的三阶矩来进行，在这里就不详细探讨了。我们将依靠对直方图、枝叶图、点图的视觉检查来评价数集的形状。我们把形状分为三种类型：相当匀称的、正偏斜的、负偏斜的（如图1.5、1.6、1.7）。

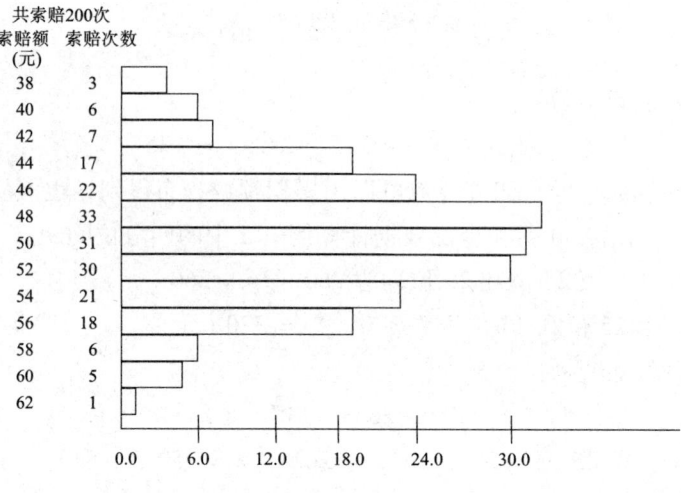

图 1.5 对称

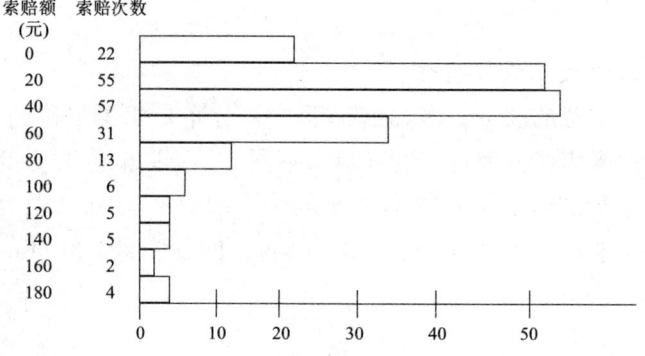

图 1.6 正偏斜

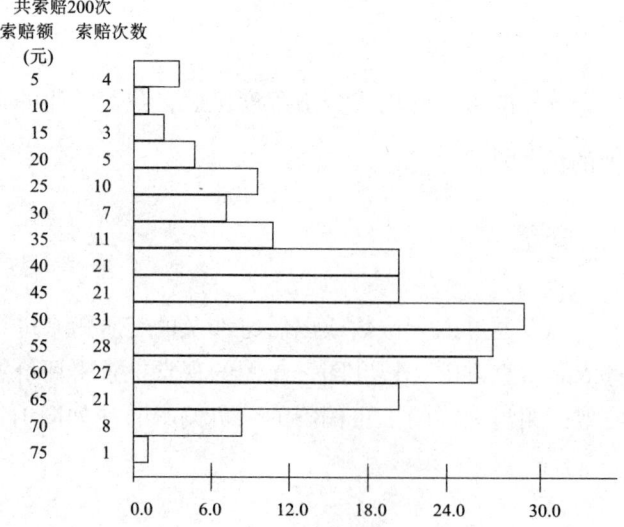

图 1.7 负偏斜

二、均值、众数和中位数的相对位置

另一个显示偏斜度的是均值、众数、中位数的相对位置。

如果一个数列是相当匀称的,上述三者将在数字上是相近的;如果是正偏斜的,一般地,均值大于中位数大于众数;如果是负偏斜的,一般地,均值小于中位数小于众数。

在实际中,均值与中位数的相对位置是偏斜度的最好指南。

三、盒图

四分位数和端点结合起来提供了一种展示数列的有用方法,被称为盒图(box-plot)。

它由一个长方形组成,长方形的两端是 Q_1 和 Q_3,中间被中位数 Q_2 分开,然后直线从端点到 Q_1 和从 Q_3 到另一端点。

图 1.8 是例 1.2 中索赔额数据的盒图。

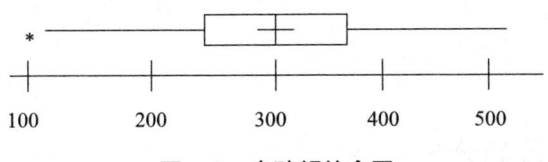

图 1.8　索赔额的盒图

我们很容易发现,中位数作为一个位置的度量,四分位间距(和极差)作为密集或分散程度的度量。我们也能看出这个例子中数据是相对匀称的。

在以后特定的统计方法中我们将看到,它们应用于对称的形状是最好的,因此,有时把一个数列变换成对称的形式,这能通过取对数或平方根的方法达到。不同的变换能改变不同程度的偏斜度。

第二章

随机变量的数字特征与母函数

第一节 随机变量的分布和数字特征

一、随机变量及其分布

（一）随机变量的概率

在研究随机试验时，我们已看到有些随机试验的结果直接表现为数量形式，例如，某电话交换台在1分钟内接到的"呼唤次数"：0，1，2，…；在任意取出的3件产品中"含次品的件数"：0，1，2，3 等等。这些试验的结果都与数值有关。但对每一个随机试验来说，每次试验的可能结果不止一个，因此不能用一个固定不变的数值表示，而是用能取若干个数值的量来表示，即随机试验的结果可以变量表示。在试验之前，这种变量将取什么值是不能确定的，它的取值依赖于试验的结果，由于在一次试验中出现什么结果是随机的，因此变量取什么值也是随机的。我们称这种取值随着试验结果而变的量为随机变量。

下面给出随机变量的定义：

在条件 S 下，随机试验的每一个可能结果 ω 都可用一个单值实函数 $\xi(\omega)$ 来表示，且 ξ 满足：

(1) ξ 是由随机试验的结果 ω 唯一确定;

(2) ξ 的取值是随机的;

(3) 对于任意给定的实数 x,事件 $\{\xi \leq x\}$ 具有确定的概率,则称 ξ 为一随机变量。一般用小写的希腊字母 ξ、η、ζ 或大写的拉丁文字母 X、Y、Z 等表示它们所取的值。为书写方便,有时用"随机变量"的英文字头"R. V."表示随机变量。

(二) 离散型随机变量及其分布

按一定概率取有限个或可列无穷多个数值的随机变量称为离散型随机变量。为了全面掌握某离散型随机变量的统计规律,需要知道:

(1) 该随机变量的所有可能取的值;

(2) 该随机变量取每个可能值的概率。

一般地,设离散型随机变量 ξ 的所有可能取的值为 $x_1, x_2, \cdots, x_k, \cdots$,$\xi$ 取各可能值的概率,即事件 $\{\xi = x_k\}$ 的概率为

$$P\{\xi = x_k\} = p_k \quad (k = 1, 2, 3, \cdots) \tag{2.1}$$

则称式(2.1)为离散型随机变量 ξ 的概率分布或分布率(或概率分布)。分布率可以用表 2.1 表示如下:

表 2.1　　　　　　　离散型随机变量的分布率

ξ	x_1	x_2	$\cdots$	x_k	$\cdots$
P	p_1	p_2	$\cdots$	p_k	$\cdots$

显然,离散型随机变量有以下两条基本性质:

(1) 离散型随机变量取任何值时,其概率都不会是负数,即:

$$p_k \geq 0 \quad (k = 1, 2, \cdots)$$

(2) 离散型随机变量取遍所有可能值时,其概率之和等于 1,即:

$$\sum_k p_k = 1$$

反之,任意一个满足上述两条性质的数列 $\{p_k\}$,必是某个离散型随机变量的分布律。

如:可设随机变量的分布律为(见表 2.2):

表 2.2　　　　　　　0 ~ 1 分布的分布率

ξ	0	1
P	$1 - p$	p

(三) 连续型随机变量及其概率密度

连续型随机变量的特点是它可能取某一区间内所有的值,例如,弹着点与目标的距离可以是区间 $[0, +\infty)$ 中的任一个值。对于连续型随机变量,列举它的取值及其相应的概率是不可能也是没有意义的,事实上对于一切实数 a,事件 $\{\xi = a\}$ 的概率都是零。因此通常对连续型随机变量 ξ 只考虑事件 $\{a < \xi \leq b\}$ 的概率。为此引定义:

对于随机变量 ξ,若存在非负可积函数 $f(x)$ ($-\infty < x < +\infty$),使得对于任意实数 $a, b (a < b)$,都有:

$$P\{a < \xi \leq b\} = \int_a^b f(x)dx \tag{2.2}$$

则称 ξ 为连续型随机变量,且称 $f(x)$ 为 ξ 的概率密度函数,简称概率密度或密度函数。由定积分的几何意义可知,连续型随机变量在某区间上取值的概率等于该区间上密度函数曲线 $f(x)$ 下的曲边梯形的面积,如图 2.1 所示。对任意实数 a,ξ 取 a 值的概率即 $P\{\xi = a\}$ 可如下直观地得到:将区间的右端点 b 向左移动,这样该区间上的曲边梯形(图 2.1 中阴影部分)的面积就跟着逐渐变小,最后在 a 点的"曲边梯形"(即一条直线)的面积为零,呈是 $P\{\xi = a\} = 0$。即连续型随机变量 ξ 在任一点处取值的概率为零,因此,对连续型随机变量来说,它在任一区间上取值的概率与是否包含区间端点无关,所以下面的等式成立:

$$P\{x_1 < \xi \leq x_2\} = P\{x_1 \leq \xi < x_2\} = P\{x_1 < \xi < x_2\} = P\{x_1 \leq \xi \leq x_2\} = \int_{x_1}^{x_2} f(x)dx$$

由此可知,概率为零的事件未必是不可能事件,概率为 1 的事件未必是必然事件。

由密度函数的定义,我们得到它的两个性质:
(1) 密度函数是非负的,即 $f(x) \geq 0 (-\infty < x < +\infty)$;
(2) $\int_{-\infty}^{+\infty} f(x)dx = 1$ (2.3)

性质 (1) 是显然的。对于性质 (2),由于:

$$\int_{-\infty}^{+\infty} f(x)dx = P\{-\infty < \xi < +\infty\} = P\{\Omega\} = 1$$

反之,如果一个函数满足上述两条性质,则它一定是某个连续型随机变量的概率密度。

这两条性质的几何意义是:
密度函数曲线 $y = f(x)$ 不在 x 轴的下方;
密度函数曲线下与 x 轴所形成的曲边梯形的面积为 1。

图 2.1 概率密度函数 $f(x)$ 在某点 x 处的值表示连续型随机变量 ξ 在该点 x 处概率分布的密集程度,而不是 ξ 取值 x 的概率。对于连续型随机变量来说,它的概率的分

布规律可以用密度函数 $f(x)$ 来全面地描述。

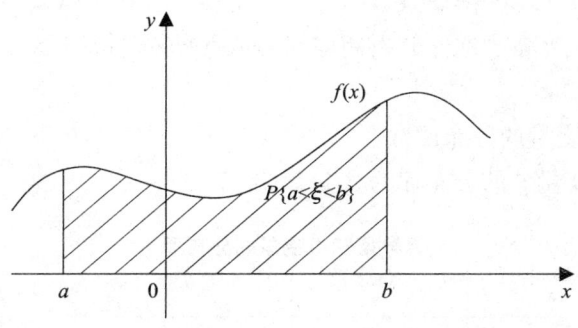

图 2.1 概率密度函数 $f(x)$

（四）随机变量的分布函数

前面我们用分布律描述了离散型随机变量的概率分布；用概率密度函数讨论了连续型随机变量的概率分布。为了从数学上对离散型随机变量与连续型随机变量进行统一的研究，下面引入分布函数的概念。

设 ξ 是一随机变量，x 是任意实数，则称函数：

$$F(x) = P\{\xi \leq x\} \quad (-\infty < x < +\infty) \tag{2.4}$$

为 ξ 的分布函数，也称为累积分布函数。

分布函数是一个以全体实数为定义域，以事件 $\{\xi \leq x\}$ 的概率为函数值的一个实值函数。

分布函数 $F(x)$ 具有以下的基本性质：

(1) $0 \leq F(x) \leq 1$；

(2) $F(x)$ 是不减函数，即当 $x_1 < x_2$ 时，$F(x_1) \leq F(x_2)$；

$$F(+\infty) = \lim_{x \to +\infty} F(x) = 1, F(-\infty) = \lim_{x \to -\infty} F(x) = 0$$

(3) $F(x)$ 在任一点 x_0 处至少右连续。对于离散型随机变量 ξ，$F(x)$ 右连续，即：

$$\lim_{x \to x_0^+} F(x) = F(x_0)$$

对连续型随机变量 ξ，$F(x)$ 是连续函数，即：

$$\lim_{x \to x_0} F(x) = F(x_0)$$

反之，若一个函数具有上述性质 (1) ~ (3)，则它可作为某个随机变量的分布函数。

由分布函数的定义，可以进一步分析随机变量 ξ 在区间 $(x_1, x_2]$ 取值的概率，因为事件：

$$\{x_1 < \xi \leq x_2\} = \{\xi \leq x_2\} - \{\xi \leq x_1\}$$

所以：
$$P\{x_1 < \xi \leq x_2\} = P\{\xi \leq x_2\} - P\{\xi \leq x_1\} = F(x_2) - F(x_1) \quad (2.5)$$

也就是说，随机变量 ξ 在左开右闭区间内取值的概率等于它的分布函数 $F(x)$ 在该区间端点的函数差值。

1. 离散型随机变量的分布函数

设离散型随机变量 ξ 的分布律为（见表2.3）：

表 2.3 离散型随机变量的分布率

ξ	x_1	x_2	...	x_k	...
P	p_1	p_2	...	p_k	...

由分布函数的定义可知，其分布函数为：

$$F(x) = P\{\xi \leq x\} = \sum_{x_k \leq x} P\{\xi = x_k\} = \sum_{x_k \leq x} p_k \quad (2.6)$$

即 $F(x)$ 是 ξ 取小于或等于 x 的所有可能值的概率之和。当 ξ 的取值为 $x_1 < x_2 < \cdots < x_k < \cdots$ 时，其分布函数可以写成分段函数的形式：

$$F(x) = \begin{cases} 0 & x_1 < x_2 \\ p & x_1 \leq x < x_2 \\ p_1 + p_2 & x_2 \leq x < x_3 \\ \cdots & \end{cases} \quad (2.7)$$

不难看出，这个分段函数的分点就是离散型随机变量 ξ 的各可能取值点。

离散型随机变量 ξ 的分布函数 $F(x)$ 是分段函数，其分界点就是 ξ 的可能取值 x_k，$F(x)$ 的图形是 $(-\infty, +\infty)$ 上的一条阶梯曲线，当 x 经过 ξ 的每一可能值 x_k 时，$F(x)$ 就跳跃地变化一次，其跳跃值为 ξ 取 x_k 时的概率 p_k，称 $P\{\xi = x_k\} = p_k$ 为 $F(x)$ 的跃度，$F(x)$ 是右连续的。

2. 连续型随机变量的分布函数

设连续型随机变量 ξ 的概率密度为 $f(x)$，则其分布函数为：

$$F(x) = P\{\xi \leq x\} = P\{-\infty < \xi \leq x\} = \int_{-\infty}^{x} f(t) dt \quad (2.8)$$

即 $F(x)$ 是连续型随机变量 ξ 的概率密度 $f(x)$ 在区间 $(-\infty, x]$ 上的积分。由广义积分的几何意义可知 $F(x)$ 的值可表示为概率密度曲线 $f(x)$ 在 $(-\infty, x]$ 上曲边梯形的面积，如图 2.2 中的阴影所示的面积。

概率密度 $f(x)$ 与分布函数 $F(x)$ 都是用来描述连续型随机变量 ξ 的概率分布，下面来分析它们之间的关系。

由（2.5）式知，连续型随机变量 ξ 在区间 $(x, x + \Delta x]$ 上的概率为：

第二章
随机变量的数字特征与母函数

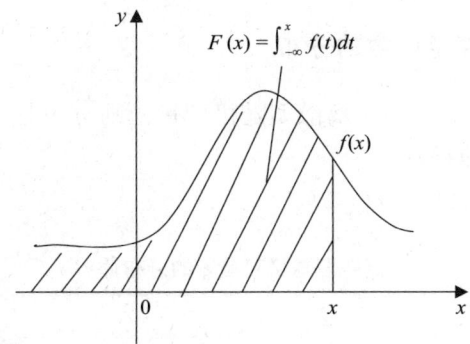

图 2.2　分布函数 $F(x)$

$$P\{x < \xi \leq x + \Delta x\} = F(x + \Delta x) - F(x)$$

式中 x 为任意实数，$\Delta x > 0$ 表示区间长度。则比值：

$$\frac{P\{x < \xi \leq x + \Delta x\}}{\Delta x} = \frac{F(x + \Delta x) - F(x)}{\Delta x}$$

称为 ξ 在区间 $(x, x + \Delta x]$ 上的平均概率密度。若 $\Delta x \to 0$ 时，平均概率密度的极限存在，即：

$$\lim_{\Delta x \to 0} \frac{P\{x < \xi \leq x + \Delta x\}}{\Delta x} = \lim_{\Delta x \to 0} \frac{F(x + \Delta x) - F(x)}{\Delta x} = \lim_{\Delta x \to 0} \frac{\Delta F}{\Delta x} = F'(x)$$

则 $F'(x)$ 就是连续型随机变量 ξ 在点 x 处的概率密度 $f(x)$，即：

$$f(x) = F'(x) \tag{2.9}$$

(2.9) 式表示概率密度 $f(x)$ 是分布函数 $F(x)$ 的导数，分布函数 $F(x)$ 是概率密度 $f(x)$ 的一个原函数，$f(x)$ 与 $F(x)$ 两者中，由其中的一个可决定另一个。

二、随机变量函数的分布

在实际问题中，有些随机变量的分布很难直接得到，但是与它们有关系的另一些随机变量的分布却容易知道。例如，某工厂生产的同型号球形零件的体积与它的直径之间有函数关系，此零件的直径大小通常用一个随机变量 ξ 来表示，于是零件的体积 $V = \frac{1}{6}\pi\xi^3$。因为 ξ 是随机变量，所以 V 也是随机变量。由于零件的直径可以直接测量，故 ξ 的分布是可以掌握的，我们希望通过 ξ 的分布求出 V 的分布。这就要求研究随机变量的函数的分布。设随机变量 ξ 的取值为 x，随机变量 η 的取值为 y，且 $y = g(x)$，则称 η 是随机变量 ξ 函数，记作 $\eta = g(\xi)$。下面我们要根据 ξ 的分布导出 η 的分布，即要导出随机变量 ξ 的函数 $g(\xi)$ 的分布。对这个问题我们分两种情况来加以讨论。

(一) 离散型随机变量函数的分布

在 $\eta = g(\xi)$ 中,若 ξ 是一个离散型随机变量,则 η 也是一个离散型随机变量, η 的分布律可由 ξ 的分布律得到。

设 ξ 的分布律为(见表 2.4):

表 2.4　　　　　　　　　离散型随机变量 ξ 的分布律

ξ	x_1	x_2	…	x_k	…
P	p_1	p_2	…	p_k	…

记 $y_i = f(x_i)$ $(i=1, 2, \cdots)$,若 $y_1, y_2, \cdots$ 均不相同,由于 $P\{\xi = y_i\} = P\{\xi = x_i\}$ $(i=1, 2, \cdots)$,则 η 的分布律为(见表 2.5):

表 2.5　　　　　　　　　离散型随机变量 η 的分布律

$\eta = g(\xi)$	$y_1 = g(x_1)$	$y_2 = g(x_2)$	…	$y_k = g(x_k)$	…
P	p_1	p_2	…	p_k	…

若 $y_1, y_2, \cdots$ 有相同的值,则在上表中把相同的值合并,根据概率的可加性将它们的概率相加。

(二) 连续型随机变量的函数的分布

在 $\eta = g(\xi)$ 中,若 ξ 是连续型随机变量,则 η 也是连续随机变量。与离散性随机变量函数的分布律类似,可以由 ξ 的概率密度来求出 η 的概率密度。为区别不同的随机变量的概率密度和分布函数,把随机变量写成它们的下标,如 $f_\eta(y)$ 和 $F_\eta(y)$ 是 η 的概率密度和分布函数。

下面以例题说明用分布函数的定义及分布函数与概率密度的关系由 $F_\xi(x)$ 求 $f_\eta(y)$ 的一般方法。

例 2.1　已知随机变量 ξ 的概率密度为 $f(x)$, $\eta = a\xi + b$ (a, b 为已知常数,且 $a \neq 0$),求 η 的概率密度。

解:为求出 η 的概率密度 $f_\eta(y)$,先根据分布函数的定义写出 $F_\eta(y)$。

若 $a > 0$,

$$F_\eta(y) = P\{\eta \leq y\} = P\{a\xi + b \leq y\} = P\{\xi \leq \frac{y-b}{a}\} = F_\xi(\frac{y-b}{a})$$

再根据概率密度是分布函数的导数,并注意到 $F_\xi(\frac{y-b}{a})$ 是 y 的复合函数,得:

$$f_\eta(y) = F_\eta{'}(y) = [F_\xi(\frac{y-b}{a})]' = \frac{1}{a}f_\xi(\frac{y-b}{a})$$

若 $a < 0$,

$$F_\eta(y) = P\{a\xi + b \leq y\} = P\{\xi \geq \frac{y-b}{a}\} = 1 - P\{\xi < \frac{y-b}{a}\} = 1 - F_\xi(\frac{y-b}{a})$$

所以:

$$f_\eta(y) = F'_\eta(y) = [1 - F_\xi(\frac{y-b}{a})]' = -\frac{1}{a}f_\xi(\frac{y-b}{a})$$

综上所述, 得:

$$f_\eta = \frac{1}{|a|}f_\xi(\frac{y-b}{a}) \qquad (a \neq 0)$$

三、随机变量的数字特征

随机变量的分布能够完整地表示随机变量的统计规律。但在实际工作中,求随机变量的分布并不都是一件容易的事。而对有些问题来说,并不需要对随机变量作全面的描述,只要知道随机变量的某些特征就够了。因此,在对随机变量的研究中用数字来刻划它的某些特征是非常重要的,我们把描述随机变量某些方面特征的数值称为随机变量的数字特征。本章所讲的数字特征主要是随机变量的数学期望和方差。

(一) 随机变量的数学期望(均值)

随机变量的数学期望是描述随机变量取值平均大小的一个数字特征。

1. 离散型随机变量的数学期望

(1) 加权平均数。例如从一批棉花中抽取 100 根纤维,测量它们的长度用以检查棉花的质量,测量的结果见表 2.6。

表 2.6   纤维长度测量结果

长度 (cm)	3.5	4	4.5	5	5.5
频数	13	20	32	23	12

一般用纤维的平均长度表示这批棉花的质量。

显然, 我们不能用算术平均值:

$$\frac{3.5 + 4 + 4.5 + 5 + 5.5}{5} = 4.5 \text{ (cm)}$$

作为这 100 根纤维长度的平均值, 因为 4.5 只是 3.5, 4, 4.5, 5, 5.5 这 5 个数的算术平均, 不是 100 根纤维长度的平均值。正确的做法是:

$$\frac{13 \times 3.5 + 20 \times 4 + 32 \times 4.5 + 23 \times 5 + 12 \times 5.5}{100}$$

$$= \frac{13}{100} \times 3.5 + \frac{20}{100} \times 4 + \frac{32}{100} \times 4.5 + \frac{23}{100} \times 5 + \frac{12}{100} \times 5.5$$

$$= 4.505 (\text{cm})$$

我们称这种平均是依频率为权平均,其中 13/100,20/100,32/100,23/100,12/100 分别是 3.5,4,4.5,5,5.5 出现的频率。

一般地,对于一组给定的数值 $x_1, x_2, \cdots, x_m$,知道了它们在 n 次试验中出现的频率分别为 $\mu_1/n, \mu_2/n, \cdots, \mu_m/n$,则它们依频率为权的加权平均为:

$$x_1 \frac{\mu_1}{n} + x_2 \frac{\mu_2}{n} + \cdots + x_m \frac{\mu_m}{n} = \sum_{i=1}^{m} \frac{\mu_i}{n} x_i$$

当试验次数 n 无限增大时,随机变量观测值的频率将逐渐接近它的概率,借助于加权平均数的概念也可以表示随机变量取值的平均,其权数是随机变量 ξ 取值 x_k 时的概率 p_k。

(2) 数学期望。设离散型随机变量 ξ 的分布律为:

$$P\{\xi = x_k\} = p_k \quad (k = 1, 2, \cdots)$$

若级数 $\sum_{k=1}^{\infty} x_k p_k$ 绝对收敛,则称该级数为 ξ 的数学期望,记为 $E(\xi)$,即:

$$E(\xi) = \sum_{k=1}^{\infty} x_k p_k \tag{2.10}$$

这里要求 $\sum_{k=1}^{\infty} x_k p_k$ 绝对收敛,以保证和式 $\sum_{k=1}^{\infty} x_k p_k$ 的值不随和式中各项次序的改变而改变。当 ξ 的可能取值 x_k 是有限个时,$E(\xi) = \sum_{k=1}^{n} x_k p_k$。

由定义可知,数学期望是加权平均数这一概念在随机变量中的推广,它反映了随机变量取值的平均水平,其统计意义就是对随机现象进行长期观测或大量重复试验所得数值的理论平均数。

2. 离散型随机变量函数的数学期望

设随机变量 η 是随机变量 ξ 的函数 $\eta = g(\xi)$,ξ 的分布律为:

$$P\{\xi = x_k\} = p_k \quad (k = 1, 2, \cdots)$$

则 η 的数学期望 $E(\eta)$ 为:

$$E(\eta) = \sum_{k=1}^{n} g(x_k) p_k \tag{2.11}$$

3. 连续型随机变量的数学期望

对于连续型随机变量其概率密度为 $f(x)$,由于 $f(x)dx$ 的作用与离散型随机变量中的 p_k 类似。

设 ξ 是连续型随机变量,$f(x)$ 是它的概率密度,若无穷积分

$$\int_{-\infty}^{+\infty} |x| f(x) dx$$

存在,则称无穷积分

$$\int_{-\infty}^{+\infty} x f(x) dx$$

为 ξ 的数学期望(均值),记为 $E(\xi)$,即:

$$E(\xi) = \int_{-\infty}^{+\infty} x f(x) dx \tag{2.12}$$

这就是说,连续型随机变量的数学期望等于概率密度 $f(x)$ 与实数 x 的乘积在 $(-\infty, +\infty)$ 上的无穷积分。

可见在 $[a,b]$ 上服从均匀分布的随机变量的数学期望恰好位于区间 $[a,b]$ 的中点。

4. 连续型随机变量的函数的数学期望

设随机变量 ξ 的概率密度为 $f(x)$,η 是 ξ 的函数 $\eta = g(\xi)$,若 $E(\eta) = E[g(\xi)]$ 存在,则:

$$E(\eta) = \int_{-\infty}^{+\infty} g(x) f(x) dx \tag{2.13}$$

由(2.13)式,可以直接从 ξ 的概率密度计算函数 $\eta = g(\xi)$ 的数学期望,而不必求出 η 概率密度。

5. 数学期望的初等性质

数学期望的以下性质对于离散型随机变量与连续型随机变量都是适用的。

(1) 常数的期望就是这个常数,即 $E(C) = C$。

证明:因为随机变量 ξ 只取一个值 C,即 $P\{\xi = C\} = 1$,故由(2.11)式得:

$$E(C) = C \times 1 = C$$

(2) 常数与随机变量乘积的数学期望等于该常数与随机变量数学期望的乘积,即:

$$E(C\xi) = CE(\xi)$$

证明:若 ξ 是连续型随机变量,$f(x)$ 是它的概率密度,由(2.13)式得:

$$E(C\xi) = \int_{-\infty}^{+\infty} Cxf(x) dx = C\int_{-\infty}^{+\infty} xf(x) dx = CE(\xi)$$

若 ξ 是离散型随机变量,请读者自己证明。

(3) 随机变量线性函数的数学期望等于该随机变量期望的同一线性函数。即:

$$E(a\xi + b) = aE(\xi) + b \quad (a,b \text{ 为常数})$$

证明:设 ξ 是离散型随机变量,其分布律为:

$$P\{\xi = x_k\} = p_k \quad (k = 1, 2, \cdots)$$

由 (2.11) 式：

$$E(a\xi + b) = \sum_{k=1}^{\infty}(ax_k + b)p_k = \sum_{k=1}^{\infty}(ax_k p_k + bp_k)$$

$$= \sum_{k=1}^{\infty} ax_k p_k + \sum_{k=1}^{\infty} bp_k = aE(\xi) + b$$

对连续型随机变量 ξ，请读者自己证明。

在性质（3）中，当 $a=1$ 时，有：

$$E(\xi + b) = E(\xi) + b$$

即随机变量 ξ 与常数 b 之和的数学期望等于 ξ 的期望与该常数之和。

（二）随机变量的方差

1. 方差的概念

随机变量的数学期望表示了它取值的平均大小。但是，在实际中有时只知道数学期望是不够的，还需知道随机变理取值离它的数学期望是分散还是集中。

我们看下面的这个例子。

甲、乙两种合成纤维，它们的纤维长度 ξ_1 和 ξ_2 的分布律分别为（见表 2.7 及表 2.8）：

表 2.7　　　　　　　　纤维长度 ξ_1 的分布律

ξ_1	3	3.5	4	4.5	5
P	1/5	1/5	1/5	1/5	1/5

表 2.8　　　　　　　　纤维长度 ξ_2 的分布律

ξ_2	2	3	4	5	6
P	1/5	1/5	1/5	1/5	1/5

由计算可知 $E(\xi_1) = E(\xi_2) = 4$，即两种纤维的平均长度相等，仅用数学期望不能比较这两种纤维质量的优劣，但从各自的分布律可以粗略地看到 ξ_1 取值比 ξ_2 更集中于数学期望的附近。为定量表示这种集中程度，我们自然希望用一个数值来表示随机变量取值与其数学期望偏差的大小。显然 $\xi - E(\xi)$ 表示了随机变量 ξ 与数学期望的"偏差"（也称为离差）。由于 ξ 随机取值，所以离差也是个随机变量，而且其值可正、可负。如果对 $\xi - E(\xi)$ 取平均值会因正、负相抵消而反映不出离差的平均大小，但离差的平方 $[\xi - E(\xi)]^2$ 可以消除正、负符号的差别，因此取它的平均值 $E[\xi - E(\xi)]^2$ 来描述 ξ 取值与其数学期望 $E(\xi)$ 离差的平均大小，若 $E[\xi - E(\xi)]^2$ 小，则表示 ξ 取值集中在期望 $E(\xi)$ 周围。反之，若 $E[\xi - E(\xi)]^2$ 大，则 ξ 在它的期望周围取值分散。

第二章
随机变量的数字特征与母函数

下面我们给出方差的定义:

设 ξ 是随机变量,若 $E[\xi - E(\xi)]^2$ 存在,则称它为随机变量 ξ 的方差,记为 $Var(\xi)$。即

$$Var(\xi) = E[\xi - E(\xi)]^2 \tag{2.14}$$

方差的算术根 $\sqrt{Var(\xi)}$ 称为 ξ 的标准差(或均方差)。

根据方差的定义,显然有 $Var(\xi) \geqslant 0$。

随机变量的标准差和数学期望与随机变量本身有相同的计量单位。

若 ξ 是离散型随机变量,其分布律为:

$$P\{\xi = x_k\} = p_k \quad (k = 1, 2, \cdots)$$

则由 (2.14) 式和 (2.11) 式得:

$$Var(\xi) = E[\xi - E(\xi)]^2 = \sum_{k=1}^{\infty} [x_k - E(\xi)]^2 p_k \tag{2.15}$$

若 ξ 是连续型随机变量,其概率密度为 $f(x)$,则由 (2.14) 式和 (2.13) 式得:

$$Var(\xi) = E[\xi - E(\xi)]^2 = \int_{-\infty}^{+\infty} [x - E(\xi)]^2 f(x) dx \tag{2.16}$$

在计算时,用下面公式较为简便:

$$Var(\xi) = E(\xi^2) - [E(\xi)]^2 \tag{2.17}$$

即随机变量 ξ 方差等于 ξ^2 的期望减去 ξ 期望的平方。

事实上,由数学期望的初等性质得:

$$\begin{aligned} Var(\xi) &= E[\xi - E(\xi)]^2 = E[\xi^2 - 2\xi E(\xi) + E^2(\xi)] \\ &= E(\xi^2) - E[2\xi E(\xi)] + E[E^2(\xi)] \\ &= E(\xi^2) - 2E(\xi)E(\xi) + E^2(\xi) \\ &= E(\xi^2) - E^2(\xi) \end{aligned}$$

2. 随机变量方差的初等性质

(1) 常数的方差等于零,即:

$$Var(C) = 0 \tag{2.18}$$

证明:$Var(C) = E[C - E(C)]^2 = E(C - C) = 0$

(2) 常数与随机变量乘积的方差等于该常数的平方与随机变量方差的乘的乘积,即:

$$Var(C\xi) = C^2 Var(\xi) \tag{2.19}$$

证明:

$$\begin{aligned} Var(C\xi) &= E[C\xi - E(C\xi)]^2 = E[C\xi - CE(\xi)]^2 \\ &= E[C(\xi - E(\xi))]^2 = E[C^2(\xi - E(\xi))^2] \\ &= C^2 E[\xi - E(\xi)]^2 = C^2 Var(\xi) \end{aligned}$$

(3) 常数与随机变量和的方差等于该随机变量的方差,即:

$$Var(\xi + C) = Var(\xi) \tag{2.20}$$

证明：
$$\begin{aligned} Var(\xi + C) &= E[\xi + C - E(\xi + C)]^2 \\ &= E[\xi + C - E(\xi) - C]^2 = E[\xi - E(\xi)]^2 \\ &= Var(\xi) \end{aligned}$$

显然：
$$Var(a\xi + C) = a^2 Var(\xi) \tag{2.21}$$

（三）原点矩和中心矩

设 ξ 是随机变量，k 是一正整数，若 $E(\xi^k)$ 存在，则称它是 ξ 的 k 阶原点矩，记为 a_k；若 $E[\xi - E(\xi)]^k$ 存在，则称它是 ξ 的 k 阶中心矩，记为 b_k，即：

$$a_k = E(\xi^k) \tag{2.22}$$
$$b_k = E[\xi - E(\xi)]^k \tag{2.23}$$

原点矩、中心矩也是随机变量的数字特征。

当 $k = 1$ 时，ξ 的一阶原点矩 $a_1 = E(\xi)$ 就是它的数学期望；当 $k = 2$ 时，ξ 二阶中心矩 $b_2 = E[\xi - E(\xi)]^2$ 就是它的方差。因为 ξ 的 k 阶原点矩和 k 阶中心矩都是 ξ 函数的数学期望，所以可以用式（2.11）及式（2.13）来计算它们。

四、几种重要的离散型随机变量的分布及数字特征

（一）贝努里分布

只有（或认为只有）两种结果 S（成功）和 f（失败）的试验，叫做贝努里试验。

这里样本空间 $\Omega = \{s, f\}$，其中 s（成功）f（失败）只表示符号，并不一定是字面的意义。

显然，其发生概率为：

$$P(\{s\}) = \theta \quad P(\{f\}) = 1 - \theta \tag{2.24}$$

随机变量定义为 $X = 0$ 或 1，X 是"成功"发生的次数（0 或 1）。

于是，其分布率为：
$$P(X = x) = \theta^x (1 - \theta)^{1-x} \quad x = 0, 1; \quad 0 < \theta < 1$$

其数学期望和方程分别为：

$$E(X) = \theta, Var(X) = \theta - \theta^2 \tag{2.25}$$

贝努里变量又叫做指示变量，它的值可用于指示某个特定事件，如 A 是否发生，设 $X = 1$ 为 A 发生，0 为 A 不发生，如果 $P(A) = \theta$，那么 X 就具有上述贝努里分布。

事件 A 也可以是被保险人继续生存一年以上。

（二）二项分布

从随机变量的角度看，在 n 重贝努里试验中，事件 A 发生的次数是一个离散型机变量。若用 ξ 表示事件 A 发生的次数，则 ξ 可取 $0, \cdots, n$ 共计 $n+1$ 个可能值，其分布律为：

$$P(k) = P\{\xi = k\} = C_n^k p^k q^{n-k} \quad (k = 0,1,\cdots,n) \tag{2.26}$$

其中，$P(A) = p \quad (0 < p < 1); P(\bar{A}) = 1 - p = q$

这时称随机变量 ξ 服从以 n,p 为参数的二项分布，记为：

$$\xi \sim B(n,p)$$

很容易验证（2.26）式满足分布律的两条性质：

(1) 因为 $p > 0$，$q > 0$，所以：

$$P(\xi = k) = C_n^k p^k q^{n-k} > 0 \quad (k = 0,1,\cdots,n)$$

(2) 因为 $P(\xi = k) = C_n^k p^k q^{n-k}$ 恰好是二项式 $(p+q)^n$ 的展开式中的第 $k+1$ 项，所以：

$$\sum_{k=0}^{n} C_n^k p^k q^{n-k} = (p+q) = 1$$

这也是二项分布名称的由来。

当 $n = 1$ 时，二项分布化为 $0-1$ 分布：

$$P(\xi = k) = p^k q^{n-k} \quad (k = 0,1)$$

由于这里的计算量较大，常常需要寻求近似计算方法。泊松分布能有效地解决二项分布的近似计算问题。

1. 二项分布的最可能值

二项分布 $B(n,p)$ 中有两个参数 n 和 p，对于固定的 n 和 p，ξ 取 k 的概率会随着 k 的增加而先增加，直至达到一个最大值，然后再下降。因此使概率 $P\{\xi = k\}$ 取最大值的 k 称为二项分布的最可能值，记为 k_0。

当 $(n+1)p$ 为整数时，最可能值 k_0 有两个：

$$k_0 = (n+1)p \text{ 和 } k_0 = (n+1)p - 1$$

当 $(n+1)p$ 不是整数时，

$$k_0 = [(n+1)p]$$

其中 $[(n+1)p]$ 表示数 $(n+1)p$ 的整数部分（即不超过 $(n+1)p$ 的最大整数）。

2. 二项分布的数学期望与方差

若随机变量 $\xi \sim B(n,p)$，则：

$$E(\xi) = np \tag{2.27}$$

$$Var(\xi) = npq, \text{其中} q = 1 - p \tag{2.28}$$

证明:

$$E(\xi) = \sum_{k=0}^{n} k C_n^k p^k q^{n-k} = \sum_{k=0}^{n} k \frac{n!}{k!(n-k)!} p^k q^{n-k}$$

$$= \sum_{k=0}^{n} \frac{n(n-1)!}{(k-1)!(n-1-k+1)!} p p^{k-1} q^{n-1-k+1}$$

$$= np \sum_{k=0}^{n} C_{n-1}^{k-1} p^{k-1} q^{n-1-k+1}$$

而:

$$\sum_{k=0}^{n} C_{n-1}^{k-1} p^{k-1} q^{n-1-k+1} = (p+q)^{n-1} = 1$$

所以:

$$E(\xi) = np(p+q)^{n-1} = np$$

用同样方法可以证明:

$$Var(\xi) = npq$$

(三) 泊松分布

1. 泊松分布的概念

若随机变量 ξ 的分布律为:

$$P(\xi = k) = \frac{\lambda^k e^{-\lambda}}{k!} \quad (k = 0,1,2\cdots) \tag{2.29}$$

其中 λ 是非负实数。则称 ξ 服从参数为 λ 的泊松分布,记作:

$$\xi \sim \pi(\lambda)$$

显然,

$$P(\xi = k) = \frac{\lambda^k e^{-\lambda}}{k!} \geqslant 0 \quad (k = 0,1,2\cdots)$$

且由:

$$\sum_{k=0}^{\infty} \frac{\lambda^k}{k!} = e^{\lambda}$$

可得到

$$\sum_{k=0}^{\infty} P(\xi = k) = \sum_{k=0}^{\infty} \frac{\lambda^k e^{-\lambda}}{k!} = e^{-\lambda} \sum_{k=0}^{\infty} \frac{\lambda^k}{k!} = e^{-\lambda} e^{\lambda} = 1$$

所以,验证泊松分布满足分布律的两条基本性质。

2. 泊松分布的数学期望与方差

若 $\xi \sim \pi(\lambda)$,则 $E(\xi) = \lambda, Var(\xi) = \lambda$。这是由于:

第二章
随机变量的数字特征与母函数

$$E(\xi) = \sum_{k=0}^{\infty} k \frac{\lambda^k e^{-\lambda}}{k!} = e^{-\lambda} \sum_{k=1}^{\infty} \lambda \frac{\lambda^{k-1} e^{-\lambda}}{(k-1)!} = \lambda \sum_{k=1}^{\infty} \frac{\lambda^{k-1} e^{-\lambda}}{(k-1)!} = \lambda \cdot 1 = \lambda$$
(2.30)

用同样的方法可得:

$$E(\xi^2) = \lambda^2 + \lambda$$

所以:

$$Var(\xi) = E(\xi^2) - E^2(\xi) = \lambda^2 + \lambda - \lambda^2 = \lambda \tag{2.31}$$

由此可知,泊松分布的数学期望和方差在数值上恰好都等于其分布中的参数 λ。

3. 泊松分布的应用

泊松分布是概率论中最重要的分布,它所以重要是因为它是具广泛的实际背景和实际应用。在许多领域中,离散型随机变量的分布律在一定的条件下服从泊松分布。例如:服务系统中,单位时间内到达某服务机构等待服务的人数,一般而言都服从泊松分布。如单位时间内进商店的顾客人数;单位时间内到达车站等汽车的人数;单位时间内电话交换台收到的呼叫次数;单位时间内到达医院候诊的患者人数等等。

在长期实践中,泊松分布常应用于稀有事件的概率计算,例如,某地区发生地震和暴雨的次数等。所谓稀有事件即小概率事件,这种事件在一次试验中发生的概率 p 是很小的,而重复试验的次数 n 很大时它发生的可能性就不再是很小的了,若计算这类事件在 n 次独立重复试验中恰发生 k 次的概率时,

$$P_n(k) = C_n^k p^k q^{n-k}$$

由于 n 很大而 p 又很小,给计算带来了困难。泊松分布是二项分布的极限分布。我们略去证明,给出下面的泊松定理

设 ξ 服从二项分布,即 $\xi \sim B(n, p_n)$ 若当 $n \to \infty$ 时,$np_n \to \lambda$($\lambda > 0$,为常数),则有:

$$\lim_{n \to \infty} C_n^k p^k (1 - p_n)^{n-k} = \frac{\lambda^k e^{-\lambda}}{k!}, (k = 0, 1, 2 \cdots) \tag{2.32}$$

实际应用中,当 $n \geq 10$,$p \leq 0.1$ 时可用下面的近似计算公式:

$$P_n(k) = C_n^k p^k q^{n-k} \approx \frac{\lambda^k e^{-\lambda}}{k!} \tag{2.33}$$

公式(2.33)成立的条件是 $\lambda = np$。

泊松定理的价值不仅在于它给出了二项分布的近似计算公式,使二项分布的计算得到了简化,还在于泊松分布有现成的表可查(见附表),免除了对 $\frac{\lambda^k e^{-\lambda}}{k!}$ 的复杂的计算。

(四) 超几何分布

1. 超几何分布的概念及其数字特征

设随机变量 ξ 的分布律为：

$$P(\xi = k) = \frac{C_M^k C_{N-M}^{n-k}}{C_N^n} \quad (k = 0,1,\cdots,n) \tag{2.34}$$

其中 $0 \le n \le N, 0 \le M \le N$，且均为整数，则称 ξ 服从参数为 N, M, n 的超几何分布。在组合数 C_m^n 中，若 $m < n$ 则规定 $C_m^n = 0$。

服从超几何分布的随机变量，其均值和方差分别是：

$$E(\xi) = n\frac{M}{N}$$

$$Var(\xi) = n\frac{N-n}{N-1}\frac{M(N-M)}{N^2}$$

例如，有 N 件同类产品，其中有 M 件次品，从中任意取出 n 件，若用 ξ 表示所取出的 n 件产品中含次品的件数，则 ξ 是离散型随机变量，它的分布律是：

$$P(\xi = k) = \frac{C_M^k C_{N-M}^{n-k}}{C_N^n} \quad (k = 0,1,\cdots,n) \tag{2.35}$$

故随机变量 ξ 服从参数为 N, M, n 的超几何分布。

2. 超几何分布与二项分布的关系

在超几何分布中，若 n 是一个固定的正整数，且当 $N \to \infty$ 时，$\frac{M}{N} \to p$，则：

$$\lim_{N \to \infty} \frac{C_M^k C_{N-M}^{n-k}}{C_N^n} = C_n^k p^k (1-p)^{n-k} \quad (k = 0,1,\cdots,n) \tag{2.36}$$

证明从略。

（五）其他几种离散型随机变量的分布

1. 均匀分布

设随机变量 ξ 的分布律为：

$$P(\xi = x_k) = \frac{1}{n} \quad (k = 0,1,\cdots,n) \tag{2.37}$$

则称 ξ 服从均匀分布。

特别地，当 $x_k = k$ 时，其均值和方差分别计算如下：

$$E(\xi) = \frac{1 + 2 + \cdots + n}{n} = \frac{\frac{n(n+1)}{2}}{n} = \frac{n+1}{2} \tag{2.38}$$

$$E(\xi^2) = \frac{1^2 + 2^2 + \cdots + n^2}{n} = \frac{\frac{n(n+1)(2n+1)}{6}}{n} = \frac{(n+1)(2n+1)}{6}$$

$$Var(\xi) = \frac{n^2 - 1}{12} \tag{2.39}$$

2. 负二项分布

随机变量 ξ 是某事件第 k 次发生时进行的试验的次数，k 是一个正整数。其分布率为：

$$P(\xi = x) = C_{x-1}^{k-1}\theta^k (1-\theta)^{x-k} \quad x = k, k+1, \cdots, 0 < \theta < 1 \tag{2.40}$$

其中，k 是已知量。

随机变量 ξ 的数学期望和方差分别为：

$$E(\xi) = \frac{k(1-\theta)}{\theta} \tag{2.41}$$

$$Var(\xi) = \frac{k(1-\theta)}{\theta^2} \tag{2.42}$$

负二项分布的另一种形式有时也用到：

令 η 为事件第 k 次发生前未发生的试验次数，则：

$$P(\eta = y) = C_{k+y-1}^{y}\theta^k (1-\theta)^y \quad (y = 0, 1, 2, \cdots) \tag{2.43}$$

在此种形式下，

$$E(\eta) = \frac{k(1-\theta)}{\theta}, \quad Var(\eta) = \frac{k(1-\theta)}{\theta^2} \tag{2.44}$$

这两种形式之间的联系如下：

$$\xi = \eta + k$$

五、几种重要的连续型随机变量的分布及数字特征

（一）指数分布

1. 指数分布的概念

若连续型随机变量 ξ 的密度函数为：

$$f(x) = \begin{cases} \lambda e^{-\lambda x} & x \geq 0 (\lambda > 0, \text{为常数}) \\ 0 & x < 0 \end{cases} \tag{2.45}$$

则称 ξ 服从参数为 λ 的指数分布。显然：

$$f(x) \geq 0$$

$$\int_{-\infty}^{+\infty} f(x)dx = \int_{0}^{+\infty} \lambda e^{-\lambda x} dx = e^{-\lambda x}\big|_{0}^{+\infty} = 1$$

所以，式（2.67）满足密度函数的两个性质。

由此可以求得，指数分布的分布函数为：

$$F(x) = \begin{cases} 1 - e^{-\lambda x} & x \geq 0 (\lambda > 0) \\ 0 & x < 0 \end{cases} \tag{2.46}$$

2. 指数分布的数学期望和方差

若 ξ 服从参数为 λ 的指数分布,则:

$$E(\xi) = \int_{-\infty}^{+\infty} x f(x) dx = \int_{0}^{+\infty} x \lambda e^{-\lambda x} dx = \frac{1}{\lambda} \left[-\lambda x e^{-\lambda x} - e^{-\lambda x} \right] \Big|_{0}^{+\infty} = \frac{1}{\lambda} \quad (2.47)$$

由此可知,指数分布中的参数 λ 的倒数是其数学期望。

$$\begin{aligned} E(\xi^2) &= \int_{-\infty}^{+\infty} x^2 f(x) dx = \int_{0}^{+\infty} x^2 \lambda e^{-\lambda x} dx \\ &= -\int_{0}^{+\infty} x^2 d(e^{-\lambda x}) = \left[-x^2 e^{-\lambda x} \right]_{0}^{+\infty} + \int_{0}^{+\infty} 2x e^{-\lambda x} dx \\ &= -\frac{2}{\lambda} \int_{0}^{+\infty} x d(e^{-\lambda x}) = \left[-\frac{2}{\lambda} x e^{-\lambda x} \right]_{0}^{+\infty} + \frac{2}{\lambda} \int_{0}^{+\infty} e^{-\lambda x} dx \\ &= \frac{2}{\lambda} \left(-\frac{1}{\lambda} \right) e^{-\lambda x} \Big|_{0}^{+\infty} = \frac{2}{\lambda^2} \end{aligned}$$

所以,

$$Var(\xi) = E(\xi^2) - E^2(\xi) = \frac{2}{\lambda^2} - \left(\frac{1}{\lambda} \right)^2 = \frac{1}{\lambda^2} \quad (2.48)$$

指数分布有着广泛的用途。如生物的寿命;邮电通讯等随机服务系统中的服务时间;某些特别事件发生所需等待的时间等等。例如活火山从某次喷发到下一次喷发需要等待的时间。此外指数分布还被广泛用于排队论和可靠性理论。指数分布中的参数 λ 的实际意义是:产品的平均寿命的倒数或平均等候时间的倒数。

(二)正态分布

1. 正态分布的概念

在现实世界中,大多数的随机变量都服从或近似地服从正态分布。例如产品制造过程中所产生的误差;人群的身高;射击时弹着点对目标的横向偏差与纵向偏差等等。进一步的理论研究表明,一个变量如果受到大量的随机因素的影响,而各个因素所起的作用又都很微小时,这样的变量一般都是服从正态分布的随机变量。正态分布是最常见最重要的分布,无论在理论研究或实际应用中都具有特别重要的地位。在以后的章节中将对正态分布做比较多的讨论。

设随机变量 ξ 的概率密度为:

$$f(x) = \frac{1}{\sqrt{2\pi}\sigma} e^{-\frac{(x-\mu)^2}{2\sigma^2}} \quad (-\infty < x < +\infty) \quad (2.49)$$

其中 σ, μ 为常数,且 $\sigma > 0$,则称 ξ 服从参数为 μ, σ^2 的正态分布,ξ 称为正态变量,记为:

$$\xi \sim N(\mu, \sigma^2)$$

正态分布的概率密度 $f(x)$ 的图形称为正态曲线（见图 2.3）。正态曲线呈悬钟形，曲线关于直线 $x = \mu$ 对称；在 $x = \mu \pm \sigma$ 处有拐点，当 $x \to \pm \infty$ 时曲线以直线 $y = 0$ 为渐近线；函数 $f(x)$ 在 $x = \mu$ 处达到最大值，当 σ 大时，曲线在 $x = \mu$ 处的峰顶比较低，表示随机变量取值比较分散，σ 越小，曲线的峰顶越高，表明随机变量取值越集中于 $x = \mu$ 的附近。

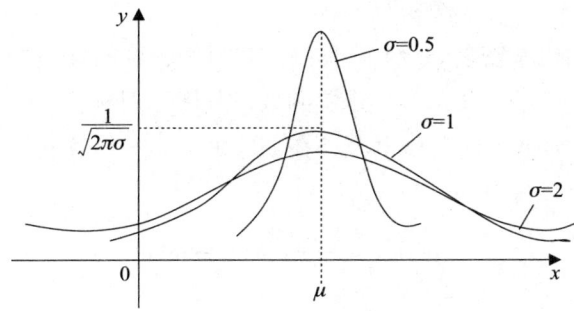

图 2.3　正态曲线

可以验证式（2.49）中的函数 $f(x)$ 有密度函数的两条基本性质。$f(x) \geq 0$ 显然成立，利用泊松积分：

$$\int_0^{+\infty} e^{-x^2} dx = \sqrt{\pi}$$

可以得到：

$$\int_{-\infty}^{+\infty} f(x) dx = 1$$

由分布函数与密度函数的关系可得到 ξ 的分布函数为：

$$F(x) = \frac{1}{\sqrt{2\pi}\sigma} \int_{-\infty}^{x} e^{-\frac{(t-\mu)^2}{2\sigma^2}} dt \quad (-\infty < x < +\infty) \tag{2.50}$$

其图形见图 2.4。

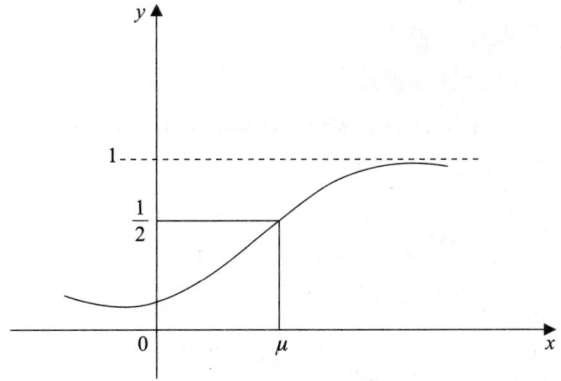

图 2.4　分布函数

以 $\mu=0, \sigma=1$ 为参数的正态分布 $N(0,1)$ 称为标准正态分布。相应的概率密度及分布函数通常记作 $\varphi(x)$ 及 $\Phi(x)$。

$$\varphi(x) = \frac{1}{\sqrt{2\pi}} e^{-\frac{x^2}{2}} \quad (-\infty < x < +\infty) \tag{2.51}$$

$$\Phi(x) = \frac{1}{\sqrt{2\pi}} \int_{-\infty}^{x} e^{-\frac{t^2}{2}} dt \quad (-\infty < x < +\infty) \tag{2.52}$$

标准正态分布的概率密度 $\varphi(x)$ 除具有一般概率密度的性质外，还有下列性质：

(1) $\varphi(x) = \varphi(-x)$，即 $\varphi(x)$ 是偶函数，其图形对称于 y 轴（见图2.5）。

(2) $\varphi(x)$ 在 $(-\infty, 0)$ 内严格上升，在 $(0, +\infty)$ 内严格下降，在 $x=0$ 处达到极大值。

$$\varphi(0) = \frac{1}{\sqrt{2\pi}} \approx 0.3989$$

(3) $\varphi(x)$ 在 $x = \pm 1$ 处有两个拐点。

(4) 标准正态曲线 $\varphi(x)$ 以 x 轴为其水平渐过线。

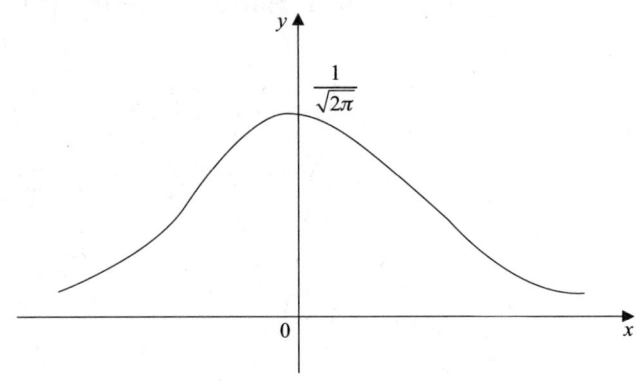

图 2.5 标准正态曲线

2. 正态分布的数学期望与方差

若随机变量 $\xi \sim N(\mu, \sigma^2)$，则：

$$E(\xi) = \mu \tag{2.53}$$

$$Var(\xi) = \sigma^2 \tag{2.54}$$

证明：

$$E(\xi) = \int_{-\infty}^{+\infty} x f(x) dx = \int_{-\infty}^{+\infty} \frac{1}{\sqrt{2\pi}\sigma} x e^{-\frac{(x-\mu)^2}{2\sigma^2}} dx$$

$$= \int_{-\infty}^{+\infty} \frac{1}{\sqrt{2\pi}\sigma} [(x-\mu) + \mu] e^{-\frac{(x-\mu)^2}{2\sigma^2}} dx$$

$$= \int_{-\infty}^{+\infty} \frac{1}{\sqrt{2\pi}\sigma} (x-\mu) e^{-\frac{(x-\mu)^2}{2\sigma^2}} dx + \mu \int_{-\infty}^{+\infty} \frac{1}{\sqrt{2\pi}\sigma} e^{-\frac{(x-\mu)^2}{2\sigma^2}} dx$$

$$= 0 + \mu$$
$$= \mu$$
$$Var(\xi) = \int_{-\infty}^{+\infty} (x-\mu)^2 f(x) dx$$
$$= \int_{-\infty}^{+\infty} \frac{1}{\sqrt{2\pi}\sigma} (x-\mu)^2 e^{-\frac{(x-\mu)^2}{2\sigma^2}} dx$$
$$= \int_{-\infty}^{+\infty} \frac{\sigma^2}{\sqrt{2\pi}} y^2 e^{-\frac{y^2}{2}} dy \quad (y = \frac{x-\mu}{\sigma})$$
$$= \frac{\sigma^2}{\sqrt{2\pi}} \int_{-\infty}^{+\infty} y^2 e^{-\frac{y^2}{2}} dy$$

利用分部积分和泊松积分 $\int_{-\infty}^{+\infty} e^{-\frac{y^2}{2}} dy = \sqrt{2\pi}$ 结果,

$$上式 = \frac{1}{\sqrt{2\pi}} \sigma^2 \left[-ye^{-\frac{y^2}{2}} \Big|_{-\infty}^{+\infty} + \int_{-\infty}^{+\infty} e^{-\frac{y^2}{2}} dy \right]$$
$$= \frac{1}{\sqrt{2\pi}} \sigma^2 (0 + \sqrt{2\pi}) = \sigma^2$$

由上述结果知,正态分布密度函数中的两个参数 μ 和 δ^2 分别是正态分布的数学期望和方差。

特别地,若 ξ 服从标准正态分布 $N(0,1)$,则:

$$E(\xi) = 0 \tag{2.55}$$
$$Var(\xi) = 1 \tag{2.56}$$

3. 标准正态分布函数表的用法

正态分布是最常用的分布,现在讨论怎样计算服从正态分布的随机变量在任一区间上取值的概率问题。

标准正态分布函数

$$\Phi(x) = \int_{-\infty}^{x} \varphi(x) dx = \frac{1}{\sqrt{2\pi}} \int_{-\infty}^{x} e^{-\frac{t^2}{2}} dt$$

表示事件 $\{\xi \leq x\}$ 的概率,其值在几何上表示标准正态曲线 $\varphi(x)$ 与 x 轴围成的开口曲边梯形在 $(-\infty, x]$ 上的面积(如图2.6中阴影部分所示)。

当 $x \geq 0$ 时,可以利用附表直接查出 $\Phi(x)$ 的值。

当 $x < 0$ 时,可根据公式:

$$\Phi(x) = 1 - \Phi(-x) \tag{2.57}$$

利用附表,先查出 $\Phi(x)$ 的值($-x > 0$),再代入公式(2.57)中算出 $\Phi(x)$ 的值。

公式(2.57)可从图2.7直观地得到,图中标准正态曲线 $\Phi(x)$ 与 x 轴所围成的曲边梯形的总面积是 1，因此 $-x$ 点之右侧阴影部分的面积是 $1-\Phi(-x)$，而 x 点之左侧影部分的面积是 $\Phi(x)$，由图形关于 y 轴的对称性可知，左、右两侧阴影部分的面积相等，即 $\Phi(x)=1-\Phi(-x)$。

对于服从一般正态分布 $N(\mu,\sigma^2)$ 的随机变量，可利用下面的定理进行变换后，再查附表二求出相应的概率。

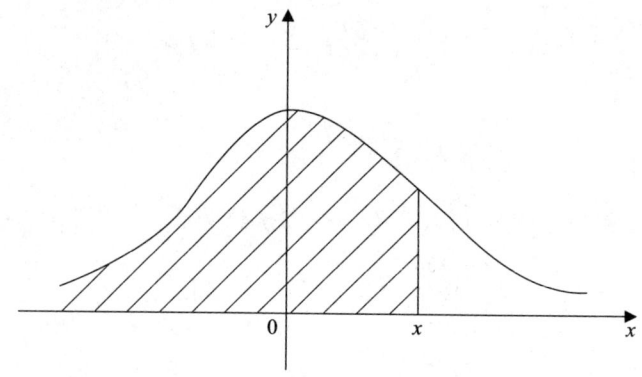

图 2.6 标准正态分布函数

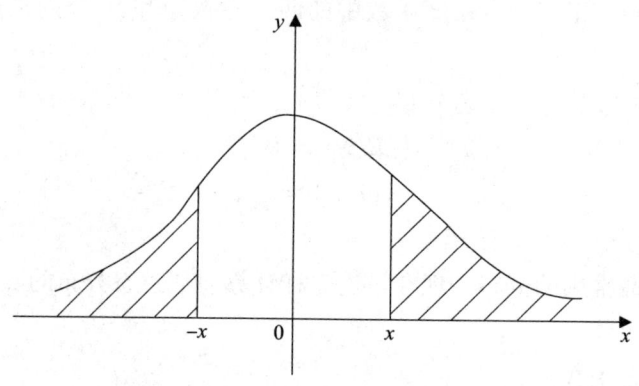

图 2.7 $\Phi(x)=1-\Phi(-x)$

例 2.2 试证：若随机变量 ξ 服从 $N(\mu,\sigma^2)$ 且，$\eta=\dfrac{\xi-\mu}{\sigma}$，则 η 服从 $N(0,1)$。

证明：据题意知 ξ 的概率密度是：

$$f(x)=\frac{1}{\sqrt{2\pi}\sigma}e^{-\frac{(x-\mu)^2}{2\sigma^2}}$$

$$F_\eta(y)=P\{\eta\leq y\}=P\left\{\frac{\xi-\mu}{\sigma}\leq y\right\}=P\{\xi\leq\sigma y+\mu\}=F_\xi(\sigma y+\mu)$$

$$f_\eta(y)=F_\eta{'}(y)=[F_\xi(\sigma y+\mu)]'=\sigma f_\xi(\sigma y+\mu)=\sigma\frac{1}{\sqrt{2\pi}\sigma}e^{-\frac{(\sigma y+\mu-\mu)^2}{2\sigma^2}}$$

$$= \frac{1}{\sqrt{2\pi}\sigma}e^{-\frac{y^2}{2}} = \Phi(y)$$

即 η 服从标准正态分布。称 η 为 ξ 的标准化随机变量。

例 2.3 设 $\xi \sim N(\mu, \sigma^2)$，求 ξ 落在下列区间内的概率：

(1) $(\mu - \sigma, \mu + \sigma)$； (2) $(\mu - 2\sigma, \mu + 2\sigma)$； (3) $(\mu - 3\sigma, \mu + 3\sigma)$。

解：

(1) $P\{\mu - \sigma < \xi < \mu + \sigma\} = F(\mu + \sigma) - F(\mu - \sigma)$

$$= \Phi(\frac{\mu + \sigma - \mu}{\sigma}) - \Phi(\frac{\mu - \sigma - \mu}{\sigma})$$

$$= \Phi(1) - \Phi(-1) = 2\Phi(1) - 1$$

$$= 2 \times 0.8413 - 1 = 0.6826$$

(2) $P\{\mu - 2\sigma < \xi < \mu + 2\sigma\} = F(\mu + 2\sigma) - F(\mu - 2\sigma)$

$$= 2\Phi(2) - 1$$

$$= 2 \times 0.9773 - 1 = 0.9546$$

(3) $P\{\mu - 3\sigma < \xi < \mu + 3\sigma\} = F(\mu + 3\sigma) - F(\mu - 3\sigma)$

$$= 2\Phi(3) - 1$$

$$= 2 \times 0.9987 - 1 = 0.9974$$

由此例的结果可知，虽然随机变量 ξ 取值遍及整个数轴，但 ξ 落在区间 $(\mu - 3\sigma, \mu + 3\sigma)$ 内的概率几乎为 1。由此不难理解正态分布的密度函数曲线与 x 轴所围面积为 1。此面积在区间 $(\mu - \sigma, \mu + \sigma)$ 内的部分占全面积的 68.3%；在区间 $(\mu - 2\sigma, \mu + 2\sigma)$ 内的部分占 95.5%；在区间 $(\mu - 3\sigma, \mu + 3\sigma)$ 内的部分占 99.7%，这就是重要的"三 σ"原则，它将在管理中经常用到。

（三）伽马分布

伽马分布有 2 个正参数，并具有多种形式，概率密度函数根据不同的参数值有不同的形状，变量的取值范围为 $\{x : x > 0\}$。

伽马函数 $\Gamma(\alpha)$ 定义如下：对 $\alpha > 0$，

$$\Gamma(\alpha) = \int_0^\infty y^{\alpha - 1} e^{-y} dy$$

特别地：

$$\Gamma(1) = 1$$

$$\Gamma(\alpha) = (\alpha - 1)\Gamma(\alpha - 1), \alpha > 1$$

（如果 α 是整数，$\Gamma(\alpha) = (\alpha - 1)!$）

$$\Gamma(1/2) = \sqrt{\pi}$$

伽马分布的概率密度函数为：

$$f(x) = \begin{cases} \dfrac{1}{\beta^{\alpha}\Gamma(\alpha)}x^{\alpha-1}e^{-x/\beta} & x > 0 \\ 0 & 其他 \end{cases}$$

其中，$\alpha > 0, \beta > 0$。

服从伽马分布的随机变量 ξ 其数学期望和方差分别为：

$$E(\xi) = \mu = \alpha\beta, Var(\xi) = \alpha\beta^2$$

指数分布和 χ^2 分布是它的两个特例：

当 $\alpha = 1, \beta = \theta$ 时，伽马分布的密度函数变为：

$$f(x) = \begin{cases} \dfrac{1}{\theta}e^{-x/\theta} & x > 0 \\ 0 & 其他 \end{cases}$$

此即指数分布；

当 $\alpha = \dfrac{v}{2}$（v 为正整数），$\beta = 2$ 时，即为 χ^2 分布。

（四）β 分布

β 分布也具有 2 个正参数和多种分布形式，变量的取值范围为：$\{x:0 < x < 1\}$。β 分布记为 $B(\alpha, \beta)$，其概率密度函数为：

$$f_x(x) = \dfrac{\Gamma(\alpha+\beta)}{\Gamma(\alpha)\Gamma(\beta)}x^{\alpha-1}(1-x)^{\beta-1} \quad 0 < x < 1$$

由概率密度函数的性质，

$$\int_0^1 \dfrac{\Gamma(\alpha+\beta)}{\Gamma(\alpha)\Gamma(\beta)}x^{\alpha-1}(1-x)^{\beta-1}dx = 1$$

得：

$$\int_0^1 x^{\alpha-1}(1-x)^{\beta-1}dx = \dfrac{\Gamma(\alpha)\Gamma(\beta)}{\Gamma(\alpha+\beta)}$$

可以求得：

$$\mu = \dfrac{\alpha}{\alpha+\beta}$$

$$\sigma^2 = \dfrac{\alpha\beta}{(\alpha+\beta)^2(\alpha+\beta+1)}$$

在 (0, 1) 间的均匀分布也是 β 分布的一个特例（$\alpha = \beta = 1$）。

（五）对数正态分布

对于随机变量 X，如果 $Y = \log X$ 服从正态分布，那么，就称 X 服从对数正态分布。

对数正态分布的概率密度函数为：

$$f(x) = \frac{1}{x^\sigma \sqrt{2\pi}} e^{-\frac{1}{2}(\frac{\log x - \mu}{\sigma})^2}, \ (0 < x < +\infty)$$

第二节　概率母函数

一、母函数

母函数又称生成函数，是某组有规律数据的一个简要的概括性表达式，在任何需要的时候，可以将它展开（为"幂级数"）来生成这组数据。

这样的函数主要用于处理随机变量分布，可以很容易地用来确定随机变量的分布及其各阶矩，可用于说明变量间的关系。此外，可以在探讨随机过程的有关问题中发挥重要作用。

以下是两个母函数的简单例子：

（1）针对数字：

$$\frac{1}{8}, \frac{3}{8}, \frac{3}{8}, \frac{1}{8}$$

（依此次序，）我们可以构造出一个母函数：

$$\frac{1}{8} + \frac{3}{8}t + \frac{3}{8}t^2 + \frac{1}{8}t^3 = \frac{1}{8}(1+t)^3 \tag{2.58}$$

或者同样地：

$$\left(\frac{1}{2} + \frac{1}{2}t\right)^3 \tag{2.59}$$

通过式（2.58）或式（2.59）的展开式我们可以得到该多项式的各次项 t^0（= 1）、t^1（= t）、t^2 和 t^3 的系数。

（2）针对数字：

$$\frac{1}{2}, \frac{1}{4}, \frac{1}{8}, \frac{1}{16}, \cdots$$

我们可以构造一个母函数

$$\frac{1}{2} + \frac{1}{4}t + \frac{1}{8}t^2 + \frac{1}{16}t^3 + \cdots = \frac{1}{2}(1 + \frac{1}{2}t + \frac{1}{4}t^2 + \frac{1}{8}t^3 + \cdots)$$
$$= \frac{1}{2}(1 - \frac{1}{2}t)^{-1}（如果 \left|\frac{t}{2}\right| < 1） \tag{2.60}$$

通过式（2.60）的展开式我们会得到 t 的不同次方的系数。

二、概率母函数的概念

从这个名称中我们可以得知，一个概率母函数（PGF）可用于生成概率，即生成与数值 0，1，2，3，…相关联的概率，这个过程是通过计数变量（即：假设有非负整数值的离散变量）完成的。

对于取值为非负整数值的随机变量 X（可称为计数变量），设取值 $0,1,2,3,\cdots$ 的概率分别是 $p_0,p_1,p_2,p_3,\cdots$，针对上面的概率，我们构造一个母函数，$G(t)$，得：

$$G(t) = p_0 + p_1 t + p_2 t^2 + p_3 t^3 + \cdots$$

也就是：

$$G(t) = P(X=0) + P(X=1)t + P(X=2)t^2 + P(X=3)t^3 + \cdots \quad (2.61)$$

从中我们可以看出，$G(1)=1$ 和 $G(0)=P(X=0)$。

我们注意到式（2.61）是函数 t^X 的期望值的表达式——它给出了一个概率母函数的定义：

对于一个计数变量 X，如果：

$$G(t) = E(t^X) \quad (2.62)$$

存在，则称 $G(t)$ 为 X 的概率母函数。

注意：$G(t)$ 至少在 $|t| \leq 1$ 时是确实存在的，且概率母函数是唯一的，也就是说，如果当两个计数变量有相同的概率分布时他们才会有相同的概率母函数。

上节例子中的①给出了一个随机变量 X 的概率母函数，该随机变量 X 可以表示扔三次硬币国徽朝上的次数。

例子中的②给出了另一个随机变量 X 的概率母函数，其中 X 可以是如下随机变量：

在一系列独立的贝努里实验中，假设每次实验成功的概率 $p_{成功}=1/2$，令 X 表示第一次成功前失败的次数。

三、几个分布的概率母函数

下面我们将为在第二章提及的部分分布写出其概率母函数。

1. 均匀分布

$$P(X=x) = \frac{1}{k}, x = 1,2,3,\cdots,k$$

$$G(t) = E(t^X) = \frac{1}{k}(t + t^2 + \cdots + t^k)$$

$$= \frac{t}{k}(1 + t + \cdots + t^{k-1})$$

$$= \frac{t}{k}\frac{(1-t^k)}{(1-t)} \quad (t \neq 1)$$

2. 二项分布 $B(n,\theta)$（含 $n=1$ 时的贝努里分布）

$$P(X = x) = \begin{bmatrix} n \\ x \end{bmatrix}\theta^x(1-\theta)^{n-x}, \, x = 0,1,2,3,\cdots,n$$

$$G(t) = \sum_{x=0}^{n}\begin{bmatrix} n \\ x \end{bmatrix}(\theta t)^x(1-\theta)^{n-x} = [t\theta + (1-\theta)]^n \text{（二项分布展开式）}$$

3. 负二项分布 $NB(k,\theta)$（含 $k=1$ 时的几何分布）

为了计算方便，设 P（未发生）$= 1 - \theta = \phi$。

$$P(X = x) = \begin{bmatrix} x-1 \\ k-1 \end{bmatrix}\theta^k\phi^{x-k}, x = k, k+1, k+2, \cdots$$

$$G(t) = \sum_{x=k}^{\infty}\begin{bmatrix} x-1 \\ k-1 \end{bmatrix}t^x\theta^k\phi^{x-k} = (t\theta)^k\sum_{x=k}^{\infty}\begin{bmatrix} x-1 \\ k-1 \end{bmatrix}(t\phi)^{x-k}$$

$$= (t\theta)^k(1-t\phi)^{-k} = \left(\frac{t\theta}{1-t\phi}\right)^k$$

注意：对于 $|t\phi| < 1$，即 $|t| < \frac{1}{\phi}$ 时这个概括是正确的。

4. 泊松分布 Poisson（λ）

$$P(X = x) = \frac{\lambda^x \exp(-\lambda)}{x!}, \quad x = 0,1,2,3,\cdots$$

$$G(t) = \frac{e^{-\lambda}\sum_{x=0}^{\infty}(\lambda t)^x}{x!} = \exp(-\lambda)\exp(\lambda t) = \exp[\lambda(t-1)]$$

四、矩的计算

概率母函数 $G(t)$ 并不是主要用于求矩，但我们可以用 $G(t)$ 来很方便地求出较低的阶矩。我们可以仅仅凭它求出均值 μ 和方差 σ^2（从而得出 σ）。

我们可以将函数 t^x 展开如下（在点 $t=1$ 处用"泰勒展开式"）：

$$t^X = 1 + (t-1)X + \frac{(t-1)^2}{2!}X(X-1) + \frac{(t-1)^3}{3!}X(X-1)(X-2) + \cdots$$

所以：

$$G(t) = E(t^X)$$

$$= 1 + (t-1)E(x) + \frac{(t-1)^2}{2!}E[X(X-1)]$$

$$+ \frac{(t-1)^3}{3!} E[X(X-1)(X-2)] + \cdots$$

对 t 求微分,然后代入 $t=1$,得:

$$G'(1) = E(X), 即 \mu = G'(1)$$

求二次微分,然后代入 $t=1$,得到:

$$G''(1) = E[X(X-1)] = E(X^2) - E(X)$$

所以:

$$E(x^2) = G''(1) + G'(1)$$

由此可得 σ^2。

综上结论,我们可以得到:

$$\mu = G'(1)$$
$$\sigma^2 = G''(1) + G'(1) - [G'(1)]^2$$

注意:一个更简单,但比较符合要求的方法是在"期望符号"内求微分如下:

$$G(t) = E(t^X)$$

所以:

$$G'(t) = E(Xt^{X-1})$$

同时:

$$G''(t) = E[X(X-1)t^{X-2}]$$

所以:

$$G'(1) = E(X)$$
$$G''(1) = E[X(X-1)]$$

我们会用这些结论来证明上面的某些分布的均值和方差的表达式,对于这些分布来说这种方法便很简单。请记住 $G(1) = 1$。

1. 二项分布 $B(n,\theta)$

$$G(t) = (\theta t + \phi)^n, 其中 \phi = 1 - \theta$$
$$G'(t) = n\theta(\theta t + \phi)^{n-1}$$
$$G''(t) = n(n-1)\theta^2(\theta t + \phi)^{n-2}$$
$$G'(1) = n\theta$$
$$G''(1) = n(n-1)\theta^2$$

所以:

$$\mu = n\theta$$
$$\sigma^2 = n(n-1)\theta^2 + n\theta - (n\theta)^2 = n\theta - n\theta^2 = n\theta\phi$$

2. 几何分布 Geometric(θ)

$$G(t) = \frac{\theta t}{(1 - \phi t)}, 其中 \phi = 1 - \theta$$

$$\ln G(t) = \ln\theta + \ln t - \ln(1 - \phi t)$$

$$\frac{G'(t)}{G(t)} = \frac{1}{t} + \frac{\phi}{(1-\phi t)}$$

所以：

$$G'(1) = 1 + \frac{\phi}{\theta} = \frac{1}{\theta}$$

$$\frac{G''(t)}{G(t)} - \left[\frac{G'(t)}{G(t)}\right]^2 = \frac{-1}{t^2} + \frac{\phi^2}{(1-\phi t)^2}$$

所以：

$$G''(1) - [G'(1)]^2 = -1 + \frac{\phi^2}{(1-\phi)^2} = \frac{(1-2\theta)}{\theta^2}$$

所以：

$$\mu = \frac{1}{\theta}, \sigma^2 = \frac{(1-2\theta)}{\theta^2} + \frac{1}{\theta} = \frac{(1-\theta)}{\theta^2} = \frac{\phi}{\theta^2}$$

3. 泊松分布 Poisson（λ）

$$G(t) = \exp(-\lambda)\exp(\lambda t)$$
$$G'(t) = xG(t) \quad G'(1) = \lambda$$
$$G''(t) = \lambda G'(t) \quad G''(1) = \lambda^2$$

所以：

$$\mu = \lambda$$
$$\sigma^2 = \lambda^2 + \lambda - \lambda^2 = \lambda$$

例 2.4 为检查某一级别的非寿险业务中已经发生索赔的保单，采用了去年每份保单索赔次数的数据 X，其中 $P(X=x)$ 与均值为 λ 的泊松分布的概率成正比，但在"$X=0$"的值不存在，该分布被称作截尾泊松分布（Truncated Poisson Distribution），即：

$$P(X=x) = \frac{k\lambda^x}{x!}, x = 1,2,3,\cdots$$

求出 X 的概率母函数（求出常数 k）和该分布的均值。

解：

$$G(t) = k(\lambda t + \frac{\lambda^2 t^2}{2!} + \frac{\lambda^3 t^3}{3!} + \cdots) = k\{\exp(\lambda t) - 1\}$$

由 $G(1) = 1$，得：

$$k = \frac{1}{\exp(\lambda) - 1}$$

且：

$$G(t) = \frac{\exp(\lambda t) - 1}{\exp(\lambda) - 1}$$

而：

$$G'(t) = k\lambda \exp(\lambda t)$$

所以：

$$\mu = G'(1) = k\lambda \exp(\lambda) = \frac{\lambda}{1 - \exp(-\lambda)}$$

注意：①在截尾模型中：

$$P(X = x) = \{1 - \exp(-\lambda)\}^{-1} \frac{\lambda^x \exp(-\lambda)}{x!}, x = 1, 2, 3, \cdots$$

它比正常的泊松分布模型中相应的概率多了系数 $(1 - e^{-\lambda-1})$，并且 X 不再取 0 点的值。

②截尾泊松分布的均值也比正常的泊松分布的均值 λ 多了系数 $\{1 - \exp(-\lambda)\}^{-1}$。

例 2.5 设 X 服从均值为 5 的泊松分布，求 $Y = 2X + 3$ 的概率母函数。

解：

$$G(t) = \exp[t(t-1)]$$

所以：

$$G_y(t) = t^3 \exp[5(t^2 - 1)] = e^{-5} t^3 \exp(5t^2)$$

注意：我们可将 $G_y(t)$ 展开为如下形式：

$$e^{-5} t^3 \left[1 + 5t^2 + \frac{(5t^2)^2}{2!} + \frac{(5t^2)^3}{3!} + \cdots\right]$$

$$= e^{-5}\left(t^3 + 5t^5 + \frac{25t^7}{2!} + \frac{125t^9}{3!} + \cdots\right)$$

所以，以 $P(Y = 9)$ 为例，$P(Y = 9)$ 是 t^9 的系数，即：

$$\frac{125 e^{-5}}{6}$$

当然，

$$P(Y = 9) = P(Y = 3) = \frac{\exp(-5) 5^3}{3!} = \frac{125 e^{-5}}{6}$$

例 2.6 设 X 服从 $B(n, \theta)$ 的二次分布，求 $Y = n - X$ 的概率母函数。

解：

$$G(t) = (\theta t + \phi)^n$$

所以：

$$G_y(t) = t^n (\theta/t + \phi)^n = (\phi t + \theta)^n$$

所以，Y 服从二项分布 $B(n, \phi)$。

注意：Y 表示 n 次实验中失败的次数。

下面的例子说明如何用一系列概率母函数建立一个"极限分布"，我们来考虑一个第二章中已讨论过的例子，即均值为 $n\theta$ 的二项分布 $B(n,\theta)$，当 $n \to \infty$ 时，其极限分布为一个均值为 λ 的泊松分布。

例 2.7 设 X 是一个二项分布变量 $B(n,\theta)$，设 $n\theta = \lambda$，用 n 和 λ 表示出 X 的概率母函数，并检验当 $n \to \infty$ 时它的极限。

解： 在 $G(t)$ 中用 λ/n 代替 θ。

$$G(t) = (\theta t + 1 - \theta)^n = \left(\frac{\lambda t}{n} + 1 - \frac{\lambda}{n}\right)^n = \left[1 + \frac{x}{n}\right]^n \text{ 其中 } x = \lambda(t-1)$$

随着 $n \to \infty$，函数 $\left[1 + \frac{x}{n}\right]^n \to e^x$，

所以：

$$G(t) \to \exp\{\lambda(t-1)\}$$

这就是服从均值为 λ 的泊松分布的随机变量的概率母函数。

第三节 矩母函数

一、矩母函数的概念

从名字中可得知，一个矩母函数（MGF）可用于生成（离散的或连续的）随机变量的各阶矩。

下面我们给出矩母函数（MGF）的完整的定义：

对于一个随机变量 X，如果其函数 $\exp(tX)$ 的数学期望 $M(t) = E[\exp(tX)]$ 存在，则称函数 $M(t)$ 为随机变量 X 的矩母函数。

将指数函数展开为幂级数形式，并求其数学期望，我们会得到：

$$M(t) = 1 + tE(X) + \frac{t^2}{2!}E(X^2) + \frac{t^3}{3!}E(X^3) + \cdots$$

从中我们看到 X 的第 r 阶矩 $E(X^r)$ 即矩母函数 MGF 的幂级数展开式中 t^r 的系数。

所以，欲求某一随机变量 X 的矩，可把矩母函数展开成幂级数展开式，并求出 t 的恰当次幂的系数。

另一种方法是对随机变量的矩母函数微分，并设 $t=0$，即求矩母函数在 $t=0$ 处的导数，即可得到该随机变量的矩。这种方法对一、二阶矩是很方便的。

$$M(t) = 1 + tE(X) + \frac{t^2}{2!}E(X^2) + \frac{t^3}{3!}E(X^3) + \frac{t^4}{4!}E(X^4) + \cdots$$

$$M'(t) = E(X) + tE(X^2) + \frac{t^2}{2!}E(X^3) + \frac{t^3}{3!}E(X^4) + \cdots$$

所以：

$$M'(0) = E(X)$$

$$M''(t) = E(X^2) + tE(X^3) + \frac{t^2}{2!}E(X^4) + \cdots$$

所以：

$$M''(0) = E(X^2)$$

一般地，

$$E(X^r) = M^{(r)}(0)$$

所以，矩可以通过对矩母函数微分并设 $t=0$ 求得。

注意：如果我们已知一个随机变量 X 的分布，我们至少在理论上可以计算出分布的所有阶矩，但是，如果已知某随机变量的各阶矩，能否求出其分布呢？

在一般情况下①，我们可以说如果一随机变量的所有阶矩都存在（并要满足一定的收敛条件），那么矩的序列会唯一决定 X 的分布。

进一步说，如果我们求出一个矩母函数，就必然有一个唯一的分布与之对应，这使得我们能把一个矩母函数看做一个特定分布时的矩母函数（在矩母函数与特定的分布间有着一一对应关系）。

例 2.8 设 X 为一个随机变量，其概率密度函数为：

$$f(t) = \frac{1}{2}\exp\{-|x|\}, \quad -\infty < x < +\infty$$

试推导出 X 的矩母函数，并借此求出 X 的标准差。

解：

该随机变量的概率密度函数有两个部分：

当 $x>0$ 时 $f(t) = \frac{1}{2}\exp(-x)$

当 $x<0$ 时： $f(t) = \frac{1}{2}\exp(x)$

所以：

$$2M(t) = \int_{-\infty}^{0} e^{(t+1)x}dx + \int_{0}^{\infty} e^{(t-1)x}dx$$

注意我们要求 $t+1>0$，使得第一个积分是有限的，$t-1<0$ 是保证第二个积分是有限的。

所以：

---

① 这里的一般情况是指不做数学意义上的精密计算的情况。

$$2M(t) = \frac{1}{t+1}(1-0) + \frac{1}{t-1}(0-1) = \frac{2}{1-t^2}, 当 -1 < t < 1$$

所以：
$$M(t) = (1-t^2)^{-1}, \quad -1 < t < 1$$
$$M(t) = 1 + t^2 + t^4 + \cdots$$

所以：
$$E(X) = 0$$
$$E(X^2) = 2$$

所以：
$$\sigma^2 = 2, \sigma = \sqrt{2}$$

二、概率母函数与矩母函数的关系

对于一个概率母函数为 $G(t) = E(t^X)$ 的随机变量，我们可以求出它的矩母函数 $M(t) = [E(e^{tX})]$，只要用 e^t 代替 $G(t)$ 中的 t 就可以了，即：
$$M(t) = G(e^t)$$
如此，我们可以得到如下的几个结果：

1. 二项分布 $B(n,\theta)$
$$M(t) = (\theta e^t + \phi)^n = [1 + \theta(e^t - 1)]^n$$
其中 $\phi = 1 - \theta$。

2. 负二项分布 $NB(k,\theta)$
$$M(t) = \left(\frac{\theta e^t}{1 - \phi e^t}\right)^k$$
当 $k=1$ 时即为几何分布 $g(\theta)$。

3. 泊松分布 Poisson (λ)
$$M(t) = \exp[\lambda(e^t - 1)]$$

三、几个分布的矩母函数

1. 伽马分布 Gamma (α, β)

求矩母函数，须在 0 到 ∞ 间对函数 $e^{tx} f(x)$ 求积分。通过积分变换 $y = (1/\beta - t)x$，我们可以得到：
$$\beta^\alpha \Gamma(\alpha) M(t) = \int_0^\infty \left(\frac{\beta}{1-\beta t}\right)^\alpha y^{\alpha-1} e^{-y} dy = \left(\frac{\beta}{1-\beta t}\right)^\alpha \Gamma(\alpha)$$

所以：

$$M(t) = (1-\beta t)^{-\alpha}$$

这样,求 μ 和 σ^2 就是一件很容易的事了。

$$M'(t) = \alpha\beta(1-\beta t)^{-\alpha-1}$$

所以:
$$E(X) = M'(0) = \alpha\beta$$
$$M''(t) = \alpha(\alpha+1)\beta^2(1-\beta t)^{-\alpha-2}$$

所以:
$$E(X^2) = M''(0) = \alpha(\alpha+1)\beta^2$$

因此:
$$\mu = \alpha\beta$$
$$\sigma^2 = \alpha(\alpha+1)\beta^2 - (\alpha\beta)^2 = \alpha\beta^2$$

在第二章我们曾提到指数分布和 χ^2 分布是伽马分布的两个特例。

即当 $\alpha=1$,$\beta=\theta$ 时的伽马分布为均值为 θ 的指数分布;

当 $\alpha=v/2$(v 为正整数),$\beta=2$ 时即为参数为 v 的 χ^2 分布。

所以均值为 θ 的指数分布的矩母函数为:

$$M(t) = (1-\theta t)^{-1}$$

参数为 v 的 χ^2 分布的矩母函数是:

$$M(t) = (1-2t)^{-v/2}$$

2. 正态分布(μ, σ^2)

根据矩母函数的概念,

$$M(t) = \int_{-\infty}^{+\infty} e^{xt} \frac{1}{\sqrt{2\pi}\sigma} e^{-\frac{1}{2}(\frac{x-\mu}{\sigma})^2} dx = \frac{1}{\sqrt{2\pi}\sigma} \int_{-\infty}^{x} e^{-\frac{1}{2\sigma^2}[-2\sigma^2 xt + (x-\sigma)^2]} dt$$

考虑到:

$$-2\sigma^2 xt + (x-\mu)^2 = [x-(\mu+\sigma^2 t)]^2 - 2\mu\sigma^2 t - \sigma^4 t^2$$

则有:

$$M(t) = e^{\mu t + \frac{1}{2}\sigma^2 t^2} \left\{ \frac{1}{\sqrt{2\pi}\sigma} \int_{-\infty}^{+\infty} e^{-\frac{1}{2}[\frac{x-(\mu+\sigma^2 t)}{\sigma}]^2} dx \right\}$$

显然,上式中的后半部分是参数为 $\mu+t\sigma^2$ 和 σ 的正态分布的密度函数在($-\infty$,$+\infty$)上的积分,根据密度函数的性质,该积分结果为1,所以,

$$M(t) = e^{\mu t + \frac{1}{2}\sigma^2 t^2}$$

或写为:

$$M(t) = \exp(\mu t + \frac{1}{2}\sigma^2 t^2)$$

展开得:

$$M(t) = 1 + (\mu t + \frac{1}{2}\sigma^2 t^2) + \frac{(\mu t + \frac{1}{2}\sigma^2 t^2)^2}{2!} + \cdots$$

$E(X)$ 等于 t 的系数 μ。这就证实了 μ 的确代表均值。

$E(X^2)$ 等于 $\frac{t^2}{2!}$ 的系数 $\mu^2 + \sigma^2$,所以:

$$Var(X) = \mu^2 + \sigma^2 - \mu^2 = \sigma^2$$

这也证实了 σ 确实代表标准差。

在应用中,需要经常用微分求 $E(X)$ 和 $E(X^2)$。注意:

$$\frac{dM(t)}{dt} = (\mu + \sigma^2 t)M(t)$$

对于服从标准正态分布的随机变量 Z,有:

$$M_Z(t) = \exp(\frac{t^2}{2}) = 1 + \frac{t^2}{2} + \frac{(\frac{1}{2}t^2)^2}{2!} + \cdots$$

因此:

$$E(Z) = 0$$
$$E(Z^2) = 1$$
$$E(Z^3) = 0$$
$$E(Z^4) = 3 (t^4/4! \text{的系数})$$

由于 $X = \sigma Z + \mu$,

所以:

$$E[(X-\mu)^3] = 0$$
$$E[(X-\mu)^4] = 3\sigma^4$$

四、随机变量线性函数的矩母函数

假设 X 的矩母函数为 $M(t)$,$Y = aX + b$,可以通过 X 的矩母函数计算 Y 的矩母函数 $M_Y(t)$,这是因为:

$$M_Y(t) = E(e^{tY}) = E[e^{t(aX+b)}] = e^{bt}E(e^{atX}) = e^{bt}M(at)$$

我们要做的就是在 X 的矩母函数中,用 at 代替 t,并将结果乘以 e^{bt}。

例 2.9 一个保险公司收到的关于某种保单的咨询都要转给专门负责咨询的有关经理,咨询的结果是该经理向部分咨询者卖出了这种保单。设 X 是该经理卖出 3 张保单之前所接待的并且最终未购买保单的咨询者数目;假设每个咨询者与其他人是独立无关的,并且每个咨询者因咨询而最终购买了该保单的概率为 p。

试求 X 的矩母函数,并用它求出 X 的均值和方差。

解：设 Y 表示该经理卖出 3 张保单时接待的咨询者总数，则 Y 服从参数为 3 和 p 的负二项分布 $NB(3,p)$，其矩母函数为：

$$\left(\frac{pe^t}{1-qe^t}\right)^3$$

其中 $q = 1 - p$。

$X = Y - 3$，所以 X 的矩母函数：

$$M(t) = e^{-3t}\left(\frac{pe^t}{1-qe^t}\right)^3 = \left(\frac{p}{1-qe^t}\right)^3 = p^3(1-qe^t)^{-3}$$

所以：

$$M'(t) = 3qp^3 e^t (1-qe^t)^{-4}$$

所以：

$$E(X) = M'(0) = \frac{3q}{p}$$

$$M''(t) = 3qp^3[e^t(1-qe^t)^{-4} + 4qe^{2t}(1-qe^t)^{-5}]$$

所以：

$$E(X^2) = M''(0) = \frac{3q(p+4q)}{p^2}$$

所以：

$$\mu = \frac{3q}{p}$$

$$\sigma^2 = \frac{3q(p+4q)}{p^2} - \left(\frac{3q}{p}\right)^2 = \frac{3q}{p^2}$$

例 2.10 证明一个正态分布的随机变量的线性函数是一个正态分布的随机变量。

解：

设 X 服从正态分布 $N(\mu, \sigma^2)$，则：

$$M_X(t) = \exp(\mu t + \frac{1}{2}\sigma^2 t^2)$$

设 $Y = aX + b$，那么：

$$M_Y(t) = e^{bt}M_X(at) = \exp(bt)\exp(a\mu t + \frac{1}{2}a^2\sigma^2 t^2) = \exp[(a\mu + b)t + \frac{1}{2}a^2\sigma^2 t^2]$$

它是一个正态随机变量的矩母函数。所以，随机变量 Y 服从正态分布（均值为 $a\mu + b$，方差为 $a^2\sigma^2$，标准差为 $|a|\sigma$）。

下面的两个重要的例子都说明了怎样用一系列矩母函数来建立一个"有限分布"——即在这两个例子中，矩母函数都趋近于一个极限，我们把这个极限做为标准正态分布变量的矩母函数。

例 2.11 设随机变量 X 服从均值为 λ 的泊松分布。证明其标准化后的变量的分

布在 $\lambda \to \infty$ 时趋近于一个标准正态分布。

解：

随机变量 X 的均值是 λ，方差是 λ，矩母函数是 $\exp[\lambda(e^t-1)]$。

X 的标准化后的变量为：

$$Z = \frac{X-\lambda}{\sqrt{\lambda}} = \frac{X}{\sqrt{\lambda}} - \sqrt{\lambda}$$

所以：

$$M_Z(t) = \exp(-\sqrt{\lambda}\,t)\exp[\lambda(e^{t/\sqrt{\lambda}}-1)]$$

$$\ln M_Z(t) = -\sqrt{\lambda}\,t + \lambda(e^{t/\sqrt{\lambda}}-1)$$

$$= -\sqrt{\lambda}\,t + \lambda\left[\frac{t}{\sqrt{\lambda}} + \frac{1}{2}\left(\frac{t}{\sqrt{\lambda}}\right)^2 + c_1\left(\frac{t}{\sqrt{\lambda}}\right)^3 + c_2\left(\frac{t}{\sqrt{\lambda}}\right)^4 + \cdots\right]$$

$$= \frac{1}{2}t^2 + c_1\frac{t^3}{\sqrt{\lambda}} + c_2\frac{t^4}{\lambda} + \cdots$$

其中 c_1、c_2 均为常数，是上式中相应的系数。

所以当 $\lambda \to \infty$ 时，

$$\ln M_Z(t) \to \frac{1}{2}t^2$$

也就是：

$$M_Z(t) \to \exp\left(\frac{1}{2}t^2\right)$$

这是一个服从标准正态分布变量的矩母函数。

因此当 $\lambda \to \infty$ 时 X 的标准化后的变量趋近于一个标准正态分布。

注意：这一结论意味着，当 λ 充分大时，我们可以用标准正态分布做为 $Z = \frac{X}{\sqrt{\lambda}} - \sqrt{\lambda}$ 的分布的近似值，因为 $X = Z\sqrt{\lambda} + \lambda$，所以我们可以认为：当 λ 足够大时可以把泊松分布 $P(\lambda)$ 近似看做均值为 λ、方差为 λ 的正态分布。

例 2.12 设 X 是一个服从二项分布 $B(n, \theta)$ 的随机变量，证明当 $n \to \infty$ 时，标准化后变量的分布趋近于标准正态分布。

解：

X 的均值是 $n\theta$，方差为 $n\theta(1-\theta)$，矩母函数是 $M(t) = \{\theta e^t + (1-\theta)\}^n$。

设 $Y = X - n\theta$，那么：

$$M_Y(t) = e^{-n\theta t}[\theta e^t + (1-\theta)]^n = \{e^{-\theta t}[\theta e^t + (1-\theta)]\}^n$$

$$= \left[\left(1 - \theta t + \frac{\theta^2 t^2}{2!} - \cdots\right)\left(1 + \theta t + \frac{\theta t^2}{2!} - \cdots\right)\right]^n$$

$$= \left[1 + \frac{1}{2}\theta(1-\theta)t^2 + \text{含 } t^3 \text{、} t^4 \text{ 的各项}\right]^n$$

设 $Z = \dfrac{Y}{[n\theta(1-\theta)]^{1/2}}$，那么：

$$M_Z(t) = M_Y\left\{\frac{t}{[n\theta(1-\theta)]^{1/2}}\right\} = \left[1 + \frac{\frac{1}{2}t^2}{n} + \text{含}\left(\frac{t}{\sqrt{n}}\right)^3 \text{、}\left(\frac{t}{\sqrt{n}}\right)^4 \text{ 的各项}\right]^n$$

当 $n \to \infty$ 时，

$$M_Z(t) \to \exp\left(\frac{1}{2}t^2\right)$$

因此当 $n \to \infty$ 时，标准化后的变量趋近于一个标准正态分布。

注意：这一结论意味着对于 n 充分大时，我们可以用一个标准正态分布作为 $Z = \dfrac{X - n\theta}{[n\theta(1-\theta)]^{1/2}}$ 分布的近似值，反过来意味着我们可以用均值为 $n\theta$、方差为 $n\theta(1-\theta)$ 的正态分布来近似估计二项分布 $B(n, \theta)$。

五、独立随机变量线性组合的矩母函数

（一）基本公式

假设 X 和 Z 为独立变量，其矩母函数分别为 $M_X(t)$ 和 $M_Z(t)$，令 $Y = aX + bZ$，由于：

$$M_X(t) = E(e^{tX})$$

所以：

$$M_Y(t) = E(e^{tY}) = E(e^{t(aX+bZ)}) = E(e^{taX}e^{tbZ}) = E(e^{taX})E(e^{tbZ})$$

即：

$$M_Y(t) = M_X(at)M_Z(bt)$$

在简单求和 $Y = X + Z$ 的情况下，我们有：

$$M_Y(t) = M_X(t)M_Z(t)$$

即，两个独立变量之和的矩生成出数为单个变量的矩生成出数的乘积。

该结论可推广到多于两个变量的和的情形——令 $Y = X_1 + X_2 + \cdots + X_n$，这里 X_i 相互独立，且矩生成函数为 $M_i(t)$，则：

$$M_Y(t) = M_1(t)M_2(t)\cdots M_n(t)$$

若和式中 X_i 由 cX_i 代替，则乘积中的 $M_i(t)$ 由 $M_i(ct)$ 代替。

此外，若各 X_i 个独立同分布，每一个 X_i 的矩母函数为 $M(t)$，且 $Y = X_1 + X_2 +$

$\cdots + X_n$,则:

$$M_Y(t) = [M(t)]^n$$

(二) 变量间的关系

1. 指数分布与伽马分布

令 X_i 为独立且服从参数为 β 的指数分布的随机变量,$i = 1, 2, \cdots, k$,则每一 X_i 的矩母函数为:

$$M(t) = (1 - \beta t)^{-1}$$

于是,$Y = X_1 + X_2 + \cdots + X_k$ 的矩母函数为:

$$[(1 - \beta t)^{-1}]^k = (1 - \beta t)^{-k}$$

它即为服从参数为 (k, β) 的伽马分布的随机变量的矩母函数。即,服从参数为 (k, β) 的伽马分布的随机变量为 k 个独立且服从参数为 β 的指数分布的随机变量之和。

每一服从指数分布的随机变量其均值为 β,方差为 β^2,于是服从参数为 (k, β) 伽马分布的随机变量其均值为 $k\beta$,方差为 $k\beta^2$。

两个独立且服从参数分别为 (a, β) 和 (δ, β) 的伽马分布的随机变量,其和为服从参数为 $(a + \delta, \beta)$ 的伽马分布的随机变量。

2. χ^2 分布

从上面结论中 $(\beta = 2)$ 推出,两个独立且服从自由度分别为 n 和 m 的 χ^2 分布的随机变量之和为服从自由度为 $n + m$ 的 χ^2 分布的随机变量。

3. 正态分布

令 X 是服从正态分布的随机变量,其均值为 μ_x,标准差为 σ_x,Z 也是服从正态分布的随机变量,其均值是 μ_z,标准差为 σ_z。令 X、Z 相互独立,且 $Y = X + Z$。则 X 和 Z 的矩母函数分别为:

$$M_X(t) = e^{(\mu_X t + \frac{1}{2}\sigma_X^2 t^2)}$$
$$M_Z(t) = e^{(\mu_Z t + \frac{1}{2}\sigma_Z^2 t^2)}$$

于是和 $Y = X + Z$ 的矩母函数为:

$$M_Y(t) = e^{(\mu_X t + \frac{1}{2}\sigma_X^2 t^2)} e^{(\mu_Z t + \frac{1}{2}\sigma_Z^2 t^2)} = e^{(\mu_X + \mu_Z) + \frac{1}{2}(\sigma_X^2 + \sigma_Z^2)t^2}$$

它是一正态变量的矩母函数——均值为 $\mu_X + \mu_Z$,方差为 $\sigma_z^2 + \sigma_x^2$。于是,独立正态变量的和仍为一正态变量。

例 2.13 A 类保单下的索赔数额服从正态分布,均值为 2 500,标准差为 300,B 类保单下索赔数额也服从正态分布,均值为 3 000,标准差 400,所有索赔数额都相互独立。

(1) 求 A 类保单下，4 次索赔的索赔额超过 10 300 的概率。

(2) 求 A 类保单下 4 次索赔的索赔额超过 B 类保单下，3 次索赔的索赔额的概率。

解：

(1) 由于 A 类保单下，第 i 次索赔额从均值为 2 500，方差为 90 000 的正态分布，所以 4 次这样的相互独立的索赔额也服从正态分布，其均值为 $4 \times 2\,500 = 10\,000$，方差 $4 \times 90\,000 = 360\,000$。

$$\therefore P(Z > 10\,300) = P[z > (10\,300 - 10\,000)/360\,000^{1/2}]$$
$$= P(Z > 0.5) = 0.308$$

注意：整个索赔额是 4 个独立随机变量之和，比方说 $Z_1 + Z_2 + Z_3 + Z_4$，每一 Z_i 的方差为 90 000，所以总索赔额方差为 $4 \times 90\,000 = 360\,000$。不变将该随机变量与 $4Z_i$（单个索赔额的 4 倍）混淆起来。$4Z_i$ 的方差为 $16 \times 90\,000 = 1\,440\,000$。

(2) B 类保单下，第 i 次索赔额服从均值为 3 000。方差为 160 000 的正态分布，于是 3 个这样的独立索赔额 Y 也服从正态分布，其均值为 $3 \times 3\,000 = 9\,000$，方差 $3 \times 160\,000 = 380\,000$。

Z、Y 相互独立，所以 $Z - Y$ 服从正态分布，均值为 $10\,000 - 9\,000 = 1\,000$，方差 $360\,000 + 480\,000 = 840\,000$。（注意"+"号）。

$$\therefore P(Z > Y) = P(Z - Y > 0)$$
$$= P(z > (0 - 1\,000)/840\,000^{1/2}) = P(z > -1.091) = 0.862$$

例 2.14 一家保险公司在其海上保险业务中承保了 4 个较大的相互独立的风险，保险金额（万元）见表 2.9。

表 2.9　　　　　　　　　　　保险金额

风险	A	B	C	D
保额	80	100	140	120

保险公司估计在下一年度内，每一风险下发生索赔的概率分别为 0.04，0.04，0.02，0.02。若针对某一特定风险的索赔的确发生，则该风险的保险金额将被支付，在针对该风险的下一次索赔将不被接受。

考虑下一年度的该业务量，并假定保险公司的估计是正确的。

(1) 计算以下的均值和方差：
①发生的索赔数目。
②发生的总索赔额。

(2) 求刚好发生一次索赔的概率。

(3) 假定刚好发生一次索赔，计算该次索赔额的均值，并对结果作一简单评论。

解：显然，服从贝努里分布的随机变量能理想地代表索赔数目和总索赔额。

(1) $X_A = \begin{cases} 1, & \text{若 A 风险下产生索赔} \\ 0, & \text{否则} \end{cases}$

同样定义 X_B、X_C、X_D。

$$E(X_A) = 0.04, \quad Var(X_A) = 0.04 \times 0.96$$

下同。

① 索赔数 $N = X_A + X_B + X_C + X_D$，这些变量相互独立。

$$\begin{aligned} E(N) &= E(X_A + X_B + X_C + X_D) \\ &= 0.04 + 0.04 + 0.02 + 0.02 \\ &= 0.12 \\ Var(N) &= Var(X_A + X_B + X_C + X_D) \\ &= 2(0.04 \times 0.96) + 2(0.02 \times 0.98) \\ &= 0.116 \end{aligned}$$

所以

$$SD(N) = 0.341$$

② 总索赔额：

$$C = 80X_A + 100X_B + 140X_C + 120X_D$$

有：

$E(C) = 80 \times 0.04 + 100 \times 0.04 + 140 \times 0.02 + 120 \times 0.02 = 12.4$（万元）

$Var(C) = (80^2 + 100^2)(0.04 \times 0.96) + (140^2 + 120^2)(0.04 \times 0.98) = 1\,296.16$

所以：

$SD(C) = 36.0$（万元）

(2) $P(N = 1) = 2(0.04 \times 0.96 \times 0.98^2) + 2(0.02 \times 0.98 \times 0.96^2)$

$\qquad\qquad = 0.1099$

(3) $P(\text{索赔为 A 风险} | N = 1) = \dfrac{P(A \text{ 且非 } B, \text{非 } C, \text{非 } D)}{P(N = 1)}$

$\qquad\qquad = (0.04 \times 0.96 \times 0.98^2)/0.1099 = 0.3356$

类似地：

$$P(\text{索赔为 B 风险} | N = 1) = 0.3356$$

∴ $P(\text{索赔为 C 风险} | N = 1) = P(\text{索赔为 D 风险} | N = 1)$

$$= \frac{1}{2}(1 - 0.6712) = 0.1644$$

∴ $E(\text{索赔额} | N = 1) = 180 \times 0.3356 + 260 \times 0.1644$

$$= 103.2 \text{（万元）}$$

$E(C) = 12.4$ 万元；$P(N=1)$ 仅为 0.11——但一旦一次索赔真的发生，则预计的索赔额高达 103.2 万元。

例 2.15 一组特定类保单下，索赔额（单位为 100 英镑）能由一参数为 $\alpha = 0.5$ 和 β（其均值为 $\beta/2$）的伽马变量来模拟，对 20 次索赔的一个随机样本，求在 (1) $\beta = 2$；(2) $\beta = 4$ 的情况下总索赔额的分布的上 5% 点。[已知：当 Y 服从 $v = 20$ 的 χ^2 分布，$P(Y > 31.41) = 0.05$]。

解：令 $Z_1, Z_2, \ldots, Z_{20}$ 为索赔额，它们相互独立，都服从参数 $\alpha = 0.5$ 和 β 的伽马分布，于是其和 $S = \sum Z_i$ 服从参数 $\alpha = 10$ 和 β 的伽马分布，矩母函数为 $M_S(t) = (1 - \beta t)^{-10}$，$Y = 2S/\beta$，则 $M_Y(t) = M_S(2t/\beta) = (1 - 2t)^{-10}$。所以 Y 服从 $v = 20$ 的 χ^2 方分布。

(1) $Y = S$，则 $P(S > 31.41) = 0.05$，所以 S 的分布的上 5% 点为 31.4。[此时 $E(S) = 20$。]

(2) $Y = S/2$，则 $P(S/2 > 31.41) = 0.05$，即 $P(S > 62.82)$，所以 S 的分布的上 5% 点为 62.8。[此时，$E(S) = 40$。]

例 2.16 回到上面例 2.13 中的 A 类索赔额，假设我们检查 n 个这样的独立索赔额，则 n 要多大时，才能保证被检验的 n 次索赔额都在 2 450 和 2 550 之间的概率至少为 0.95？

解：令 T 为被检验的 n 次索赔额的总和，T 服从均值为 $2\,500n$、方差 $90\,000n$ 的正态分布。

对于均值要在 2 450 和 2 550 之间，则要求 n 的总和要在 $2\,450n$ 和 $2\,550n$ 之间。于是：

$$P = (2\,450n < T < 2\,550n) = P(-50n/300\sqrt{n} < z < 50n/300\sqrt{n})$$
$$= P(-\sqrt{n}/6 < z < \sqrt{n}/6),$$

要使此概率至少为 0.95，则要求 $\sqrt{n}/6$ 至少为 1.96 即 $\sqrt{n} > 11.76$ 即 $n > 138.3$。

所以我们要求 n 至少为 139，才能保证索赔额均值在 2 450 和 2 550 间概率至少为 0.95。

例 2.17 一个保险公司签发了两种不同类型的保单，对两类保单，其产生的索赔数服从参数 α 的泊松分布，并且任一索赔为第 1 种保单的概率为 p，任一索赔为第 2 种保单的概率为 $1 - p$，所有索赔均相互独立。可以证明，第 1 种保单产生的索赔数服从参数为 $p\alpha$ 的泊松分布，第 2 种保单产生的索赔数服从参数为 $(1-p)\alpha$ 的泊松分布，而且他们相互独立。

(1) 假设一张第一种保单下产生的索赔数额恒为 C_1，一张第二种保单下产生的索赔数额恒为 C_2，求单位时间内总索赔数额的均值和方差的表达式。

(2) 在时间上任一点开始,求直到有 2 次索赔发生后所经历的时间的均值和方差。

(3) 假设 $P=i$,从时间上任一点开始,求直到两类保单都有索赔发生所经历的时间的均值和方差。

解：

(1) 令 Z_1 为单位时间内第一种保单的索赔数,则 Z_1 服从均值为 $p\alpha$ 的泊松分布,类似地令 Z_2 为单位时间内第二种保单的索赔数,Z_2 服从均值为 $(1-p)\alpha$ 的泊松分布,Z_1、Z_2 相互独立。

令 Y 为总索赔数额,则 $Y = C_1 Z_1 + C_2 Z_2$。

$$E(Y) = C_1 E(Z_1) + C_2 E(Z_2)$$
$$= C_1 p\alpha + C_2 (1-p)\alpha$$
$$= \alpha[pC_1 + (1-p)C_2]$$
$$Var(Y) = C_1^2 Var(Z_1) + C_2^2 Var(Z_2)$$
$$= C_1^2 p\alpha + C_2^2 (1-p)\alpha$$
$$= \alpha[C_1^2 p + C_2^2 (1-p)]$$

(2) 直到第二次索赔发生所经历的时间服从 $\alpha=2$,$\beta=1/\alpha$ 的伽马分布,于是该段时间的均值为 $2/\alpha$,方差 $2/\alpha^2$。

(3) 产生第一次索赔经历的时间服从均值为 $1/\alpha$ 的指数分布,从这一点出发,另一种保单产生的索赔数服从参数为 $2/\alpha$ 的泊松分布,于是另一种保单产生所需的额外时间服从均值为 $2/\alpha$ 的指数分布。

所以：

$$E(\text{时间}) = 1/\alpha + 2/\alpha = 3/\alpha$$
$$Var(\text{时间}) = (1/\alpha)^2 + (2/\alpha)^2 = 5/\alpha^2$$

第三章

生命表与疾病率表

第一节　简单生存模型

一、生存状况与生存模型

通常，我们把人寿保险合同称为寿险保单。按寿险保单的约定，保险人（即寿险公司）将根据被保险人在约定时间内的生存或死亡决定是否给付保险金。

例如，我们考虑一个人 30 岁的人购买一份期限为 10 年的生存保险，保额为 10 000 元。也就是说，如果他活到 40 岁，将得到 10 000 元的保险金；如果他在 10 年内死亡，保险公司不会有任何给付。

这种只有在特定事件发生时才给付的保险金称做条件支付（contingent payment）。其最重要特征就是它发生的不确定性。一个人的未来生存时间是不确定的。

被保险人在未来某个时期的生死是一个不确定性事件，对这个不确定性事件的研究是寿险精算中最重要的工作之一，它决定着保险金的给付与否。

从数学的角度，生存状况是一个简单的过程。这个过程有如下的特征：

- 存在两种状态：生存和死亡。
- 单个的人——经常称做生命个体——可被划分为生存者或死亡者，也就是说，我们可说出他们所处的状态。
- 生命个体可从"生存"状态到"死亡"状态，但反过来不能成立。
- 任何个体的未来生存时间都是未知的，所以我们应从生存或死亡概率的探讨而着手生存状况的研究。

生存模型就是对此过程建立的一个数学模型，用数学公式进行清晰的描述，从而对死亡率的问题作出了一些解释。下面就是生存模型可回答的几个问题的例子：

- 一个45岁的人在下一年中死亡的概率是多少？
- 假若有1 000个45岁的人，那么他们中有多少人可能在下一年内死亡？
- 如果某一45岁的男性公民投保了一个10年的定期的某种人寿保险，那么应该向他收取多少保费？
- 一个45岁男性公民将可能继续生存的年数？
- 由许多45岁的男性公民组成的一组人，其死亡概率分布是怎样的？
- 一些特定因素（如一天吸50根烟）对于45岁的男性公民的未来生存时间的影响是怎样的？

以上这些问题都是从概率和统计的角度阐述的，是根据过去的统计资料所做的估计和预测，因为死亡率不是一个确定的常量。

二、新生婴儿的未来生存时间

一个刚刚出生的个体（0岁），其未来生存时间（或称存活时间）可作为一个随机变量，我们用T_0表示。T_0代表一个0岁的人未来生存的时间，也就是他的寿命。T_0通常以年来计量。

我们通常假定T_0是一个连续随机变量，T_0可以取任何比0大的值。我们用$P[A]$表示事件A发生的概率。我们定义随机变量T_0的分布函数$F_0(t)$为：

$$F_0(t) = P[T_0 \leq t] \tag{3.1}$$

依定义，$F_0(t)$是一个0岁的人不晚于t岁死亡的概率。

另一个互补性的概率也是经常应用的，即一个0岁的人在t岁之后死亡的概率，也就是他的未来生存时间超过t年的概率，我们记作$S_0(t)$，称为生存函数或生存分布，即：

$$S_0(t) = P[T_0 > t] = 1 - F_0(t) \tag{3.2}$$

例如，一个0岁的人在50岁之后死亡的概率为：

$$P[T_0 > 50] = S_0(50)$$

在60岁之前死亡的概率为：

$$P[T_0 \leq 60] = F_0(60)$$

50～60岁之间死亡的概率为：
$$P[50 < T_0 \leq 60] = F_0(60) - F_0(50)$$

三、年龄为 x 岁（$x > 0$）的人的未来生存时间

我们已定义了生存时间分布 $F_0(t)$ 是一个新生个体（定义为0）随机未来生存时间的分布函数，我们考虑一些年龄为 x 岁（$x > 0$）的人。我们可以同样的方式将一个年龄已为 x 岁的人的未来生存时间定义为一个随机变量 T_x。

$$T_x = 一个 x 岁的人将来继续生存的时间$$

例如，假设我们考虑一个30岁的人，假设他将在52.5岁死亡。那么，对于这个人，T_{30} 的值为22.5。在这里，重要的是意识到 T_x 是一个 x 岁的人将来继续生存的时间，这比知道一个 x 岁的人死亡的年龄更重要。

随机变量 T_x 的分布函数记作 $F_x(t)$，因此：
$$F_x(t) = P[T_x \leq t] \tag{3.3}$$

类似地，我们定义一个 x 岁的人在 t 年之后死亡的概率，也就是他的未来生存时间超过 t 年的概率，我们记作 $S_x(t)$，称为生存函数或生存分布，即：
$$S_x(t) = P[T_x > t] = 1 - F_x(t) \tag{3.4}$$

事实上，分布 $F_0(t)$ 和 $F_x(t)$ 之间是有联系的，如果我们知道0岁的人（即新生个体）的生存时间分布 $F_0(t)$，我们也就能知道所有年龄 $x > 0$ 的人的生存时间分布。

为了说明这个问题，让我们再仔细看一下 T_x 的定义。它是一个 x 岁的人将来可继续生存的时间，以他已生存了 x 岁为条件的。

回忆一下条件概率的定义。假设两个事件 A 和 B，在 B 已发生条件下的概率是：
$$P[A \mid B] = \frac{P[AB]}{P[B]}$$

因此对所有年龄 $x > 0$ 的人，假设我们知道 $F_0(t)$，则：
$$\begin{aligned} F_x(t) &= P[T_0 \leq x + t \mid T_0 > x] \\ &= \frac{P[x < T_0 \leq x + t]}{P[T_0 > x]} \\ &= \frac{F_0(x+t) - F_0(x)}{1 - F_0(x)} \end{aligned} \tag{3.5}$$

生存函数也有类似的表达式，并且这种表示用得更多。
$$\begin{aligned} S_x(t) &= P[T_0 > x + t \mid T_0 > x] \\ &= \frac{P[T_0 > x + t]}{P[T_0 > x]} \end{aligned}$$

第三章
生命表与疾病率表

$$= \frac{S_0(x+t)}{S_0(x)} \tag{3.6}$$

这有更引人注意的直观解释。如果我们把公式（3.6）整理一下，可以重写成：

$$S_0(x+t) = S_0(x) \times S_x(t) \tag{3.7}$$

我们可以把上式右边的结果解释为 0 岁的人生存到 x 岁的生存概率与一个已经活到 x 岁的人再生存到 $x+t$ 岁的条件概率的乘积。这是一个重要的结果，我们将重复使用它。

容易证明，对于 t，当 $u \geq 0$ 时，

$$S_x(t+u) = S_x(t) \times S_{x+t}(u) = S_x(u) \times S_{x+u}(t) \tag{3.8}$$

四、未来生存时间的密度函数

（一）未来一年的生存与死亡概率（p_x 和 q_x）

精算界已设计了一些国际标准符号，包括世界公认的生存和死亡概率符号。

定义：

$$p_x = S_x(1) = P[T_x > 1] \tag{3.9}$$

$$q_x = F_x(1) = P[T_x \leq 1] \tag{3.10}$$

显然，p_x 表示一个 x 岁的人在 $x+1$ 岁仍然生存的概率；q_x 表示一个 x 岁的人在未来一年内死亡的概率。很明显，

$$p_x = 1 - q_x \tag{3.11}$$

q_x 被称做死亡概率，不严格地讲，它用来度量 x 岁到 $x+1$ 岁之间死亡的比率，但不要忽略一个事实——它是用概率来定义的。

这些符号很有用的一个原因是整数年龄的 q_x 的数值常常用表格形式列出。其中有生命偶然事件的概率和其他相关数字的表格称做生命表。

（二）未来任意期限内的生存与死亡概率

符号 p_x 与 q_x 可扩展到不只限于 1 年的死亡与生存概率。

定义：

$$_tp_x = S_x(t) = P[T_x > t] \tag{3.12}$$

$$_tq_x = F_x(t) = P[T_x \leq t] \tag{3.13}$$

即 $_tp_x$ 表示 x 岁的人在 $x+t$ 岁时仍然生存的概率；$_tq_x$ 表示 x 岁的人在未来 t 年中死亡的概率。显然，

$$_tp_x = 1 - {_tq_x} \tag{3.14}$$

注意，p_x 和 q_x 是 $_t p_x$ 和 $_t q_x$ 的特殊形式，

$$p_x = {}_1 q_x$$
$$q_x = {}_1 q_x$$

回想一下上一节的结论：

$$S_x(t+u) = S_x(t) \times S_{x+t}(u) = S_x(u) \times S_{x+u}(t)$$

用精算符号可以表示为：

$$_{t+u}p_x = {}_t p_x \times {}_u p_{x+t} = {}_u p_x \times {}_t p_{x+u} \tag{3.15}$$

容易理解：

$$_{t+u}q_x = 1 - (1 - {}_u q_x)(1 - {}_t q_{x+u}) \tag{3.16}$$

注意：等式 $_{t+u}q_x = {}_u q_x \times {}_t q_{x+u}$ 是不成立的，用这结果代替公式（3.16）是错误的。

五、未来生存时间的密度函数

既然未来生存时间是个随机变量，它的密度函数就显得尤为重要。我们用 $f_x(t)$ 表示 T_x 的密度函数，也就是：

$$f_x(t) = \frac{d}{dt} F_x(t) \tag{3.17}$$

第二节 死亡力与生命期望值

一、死亡力

（一）死亡力的概念

死亡力是从生存模型中获得的最重要的数据，这是生存问题研究中一个基本概念。

死亡力通常被统计学家称为危险率，在本书中，死亡力和危险率的意思是相同的。我们将一个生命在 x 岁（$0 \leq x \leq w$）的人的死亡力记作 μ_x，定义为：

$$\mu_x = \lim_{h \to 0^+} \left\{ \frac{1}{h} \times P[T_0 \leq x + h \mid T_0 > x] \right\} \tag{3.18}$$

我们假定式中的极限总是存在的。

在这个表达式中的概率是一个条件概率：活到 x 岁的人在一个很短时间间隔 h 内

死亡的概率。把这个条件概率以长度为 h 的时间单位加以分割（如年龄年），当 h 趋于 0 时，整个表达式是有意义的。括号中的表达式是在一个很小的时间间隔，即每单位时间内死亡的概率。

直观地看，从 μ_x 的定义中可以理解，如果 h 很小，

$$\mu_x \approx \frac{1}{h} \times P[T_0 \leq x + h \mid T_0 > x]$$

因此，对于很小的 h，$h\mu_x$ 近似看做一个活到 x 岁的人在一个很短的时间间隔，$(x, x+h)$ 死亡的概率。也就是说，

$$h\mu_x \approx {}_hq_x$$

（二）关于死亡力的一个重要公式

从以上所给定义，我们可得到关于死亡力的一个简捷公式：

$$\mu_x = \lim_{h \to 0^+} \left\{ \frac{1}{h} \times P[T_0 \leq x + h \mid T_0 > x] \right\}$$

$$= \lim_{h \to 0^+} \left\{ \frac{1}{h} \times \frac{F_0(x+h) - F_0(x)}{1 - F_0(x)} \right\}$$

$$= \frac{1}{1 - F_0(x)} \times \frac{d}{dx} F_0(x) \tag{3.19}$$

$$= \frac{-1}{S_0(x)} \times \frac{d}{dx} S_0(x) \tag{3.20}$$

我们假设 $F_0(t)$、$F_x(t)$、$S_0(t)$、$S_x(t)$ 都是关于 t 的可微函数。

（三）死亡力与未来生存时间的分布函数、密度函数之间的关系

死亡力与未来生存时间的分布函数，密度函数之间的关系是生存模型中最重要的关系，我们可以通过有关的概念和性质得出它们之间的表达式。

根据 $f_x(t) = \frac{d}{dt} F_x(t)$

$$f_x(t) = \frac{d}{dt} P[T_x \leq t]$$

$$= \lim_{h \to 0^+} \frac{1}{h} \times \{P[T_x \leq t + h] - P[T_x \leq t]\}$$

$$= \lim_{h \to 0^+} \frac{P[T \leq x + t + h \mid T > x] - P[T \leq x + t \mid T > x]}{h}$$

$$= \lim_{h \to 0^+} \frac{P[T \leq x + t + h] - P[T \leq x] - P[T \leq x + t] + P[T \leq x]}{S(x) \times h}$$

$$= \lim_{h \to 0^+} \frac{P[T \leq x + t + h] - P[T \leq x + t]}{S(x) \times h} \tag{3.21}$$

同时乘以和除以 $S(x+t)$ 得到：

$$f_x(t) = \frac{S(x+t)}{S(x)} = \lim_{h \to 0^+} \frac{1}{h} \frac{P[T \leq x+t+h] - P[T \leq x+t]}{S(x+t)}$$

$$= S_x(t) \times \lim_{h \to 0^+} \frac{1}{h} P[T \leq x+t+h \mid T > x+t]$$

$$= S_x(t) \times \mu_{x+t} \tag{3.22}$$

或者，用精算符号，对 0 到 w 间的某一年龄 x：

$$f_x(t) = {}_tp_x \times \mu_{x+t} \quad 0 \leq t \leq w-x \tag{3.23}$$

这是生存模型的最重要的一个结果。

（四）死亡概率、生存概率与死亡力的公式

本节的最后，我们探讨一下死亡概率、生存概率与死亡力的两个重要公式。

1. 死亡概率 ${}_tq_x$ 的公式

根据密度函数的上述表达式，我们可以很容易地从死亡力 μ_{x+t} 的角度来探讨 ${}_tq_x$ 的公式：

$${}_tq_x = F_x(t) = \int_0^t f_x(s)ds = \int_0^t {}_sp_x \times \mu_{x+s} ds \tag{3.24}$$

这是一个非常有用的公式。特别地，当 $t=1$ 时，有：

$$q_x = \int_0^1 {}_sp_x \times \mu_{x+s} ds \tag{3.25}$$

它的一个简单、直观的说明是：${}_sp_x \times \mu_{x+s} ds$ 是（近似地）一个 x 岁的人生存到 $x+s$ 岁，并在一个很短的时间间隔 ds 里死亡的概率。这个定积分因此是这个人在 x 岁到 $x+1$ 岁之间任意一给定时刻死亡的概率的加总。这些事件当然都是独立的，所以我们把它们的概率加起来得到总的概率 q_x。

2. 生存概率 ${}_tp_x$ 的公式

由公式（3.20），我们有：

$$\mu_s = \frac{-({}_sp_0)'}{{}_sp_0}$$

即：

$$\mu_s = \frac{-d}{ds}\log({}_sp_0)$$

因此：

$$\int_x^{x+t} \mu_s ds = -\int_x^{x+t} \frac{d}{ds}\log({}_sp_0) ds$$

所以：

$$-\int_x^{x+t} \mu_s ds = [\log({}_sp_0)]_x^{x+t}$$

第三章
生命表与疾病率表

$$= \log(_{x+t}p_0) - \log(_xp_0)$$

$$= \log\left(\frac{_{x+t}p_0}{_xp_0}\right)$$

$$= \log(_tp_x)$$

所以，我们有：

$$_tp_x = \exp\left(-\int_x^{x+t}\mu_s ds\right) \tag{3.26}$$

二、生命期望值

(一) 完全生命期望值

随机变量 T_x 的数学期望值叫做 x 岁的人的完全生命期望值，又称平均余命，用 $\overset{\circ}{e}_x$ 表示，即：

$$\overset{\circ}{e}_x = E[T_x]$$

$$= \int_0^{w-x} t \times {_tp_x}\mu_{x+t}dt$$

$$= \int_0^{w-x} tf_x(t)dt$$

$$= -\int_0^{w-x} t\left(\frac{-\partial}{\partial t}{_tp_x}\right)dt$$

$$= -(t \times {_tp_x})\Big|_0^{w-x} + \int_0^{w-x}{_tp_x}dt \quad \text{（分部积分）}$$

$$= \int_0^{w-x}{_tp_x}dt \tag{3.27}$$

平均余命经常被用来衡量总体死亡率的高低。例如，通常用新生儿的平均余命来比较在不同国家的生活水平和保健水平。

(二) 简单（整数化）未来生存时间 K_x

以上将 $\overset{\circ}{e}_x$ 作为完全生命期望值的原因，不仅仅是拘泥于形式，而且是为了把它与另一个量——简单（整数化）生命期望值区分开来。完全生命期望值是未来生存时间的期望值，简单（整数化）生命期望值是简单（整数化）未来生存时间的期望值。我们现定义如下：

一个 x 岁的人的简单（整数化）未来生存时间，是完全未来生存时间的整数部分，用 K_x 表示。

从现在起，我们常常把未来生存时间称为完全未来生存时间，以区别于简单（整数化）未来生存时间。

显然，简单（整数化）未来生存时间就是对不足一年的生存时间忽略不计。这是一个有用的概念，因为一些由寿险公司签订的合同仅保证在每年签合同的周年日偿付。例如，一个寿险合同将在死亡那年末给付保险金，或一个年金将在证明被保人还活着的前提下在每年末支付。与完全未来生存时间相比，这些意外事故更依赖于简单（整数化）未来生存时间，因为我们更感兴趣的是在每年的间隔里，一个生命是处于生存还是死亡状态。在下一章里，你将看到很多例子。

注意：K_x 是一个离散的随机变量，取值为整数 $0,1,2,\cdots$。

从 T_x 的密度函数，我们可得函数 K_x 的概率：

$$\begin{aligned}
P[K_x = k] &= P[k \leq T_x < k+1] \\
&= F_x(k+1) - F_x(k) \\
&= {}_k p_x - {}_{k+1} p_x \\
&= {}_k p_x - {}_k p_x \times p_{x+k} \\
&= {}_k p_x (1 - p_{x+k}) \\
&= {}_k p_x \times q_{x+k}
\end{aligned} \tag{3.28}$$

这是直观的显然的事实——它是一个 x 岁的人活到 $x+k$ 岁，然后在下一年内死亡的概率。

（三）简单（整数化）生命期望值 e_x

K_x 的数学期望值被称做简单（整数化）生命期望值，记为 e_x。

$$\begin{aligned}
e_x &= E[K_x] \\
&= \sum_{k=0}^{\infty} k \times P[K_x = k] \\
&= \sum_{k=0}^{\infty} k \times {}_k p_x \times q_{x+k} \\
&= \sum_{k=1}^{\infty} \sum_{j=k}^{\infty} P[K_x = j] \\
&= \sum_{k=1}^{\infty} P[T_x \geq k] \\
&= \sum_{k=1}^{\infty} {}_k p_x
\end{aligned} \tag{3.29}$$

注意：这里我们假设：

$$P[T_x \leq k] = P[T_x < k] = F_x(k)$$

这是一个合理的假设，因为我们在前面已假设 $F_x(t)$ 是连续的。

简单（整数化）生命期望值这个名字有点误导，e_x 应该更精确地被叫做简单（整数化）未来生存时间的期望值。但前一个名字已用习惯了，所以我们就这样认可了。不要掉入陷阱，误认 e_x 是 $\overset{\circ}{e}_x$ 的整数部分——它并不是。事实上，当我们近似地把某个年龄死亡的人的死亡时间看做是均匀分布的时候，有：

$$\overset{\circ}{e}_x \approx e_x + \frac{1}{2} \tag{3.30}$$

（四）未来生存时间和简单未来生存时间的方差

很容易写出随机变量 T_x 和 K_x 的方差：

$$Var[T_x] = \int_0^{w-x} t^2 \times {}_t p_x \mu_{x+t} dt - \overset{\circ}{e}_x^2$$

$$Var[K_x] = \sum_{k=0}^{[w-x]} k^2 \times {}_k p_x \times q_{x+k} - e_x^2$$

但它们不能像期望值一样完全简化。

第三节 生命表函数

一、生命表的概念

在精算应用中，我们用概率 ${}_t p_x$、${}_t q_x$ 可以进行许多计算，因此，用某种方法把这些函数列表，是很有用的。然而，这将产生一个巨大的表。

生命表（life table）是用一个小表来表达所有有关概率的方法，表中各项内容均为年龄的函数。

生命表（Life table）又称生命表（mortality table），它是根据一定时期的特定国家（或地区）或特定人口群体（如寿险公司的全体被保险人、某企业的全体员工）的有关生存状况统计资料，编制成的统计表。生命表在有关人口的理论研究、某地区或某人口群体的新增人口与全体人口的测算、社会经济政策的制定、寿险公司的保险费及责任准备金的计算等方面都有着极为重要的作用。

通过生命表可以得到任意年龄的人在任何期限内的生存概率、死亡概率等相关数据。

生命表定义的关键是：

$${}_{t+s} p_x = {}_t p_x \times {}_s p_{x+t} = {}_s p_x \times {}_t p_{x+s}$$

假设已知一个特定的生存模型的所有概率,与这个模型相应的生命表主要是由以下数据构成的:l_x、d_x、q_x、$\overset{\circ}{e}_x$、e_x,等等。在此之前,我们已经定义了q_x、$\overset{\circ}{e}_x$、e_x等等,下面将定义其余的函数。

二、l_x函数

生命表中最重要也是最基本的数据是l_x,它是计算其他一切数据的基础。

选择一个开始年龄,它将是表中的最低年龄,我们将最低年龄记为α,α的选择经常取决于能够得到的数据(特殊情况下α是0,但这种情况不是必然的)。任意选择一个正数,用l_α表示,称为生命表的基数。比如,在研究养老金领取人的死亡率时,通常不观测小于50岁的人,因此在代表养老金领取人死亡率的生命表中,50岁可能是α的合适选择。

对于$\alpha \leq x \leq w$,l_x被定义为:

$$l_x = l_\alpha \times {}_{x-\alpha}p_\alpha \tag{3.31}$$

我们假设概率${}_{x-\alpha}p_\alpha$已知,显然$l_w = 0$

例如:在中国人身保险业经验生命表中,$\alpha = 0$,$l_\alpha = 1\ 000\ 000$;在英国第12号(男性)生命表中,$\alpha = 0$,$l_\alpha = 100\ 000$;在英国1967~1970生命表中$\alpha = 0$,$l_\alpha = 34\ 489.000$。

针对不同的生存模型,常见的生命表的开始年龄α为0岁、15岁、18岁、55岁等等,而l_α通常为100 000,也有1 000 000或其他数额的情况。

至此,我们知道,

$$\frac{l_{x+t}}{l_\alpha} \times \frac{l_\alpha}{l_x} = \frac{l_{x+t}}{l_x}$$

因此,如果我们知道函数l_x,对$\alpha \leq x \leq w$,我们可以找出任一概率${}_tp_x$或${}_tq_x$。

根据前面的内容我们知道,当$t > 0$且$x \geq \alpha$时,

$${}_{x+t-\alpha}p_\alpha = {}_{x-\alpha}p_\alpha \times {}_tp_x$$

等式两边同乘以l_α,根据生命表的定义可得:

$$l_{x+t} = l_x \times {}_tp_x \tag{3.32}$$

移项后得到一个很重要的公式:

$${}_tp_x = \frac{l_{x+t}}{l_x} \tag{3.33}$$

该公式表示,如果知道了函数l_x(只有一个变量x,当$x \geq \alpha$时)就可知道这个生存模型,知道满足$t > 0$且$x \geq \alpha$的所有的${}_tp_x$。由于${}_tp_x$是一个含有两个变量的函数,至少对于大于等于α岁的年龄来说,一个生存模型仅由上面定义的生命表基本函数l_x

来决定。因此，生存模型和生命表两个术语常常是同义的。

对于许多生存模型来说，超过某个年龄而继续生存被认为是不可能的，上述的这种不可能超过的年龄中的最低者称为极限年龄，用 w 表示。因此对任意的 x 和 t，当 $x \geq 0$ 且 $t \geq w - x$ 时

$$_tp_x = 0$$

所以

$$l_y = 0, \text{ 当 } y \geq w \text{ 时}$$

要注意的一个重要问题是，虽然一个生命表确定唯一的一个生存模型，反过来说不一定正确，假如有两个生命表函数 l_x 和 l_x^*，并假设其中一个乘以一个不变的正数等于另外一个，换句话说就是，存在一个不变的正数 k，使得：

$$l_x = k l_x^*$$

则这两个生命表决定同一个生存模型，这是因为：

$$_tp_x = \frac{l_{x+t}}{l_x} = \frac{kl_{x+t}^*}{k l_x^*} = {_tp_x^*}$$

由此，从生存模型想到生命表的定义中，我们对于基数 l_α 的选择的任意性，就不会感到奇怪了。

容易证明，生命表函数 l_x 对 x 来说是一个非负且递减的函数。

前面给出了生命表基本函数 l_x 的定义，下面我们将给出一个对生命表的解释。

对于一个由生命表 l_x 确定的生存模型，假设某给定的数字 A 表示其中年龄为 x 岁的人数。于是对每个人而言生存到 $x + t$ 岁的概率是 $_tp_x$ ($= \frac{l_{x+t}}{l_x}$)。因此，活到 $x + t$ 岁的实际人数是一个随机变量，且服从参数为 A 和 $_tp_x$ 的二项分布。因此，活到 $x + t$ 岁的预期人数是 $A \times {_tp_x} = A \frac{l_{x+t}}{l_x}$。在非正式计算中，如果我们让 $A = l_x$，这个预期的生存人数就是 l_{x+t}。

这个解释在实践中是很有用的。在一个给定的生命表（生存模型）中我们可把 l_{x+t} 当作 l_x 个 x 岁的人中活到 $x + t$ 岁的预期人数。

我们通过这种非正式的计算来得到这个解释的理由是，虽然 A 被假定为一个整数，l_x 却未必是整数，因此，严格来说 A 和 l_x 是不等的，而且这个对 l_x 的解释从数学上来说是不正确的，然而上述的解释是很有用的，在本章及以后的章节中要用到它。

三、d_x 函数

对一个给定的生命表，函数 d_x 被定义为：

$$d_x = l_x - l_{x+1} \quad (当 x \geq 0 时) \tag{3.34}$$

在上述等式两边同除以 l_x，得到：

$$\frac{d_x}{l_x} = 1 - p_x = q_x \tag{3.35}$$

这是求 q_x 的一个常用公式。

注意 q_x 是 x 岁的人在 $x+1$ 前死亡的概率，我们可像前一节那样同理给出一个（很不严谨的）解释：

我们可把 d_x 当作服从于一个给定的生命表中 l_x 个 x 岁的人中在 $x+1$ 岁前死亡的预期人数。

容易验证：

$$l_x = \sum_{k=0}^{\infty} d_{x+k} \tag{3.36}$$

四、延期死亡概率

这是 q_x 含义的一个推广。通常我们要讨论 x 岁的人在一些给定年龄死亡的概率。$_{n|m}q_x$ 就是一个现在 x 岁的人在 $x+n$ 岁到 $x+n+m$ 岁之间死亡的概率。$_{n|m}q_x$ 读作"延期 n 年的 $m-q-x$"。

像所有精算符号一样，每当一个期间等于 1 年时，我们就把它从公式中省略了，省略的下标就被理解为 1，一个特殊的例子就是符号 $_{n|}q_x$，它的意义与 $_{n|1}q_x$ 相同，$_{n|}q_x$ 表示一个现年 x 岁的人在第 $x+n$ 岁到 $x+n+1$ 岁之间死亡的概率。这是一个经常使用的符号。

对于整数 n，$_{n|}q_x$ 可以很容易地通过下面公式求出：

$$_{n|}q_x = \frac{d_{x+n}}{l_x} \tag{3.37}$$

容易理解：

$$_{n|m}q_x = \frac{l_{x+n} - l_{x+n+m}}{l_x} \tag{3.38}$$

回想简单未来生存时间 K_x 的定义，我们可以将函数 K_x 表示为延期死亡概率的形式：

$$P[K_x = k] = {}_{k|}q_x$$

例 3.1 在某特定的人口群体中，所有年龄的死亡力为 0.025，计算：

（1）新生婴儿生存至 5 岁的概率。

（2）年龄为 10 岁的人在 12 岁前死亡的概率。

(3) 年龄为 5 岁的人在 10 ~ 12 岁死亡的概率。
(4) 新生婴儿的完全生命期望。
(5) 新生婴儿的简单生命期望

解：

(1) $_5p_0 = \exp(-\int_0^5 0.025dt) = e^{-0.125} = 0.88250$

(2) $_2q_{10} = 1 - {_2p_{10}} = 1 - \exp(-\int_0^2 0.025dt) = 1 - e^{-0.05} = 0.04877$

(3) $_{5|2}q_5 = {_5p_5} \times {_2q_{10}} = e^{-0.125} \times 0.04877 = 0.04304$

(4) $\overset{\circ}{e}_x = \int_0^\infty {_tp_0}dt = \int_0^\infty e^{-0.025t}dt = \frac{1}{0.025} = 40$

(5) $e_x = \sum_{k=1}^\infty {_kp_0} = \sum_{k=1}^\infty e^{-0.025k} = \frac{e^{-0.025k}}{1 - e^{-0.025}} = 39.5$

五、非整数年龄的生命表函数

像 l_x，p_x 和 μ_x 这样的生命函数只列表给出整数年龄，但有时我们需要计算涉及非整数年龄或期间的概率，比如 $_{25}p_{37.5}$，这时可以用两种近似的方法计算。

在这两种情况下，将所求概率中的年限分段，因此只需近似计算年份即可。比如，可以把 $_3p_{55.5}$ 写作 $_{0.5}p_{55.5} \times {_2p_{56}} \times {_{0.5}p_{58}}$，中间那项可以从生命表查到，近似计算另外两项，只需考虑年份。

（一）假设一年内死亡时间均匀分布

第一种方法是假设在一年之内死亡时间服从均匀分布，即对整数 x 和 $0 \leq t \leq 1$，函数 $_tp_x\mu_{x+t}$ 为常数。由于这是年龄为 x 的人的未来生存时间的密度函数。这个假设的意思是说，如果死亡发生在年龄 x 与 $x+1$ 之间，则死亡时间均匀分布在 x 与 $x+1$ 之间。我你们称此假设为均匀分布假设。

令 $s = 1$，由于：

$$_sq_x = \int_0^1 {_tp_x}\mu_{x+t}dt$$

得到：

$$_tp_x \times \mu_{x+t} = q_x \tag{3.39}$$

因此：

$$_sq_x = \int_0^s q_x dt = s \times q_x \tag{3.40}$$

有时，将上式作为一年当中的死亡时间均匀分布假设的定义。q_x 可以从生命表中

查到,可以用它来近似得到任意的:

$$_sq_x \text{ 或 } _sp_x \quad (0 \leqslant s \leqslant 1)$$

注意在上面的公式中必须是整数年龄 x,只能估计 $_{0.5}p_{58}$,而不能计算 $_{0.5}p_{55.5}$。

利用:

$$_tp_x = {_sp_x} \times {_{t-s}p_{x+s}}$$

容易证明:对 $0 \leqslant s < t < 1$,

$$_{t-s}q_{x+s} = \frac{1 - t \times q_x}{1 - s \times q_x} \tag{3.41}$$

令 $s = 0.5$,$t = 1$,可以用该结论估计出 $_{0.5}p_{55.5}$。

(二) 假设死亡力为常数

第二种近似方法假设死亡力为常数。即对整数 x 和 $0 \leqslant t \leqslant 1$,假设 $\mu_{x+t} = \mu =$ 常数。

由公式 $_tp_x = \exp(-\int_0^t \mu_{x+s}ds) = e^{-t\mu}$

可以找出所求的概率。首先求出 μ:

注意:

$$p_x = e^{-\mu}$$

因此:

$$\mu = -\log p_x$$

p_x 可以从表中查出。

对 $0 \leqslant s \leqslant t \leqslant 1$,有:

$$_{t-s}p_{x+s} = \exp(-\int_s^t \mu_{x+r}dr) = e^{-(t-s)\mu} \tag{3.42}$$

第四节 生 命 表

一、生命表的种类

生命表一般分为国民生命表(national life table)和经验生命表(experience life table)两大类。国民生命表是以全体国民或特定地区的人口生存状况统计资料编制而成的,而经验表是人寿保险公司依据过去其承保的被保险人实际的生存状况的统计资料编制的。由于国民生命表的资料来源于人口普查资料和抽样调查,其对象男女老幼、体质强弱均有;而人寿保险公司的被保险人,则一般要经体检后合格者才予承保。因此,在同一时期内,国民生命表的死亡率一般要高于经验表的死亡率。

国民生命表又可分为完全生命表(complete life table)和简易生命表(abridged life table)。完全生命表是根据准确的人口普查资料,依年龄分别计算死亡率、生存率、平均余命等生命函数而编制的;简易生命表则采取每年的人口生存状况动态统计资料和人口抽样调查的资料,按年龄段(如5岁或10岁为一段)计算的死亡率、生存率、平均余命等生命函数。

经验生命表又可分为终极表(ultimate table)、选择表(select table)、总合表(aggregate table)等。

终极表是指剔除了被保险人投保后5至15年的经验数据,根据被保险人最终的死亡率编制的生命表,也就是按照承保选择的影响消失后的死亡率来编制生命表。

我国现在已有三张经验生命表,分别为《中国人身保险业经验生命表(1990～1993)》、《中国人身保险业经验生命表(2000～2003)》和《中国人身保险业经验生命表(2010～2013)》。

选择表是一种不同于终极表的生命表。在人寿保险的承保过程中,经过体检等选择的被保险人的死亡率等风险低于一般人口的风险,而且最近几年选择的被保险人的死亡率风险低于前些年选择的被保险人的死亡率风险,考虑到这种选择因素的影响之后编制的生命表称为选择表。后面我们将专门探讨选择表。

总合生命表是指不考虑保险契约有效后经过的年数,以整个保险期间为对象,根据不同年龄的被保险人的死亡率数据编制的生命表。

通常人寿保险的生命表对估计的死亡率作了高估,当实际死亡率低于人寿保险公司的估测会增加人寿保险的安全系数,但对年金保险的影响却恰恰相反,必然导致寿险公司因年金保险而带来亏损。因此,一般的生命表不适用于年金保险,所以要为年金保险专门编制一份年金生命表。这主要是因为:购买年金保险的人一般都是身体健康的人,尤其是在使用趸交保费方式购买年金保险的情况下,年金被保险人的死亡率低于人寿保险的被保险人,因此要结合将来可能较低的死亡率来编制年金生命表。

另一方面,人寿保险所使用的生命表一般都是静态表,随着社会科技与经济的发展,死亡率逐步降低,要定期地用根据较近经验数据编制的新静态表代替原来的静态表。由于经常地编制新的静态表需要大量费用,实际中经常使用年龄倒退法对死亡率进行调整,即使用原来的静态表中较低年龄的死亡率,如使用1～4年的年龄倒退。由于年金保险业务在人寿保险公司的业务中所占的比重越来越大,目前已普遍开始结合预测因素使用生命表或者使用考虑了预测因素的生命表。

《中国人身保险业经验生命表(2010～2013)》发布于2016年12月,英文名称为

"China Life Insurance Mortality Table(2010～2013)"，简称：CL(2010～2013)，包括6张表。其中：非养老类业务一表两张，非养老类业务二表两张，养老类业务表两张，分别是：（1）CL1(2010～2013)：非养老类业务一表（男）；（2）CL2(2010～2013)：非养老类业务一表（女）；（3）CL3(2010～2013)：非养老类业务二表（男）；（4）CL4(2010～2013)：非养老类业务二表（女）；（5）CL5(2010～2013)：养老类业务表（男）；（6）CL6(2010～2013)：养老类业务表（女）。

按照中国保监会的现行规定，保险公司在计提责任准备金时，评估死亡率应采用《中国人身保险业经验生命表（2010～2013）》所提供的数据；当分红保险用精算规定的责任准备金计算红利时，应采用《中国人身保险业经验生命表（2010～2013）》所提供的数据作为计算红利分配的基础；定期寿险、终身寿险、健康保险应采用非养老类业务一表；保险期间内（不含满期）没有生存金给付责任的两全保险或含有生存金给付责任但生存责任较低的两全保险、长寿风险较低的年金保险应采用非养老类业务二表；保险期间内（不含满期）含有生存金给付责任且生存责任较高的两全保险、长寿风险较高的年金保险应采用养老类业务表；保险公司应根据产品特征综合分析，按照精算原理和审慎性原则判断生存责任和长寿风险的高低；对其他不属于上述产品形态或产品形态认定存在歧义的产品，保险公司应根据产品特征及保险人群死亡率特点，按照精算原理和审慎性原则，选择适用的生命表。

二、选择表

前面探讨的死亡率，我们实际上假定所有的同年龄的生命具有相同或相似的死亡率。在某些情况下，这是不符合实际的。

通常情况下，保险合同不卖给那些身体状况很差，在不久的将来有很大可能性死亡的人。其原因是被保险人可能知道他们的生存机会比平均水平差得多。不健康的人和那些知道自己身体不好的人应当不允许以"一般"人相同的价格参加保险。

因此，保险公司在签发保单之前，会采取步骤以确保投保人有合理的身体状况。一般以提问的方式，或要求提交被保险人的医生出具的报告，或安排身体检查。无论用哪种方法，结果是那些通过体检获得保险合同的人比平均健康状况要好。（"平均"健康包括那些被检测排斥的身体不好的人）。也就是说，在人寿保险的承包过程中，经过体检等选择的被保险人的死亡率等风险低于一般人口的风险，而且最近几年选择的被保险人的死亡率风险低于一般人口的因素会逐渐消失。

为了区别于终极表的数据符号，表达选择表数据的符号都在表示年龄的变量上加一个中括号，以区别于来自终极表的数据。

如 $_t q_{[x]+r}$ 表示投保时年龄为 x 的人，在已生存至 $x+r$ 岁后他（或她）在 $x+r+t$

第三章
生命表与疾病率表

岁前死亡的概率。

定义：

$$_tp_{[x]+r} = 1 - {_tq_{[x]+r}}$$

如果 $t = 1$，去掉前缀 t，即：

$$q_{[x]+r} = {_1q_{[x]+r}}$$

$$p_{[x]+r} = {_1p_{[x]+r}}$$

其他如 $_{n|m}q_x$ 的符号也可以用相同的方法扩展至选择表的数据符号。比如 $_{n|m}q_{[x]+r}$ 表示投保时年龄为 x 岁的人，生存至 $x+r$ 岁的情况下，在 $x+r+n$ 岁到 $x+r+n+m$ 岁之间死亡的概率。

这里的 r 称为已承保时间、保龄或称持续期，当 $r = 0$，我们忽略它，比如 $_tq_{[x]+0}$ 写作 $_tq_{[x]}$。

按前面所提及的，在被保险人投保后，随着时间的推移，其死亡率风险低于一般人口的因素会逐渐消失。我们现在假设承包时对死亡率选择的影响不会持续很久，即假设有一个持续期，即所谓的选择期 s（年），经过这段期间后，死亡率将不再取决于已承保时间，而仅与年龄有关。该假设即：对于选择期 s，有：

$$_tq_{[x]+s} = {_tq_{[x-1]+s+1}} = {_tq_{[x-2]+s-2}} = {_tq_{x+s}} = \cdots \tag{3.43}$$

对于终极表中的死亡率 $_tq_x$，有：

$$_tq_x = {_tq_{[x-r]+r}} \quad \text{对所有 } r \geq s \tag{3.44}$$

由于到目前为止，中国的三张经验生命表都是终极表，因此下面论述选择表时，我们将采用英国的 AM92 经验生命表（见附录）。

在英国，近几年通常选用的选择期为 1 年、2 年或 5 年，美国通常使用时间较长的选择期。

最后，我们按前面定义 l_x 函数的方式定义选择表的函数。

我们同样选出最低年龄，记作 α。考虑任意的 $l_{[x]}$。令 r 表示整数持续期，则：

对于 $r < s$，定义：

$$l_{[\alpha]+r} = l_{[\alpha]} \times {_rp_{[\alpha]}}$$

对于 $r \geq s$，定义：

$$l_{\alpha+r} = l_{[\alpha]} \times {_rp_{[\alpha]}}$$

这构成了生命表中的终极表部分，及 $l_{[\alpha]}$, $l_{[\alpha]+1}$, $\cdots$, $l_{[\alpha]+s-1}$。

对于任意整数 $x > \alpha$，我们可以根据：

$$_rp_{[x]} = \frac{l_{[x]+r}}{l_{[x]}} \tag{3.45}$$

来计算 $_rp_{[x]}$ 的概率。

对任意整数持续期 $r = 0, 1, \cdots s - 1$，定义：

$$l_{[x]+r} = \frac{l_{x+s}}{{}_{s-r}p_{[x]+r}}$$

对所有选择表函数，可以用任意持续期 r，而不考虑 $r < s$ 或 $r \geq s$。我们可以在有关计算中利用关系式：

$$l_{[x-s]+s} = l_{[x-s-1]+s+1} = \cdots = l_x$$

我们现在定义：

$$d_{[x]+r} = l_{[x]+r} - l_{[x]+r+1} \tag{3.46}$$

由此，对于生命表函数的所有概率公式是用于选择表函数，例如：

$${}_t p_{[x]+r} = \frac{l_{[x]+r+t}}{l_{[x]+r}} \tag{3.47}$$

$$q_{[x]+r} = \frac{d_{[x]+r}}{l_{[x]+r}} \tag{3.48}$$

$${}_{n|m} q_{[x]+r} = \frac{l_{[x]+r+n} - l_{[x]+r+n+m}}{l_{[x]+r}} \tag{3.49}$$

$${}_n| q_{[x]+r} = \frac{d_{[x]+r+n}}{l_{[x]+r}} \tag{3.50}$$

$$l_{[x]+r} = d_{[x]+r} + d_{[x]+r+1} + d_{[x]+r+2} + \cdots \tag{3.51}$$

例 3.2 假设：

（1）整数年龄之间，采用死亡均匀分布假设。

（2）整数年龄之间，采用死亡力为常数的假设。

依据英国 AM92 选择表的数据计算：

① ${}_{0.5} q_{[56]+1}$。

② ${}_2 p_{56.5}$。

③ $\mu_{[57]+0.5}$。

④ ${}_{2|1} q_{56.5}$。

解：

（1）由题意，死亡均匀分布，所以有：

$${}_t q_x = t \times q_x \quad (0 \leq t \leq 1)$$

和

$$\mu_{x+t} = \frac{q_x}{1 - t \times q_x}$$

于是：

① ${}_{0.5} q_{[56]+1} = 0.5 \times q_{[56]+1}$
  $= 0.5 \times 0.005507$
  $= 0.0027535$

② $_2p_{56.5} = {}_{0.5}p_{56.5} \times p_{57} \times {}_{0.5}p_{58}$

$= \frac{p_{56}}{1 - 0.5 \times q_{56}} \times (1 - q_{57}) \times (1 - 0.5 \times q_{58})$

$= 0.98870$

③ $\mu_{[57]+0.5} = \frac{q_{[57]}}{1 - 0.5 q_{[57]}} = 0.004180$

④ $_{2|1}q_{56.5} = {}_2p_{56.5} \times q_{58.5}$

$= {}_2p_{56.5} \times (1 - p_{58.5})$

$= {}_2p_{56.5} \times (1 - {}_{0.5}p_{58.5\ 0.5}p_{59})$

$= {}_2p_{56.5} \times (1 - (1 - \frac{0.5q_{58}}{1 - 0.5q_{58}}) \times (1 - 0.5q_{59}))$

$= 0.0066685$

(2) 由死亡力为常数，得：

$$\mu = -\log p_x = -\log(1 - q_x)$$

于是，有：

(1) $_{0.5}q_{[56]+1} = 1 - {}_{0.5}p_{[56]+1}$

$= 1 - (1 - q_{[56]+1})^{0.5}$

$= 0.0027573$

(2) $_2p_{56.5} = {}_{0.5}p_{56.5} \times p_{57} \times {}_{0.5}p_{58}$

$= (1 - q_{56})^{0.5} \times (1 - q_{57}) \times (1 - q_{58})^{0.5}$

$= 0.988693$

(3) $\mu_{[57]+0.5} = \mu_{[57]} = -\log(1 - q_{[57]}) = 0.0041797$

(4) $_{2|1}q_{56.5} = {}_2p_{56.5} \times q_{58.5}$

$= {}_2p_{56.5} \times {}_{0.5}p_{58.5} \times {}_{0.5}q_{59}$

$= {}_2p_{56.5} \times (p_{58})^{0.5} \times (1 - (p_{59})^{0.5})$

$= 0.003525$

例 3.3 解释下列符号的意义，计算它们的值，假设死亡率符合英国 AM92 生命表：

(1) $_5p_{[60]}$。

(2) $_2q_{[48]+1}$。

(3) d_{57}。

(4) $_{3|}q_{52}$。

解：

(1) 投保时年龄为 60 岁的人生存至 65 岁的概率，其值为：

$$\frac{l_{65}}{l_{[60]}} = 0.952297$$

(2) 投保时年龄为 48 岁，已生存至 49 岁的人，在 51 岁前死亡的概率，其值为：

$$\frac{l_{[48]+1} - l_{51}}{l_{[48]+1}} = 0.004673$$

(3) 年龄为 57 岁的人恰在 57 ~ 58 岁之间死亡的人数，表中数据为 53.4905。

(4) 年龄为 52 岁的人，在 55 ~ 56 岁之间死亡的概率，其值为：

$$\frac{d_{55}}{l_{52}} = 0.004421$$

第五节 重大疾病发生率表

重大疾病一般指恶性肿瘤、急性心肌梗塞、脑中风后遗症等比较常见且严重程度和治疗费用均较高的疾病。

20 世纪 90 年代中期，重大疾病保险被引入我国市场。一经引入，立即引起了市场和消费者的高度关注，各家保险公司纷纷推出各具特点的重大疾病产品。至今，重大疾病保险已经成为我国寿险业的重要产品之一。2007 年中国保险行业协会正式颁布了《重大疾病保险的疾病定义使用规范》，要求保险期间主要为成年人（18 周岁以上）阶段的重大疾病保险，产品保障的疾病范围应当包括规范内的恶性肿瘤、急性心肌梗塞、脑中风后遗症、冠状动脉搭桥术（或称冠状动脉旁路移植术）、重大器官移植术或造血干细胞移植术、终末期肾病（或称慢性肾功能衰竭尿毒症期）；除此六种疾病外，对于标准定义范围以内的其他疾病种类，保险公司可以选择使用；同时，上述疾病应当使用规范的疾病名称和疾病定义。标准定义一共给出了 25 个重大疾病名称和定义。

目前，商业重大疾病保险已涵盖超过 30 种常见重大疾病。

2011 年，在中国保监会的指导下，中国精算师协会汇集行业技术力量，成立了经验分析办公室，国内 6 家大型寿险公司和 1 家最大的再保险公司共同参与。同年 9 月，经验分析办公室启动了中国人身保险业重大疾病经验发生率表编制项目，收集了约占行业总保单数 93% 的重疾保单数，包括中国人寿、平安人寿、太平洋人寿、新华人寿、泰康人寿和友邦保险上海分公司等 6 家大型公司的数据。2013 年 5 月，编制完成了 4 张主表，即包含 6 种重大疾病和 25 种重大疾病的 0 ~ 105 岁重大疾病经验发生率表，以及相应的因重疾死亡比例表（K 值表）。项目组还编制了 3 张参考表，即恶性肿瘤、急性心肌梗塞、脑中风后遗症 3 个主要病种的单病种发生率参考表。6

月，重疾表项目通过了中国精算师协会组织召开的专家论证会评审。2013年11月，中国保监会正式发布了中国第一张人身保险业重大疾病经验发生率表，命名为《中国人身保险业重大疾病经验发生率表（2006~2010）》，英文名称为"China Life Insurance Experienced Critical Illness Table（2006~2010）"，简称"CI（2006~2010）表"。其中，6病种经验发生率表两张，25病种经验发生率表两张，分别为：（1）6病种经验发生率男表，简称CI1（2006~2010）；（2）6病种经验发生率女表，简称CI2（2006~2010）；（3）25病种经验发生率男表，简称CI3（2006~2010）；（4）25病种经验发生率女表，简称CI4（2006~2010）。

6种重大疾病为标准定义规定的重大疾病产品必保的6种重大疾病，包括恶性肿瘤、急性心肌梗塞、脑中风后遗症、重大器官移植术或造血干细胞移植术、冠状动脉搭桥术（或称冠状动脉旁路移植术）和终末期肾病（或称慢性肾功能衰竭尿毒症期）。25种重大疾病为标准定义规定的25种重大疾病。

K值的计算数据范围为发生重疾理赔后保单继续有效的提前给付型产品。具体编制过程为：

第1步，计算0~65岁分性别5岁组经验K值水平，记为$k(0)$表。

第2步，根据5岁组$k(0)$表按指数分布进行内插值，得到0~65岁分性别分年龄K值，记为$k(1)$表。

第3步，参考相关文献中关于一般人口死亡原因的研究结果，并根据受保人群特点进行适当调整，得到65岁以上年龄K值结果。

第4步，参考$i_x(4)$表的方法，对$k(1)$表的高年龄段进行外推，得到0~105岁的分性别分年龄K值，记为$k(2)$表。

$k(2)$表为此次编制的第二张主表——包含6种重大疾病的0~105岁因重疾死亡比例表（简称"6病种K值表"）。

第四章

风险模型

第一节 概　　述

一、预备知识

本章研究的风险模型，尤其是适用于短期保险合同的风险模型，是风险理论的核心内容，是医疗费用保险精算乃至整个非寿险精算的重要基础。

为了更清晰地描述本章模型的核心思想以便于理解，同时，也为了使其更具一般性，与实际应用的具体细节相比，在此对模型做了更一般性的抽象，或者说更标准化了。实践中需要针对具体情况，采用本章提及的方法或其他方式再对模型稍加细化即可。

本章所使用的超额损失再保险的定义都假设在一次单独索赔中，再保险人的责任没有上限。在实际中，再保险人会给每次单独索赔中的责任加一个上限。

熟悉了本书第二章矩母函数的概念和性质之后，读者一定记得，对于某随机变量 X，如果其矩母函数存在，记为 $M(t)$，则对任何一个正整数 n 有：

$$\frac{d^n}{dt^n}M(t)\big|_{t=0} = E(X^n)$$

由此可以推导出另一个重要的性质：对于 $n=2$ 和 3，有：

$$\frac{d^n}{dt^n}\log M(t)\mid_{t=0} = E[X - E(X)]^n \tag{4.1}$$

(证明过程略)。

$\log M(t)$ 称为 X 的累积母函数。我们常常更多地使用公式 (4.1) 而不是前一个公式, 这是因为对一个随机变量来说, 我们更感兴趣的是它的中心矩, 而不是原点矩; 而对于 $n=2$ 和 3, 中心矩可由公式 (4.1) 直接给出。

为了考察一个随机变量的对称性或者偏斜程度, 我们经常需要计算它的三阶矩, 尤其是其偏斜系数。在此, 将偏斜系数的概念明确如下: 随机变量 X 的偏斜系数 $Sk(X)$ 定义为三阶中心矩与标准差立方的比值, 即:

$$Sk(X) = \frac{E[X - E(X)]^3}{[Var(X)]^{\frac{3}{2}}}$$

三阶中心矩的一个重要性质是, 如果随机变量的分布是对称的(相对其均值), 那么它的三阶中心矩为零, 因此其偏斜系数也等于零。

在本章中我们要使用随机变量之和的分布函数。假设 $\{X_i\}_{i=1}^n$ 是一系列独立同分布的随机变量, 其分布函数为 $F(x)$, 那么 $\sum_{i=1}^n X_i$ 的分布函数表示为 $F^{n*}(x)$, 则:

$$F^{n*}(x) = P(X_1 + X_2 + \cdots + X_n \leq x)$$

在本章中我们要经常运用各种期望的性质, 尤其是以下两个结果, 对于任何两个随机变量 X、Y, 当相应的数学期望和方差存在时, 有

$$E(X) = E[E(X\mid Y)]$$
$$Var(X) = E[Var(X\mid Y)] + Var[E(X\mid Y)]$$

二、基本模型

本章将要探讨是一种适用于短期保险合同的模型。通常的多数非寿险合同可以看作短期合同, 例如一年期的医疗费用保险, 例如汽车保险; 也有一些寿险保单, 例如团体人身保险和其他一年期保单等也被视为短期合同。我们所说的短期保险合同的意思是:

(1) 保单持续期限是固定的且期限相对较短, 典型的是一年期的;

(2) 保险公司向投保人收取一次保费;

(3) 作为回报, 保险人偿付在保险期限内由该保单引起的索赔;

(4) 在保单期末, 投保人可续保或不续保, 如果续保, 投保人应交的保费可以与上一期所支付的相同或不相同。

(5) 保险人可以分保, 即将一部分保费交给再保险人, 作为回报, 在一旦发生赔

付的时候再保险人将根据双方同意的份额补偿保险人在保单期限内的部分理赔费用。

短期保险合同的一个重要特色是仅仅按相应保单在（短）期限内发生的索赔水平确定保费，也就是说，收取的保费恰好与该保单保险期间内的预期索赔额相等。与此不同的保单种类也很多，例如终身人寿保险，在一生中每年支付一定水平的年保费，在这种情形下，死亡率随着年龄的增长而增长，这意味着在早期的年份里的保费（水平）将超过足够弥补在这些年中的预期索赔额，所超过的金额将被作为准备金累积起来，用于在后来的年份里保费本身不足以满足预期索赔费用的情况。

在此，我们要特别明确的是，我们考虑的是弥补一项风险索赔或支出的短期保险合同。我们将风险特指为一个单独的保单或一组特定的保单，为了术语的简便起见，我们假定合同的期限是一年，当然它也可以是任何其他的较短的期限，例如6个月。随机变量 S 表示保险人在这一年里对这项风险所支付的索赔总额，我们将建立和研究随机变量 S 的模型，包括集合风险模型和个体风险模型。建立集合风险模型的第一步是用一年中的索赔次数（用随机变量 N 表示）和每次的索赔金额来表示 S。用随机变量 X_i 表示第 i 次索赔的索赔金额，则：

$$S = \sum_{i=1}^{N} X_i \tag{4.2}$$

这里如果 N 为 0，则总和 S 为零。

对 S 的分解使我们有可能分别考虑索赔次数和索赔金额。这种做法的一个重要原因是影响索赔次数和索赔金额的因素可能大不相同。以汽车保险为例，某一天中持久的坏天气可以对索赔次数有显著的影响但对个体的索赔金额影响很小或没有影响，从另一角度讲，通货膨胀可以对修理汽车的费用有显著的影响，因此对个体的索赔金额的分布有很大影响，但对索赔次数的影响很小或无影响。

我们将要研究的问题是由 N 和 X_i 的矩和分布导出 S 的矩和分布，我们将在有再保险和无再保险的情况下都这样做；我们还将研究再保险人相应的问题，即求出有关这项风险由再保险人在这一年里支付的索赔总额的矩和分布。

三、在基本模型中所做的抽象和概括

前面描述的短期保险的模型与实际的保险运作相比包含了一些抽象和概括，其中第一个是通常假定 N 和 X_i 的矩和（有时是）分布是确切已知的。而在实践中，它们可能是从一些有关的数据估计出来的。

另一个概括是我们假设理赔是在导致索赔的事故一发生就进行的。而在实践中，理赔至少会有短期的拖延，有些情况延期长达数年。尤其是当损失的情况难以确定时更是这样。例如，有时要由法庭决定。

这里的模型通常不涉及任何费用，假设保费是用来支付保险金（索赔金额）和附加的利润。而在实践中，投保人支付的保费还包括附加的费用。用一种很简单的方式把费用包含在本模型中也是可能的，我们将在以后的内容中通过一个例子来说明具体做法。

影响长期保险的一个重要因素是利率。超额保费收入要进行投资以建立准备金。与长期保险相比，短期保险中的利息因素不那么重要。我们通常可以在短期保险模型中忽略利息因素，至少是在初级的模型中忽略利息的影响。

四、符号和假定

在本章的风险模型中，我们做以下两个重要的假定：
（1）随机变量 $\{X_i\}_{i=1}^n$ 是独立同分布的；
（2）随机变量 N 独立于 $\{X_i\}_{i=1}^n$

上述假设意味着：
（1）索赔次数不受个体索赔金额的影响。
（2）一定的个体索赔金额不受任何其他个体索赔金额的影响，并且
（3）在保单的（较短的）期限内，个体索赔额的分布不变。

本书将假定所有的索赔金额都是非负的，因此对于 $x<0$，$P(X_i \leq x) = 0$。

风险模型中的许多公式都是由 S、N 和 X_i 的矩母函数求出的，为了方便，本书将用 MGF 代表矩母函数，其表达式分别写为 $M_S(t)$、$M_N(t)$ 和 $M_X(t)$，并且假定对于满足 t 大于 0 的某些值上述函数有意义。并不是对于 t 的任意正值一定存在一个非负随机变量的矩母函数，例如，对于 t 的任何正值，帕累托分布和对数分布的矩母函数不存在。当然，不做上述假定，也可以运用矩母函数推出风险模型的有关公式，尽管不像这样容易。

我们用 $G(x)$ 和 $F(x)$ 分别表示 S 和 X_i 的分布函数。即：
$$G(x) = P(S \leq x), \quad F(x) = P(X_i \leq x)$$

为方便起见，我们经常假设 $F(x)$ 的密度函数存在，我们将它表示为 $f(x)$。在该密度函数不存在的情况下，我们便认为 X_i 服从一个离散的或连续与离散混合的分布，像：
$$\int_0^\infty x f(x) dx$$

这样的表达式应当被适当地理解。其含义应当总是能从上下文中清楚地知道。

本书将用 m_k 表示 X_i 的 k 阶原点矩（$k = 1,2,3\cdots$），即：
$$m_k = E(X_i^k)$$

第二节 集合风险模型

我们现在考虑由随机变量 S 表示的一个风险的索赔总额。索赔总额是个体索赔额的简单加总。本节将涉及的内容是:第一,建立不确定索赔次数 N 的分布的一般模型;第二,引入当 N 服从泊松分布时 S 的复合泊松分布,并描述该分布的一个重要结果;第三,考察当 N 服从二项分布情况下 S 的复合分布;第四,考察当 N 服从负二项分布时 S 的复合分布;第五,研究保险人和再保险人分别在成数分保和超额损失再保险中的理赔总额的分布。

一、集合风险模型

第一节中我们已经约定,S 代表 N 个随机变量 X_i 的总和,这里 X_i 表示第 i 次索赔的金额,因此

$$S = X_1 + X_2 + \cdots + X_N,$$

且 $N = 0$ 则 $S = 0$。

注意我们研究的是由作为集合的风险单位中产生的索赔次数 N(而不是单个保单的索赔次数),这就使我们引入了称为"集合风险模型"的模型。通过这个模型,我们能够得出 S 的分布函数、均值、方差和矩母函数的一般表达式。

通过研究事件 $\{S \leq x\}$,我们能够得出 S 的分布函数 $G(x)$ 的表达式。如果该事件发生,那么,下列事件中的一件,且只有一件必然发生:

$\{S \leq x \text{ 且 } N = 0\}$ (即无索赔)

或 $\{S \leq x \text{ 且 } N = 1\}$ (即一次金额 $\leq x$)

或 $\{S \leq x \text{ 且 } N = 2\}$ (即两次总额 $\leq x$)

或 $\{S \leq x \text{ 且 } N = r\}$ (即 r 次索赔总额 $\leq x$)

依此类推,这些事件是彼此互斥和完备的,因此:

$$\{S \leq x\} = \bigcup_{n=0}^{\infty} \{S \leq x \mid N = n\}$$

并且:

$$P\{S \leq x\} = \sum_{n=0}^{\infty} P\{S \leq x \mid N = n\} = \sum_{N=0}^{\infty} P\{N = n\} P\{S \leq x \mid N = n\}$$

这里注意,如果 $N = n$,那么 S 是 $\{X_i\}_{i=1}^{n}$ 的总和,其中 $\{X_i\}_{i=1}^{n}$ 是随机变量序列,n 是固定数字。因此:

第四章
风险模型

$$P\{S \leq x \mid N = n\} = F^{n*}(x)$$

这里 $F^{n*}(x)$ 是分布函数 $F(x)$ 的 n 重结合式。注意 $F^{1*}(x)$ 就是 $F(x)$。为方便起见,定义 $F^{n*}(x)$ 为:

$$F^{n*}(x) = \begin{cases} 1, & \text{对所有的非负 } x \\ 0, & \text{其他} \end{cases}$$

因此:

$$G(x) = \sum_{n=0}^{\infty} P(N=n) F^{n*}(x) \tag{4.3}$$

(4.2) 式是 S 的分布函数的一般表达式。我们没有确定 N 或 X_i 的分布。

注意:当 X_i 是分布于正整数的点上,对于 $x = 1, 2, 3\cdots$,我们很容易计算 $P(S=x)$,因为:

$$P(S=x) = G(x) - G(x-1) = \sum_{n=0}^{\infty} P(N=n)\{F^{n*}(x) - F^{n*}(x-1)\}$$

即:

$$P(S=x) = \sum_{n=0}^{\infty} P(N=n) f_x^{n*} \tag{4.4}$$

这里:

$$f_x^{n*} = F^{n*}(x) - F^{n*}(x-1)$$

是 $\sum_{i=1}^{n} X_i$ 的概率密度函数。正如当 X_i 是一个连续型变量那样,$P(S=0) = P(N=0)$。

在第三节中,我们将讨论近似地估计 $G(x)$ 的方法。近似估计的过程中,需要知道 S 的矩。以下我们要讨论矩的问题。

我们运用以索赔次数 N 为条件的条件期望结论来计算 S 的矩,即利用下面的等式求出 $E(S)$:

$$E(S) = E[E(S \mid N)]$$

当 $N = n$ 时,有:

$$E(S \mid N = n) = \sum_{i=1}^{n} E(X_i) = n m_1$$

因此:

$$E(S \mid N) = N m_1$$

且:

$$E(S) = E(N m_1) = E(N) m_1 \tag{4.5}$$

(4.5) 式有一个很自然的解释,它说明索赔总额的期望是索赔次数的期望与个体索赔额的期望的乘积。

例 4.1 试推导出 $Var(S)$ 的表达式

解： 运用本章初曾提到的等式

$$Var(S) = E[Var(S \mid N)] + Var[E(S \mid N)]$$

由于个体索赔金额是独立的，所以有：

$$Var(S \mid N = n) = Var(\sum_{i=1}^{n} X_i) = \sum_{i=1}^{n} Var(X_i) = n(m_2 - m_1^2)$$

这样一来：

$$Var(S \mid N) = N(m_2 - m_1^2)$$

因此：

$$Var(S) = E[N(m_2 - m_1^2)] + Var(Nm_1)$$

即：

$$Var(S) = E(N)(m_2 - m_1^2) + Var(N) m_1^2 \tag{4.6}$$

与 $E(S)$ 的表达式不同，(4.6) 式没有一个具体的关于实际意义的解释。只是 S 的方差可用 N 和 X_i 的均值和方差表示出来。

运用条件期望的性质也可求出 S 的矩母函数。根据定义，

$$M_S(t) = E[\exp(tS)]$$

因此：

$$M_S(t) = E\{E[\exp(tS) \mid N]\} \tag{4.7}$$

而：

$$E[\exp(tS) \mid N = n] = E[\exp(tX_1 + tX_2 + \cdots + tX_n)]$$

并且由于 $\{X_i\}_{i=1}^{n}$ 是相互独立的随机变量，有：

$$E[\exp(tX_1 + tX_2 + \cdots + tX_n)] = \prod_{i=1}^{n} E[\exp(tX_i)]$$

由于 $\{X_i\}_{i=1}^{n}$ 是相同分布的，它们有共同的矩母函数，即 $M_X(t)$，所以：

$$\prod_{i=1}^{n} E[\exp(tX_i)] = \prod_{i=1}^{n} M_x(t) = [M_X(t)]^n$$

因此：

$$E[\exp(tS) \mid N] = [M_X(t)]^N \tag{4.8}$$

$$M_S(t) = E\{[M_X(t)]^N\} = E\{\exp\{N\log[M_X(t)]\}\}$$
$$= M_N\{\log[M_X(t)]\} \tag{4.9}$$

这样一来，S 的矩母函数就用 N 和 X_i 的矩母函数表达出来了。和前面的结果一样，我们并没有确定 N 和 X_i 的分布。

(4.5) 式、(4.6) 式和 (4.9) 式十分重要。总结起来，即：

$$E(S) = E(N) m_1$$
$$Var(S) = E(N)(m_2 - m_1^2) + Var(N) m_1^2$$

$$M_S(t) = M_N\{\log[M_X(t)]\}$$

有种特殊的情况我们很感兴趣,这就是在所有的索赔额都是相同的情况时。例如,一个组一年期的定期寿险的组合,每份保险的保险金额相同。假设每次索赔的金额是 B 的概率为 1,即:

$$P(X_i = B) = 1$$

因此:

$$m_1 = B, \quad m_2 = B^2$$

这样,S 分布在 0、B、$2B$…上。事实上,$S = BN$,因此:

$$P(S \leq Bx) = P(N \leq x)$$

并且,S 的分布即由 N 的分布而求得。(4.5) 式和 (4.6) 式给出了 S 的均值和方差。但是由于 $S = BN$,我们更容易地得出:

$$E(S) = E(N)B, \quad Var(S) = Var(N)B^2$$

S 的分布是典型的复合分布。当 N 服从不同的分布时,S 的分布情况不尽相同。下面,我们将分别探讨当 N 服从泊松分布、二项分布和负二项分布时的情况。

二、复合泊松分布

(一) 复合泊松分布索赔总额的数学期望、方差、偏斜系数

我们首先研究当 N 服从均值为 λ 的泊松分布时的索赔总额。N 服从均值为 λ 的泊松分布表示为 N ~ Poisson (λ) 或 N ~ P (λ)。我们说 S 服从参数为 λ 和 $F(x)$ 的复合泊松分布。对于 N,我们有如下的结果:

$$E(N) = Var(N) = \lambda, \quad M_N(t) = \exp\{\lambda(e^t - 1)\}$$

注意书后附表中给出了这些结果。

我们可以把这些结果和前面的内容结合起来。由 (4.5) 式得,S 的均值为:

$$E(S) = \lambda m_1 \tag{4.10}$$

由 (4.6) 式得,S 的方差为:

$$Var(S) = \lambda(m_2 - m_1^2) + \lambda m_1^2$$

即

$$Var(S) = \lambda m_2 \tag{4.11}$$

由 (4.9) 式得 S 的矩母函数为

$$M_S(t) = \exp\{\lambda[M_X(t) - 1]\} \tag{4.12}$$

我们可以看出均值和方差的结果有非常简单的形式。注意 S 的方差是用 X_i 在 0 点的二阶矩表示的(而不是用 X_i 的方差表示的)。

例 4.2 试证：S 的三阶中心矩为 λm_3。

证明：运用累积母函数 4.0 式，令 $n=3$，即

$$E[(S-\lambda m_1)^3] = \frac{d^3}{dt^3}\log M_S(t)\big|_{t=0}$$

而

$$\log M_S(t) = \lambda[M_X(t)-1]$$

所以

$$\frac{d^3}{dt^3}\log M_S(t)\big|_{t=0} = \lambda\frac{d^3}{dt^3}\log M_X(t)\big|_{t=0} = \lambda m_3$$

即

$$E[(S-\lambda m_1)^3] = \lambda m_3$$

说明：该结果显示出 S 的分布是正偏斜的，由于 m_3 是 X_i 在 0 点的三阶矩，而 X_1 是一个取非负值的随机变量，所以它大于 0。注意 S 的偏斜：即使 X_i 的分布是负偏斜的，S 的分布也是正偏斜的，系数是

$$\frac{\lambda m_3}{(\lambda m_2)^{3/2}}$$

于是，随着 $\lambda \to \infty$，它趋于 0。因此对于 λ 取较大值时，S 的分布几乎是对称的。

例 4.3 索赔总额 S 服从复合泊松分布，个体索赔额 X_i 服从参数 $\mu=3.91202$，$\sigma=1.17741$ 的对数正态分布 $\text{Log}N(\mu,\sigma^2)$。计算当泊松分布的参数为（a）100 和（b）10,000 时 S 的均值、方差和偏斜系数。

解：我们需要先求出对数正态分布的前三个矩，当 X_i 服从参数为 μ 和 σ 的对数正态分布时，即 $Y_i=\log X_i$ 服从参数为 μ 和 σ 的正态分布。由 m_t 的定义，我们有

$$m_t = E(x_i^t) = E(e^{\log X_i^t}) = E(e^{t\log X_i})$$

$$= E(e^{tY_i}) = M_{Y_i}(t) = \exp\{\mu t+\frac{1}{2}\sigma^2 t^2\}$$

于是：

$$m_1=100,\qquad m_2=40\ 000\qquad m_3=64\ 000\ 000$$

（a）当 $\lambda=100$ 时，

$$E(S) = 100\ m_1 = 10^4$$
$$Var(S) = 100\ m_2 = 4\times 10^6$$
$$E\{[S-E(S)]^3\} = 64\times 10^8$$

偏斜系数为：

$$\frac{64\times 10^8}{(4\times 10^6)^{3/2}} = 0.8$$

（b）当 $\lambda=10\ 000$ 时，

$$E(S) = 10^6$$
$$Var(S) = 4\times 10^8$$

$$E\{[S-E(S)]^3\} = 64 \times 10^{10}$$

偏斜系数为：

$$\frac{64 \times 10^{10}}{(4 \times 10^8)^{3/2}} = 0.08$$

我们可以看出 λ 取值的大幅度增长导致了 S 的偏斜系数的大幅度下降。

(二) 复合泊松分布的可加性

复合泊松分布的一个很有用的性质是多个相互独立的服从复合泊松分布的随机变量，其总和也是一个服从复合泊松分布的随机变量。我们称该性质为复合泊松分布的可加性：

设 $S_1, S_2, \cdots, S_n$ 是相互独立的随机变量，S_i 服从参数为 λ_i 和 $F_i(x)$ 的复合泊松分布。

令 $A = S_1 + S_2 + \cdots + S_n$，则随机变量 A 服从参数为 Λ 和 $F(x)$ 的复合泊松分布，这里

$$\Lambda = \sum_{i=1}^{n} \lambda_i$$

$$F(x) = \frac{1}{\Lambda} \sum_{i=1}^{n} \lambda_i F_i(x)$$

注解：这个结果说明 A 的泊松分布参数正好是 $\{S_i\}_{i=1}^{n}$ 的泊松分布参数的总和，分布 $F(x)$ 是 $\{F_i\}_{i=1}^{m}$ 的加权平均数，其权数与泊松分布参数成比例。

如果我们把 S_i 看作是一年里由风险 i 产生的索赔总额，那么 A 就是在一年里由 n 个风险所产生的索赔总额。这样一来，一年里这 n 个风险所产生的索赔次数的分布服从参数为 Λ 的泊松分布。也就是说，服从泊松分布的随机变量的总和，也是一个服从泊松分布的随机变量。这一结论是上述结论的一个特例。

要证明该结果，首先应注意到 $F(x)$ 是分布函数的加权平均数，并且它的权数都是正数，其总和为1。这意味着 $F(x)$ 是一个分布函数并且该分布的矩母函数是：

$$M(t) = \int_0^{\infty} \exp(tx) \frac{1}{\Lambda} \sum_{i=1}^{n} \lambda_i f_i(x) dx$$

其中，$f_i(t)$ 是分布函数 $F_i(x)$ 的密度函数。因此：

$$M(t) = \frac{1}{\Lambda} \sum_{i=1}^{n} \lambda_i \int_0^{\infty} \exp(tx) f_i(x) dx = \frac{1}{\Lambda} \sum_{i=1}^{n} \lambda_i M_i(t) \tag{4.13}$$

其中，$M_i(t)$ 是分布函数 $F_i(x)$ 的矩母函数。

令 $M_A(t)$ 表示 A 的矩母函数，则：

$$M_A(t) = E[\exp(tA)]$$
$$= E[\exp(tS_1 + tS_2 + \cdots + tS_n)]$$

根据 $\{S_i\}_{i=1}^n$ 的独立性，

$$M_A(t) = \prod_{i=1}^n E[\exp(tS_i)]$$

由于 S_i 是服从复合泊松分布的随机变量，它的矩母函数是（4.12）式给出的形式，所以：$E(\exp\{tS_i\}) = \exp\{\lambda_i[M_i(t) - 1]\}$

因此：$M_A(t) = \prod_{i=1}^n \exp\{\lambda_i[M_i(t) - 1]\} = \exp\{\sum_{i=1}^n \lambda_i[M_i(t) - 1]\}$

即：
$$M_A(t) = \exp\{\Lambda[M(t) - 1]\} \quad (4.14)$$

其中：
$$\Lambda = \sum_{i=1}^n \lambda_i, \quad M(t) = \frac{1}{\Lambda}\sum_{i=1}^n \lambda_i M_i(t)$$

通过分布函数与矩母函数之间的一对一的关系，（4.14）式告诉我们，随机变量 A 服从参数为 Λ 的复合泊松分布，根据（4.13）式，个体索赔额的分布函数为 $F(x)$。

例 4.4 两项由 S_1 和 S_2 表示的风险的索赔总额的分布函数如下：

风险 1：S_1 服从参数为 100 的复合泊松分布且

$$F_1(x) = 1 - \exp\{-x/\alpha\};$$

风险 2：S_2 服从参数为 200 的复合泊松分布，且：

$$F_2(x) = 1 - \exp\{-x/\beta\};$$

试求 $S_1 + S_2$ 的分布函数。

解：设 $A = S_1 + S_2$，根据复合泊松分布的可加性，A 服从参数为 300 和 $F(x)$ 的复合泊松分布，其中：

$$F(x) = 1 - \frac{1}{3}\exp\{-x/\alpha\} - \frac{2}{3}\exp\{-x/\beta\}$$

说明：$F(x)$ 是混合指数分布一个例子，我们可以按以下方式求解 A 的分布函数。索赔次数分布服从参数为 300 的泊松分布。有 1/3 的可能性个体索赔支付来源于服从参数为 α 的指数分布的随机变量，有 2/3 的可能性个体索赔支付来源于服从参数为 β 的指数分布的随机变量。

复合泊松分布的可加性有一个最直接的用途，这就是当每个 S_i 都服从同样的参数 λ 和 $F(x)$ 的复合泊松分布时，A 就服从参数为 $n\lambda$ 和 $F(x)$ 的复合泊松分布。

三、复合二项分布

在某些情况下，二项分布是我们在探讨索赔次数 N 时最自然的选择。例如：在一组包含 n 个被保险人的寿险保单下，如果我们假设每个被保险人的死亡率是相同的，并且这些人在死亡率方面是相互独立的，则每年死亡的人数服从二项分布。我们用符号 $N \sim b(n,q)$ 表示 N 服从该二项分布，其中 q 为每个人在该年的死亡率。我们将常用该分布的如下重要结果：

$$E(N) = nq$$

$$Var(N) = nq(1-q)$$

$$M_N(t) = (qe^t + 1 - q)^n$$

当 N 服从二项分布时，我们说 S 服从复合二项分布。为 N 选择二项分布，很重要一点，是索赔次数有一个上限 n。

例 4.5 当 $N \sim b(n, q)$ 时，求出 S 的均值、方差和矩母函数用 n，q，m_1，m_2 和 $M_X(t)$ 表示的表达式。

解：根据（4.5）式和（4.6）式，可将均值和方差表示如下：

$$E(S) = nqm_1 \tag{4.15}$$

$$Var(S) = nq(m_2 - m_1^2) + nq(1-q)m_1^2$$

$$= nqm_2 - nq^2m_1^2 \tag{4.16}$$

根据（4.9）式求出矩母函数：

$$M_S(t) = [qM_X(t) + 1 - q]^n \tag{4.17}$$

三阶中心矩是从累积母函数建立起来的（运用（4.17）式）。

$$\frac{d^3}{dt^3}\log M_S(t) = \frac{d^3}{dt^3}n\log[qM_X(t) + p] \quad \text{这里 } p = 1 - q$$

$$= \frac{d^2}{dt^2}\{nq[\frac{d}{dt}M_X(t)]\}[qM_X(t) + p]^{-1}$$

$$= \frac{d}{dt}\{nq[\frac{d^2}{dt^2}M_X(t)][qM_X(t) + p]^{-1} - b[q\frac{d}{dt}M_X(t)^2][qM_X(t) + p]^2\}$$

$$= nq\frac{d^3}{dt^2}M_X(t)[qM_X(t) + p]^{-1} - 3nq^2\frac{d^2}{dt^2}M_X(t)[qM_X(t) + p]^{-2}\frac{d}{dt}M_X(t) + 2n$$

$$[q\frac{d}{dt}M_X(t)]^3[qM_X(t) + p]^{-3}$$

令 $t = 0$，得：

$$E[(S - nqm_1)^3] = nqm_3 - 3nq^2m_2m_1 + 2nq^3m_1^3 \tag{4.18}$$

由（4.18）式我们可以得出，复合二项分布可能是负偏斜的。对这一事实的最简单的说明是当所有个体索赔额都是 B 时，则：

$$S = BN$$

且：

$$E\{[S - E(S)]^3\} = B^3 E\{[N - E(N)]^3\}$$

因此 S 的偏斜系数是 N 的偏斜系数的倍数，如果 $q > 0.5$，则 N 的二项分布是负偏斜的。

例4.6 保险人有一个包含100个1年期定期寿险的组合，每份定期寿险的保险金额为5 000元，保险人假定被保险人的死亡率是相互独立的，每个被保险人的索赔概率为0.002。

（1）计算该组合索赔总额的均值、方差和偏斜系数。

（2）计算索赔总额超过5 000元的概率。

解：（1）由于个体索赔额是一个常量，

$$m_t = 5000^t$$

根据（4.15）式和（4.16）式

$$E(S) = 100 \times 0.002 \times 5\,000 = 1\,000$$

$$Var(S) = 100 \times 0.002 \times 0.998 \times 5\,000^2 = 4\,990\,000$$

由于 $m_2 = m_1^2$，为计算 S 的三阶中心矩，我们考察：

$$m_t = 5\,000^t$$

由此得：

$$m_3 = m_1 m_2 = m_1^3 = 5\,000^3$$

运用（4.18）式，我们求出：

$$E[S - E(S)]^3 = 100 \times 0.002 \times 5\,000^3 \times (1 - 3 \times 0.002 + 2 \times 0.002^2)$$

$$= 2.48502 \times 10^{10}$$

偏斜系数等于：

$$\frac{2.48502 \times 10^{10}}{(4.99 \times 10^6)^{3/2}} = 2.22935$$

该分布的正偏斜反映出其小额索赔总额的较大概率和大额索赔总额的很小概率。例如，该组合的最大和最小支出分别是500 000元和0元，这两种支出的概率分别为 0.002^{100} 和 0.998^{100}。

（2）由：

$$P(S \leqslant 5\,000) = P(N \leqslant 1)$$

$$= 0.998^{100} + \binom{100}{1} 0.998^{99} 0.002$$

$$= 0.9826$$

可得：

$$P(S > 5\,000) = 0.0174$$

关于复合二项分布最后要说明的一点是：它没有与复合泊松分布的可加性相应的结论，但是，如果分别由 m 个相互独立风险产生的索赔总额 S_i 都服从相同的复合二项分布，则：

$$A = S_1 + S_2 + \cdots + S_m$$

服从复合二项分布。这很容易看出，

因为： $$M_{S_i}(t) = [q M_X(t) + 1 - q]^n$$

所以： $$M_{A_i}(t) = [q M_X(t) + 1 - q]^{mn}$$

因此 A 服从复合二项分布，$A \sim b(mn, q)$。

四、复合负二项分布

我们对于索赔次数 N 所服从分布的最后一个选择是负二项分布。我们曾在第二章提到过负二项分布的概率分布率的两种形式 (2.40) 和 (2.43)，在此，我们选择的是：

$$P(N = n) = \binom{k + n - 1}{n} p^k q^n \quad n = 0, 1, 2, \cdots$$

该分布的参数是 $k(>0)$ 和 p，这里 $p + q = 1, 0 < P < 1$。我们用 $NB(k, p)$ 表示该分布，当 $N \sim NB(k, p)$ 时：

$$E(N) = kq/p$$
$$Var(N) = kq/p^2$$
$$M_N(t) = \frac{p^k}{(1 - q e^t)^k}$$

在特殊情况 $k = 1$ 时，我们得出几何分布。

对于索赔次数 N，负二项分布是在某些情况下用来替代泊松分布的。负二项分布的一个优于泊松分布之处是它的方差超过了它的均值，而泊松分布中这两个数值是相等的。因此，负二项分布可能更适合于样本方差超过样本均值的数据集合。在实践中给经常是这种情况。在例 4.7 中我们要详细研究导致 N 服从负二项分布的情形，当 N 服从负二项分布时，我们说 S 服从复合负二项分布。

当 $N \sim NB(N, p)$ 时，根据 (4.5) 式，(4.6) 式和 (4.9) 式，我们能立即写下 S 的均值，方差和矩母函数的表达式：

$$E(S) = \frac{kq}{p} m_1$$

$$Var(S) = \frac{kq}{p}(m_2 - m_1^2) + \frac{kq}{p^2} m_1^2$$

$$= \frac{kq}{p} m_2 + \frac{k q^2}{p^2} m_1^2$$

$$M_S(t) = p^k / \{1 - q M_X(t)\}^k$$

和前面一样，我们能从 S 的累积母函数求出 S 的三阶中心矩，如下所示：

$$\frac{d}{dt}\log M_S(t) = \frac{d}{dt}\{k\log p - k\log[1 - qM_X(t)]\}$$

$$= \frac{kq}{1 - qM_X(t)}\frac{d}{dt}M_X(t)$$

因此：

$$\frac{d^2}{dt^2}\log M_S(t) = kq^2\left[\frac{d}{dt}M_X(t)\right]^2\frac{1}{[1 - qM_X(t)]^2} + \frac{kq}{1 - qM_X(t)}\frac{d^2}{dt^2}M_X(t)$$

$$\frac{d^3}{dt^3}\log M_S(t) = 3kq^2\left(\frac{d}{dt}M_X(t)\right)\left(\frac{d^2}{dt^2}M_X(t)\right)\frac{1}{[1 - qM_X(t)]^2}$$

$$+ \frac{2kq^3}{[1 - qM_X(t)]^3}\left(\frac{d}{dt}M_X(t)\right)^3 + \frac{kq}{1 - qM_X(t)}\frac{d^3}{dt^3}M_X(t)$$

在三阶导数中，令 $t=0$，得到：

$$E[S - E(S)]^3 = \frac{3kq^2 m_1 m_2}{p^2} + \frac{2kq^3 m_1^3}{p^3} + \frac{kqm_3}{p} \tag{4.19}$$

参数 k 和 p 是正的，$F(x)$ 的矩也是。因此由（4.17）式可以得出复合负二项分布是正偏斜的。

例 4.7 $\{S_i\}_{i=1}^n$ 是一系列独立的有相同分布的随机变量，每个 S_i 服从参数为 k 和 p 的同样的复合负二项分布，个体索赔有分布函数 $F(x)$。令 $A = S_1 + S_2 + \cdots + S_n$，试求 A 的分布。

解：S_i 的矩母函数是：

$$M_{S_i}(t) = \left(\frac{p}{1 - qM_X(t)}\right)^k, \quad 对于 i = 1, 2, \cdots, n$$

根据 $\{S_i\}_{i=1}^n$ 的独立性：

$$M_A(t) = \prod_{i=1}^n M_{S_i}(t) = \left(\frac{p}{1 - qM_X(t)}\right)^{nk}$$

因此 A 服从参数为 nk 和 p 的复合负二项分布，其个体索赔的分布函数为 $F(x)$。

五、在按比例和超额损失再保险下的索赔总额分布

在自留水平为 α 的按比例分保的情况下，对于发生的每次索赔，保险人支付的比例为 α，$0 \leq \alpha \leq 1$，再保险人支付的比例为 $1-\alpha$。也就是说，每当有索赔发生时，保险人和再保险人都要进行支付。因此与再保险人有关的索赔次数的分布一定和与保险人有关的索赔次数的分布相等。保险人支付的个体索赔额是 αX_1，再保险人支付的个体索赔额是 $(1-\alpha)X_1$。

例 4.8 一个风险的年索赔总额服从参数为 100 的复合泊松分布。个体索赔额服

第四章
风险模型

从均值为 500 的指数分布,该风险的保险人已经进行了比例分保,自留额为 0.8。求出这种安排下对保险人和再保险人的年索赔总额的分布,并计算这些分布的均值和方差。

解: S_I 表示保险人除去净保险的索赔总额,那么 S_I 服从泊松参数为 100 的复合泊松分布,对于每一次个体索赔,保险人将支付的是 $Y = 0.8 X_i$,这里 X_i 的分布函数为:

$$F(x) = 1 - \exp\{-0.002x\}, X > 0$$

然后:

$$P\{Y \leq x\} = P\{X_i \leq \frac{x}{0.8}\} = 1 - \exp\{-0.0025x\}$$

因此 Y 服从均值为 400 的指数分布。该指数分布在 0 的二阶矩为 320 000,因此:

$$E(S_I) = 100 \times 400 = 40\,000$$
$$Var(S_i) = 100 \times 320\,000 = 32 \times 10^6$$

类似地,再保险人的年索赔总额用 S_R 表示,它服从参数为 100 的复合泊松分布。个体索赔额服从均值为 100 的指数分布。因此:

$$E(S_R) = 100 \times 100 = 10\,000$$
$$Var(S_R) = 100 \times 20\,000 = 2 \times 10^6$$

注意:在本例里,由风险所产生的索赔总额的均值为 $100 \times 500 = 50\,000$,通常:

$$E(S) = E(S_I) + E(S_R)$$

是正确的,因为:

$$S = S_I + S_R$$

但是:

$$Var(S) \neq Var(S_I) + Var(S_R)$$

这在我们的意料之中,因为 S_I 和 S_R 不是相互独立的。

在超额损失分保的情况下,在自留额为 M 时,保险人对第 i 次索赔的赔付金额是:

$$Y_i = \min(X_i, M)$$

再保险人赔付的金额为:

$$Z_i = \max(0, X_i - M)$$

因此,保险人的赔付总额可被表示为:

$$S_I = Y_1 + Y_2 + \cdots + Y_n$$

而再保险人的赔付总额可被表示为:

$$S_R = Z_1 + Z_2 + \cdots + Z_n \tag{4.20}$$

例如,如果 $N \sim P(\lambda)$,S_I 服从泊松参数为 λ 的复合泊松分布,赔付的个体索赔额为 Y_i;类似地,S_R 服从泊松参数为 λ 的复合泊松分布,赔付的个体索赔额为 Z_i,

但是，应注意如同通常情况下的情形，如果 $F(M) > 0$，则 Z_i 取 0 值的概率非零（即 $F(M)$）。换句话说，我们把 0 作为再保险人可能的赔付额，从实践上看，S_R 的这种定义是变了形的，保险人知道了 N 的观察值，而再保险人可能只知道在自留额 M 之上的索赔的次数，因为保险人可以只向再保险人通知超过自留额的索赔。

例 4.9 某风险的年索赔总额服从泊松参数为 10 的复合泊松分布，个体索赔额服从 $(0, 2\,000)$ 上的均匀分布。保险人为该风险安排了自留额为 1 600 的超额损失分保。计算保险人和再保险人的赔付总额的均值和方差。

解：S_I 和 S_R 所表示的概念同上。为计算 $E(S_I)$，需要计算 $E(Y_i)$：

$$E(Y_i) = \int_0^M x f(x) dX + M P(X_i > m)$$

这里 $f(x) = 0.0005$ 是 $U(0, 2000)$ 的密度函数，$M = 1\,600$，这使得：

$$E(Y_i) = \frac{0.0005 X^2}{2}\Big|_0^M + 0.2 M = 960$$

因此：

$$E(S_I) = 10 E(Y_i) = 9\,600$$

欲求 $Var(S_I)$，须计算 $E(Y_i^2)$：

$$E(Y_i^2) = \int_0^M x^2 f(x) dx + M^2 P(X_i > M)$$

$$= \frac{0.0005}{2} x^3 \Big|_0^M + 0.2 M^2$$

$$= 11\,946\,667$$

因此：

$$Var(S_I) = 10 E(Y_i^2) = 119\,466\,670$$

为求出 $E(S_R)$，注意该风险的预期年索赔总额为 10 000，因此：

$$E(S_R) = 10\,000 - E(S_I) = 400$$

要求出 $Var(S_R)$，由下式求出 $E(Z_i^2)$：

$$E(Z_i^2) = \int_M^{2\,000} (x - M)^2 f(x) dx$$

$$= 0.0005 \left(\frac{x^3}{3} - M x^2 + M^2 x\right) \Big|_M^{2\,000}$$

$$= 10\,666.7$$

因此：

$$Var(S_R) = 10 E(Z_i^2) = 106\,667$$

作为 (4.20) 式的一个替换公式，我们能用下式表达再保险人的索赔总额：

$$S_R = W_1 + W_2 + \cdots + W_{N_R} \tag{4.21}$$

这里随机变量 N_R 表示再保险人实际进行的支付的次数（非零）。

例如，假定在某一特定的年份里，例 4.9 中的风险导致了如下的 8 个索赔额：
403　1 490　1 948　443　1 866　1 704　1 221　823

则在 (4.20) 式中 N 的观察值为 8，第三次、五次、六次索赔额要求再保险人支付 348、266 和 104。在其他五次索赔中，再保险人支付的金额为 0。

在 (4.21) 式中，N_R 的观察值为 3，W_1，W_2 和 W_3 的观察值分别是 348，266 和 104。注意在每种定义中，S_R 的观察值是相同的（即 718）。

可以证明：当 $W > 0$ 时，W_i 的密度函数为

$$P(w) = \frac{f(w + M)}{1 - F(M)}, \quad w > 0$$

要确定 (4.21) 式中给出的 S_R 的分布，需要知道 N_R 的分布。我们可以按照如下方法求出它。令：

$$N_R = I_1 + I_2 + \cdots + I_R$$

这里 N 表示由该风险带来的索赔的次数（和通常一样）。I_j 是一个指示随机变量，如果在第 j 次索赔时再保险人进行（非零的）赔付，则 I_j 的取值为 1；在其他情况下取值为 0。这样一来，N_R 即代表了再保险人进行赔付的次数，由于只有 $X_j > M$ 时，I_j 才能取值 1，所以，

$$P(I_j = 1) = P(X_j > M) = \pi$$

且：

$$P(I_j = 0) = 1 - \pi$$

进一步地，I_j 有矩母函数：

$$M_I(t) = \pi \exp\{t\} + 1 - \pi$$

且由 (4.20) 式，N_R 有矩母函数：

$$M_{N_R}(t) = M_N[\log M_I(t)]$$

例 4.10　在下列情况下，求出 N_R 的分布。

(1) $N \sim P(\lambda)$。
(2) $N \sim b(n, q)$。
(3) $N \sim NB(k, p)$。

解：
(1) 当 $N \sim P(\lambda)$ 时，

$$M_N(t) = \exp\{\lambda(e^t - 1)\}$$

因此：

$$\begin{aligned} M_{N_R}(t) &= \exp\{\lambda[M_I(t-1)]\} \\ &= \exp\{\lambda(\pi e^t - \pi)\} \\ &= \exp\{\lambda\pi(e^t - 1)\} \end{aligned}$$

这是 $P(\lambda\pi)$ 分布的矩母函数,根据矩母函数的唯一性,可以确定,$N_R \sim P(\lambda\pi)$。

(2) 当 $N \sim b(n,q)$ 时,
$$M_N(t) = (qe^t + 1 - q)^n$$
且:
$$\begin{aligned}M_{N_R}(t) &= [qM_I(t) + 1 - q]^n \\ &= [q(\pi e^t + 1 - \pi) + 1 - q]^n \\ &= (q\pi e^t + 1 - q\pi)^n \end{aligned}$$

因此根据矩母函数的唯一性,$N_R \sim b(n, q\pi)$。

(3) 当 $N \sim NB(k,p)$ 时,
$$M_N(t) = \left(\frac{p}{1 - qe^t}\right)^k$$
且:
$$\begin{aligned}M_{N_R}(t) &= \left[\frac{p}{1 - qM_I(t)}\right]^k \\ &= \left[\frac{p}{1 - q(1-\pi) - q\pi e^t}\right]^k \\ &= \left[\frac{p^*}{1 - q^* e^t}\right]^k\end{aligned}$$

这里:
$$q^* = \frac{q\pi}{1 - q + q\pi}$$
且:
$$p^* = 1 - q^*$$

因此根据矩母函数的唯一性,$N_R \sim NB(k, p^*)$。

让我们回到例 4.9 描述的风险,我们已经计算了再保险人索赔总额的均值和方差。根据 (4.21) 式,我们能够看出 [运用例 4.10 (1) 的结果] S_R 服从泊松参数为 $0.2 \times 10 = 2$ 的复合泊松分布,个体索赔额 W_i 有密度函数
$$P(w) = \frac{f(w + M)}{1 - F(M)}$$

即 W_i 服从在 $(0, 400)$ 上的均匀分布,所以,
$$E(W_i) = 200$$
$$E(W_i^2) = 53333.33$$

由此得出:
$$E(S_R) = 2 \times 200 = 400$$

$$Var(S_R) = 2 \times 53\,333.33 = 106\,667$$

因此，有两种方法确定和计算 S_R 的分布的值。

第三节 索赔总额分布函数 $G(x)$ 的计算

$G(x)$ 是集合风险模型中索赔总额的分布函数，本节中我们探讨计算或近似计算 $G(x)$ 的方法。在某些情况下，可能非常容易地找出 $G(x)$：例如所有的索赔额都相等，但这些情况下的假设一般都非常严格，从而失去了实际意义。我们将探讨计算 $G(x)$ 的递推公式，并探讨通过正态分布近似求出 $G(x)$，最后，我们还将研究通过变形后的（转换）伽玛分布近似求出 $G(x)$。在探讨 $G(x)$ 计算方法的过程中，我们有时假定索赔次数和索赔量都是已知的，有时假定只有这些分布的一、二阶或三阶矩是已知的。

一、$G(x)$ 的递推公式

在探讨 $G(x)$ 的递推公式过程中，我们假定所有的个体索赔额的分布 $F(x)$ 是正整数集合上的离散型分布。也就是说个体索赔额的可能值是 $1, 2, 3, \cdots$，从而索赔总额可能是 $0, 1, 2, 3, \cdots$。在该假设下，个体索赔额的分布函数无密度函数（因为 X_i 是离散型随机变量）。我们将使用个体索赔额和索赔总额各自概率分布率表示其相应的概率：

$$f_k = P(X_i = k) \quad k = 1,2,3,\cdots$$
$$g_k = P(S = k) \quad k = 0,1,2,\cdots$$

如果个体索赔额分布不是在正整数集合上的离散型分布（这种情况也可能发生），我们可以通过再离散分化的过程用一个离散型的分布来代替这个分布。

我们来看在一个特例中是如何做的。

我们用 $G(x)$ 来表示集合风险模型中索赔总额的分布函数，在该模型中个体索赔额具有指数分布，所以对于 $x \geqslant 0$

$$F(x) = 1 - \exp\{-\lambda x\} \quad \text{及} \quad f(x) = \lambda \exp\{-\lambda x\}$$

在此，我们选择一个正数 β，并按如下方式定义一个新的独立同分布的随机变量的序列 $\{X_i^*\}_{i=1}^{\infty}$

$$P(X_i^* = \frac{k}{\beta}) = P(\frac{k-1}{\beta} \leqslant X_i < \frac{k}{\beta})$$

$$= \exp\left\{-\frac{k-1}{\beta}\right\} - \exp\left\{-\frac{k}{\beta}\right\}$$
$$k = 1, 2, 3, \cdots$$

所以，如果 X_i 取 $\frac{k-1}{\beta}$ 和 $\frac{k}{\beta}$ 之间的值，X_i^* 就取值 $\frac{k}{\beta}$。我们可以发现 X_i^* 是一个取离散值的随机变量，它的分布近似等于 X_i 的分布；β 的值越大，就越近似。现在定义另一个新的独立同分布的随机变量序列 $\{X_i^{**}\}$：

$$\{X_i^{**}\} = \beta X_i^*$$

所以 $\{X_i^{**}\}$ 是分布在正整数上的 X^* 的再离散分化后的形式（因为这些随机变量都代表索赔额，从而用某种适当的货币单位来测量，另一种表达上述关系的方法是说不考虑货币单位中因素 β 引起的变动，$\{X_i^{**}\}$ 和 X_i^* 是一样的。举例来说，如果 X_i^* 用元表示，β 为 100，那么 $\{X_i^{**}\}$ 就以分来表示）。现在，令 $G^{**}(x)$ 是我们开始计算的集合风险模型索赔总额的分布函数，其他条件与我们开始时的相同，除了个体索赔额具有 $\{X_i^{**}\}$ 的分布而不是 X_i 的分布，那么 $G^{**}(x)$ 就满足我们的条件：索赔额应分布在正整数上，并且由于上述原因，对任何 x，

$$G(x) \approx G^{**}(x\beta)$$

现在我们再返回到计算 $G(x)$ 的问题。在我们的假设下，这就意味着计算 $k \leq x$ 时的 g_k，设：

1. 索赔次数的分布是已知的；
2. 个体索赔额（即 f_k）的分布是已知的。

原则上，计算 g_k 的问题已由（4.22）式解决，即

$$p(S = x) = \sum_{n=0}^{\infty} P(N = n) f_x^{n*} \tag{4.22}$$

这就像下面的例 4.11 所描述的：

例 4.11 试用（4.22）式推导出将 g_k 用 $P(N = k)$ 和 $f_k (k = 1, 2, 3, 4)$ 表示出来的公式。

解：首先注意，每一个体索赔额最小为 1，如果 $S = k$，那么索赔次数 N 不可能大于 k。特别地，

$$g_0 = P(S = 0) = P(N = 0)$$

还应注意到：仍是因为每一索赔额的最小值为 1，对任何正整数来说，在（4.22）式中和式的上限应是 x 而不是无穷大，所以（4.22）式变成：

$$P(S = x) = \sum_{n=0}^{x} P(N = n) f_x^{n*}$$

我们应该验证一下：

$$f_2^{2*} = f_1^2$$

第四章
风险模型

$$f_3^{2*} = 2f_1 f_2$$
$$f_4^{2*} = 2f_1 f_3 + f_2^2$$
$$f_3^{3*} = f_1^3$$
$$f_4^{3*} = 3f_1^2 f_2$$
$$f_4^{4*} = f_1^4$$

以上述公式中的第 3 个为例。f_x^{2*} 是 2 次索赔额的和为 x 的概率,由于两次的索赔额为 4,所以只有这么几种可能:或者第一次索赔额为 1,第 2 次为 3;或者是第一次是 3 而第二次是 1;或者是两次都是 2。在此,按(4.22)式可写出:

$$g_1 = P(N = 1)f_1$$
$$g_2 = P(N = 1)f_2 + P(N = 2)f_1^2$$
$$g_3 = P(N = 1)f_3 + P(N = 2)2f_1 f_2 + P(N = 3)f_1^3$$
$$g_4 = P(N = 1)f_4 + P(N = 2)(2f_1 f_3 + f_2^2) + P(N = 3)3f_1^2 f_2 + P(N = 4)f_1^4$$

这里,我们一定要明白它们之间的关系,如 f_2^{2*} 和 f_2^2 的关系,前者是 $(X_1 + X_2)$ 的概率,后者是 $[P(X_1 = 2)]^2$。

注意对于 $r < n$,f_r^{n*} 将为 0,因为 X_i 的最小值为 1,对其他的 r 值可能为 0,这取决于每个 X_i 在可能值中的取值。

在实践中,(4.22)式对于计算 g_k 来说并不是一个有用的起点,因为如果 k 取值很大,即使有计算机的帮助,计算就很困难。因此需要一个更有效的方法,为此,我们探讨计算 $G(x)$ 的递推公式。在我们证明或表述公式以前,我们需要一个关于索赔次数 N 的分布的假设。我们用 p_r 来表示 $P(N=r)$,并假设存在常数 a 和 b 使得:

$$p_r = (a + \frac{b}{r}) p_{r-1} \quad r = 1,2,3,\cdots \tag{4.23}$$

在第二节中所学的三种索赔次数分布都满足假设(4.23)式,就像在下面例中我们应当表明的那样。

例 4.12 证明:泊松分布、二项分布和负二项分布都满足假设(4.23)式,并且找出每种情况下 a,b 的表达式:

证明:① 泊松分布 $P(\lambda)$:

$$p_r = \exp\{\lambda\} \frac{\lambda^r}{r!}$$

$$p_{r-1} = \exp\{-\lambda\} \frac{\lambda^{r-1}}{(r-1)!}$$

从而:
$$p_r = \frac{\lambda}{r} p_{r-1}$$

所以:
$$a = 0, b = \lambda$$

② 二项分布 $b(n,q)$:

$$p_r = \frac{n!}{r!(n-r)!} q^r (1-q)^{n-r}$$

$$p_{r-1} = \frac{n!}{(r-1)!(n-r+1)!} q^{r-1} (1-q)^{n-r+1}$$

从而：

$$p_r = p_{r-1} \frac{q(n-r+1)}{(1-q)r}$$

所以：

$$a = \frac{-q}{1-q}, b = \frac{(n+1)q}{1-q}$$

③负二项分布 $NB(k,p)$：

$$p_r = \frac{(k+r-1)!}{r!(k-1)!} p^k (1-p)^r$$

$$p_{r-1} = \frac{(k+r-2)!}{(r-1)!(k-1)!} p^k (1-p)^{r-1}$$

所以：

$$p_r = p_{r-1} \frac{k+r-1}{r}$$

所以：

$$a = (1-p), b = (1-p)(k-1)$$

最后，我们来证明下述递推公式：

$$g_0 = p_0 \tag{4.24}$$

$$g_r = \sum_{j=1}^{r} \left(a + \frac{b_j}{r}\right) f_j g_{r-j} \quad r=1, 2, \cdots \tag{4.25}$$

(4.24) 式是根据最小索赔额是 1 的事实，当且仅当没有发生索赔事件时，索赔总额为 1。

(4.25) 式的证明有点繁琐。为了证明它，我们得使用下列三个公式：对 $n=1$, 2, $\cdots$

$$E\left[X_1 \mid \sum_{i=1}^{n} X_i = r\right] = \frac{r}{n} \tag{4.26}$$

$$E\left[X_1 \mid \sum_{i=1}^{n} X_i = r\right] = \sum_{j=1}^{n} j f_j \frac{f_{r-j}^{(n-1)*}}{f_r^{n*}} \tag{4.27}$$

$$p_n f_r^{n*} = \sum_{j=1}^{r-1} \left(a + \frac{b_j}{r}\right) f_j p_{n-1} f_{r-j}^{(n-1)*} \tag{4.28}$$

(4.26) 式和 (4.27) 式适用于任何使 f_r^{n*} 不为 0 的 r 值；(4.28) 式适用于 $r=1$, 2, $\cdots$，不论 f_r^{n*} 是否为 0。

事实上，(4.26) 式具有对称性：$X_1, X_2, \cdots, X_n$ 为相同分布的随机变量序列，所以，如果知道它们的和是 r，那么它们中任何一个的期望值就一定是 $\frac{r}{n}$。

(4.27) 式的成立也不难理解，注意到 $\dfrac{f_j f_{r-j}^{(n-1)*}}{f_r^{n*}}$ 是在 $\sum_{j=1}^{n} X_j = r$ 时 $X_1 = j$ 的条件概率（不要忘了我们在 (4.27) 式中假设 $\sum_{j=1}^{n} X_j = r$ 的概率，即 $f_r^{n*} \neq 0$）。当 $\sum_{j=1}^{n} X_j = r$ 时，X_1 的值不可能大于 r，所以 (4.27) 式的右侧就是在 $\sum_{j=1}^{n} X_j = r$ 时，X_i 的任意取值与 X_i 取该值的概率的乘积的总和。从而这与 (4.27) 式的左侧相等。

下面我们推导一下 (4.28) 式。首先注意 $f_r^{n*} = 0$ 的情况，此时 (4.28) 式成立。因为在这种情况下，对 j 的任意值 $(1, 2, \cdots, r)$，f_j 或者 $f_{r-j}^{(n-1)*}$ 为 0，或者二者都为 0。

现在假设 $f_r^{n*} \neq 0$，于是：

$$p_n f_r^{n*} = p_n (a + \frac{b}{r}) f_r^{n*} \qquad \text{使用 (4.23)}$$

$$= p_{n-1} E(a + \frac{b X_1}{r} \mid \sum_{j=1}^{n} X_i = r) f_r^{n*} \qquad \text{使用 (4.26)}$$

$$= p_{n-1} \sum_{j=1}^{r} (a + \frac{bj}{r}) f_j f_{r-j}^{(n-1)*} \qquad \text{使用 (4.27)}$$

$$= p_{n-1} \sum_{j=1}^{r-1} (a + \frac{bj}{r}) f_j f_{r-j}^{(n-1)*} \qquad (\text{因为 } f_0^{(n-1)*} = 0)$$

最后我们推导 (4.25) 式。对于 $r = 1, 2, \cdots$：

$$g_r = \sum_{n=1}^{\infty} p_n f_r^{n*} \qquad \text{使用 (4.22)}$$

$$= \sum_{n=1}^{\infty} p_{n-1} \sum_{j=1}^{r} (a + \frac{bj}{r}) f_j f_{r-j}^{(n-1)*} \qquad \text{使用 (4.28)}$$

$$= \sum_{j=1}^{r} (a + \frac{bj}{r}) f_j \sum_{n=1}^{\infty} p_{n-1} f_{r-j}^{(n-1)*}$$

$$= \sum_{j=1}^{r} (a + \frac{bj}{r}) f_j \sum_{n=0}^{\infty} p_n f_{r-j}^{(n-1)*}$$

$$= \sum_{j=1}^{r} (a + \frac{bj}{r}) f_j g_{r-j} \qquad \text{使用 (4.22)}$$

这样就证明了 (4.25) 式。

说明：

1. 注意在 N 服从泊松分布的特例中，

$$a = 0, \quad b = \lambda$$

于是，公式简化为：

$$g_0 = e^{-\lambda}$$

$$g_r = \frac{\lambda}{r} \sum_{j=1}^{r} j f_j g_{r-j}$$

2. 公式是递推的,也就是说,为了计算给定 r 值时的 g_r,应先用(4.24)式计算 g_0,然后利用(4.25)式计算 g_1,再利用(4.25)式中 g_0 和 g_1 计算 g_2 及其他。

3. 在计算 g_r 分布时,(4.24)式和(4.25)式比第三节中(4.26)式有高得多的效率。在用计算机运算时非常明显。

二、$G(x)$ 的正态近似

计算 $G(x)$ 的递推公式虽然是有效的,但却有些缺点。首先,虽然它在计算上比(4.26)式快得多,但是在实际应用中仍需要相当长的时间才能计算出 $G(x)$ 的值。其次,除非已知或至少能相当精确地估计出 N 和 X_i 的分布,否则不能使用该公式。

现在,我们假定关于 S 的全部已知信息或者能有把握估计的信息是 S 的均值和方差,因为许多不同的分布有着相同的均值和方差,所以单从这一信息无法计算 $G(x)$。在这种情况下计算 $G(x)$ 的一个明显的方法是假设 S 近似地服从正态分布。再正式一些说,就是令 $\Phi(Z)$ 为标准正态分布的分布函数,也就是均值为 0、方差为 1 的正态分布的分布函数,即:

$$\Phi(Z) = \frac{1}{\sqrt{2\pi}} \int_{-\infty}^{z} e^{-\frac{x^2}{2}} dx$$

现在令 μ、σ^2 代表 S 的均值与方差。在探讨 $G(x)$ 的正态近似中我们假设:S 近似服从的正态分布其均值为 μ,方差为 σ^2。于是,对于所有的 x:

$$G(x) = P(S \leq X)$$
$$= P(\frac{S-\mu}{\sigma} \leq \frac{x-\mu}{\sigma}) \approx \Phi(\frac{x-\mu}{\sigma})$$

我们把这种采用正态分布作为 $G(x)$ 的近似分布的方法称为正态近似。如此分析 S 的近似分布,其主要原因是:

1. 正态分布的概率值通过查统计表或通过标准的计算机软件包可以容易地获得。

2. 从(4.24)式中可知 S 是一些独立同分布的随机变量的和。根据中心极限定理,我们可以认为正态分布是一个不太差的选择。N(将求和的随机变量的个数)的(期望)值越大,其近似的精确度就越高。对复合泊松分布来说,λ 的值越大,N 的期望值越大,S 的分布就变得越对称。

例 4.13 S 服从复合泊松分布,参数为 λ 和 $F(x)$,$F(x)$ 是一个帕累托分布的分布函数,其参数为 4 和 3,假设 S 近似于正态分布,计算使下面各式成立的 x 值。

(1) $P(S \leq x) = 0.95$

(2) $P(S \leq x) = 0.99$

第四章
风险模型

1. $\lambda = 10$；   2. $\lambda = 50$

解：对一个参数为 4 和 3 的帕累托分布来说，查表可知：

$$E(X) = 1, Var(X) = 2,$$

于是：

$$m_1 = 1, \quad m_2 = 3$$

1. $\lambda = 10$

采用（4.10）式和（4.11）式得，S 的均值和方差分别是：

$$\mu = \lambda m_1 = 10, \quad \sigma^2 = \lambda m_2 = 30, \text{即} \sigma = 5.447$$

因此：

$$P(S \leqslant x) \approx \Phi\left(\frac{x-10}{5.477}\right)$$

（1）查表可得 $\Phi(1.645) = 0.95$，所以 $\dfrac{x-10}{5.477} = 1.645$

$$P(S \leqslant 19.01) \approx 0.95$$

即 $x = 19.01$

（2）因为： $\Phi(2.326) = 0.99$

所以：

$$P(S \leqslant 22.74) \approx 0.99$$

即： $x = 22.74$

2. $\lambda = 50$

现在 S 的均值和方差分别是 50 和 150，按照 1. 中的步骤，可以得到：

（1）$P(S \leqslant 70.15) \approx 0.95$

（2）$P(S \leqslant 78.49) \approx 0.99$

像正态近似这样简单的方法也必然有它的缺陷。其中之一是：不论 μ 或 σ^2 为何值，正态近似会得出事件 $\{S > 0\}$ 有正的、即非零的概率，虽然从（4.2）式和（所有索赔额均为非负值的）假设中我们可知这一概率应当为 0。

另一更重要的缺陷是：正态密度是对称的，即偏斜度为 0，而且它的右侧末端迅速趋向 0。这个末端就像 $\exp(\frac{-x^2}{2})$ 一样变化，对于均匀类型的保险来说，S 的分布有正的偏斜度（参考例 4.2 后的说明），且右侧末端拖得相当长，也就是说，非常高的索赔额具有一个相对高些的概率，对于这些类型的保险，正态近似趋于过低估计，当 x 值很大时的 $P(S > X)$。从保险人角度来看，这一特征不受欢迎，因为大额索赔在经济上非常重要。

我们看一下这两点与例 4.13 的关系。图 4.1 表明了 S 的分布函数在例 4.13 1. 中它的参数 $\lambda = 10$，通过再离散分化索赔额分布使用递推公式得到的分布函数以及通过

正态近似求出的 S 的密度函数,可以发现,S 的密度的极右端要比正态近似的右侧末端平缓得多。图 4.2 显示了 $\lambda = 50$ 时相应的密度,在这一情况下,因索赔次数的预期值要大,正态近似就更接近于实际分布,像所预言的那样。例 4.13 中近似求得的 S 的百分点的正确值("正确"的含义是指在个体索赔额之后用递推公式计算出来的)如下:

1. $\lambda = 10$

$$P(S < 20.0) = 0.95 \quad P(S < 27.2) = 0.99$$

2. $\lambda = 50$

$$P(S < 71.6) = 0.95 \quad P(S < 83.9) = 0.99$$

这些结果与我们在例 4.13 的答案中求的结果我们的假设是一致的,即我们假设沿着右侧末端越往前,索赔次数的期望值就越低,正态近似就可能与实际差越大。

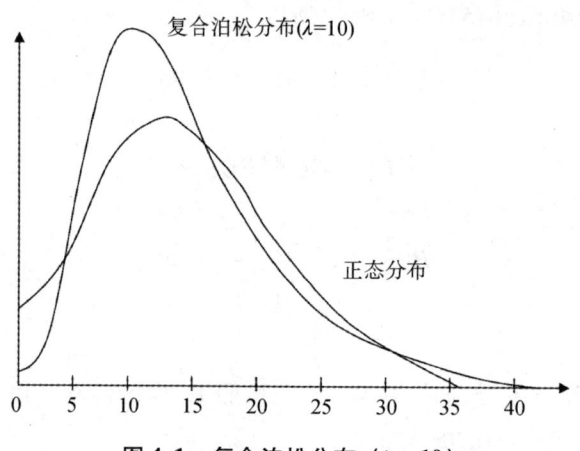

图 4.1 复合泊松分布 ($\lambda = 10$)

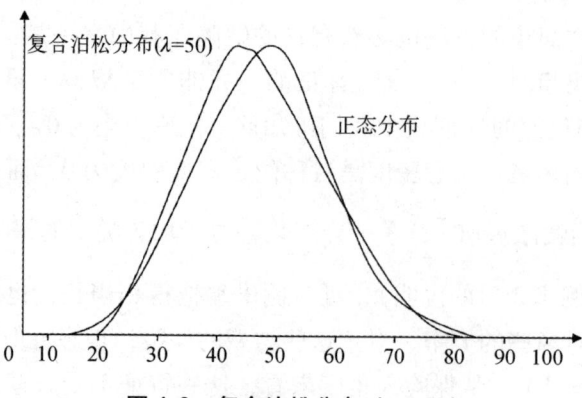

图 4.2 复合泊松分布 ($\lambda = 50$)

三、$G(x)$ 的修正伽马近似

现在假设我们已知或有一定把握能够估计到 S 的一阶、二阶、三阶矩,而不只是前两阶矩。避免至少是过低估算末端概率问题的一个方法是采用修正的伽马分布作为 S 的近似分布。我们称之为修正的伽马近似。令 μ、σ^2、β 分别代表 S 的均值、方差和偏斜系数。在修正的伽马近似方法中,我们假设 S 与随机变量 $k+Y$ 的分布大致相同,k 是一常数,Y 服从伽马分布,参数为 α 和 δ。参数 k、α 和 δ 的选择是使 $k+Y$ 与 S 有着相同的前三阶矩,注意,我们现在采用的随机变量,是一个服从伽马分布的随机变量 Y,经过由一个正的或负的 k 值修正后的随机变量 $k+Y$。修正的伽马分布之所以比正态近似更合适是因为伽马分布的偏斜度为正,就像在许多实际情况下 S 的分布一样。读者可以回想一下我们前面讨论过 S 的偏斜度。

例 4.14 试证参数为 α 和 δ 的伽马分布的偏斜系数是 $2/\sqrt{\alpha}$。

证明:对于参数为 α 和 δ 的伽马分布,其密度函数是:

$$f(x) = \frac{\delta^\alpha}{\Gamma(\alpha)} x^{\alpha-1} \exp\{-\delta x\}$$

所以在 0 点的三阶矩是:

$$\int_0^\infty \frac{\delta^\alpha}{\Gamma(\alpha)} x^{\alpha+1} \exp\{-\delta x\} dx$$

比较一下被积函数和一个参数为 $\alpha+3$ 和 δ 的伽马密度函数密度函数在 $(0, +\infty)$ 区间积分,而后者的积分值为 1,可得被积函数的积分等于:

$$\frac{\delta^{-3}\Gamma(\alpha+3)}{\Gamma(\alpha)} = \frac{\alpha(\alpha+1)(\alpha+2)}{\delta^3}$$

这一分布的均值和方差是 σ/δ 和 α/δ^2 所以三阶矩是:

$$\frac{\alpha(a+1)(a+2)}{\delta^3} - \frac{3(\frac{\alpha}{\delta})\alpha(\alpha+1)}{\delta^2} + 2\left(\frac{\alpha}{\delta}\right)^3 = 2\frac{\alpha}{\delta^3}$$

所以偏斜系数为:

$$\frac{2\alpha/\delta_3}{(\alpha/\delta)^{3/2}} = \frac{2}{\sqrt{\alpha}}$$

令 S 和 $k+Y$ 的均值方差和偏斜系数相等,得到如下三个公式:

$$\beta = \frac{2}{\sqrt{\alpha}}$$

$$\sigma^2 = \frac{\alpha}{\delta^2}$$

$$\mu = k + \frac{\alpha}{\delta}$$

在上述公式中 α、δ 和 k 的值可以通过 β、σ^2 和 μ 的已知值计算出来。

用修正的伽马近似来代替正态近似,是因为这样求 $P(a < k + Y < b)$ 的值比求 $P(a < S < b)$ 的值要容易一些,伽马分布的概率在大多数计算机软件包里即可获得。在一些简单的案例中,还可能通过 χ^2 分布的概率表估计出伽马分布的概率。如果 Y 服从伽马分布 Gamma(α, δ),并且 2δ 是一整数,那么 $2\delta Y$ 服从 $\chi^2_{2\alpha}$ 分布。这是我们经常用到的一个性质。即使 2α 不是整数,这仍然可以发挥作用。如例 4.15。

例 4.15   同例 4.13,S 服从复合泊松分布,对于泊松参数 λ 的每一个值,计算 S 的修正伽马近似的分布参数,并使用 χ^2 表估计 x 值,使得:

(a) $P(S < x) = 0.95$

(b) $P(S < x) = 0.99$

解: 第一步计算 m_3,X_i 在 0 点的 3 阶矩,由公式可得:

$$m_3 = \int_0^\infty 4 \times 3^4 x^3 (3 + x)^{-5} dx$$

重复进行分部积分可得 $m_3 = 27$

由例 4.2 可知复合泊松分布的三阶矩是 λm_3,从而它的偏斜系数是 $\dfrac{\lambda m_3}{(\lambda m_2)^{3/2}}$。

1. $\lambda = 10$

修正伽马分布的参数的公式为:

$$1.643 = \frac{2}{\sqrt{\alpha}}$$

$$30 = \frac{\alpha}{\delta^2}$$

$$10 = \frac{\alpha}{\delta} + k$$

由此可验证:

$$\alpha = 1.481$$
$$\delta = 0.222$$
$$k = 3.333$$

此例中 $2\alpha = 2.962 \approx 3$ 所以 $2\delta Y$ 与 χ^2_3 分布近似。

从而: $P(S < x) \approx P(3.333 + Y < x)$
$$= P[0.444 Y < 0.444(x - 3.333)]$$
$$= P[\chi^2_3 < 0.444(x - 0.333)]$$

(1) 查表得: $P(\chi^2_3 < 7.815) = 0.95$

第四章
风险模型

所以: $\quad\quad\quad\quad 0.444(x - 3.333) = 7.815$

即: $\quad\quad\quad\quad\quad\quad x = 20.93$

(2) 查表 $P(\chi_3^2 < 11.34) = 0.99$

所以: $\quad\quad\quad\quad P(S < 28.87) \approx 0.99$

即: $\quad\quad\quad\quad\quad\quad x = 28.87$

2. $\lambda = 50$

修正的伽马近似的参数如下:

$$\alpha = 7.407$$
$$\delta = 0.222 \text{（为什么与前面一样？）}$$
$$k = 16.67$$

此例中 $2\alpha = 14.814$，所以 $2\delta Y$ 介于 χ_{14}^2 分布与 χ_{15}^2 分布之间，查表可知:

$$F(\chi_{14}^2 < 23.68) = 0.95 \quad P(\chi_{14}^2 < 29.14) = 0.99$$
$$P(\chi_{15}^2 < 25.00) = 0.95 \quad P(\chi_{15}^2 < 30.58) = 0.99$$

使用线性差值法:

$P(2\delta Y < 24.75) \approx 0.95 \quad P(2\sigma Y < 30.31) \approx 0.99$

$24.75 = 0.814 \times 25.00 + (1 - 0.814) \times 23.68$

因为: $\quad\quad\quad P(S < X) \approx P(2\sigma Y < 2\delta(x - k))$

所以: $\quad\quad P(S < 77.73) \approx 0.95 \quad P(S < 84.94) \approx 0.99$

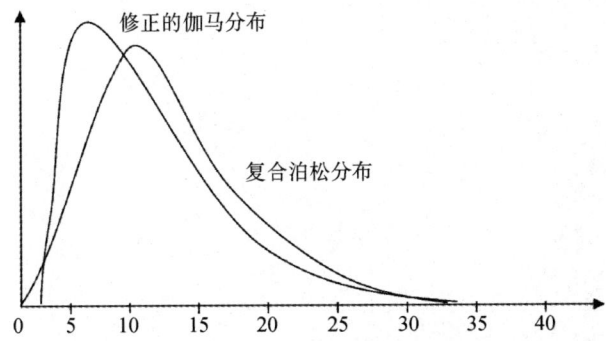

图 4.3 复合泊松分布和修正的伽马分布密度 ($\lambda = 10$)

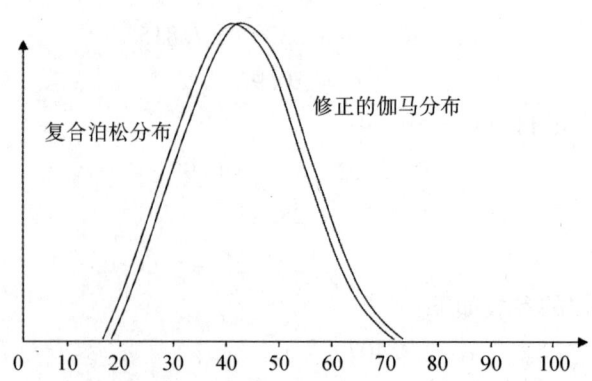

图 4.4 复合泊松分布和修正的伽马分布密度 ($\lambda = 50$)

比较一下例 4.13 中由正态近似和修正的伽马近似估计的 S 的结果和例 4.13 的"正确值",可以发现修正的伽马近似得出的结果更好。这是因为伽马分布的偏斜度为正,和 S 一样并且修正的伽马近似比正态近似需要更多的信息(即多需要一个矩)。图 4.3 ($\lambda = 10$) 和图 4.4 ($\lambda = 50$) 都表明了在例 4.13 和例 4.15 中研究的 S 和修正的伽马近似的密度。与图 4.1 和图 4.2 比较可以看到修正的伽马近似更精确,尤其在右侧末端。最后一点应注意的是,修正的伽马近似中,即使 S 分布在区间 $[0, \infty)$,k 有可能为负值。如果 k 为负,$P(S < 0)$ 的修正伽马近似为非零值,即使我们知道这个概率的实际值是 0,这是正态近似常有的情况。

第五章

破产分析理论

第一节 基本概念

一、符号

我们已经研究了在一个时段里某风险[①]引起的索赔额和索赔总额。为了深入研究相连的时间段里的索赔案,我们做如下定义:

$N(t)$——在时间区间 $[0,t]$ 上个体索赔的次数,其中,$t \geq 0$;

X_i——第 i 次索赔的金额,$i = 1,2,3\cdots$;

$S(t)$——在时间区间 $[0,t]$ 上的索赔总额,$t \geq 0$。

$\{X_i\}_{i=1}^{\infty}$ 是一个随机变量序列,$\{N(t)\}_{t \geq 0}$ 和 $\{S(t)\}_{t \geq 0}$ 都是随机变量组,即随机过程(Stochastic processes),其中 $t \geq 0$。

于是:
$$S(t) = \sum_{i=1}^{N(t)} X_i$$

可以认为在 $N(t)$ 为 0 时 $S(t)$ 也为 0,正如上面定义的那样,随机过程 $\{S(t)\}_{t \geq 0}$

[①] 在精算语言里,风险(risk)一词常常指一系列保单,在本章里,我们所提到的风险,既可以指单独一张保单,也可指一类保单。

指的是某风险的索赔总额。随机变量 $N(1)$ 和 $S(1)$ 分别代表索赔次数和索赔总额，这都是描述第一个时间单位内的索赔情况。这两个随机变量与第四章中的随机变量 N 和 S 是相对应的。

我们知道，承保这些风险的保险人要从投保人手中收取保费。为了方便，在本章的所有内容中，我们假定保费收入的收取是连续不断的，并且是均衡的。我们定义，c 表示单位时间内的费率，从而 $[0,t]$ 时段时保费总收入可表示为 ct，我们也一直假设 c 为正值。

二、余额过程

我们假定在时点 0 上，保险人已有一定金额的资本金，以应付一旦发生的索赔。在此，我们把这部分资本金的金额称为初始余额，用 U 表示。我们将一直假定 $U \geq 0$，这种初始余额对保险人来说是必要的，因为未来保费收入本身可能不足以支付未来的赔款。在未来任何时点 $t(t>0)$ 上保险人的资产余额是个随机变量，因为保险人的余额取决于时间 t 之前的索赔情况。我们把时点 t 上的余额表示为 $U(t)$，容易理解，$U(t)$ 有如下形式的公式：

$$U(t) = U + ct - S(t)$$

意思是：时点 t 上保险人的余额等于初始余额加上到时点 t 为止的保费收入再减去到时点 t 为止的索赔总额。应注意，初始余额和保费收入不是随机变量，因为在风险发生前就决定了。上述公式在 $t \geq 0$ 时有效。容易理解：$U(0) = U$ 对于给定的任意一个 t 值，$U(t)$ 是一个随机变量，这是因为，$S(t)$ 是一个随机变量。于是 $\{U(t)\}_{t \geq 0}$ 是一个随机过程，我们称之为余额过程。

图 5.1 表示时点 T_1，T_2，T_3，T_4 和 T_5 上发生的余额索赔的典型结果，在这些时点上，余额由于索赔而很快减少，在两次索赔之间，余额在每一个单位时间内以均衡费率 c 增长。我们使用的保险人余额的这一模型是对实际业务做了很多简化之后的结果，正如针对其他复杂情况建立的模型一样。一些重要的简化有：我们假设赔案一发生就理赔，假设保险人的余额不获得利息。尽管有这些简化，这一模型仍能让我们对保险运作的实质做深入的理解。

三、连续时间上的破产概率

从图 5.1 可看出，由于索赔的发生，在 T_3 时点上余额减少到小于 0。当余额低于 0 时，保险人的钱不够了，我们说破产发生了。在我们简化的模型中，保险人想控制破产发生的概率，想使其尽可能小，或至少在一定界限之下。我们可以认为，破产就

第五章
破产分析理论

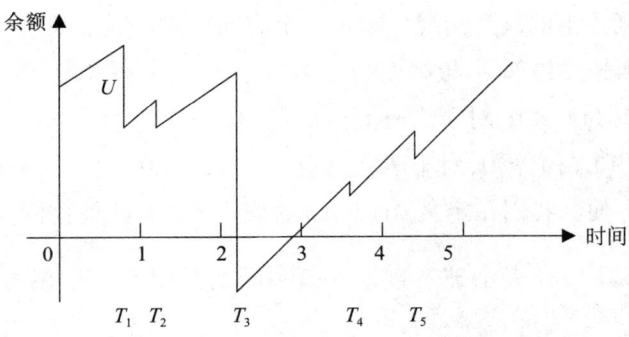

图 5.1　连续时间余额过程

意味着偿付能力的丧失，当然，这不是很精确，因为在实际中，判一个保险公司是否偿付能力不足是一个很复杂的问题。我们可以从另一个角度来理解"破产"的概念：承保某风险后该业务"破产"的时刻，即指保险公司需要再提供更多的资本以应付该项余额小于 0 的困境。于是，破产概率是指在未来某一时刻，因索赔引起的余额小于 0 而导致保险公司不得不额外注入资本金的可能性。

现在让我们更确切一些定义如下两个概率：

$$\psi(U) = P[U(t) < 0, 对任意 t, 0 < t < \infty]$$

$$\psi(U,t) = P[U(\tau) < 0, 对任意 \tau, 0 < \tau < t]$$

$\psi(U)$ 是（给定初始余额 U 的情况下）最终破产的概率，而 $\psi(U,t)$ 是（给定初始余额 U 的情况下）在 t 时间内的破产概率。这两个概率有时候被分别称为在无限时间内的破产概率和在有限时间内的破产概率。这里我们给出这些概率的有关关系式：假设 $0 < t_1 < t_2 < \infty$，且 $0 \leq U_1 \leq U_2$，则有

$$\psi(U_2, t) \leq \psi(U_1, t) \tag{5.1}$$

$$\psi(U_2) \leq \psi(U_1) \tag{5.2}$$

$$\psi(U, t_1) \leq \psi(U, t_2) \leq \psi(U) \tag{5.3}$$

$$\lim_{t \to \infty} \psi(U, t) = \psi(U) \tag{5.4}$$

上述公式的意义是容易理解的：

初始余额越大，破产就越不可能发生，无论是在一段确定的时间内，还是在无限的时间段内都是这样，这是前两个公式的意义；第三个公式的意思是说，对于给定的初始余额 U，我们检验破产所需的时段越长，发生破产的可能性越大；最后，当 t 足够大时，我们能根据一定时间内的概率推测最终破产的概率。

四、离散时间点上的破产概率

至此，我们考虑的破产概率都是连续时间内的破产概率，实际中，可能（或希

望）得到离散时间点上的破产情况，给定一个时间间隔，间隔长度为 h，我们对离散时间点上的破产概率给出如下两个定义：

$\psi_h(U) = P[U(t) < 0,$ 对于 $t,$ 有 $t = h, 2h, 3h, \cdots]$

$\psi_h(U,t) = P[U(\tau) < 0,$ 对于 $\tau < t,$ 有 $\tau = h, 2h, 3h, \cdots, t-h, t]$

注意：为了方便，我们在定义 $\psi_h(U,t)$ 时假定 t 是 h 的整数倍。

图 5.2 同图 5.1 一样表示破产理论，所不同的是图 5.2 是在离散时间点上进行检验。

图中的黑点（实心点）表示整数间隔（如 $h = 1$）的时间点上余额的价值，黑点和白点（空心点）共同表示 $\frac{1}{2}$ 间隔的时间点上余额的价值。

从图 5.2 可看出，在间隔为 $h = 1$ 时，破产未发生，在时间 5 之前，破产未发生，但在间隔为 $h = \frac{1}{2}$ 的时间点上，破产的确发生了。

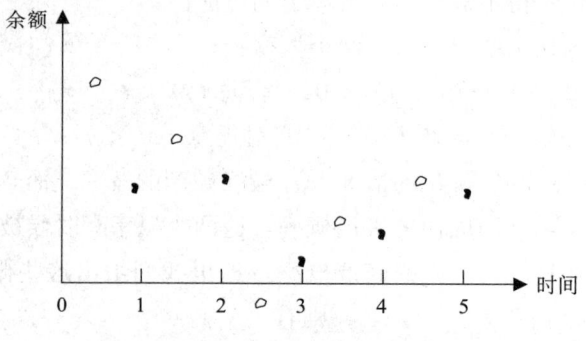

图 5.2 离散时间余额过程

下面列出了 5 种不同的间断时点的破产概率的关系，我们假设 $0 \leq U_1 \leq U_2$ 并且 $0 \leq t_1 \leq t_2 < \infty$。(5.5) 式，(5.6) 式，(5.7) 式及 (5.8) 式是 (5.1) 式，(5.2) 式，(5.3) 式及 (5.4) 式在间断时点上的表示形式，其解释是相似的。(5.9) 式的解释来源于图 5.2。

$$\psi_h(U_2, t) \leq \psi_h(U_1, t) \tag{5.5}$$

$$\psi_h(U_2) \leq \psi_h(U_1) \tag{5.6}$$

$$\psi_h(U, t_1) \leq \psi_h(U, t_2) \leq \psi_h(U) \tag{5.7}$$

$$\lim_{t \to \infty} \psi_h(U, t) \leq \psi_h(U) \tag{5.8}$$

$$\psi_h(U, t) \leq \psi(U, t) \tag{5.9}$$

直觉地，我们期望下述两关系式是正确的，因为在初始余额及考察时间 t 相同的情况下，通过间断时间点上的破产概率，应该能够按足够的近似水平得到连续时间内的破产概率。同时还需满足对破产的检验足够充分和 h 充分小两个条件：

$$\lim_{h \to 0^+} \psi_h(U,t) \leq \psi(U,t) \tag{5.10}$$

$$\lim_{h \to 0^+} \psi_h(U) \leq \psi(U) \tag{5.11}$$

出于篇幅的考虑，在此略去（5.10）式和（5.11）式的证明。

到目前为止，我们对 $S(t)$ 的分布还未做任何假定，通过一些假定，我们可得到比本节的概括性结论更为详细的结论，这些假定将在下节中给出。

第二节 泊松分布和复合泊松分布

一、泊松过程

在本节中，我们对索赔次数过程 $[N(t)]_{t \geq 0}$ 及索赔额 $\{X_i\}_{i=1}^{\infty}$ 做了一些假定，既然我们计算时间索赔次数，索赔次数过程 $\{N(t)\}_{t \geq 0}$ 须满足如下条件：

（1）$N(0) = 0$，即在 0 时点无索赔；

（2）对任何 $t > 0$，$N(t)$ 必须是整数值；

（3）当 $S < t$ 时，$N(s) \leq N(t)$，即作为时间变量的函数，索赔额是非递减的；

（4）当 $S < t$ 时，$N(t) - N(s)$ 表示时段 (s,t) 上发生的索赔次数。

1. $N(0) = 0$，且 $s < t$ 时，$N(s) \leq N(t)$；

2. $P\{N(t+h) = r \mid N(t) = r\} = 1 - \lambda h + o(h)$
   $P\{N(t+h) = r+1 \mid N(t) = r\} = \lambda h + o(h)$
   $P\{N(t+h) > r+1 \mid N(t) = r\} = o(h)$

3. 当 $s < t$，在时段 (s,t) 内的索赔次数独立于 s 之前的所有索赔次数。

条件 2. 表明在很短的时间间隔 h 之内，索赔次数只可能是 0 或 1，注意条件 2. 还意味着在时间间隔之中，索赔件数与起始时点没有关系。

之所以把满足条件 1. 到 3. 的分布称为泊松分布，是因为对于 t 的给定值，随机变量 $N(t)$ 服从参数为 λt 的泊松分布。证明如下：

给定 $P_n(t) = P[N(t) = n]$。我们证明

$$P_n(t) = \exp\{-\lambda t\} \frac{(\lambda t)^n}{n!} \tag{5.12}$$

对于给定的 $t > 0$ 和 h 的一个很小的正值，我们可以根据时点 t 上的索赔次数写出：

$$P_n(t+h) = P_{n-1}(t)[\lambda h + o(h)] + P_n(t)[1 - \lambda h + o(h)] + o(h)$$
$$= \lambda h P_{n-1}(t) + [1 - \lambda h] P_n(t) + o(h)$$

从而：
$$P_n(t+h) - P_n(t) = \lambda h \cdot P_{n-1}(t) - \lambda h P_n(t) + o(h) \quad (n = 1,2,3,\cdots)$$
(5.13)

现在以 h 去除 (5.13) 式，并让 h 稳于 0，从而得：
$$\frac{d}{dt} P_n(t) = \lambda [P_{n-1}(t) - P_n(t)] \tag{5.14}$$

当 $n = 0$，类似的分析可得出：
$$\frac{d}{dt} P_0(t) = -\lambda P_0(t) \tag{5.15}$$

为求得 $p_n(t)$ 我们引入概率母函数 $G(s,t)$：
$$G(s,t) = \sum_{n=0}^{\infty} s^n P_n(t)$$

因而
$$\frac{d}{dt} G(s,t) = \sum_{n=0}^{\infty} s^n \frac{d}{dt} P_n(t)$$

如果我们以 s^n 乘以 (5.14) 式并且把 n 所有值代入后加总可得到：
$$\sum_{n=1}^{\infty} s^n \frac{d}{dt} P_n(t) = \lambda \sum_{n=0}^{\infty} s^n P_{n-1}(t) - \lambda \sum_{n=1}^{\infty} s^n P_n(t)$$

现在把上式加上 (5.15) 式得到
$$\sum_{n=1}^{\infty} s^n \frac{d}{dt} P_n(t) = \lambda \sum_{n=0}^{\infty} s^n P_{n-1}(t) - \lambda \sum_{n=0}^{\infty} s^n P_n(t)$$

上式可写为：
$$\frac{d}{dt} G(s,t) = \lambda s G(s,t) - \lambda G(s,t)$$

或者类似的：
$$\frac{1}{G(s,t)} \frac{d}{dt} G(s,t) = \lambda (s - 1) \tag{5.16}$$

既然 (5.16) 式的左边是 $\log_e G(s,t)$ 关于 t 的导数，我们可以把 (5.16) 式化为：
$$\log_e G(s,t) = \lambda t (s - 1) + c(s)$$

这里，$c(s)$ 是 s 的函数。

$c(s)$ 可以通过以下的计算来确定：当 $t = 0$ 时，$P_0(t) = 1$ 并且 $P_n(t) = 0 (n = 1, 2, 3, \cdots)$。从而 $G(s,0) = 1$ 并且 $\log_e G(s,0) = 0 = c(s)$。

于是：
$$G(s,t) = \exp\{\lambda t (s-1)\}$$

第五章
破产分析理论

这是参数为 λt 的泊松分布的概率母函数。因为概率母函数与分布函数存在一一对应关系,所以 $N(t)$ 分布是参数为 λt 的泊松分布。

在研究泊松分布的最后,我们考虑索赔的时间分布。

例 5.1 证明第一次索赔的时间分布是以 λ 为参数的指数分布。

解:我们令随机变量 T_1 表示第一次索赔的时间,然后,对给定的任意 t 值,如 t 时点前无索赔发生,$T_1 > t$,从而:

$$P\{T > t\} = P(N(t) = 0) = \exp\{-\lambda t\}$$

并且:
$$P(T_1 \leq t) = 1 - \exp\{\lambda t\}$$

所以,T_1 服从以 λ 为参数的指数分布。

例 5.2 证明例 5.1 中所用的方法也可用于解决第一次之后的其他索赔时间的分布问题。

解:对于 $i = 2, 3, \cdots$,以随机变量 T_i 表示第 $(i-1)$ 次索赔和第 i 次索赔之间的时间长度,并且以 T_1 表示第一次索赔前的时间(正如例 5.1 中),然后:

$$P\{T_{n+1} > t \mid \sum_{i=1}^{n} T_i = r\} = P\{\sum_{i=1}^{n+1} T_i > t + r \mid \sum_{i=1}^{n} T_i = r\}$$
$$= P\{N(t + r) = n \mid N(r) = n\}$$
$$= P\{N(t + r) - N(r) = 0 \mid N(r) = n\}$$

由在本节最初所假设的条件知:当 $s < t$ 时,在 $[s, t]$ 内的索赔次数独立于 s 之前的所有索赔次数,所以:

$$P\{N(t + r) - N(r) = 0 \mid N(r) = n\}$$
$$= P\{N(t + r) - N(r) = 0\}$$

于是:
$$P\{N(t + r) - N(r) = 0\} = P\{N(r) = 0\} = \exp\{-\lambda t\}$$

这是因为在长度为 r 的时间区间之中的索赔次数与该时间段从何时开始无关。亦由本节初假设的条件。

例 5.3 某一风险的索赔次数服从参数为 λ 的泊松分布,在某一时点 t,$t > 0$,下次索赔前的时间分布如何?

解:以 τ 表示时点 t 以前的最后一次索赔的时间,(注意,在时点 t 之前如没有索赔则 $\tau = 0$)以 T_τ 和 T_t 分别表示从 τ 和 t 开始到下次索赔的时间,从而 $T_\tau = T_t + t - \tau$,由例 5.2 可知,T_τ 的分布是参数为 λ 的指数分布,于是:

$$P(T_t > S) = P(T_\tau > t - \tau + s \mid T_\tau > t - \tau)$$
$$= \frac{P(T_\tau > t - \tau + s)}{P(T_\tau > t - \tau)}$$

$$= \frac{\exp\{-\lambda(t-\tau+s)\}}{\exp\{-\lambda(t-\tau)\}}$$

$$= \exp\{-\lambda s\}$$

因而 T_t 还服从参数为 λ 的指数分布，无论上一次索赔是在什么时间发生的。(这一结果是由于指数分布所谓的"健忘"性而产生的)。

二、复合泊松过程

现在，我们将把描述索赔次数的泊松过程与索赔额的分布结合起来，以得到用于描述本节初定义的索赔总额的复合泊松过程。

我们做下列三个重要假设：

(1) 随机变量 $\{X_i\}_{i=1}^{\infty}$ 是独立同分布的。

(2) 对任意的 $t \geq 0$，随机变量 $\{X_i\}_{i=1}^{\infty}$ 与 $N(t)$ 相互独立。

(3) 随机过程 $\{N(t)\}_{t\geq 0}$ 是泊松过程，其参数记为 λ。

前面我们已说明了，最后一项假设意味着对任何 $t \geq 0$，随机变量 $N(t)$ 都服从参数为 λt 的泊松分布，于是，

$$P[N(t) = k] = \exp\{-\lambda t\}\frac{(\lambda t)^k}{k!} \quad (\text{对 } k = 0, 1, 2, \cdots)$$

有了这些假设，索赔总额过程，$\{S(t)\}_{t\geq 0}$ 就可以叫泊松参数为 λ 的复合泊松过程了。在第四章，我们已讨论了对一个随机变量的泊松参数为 λ 的复合泊松分布，从以上的假设与复合泊松分布的假设之比较中，我们可以看到二者的关系：如果 $\{S(t)\}_{t\geq 0}$ 是泊松参数为 λ 的复合泊松分布，那么，对于 t（大于等于 0）的一个固定值，$S(t)$ 服从泊松参数 λt 的复合泊松分布。(注意用语的细微变化："泊松参数 λ" 变成 "泊松参数 λt"，同时，"过程" 变为 "分布")。

X_i 的共同的分布函数仍将用 $F(x)$ 表示，并且在本章余下的部分中我们假定：

$$F(0) = 0$$

以便所有索赔余额均为正值，X_i 的概率密度函数，如果存在，将用 $f(x)$ 表示，而且 X_i 的 k 阶矩如果存在，将用 m_k 表示，即

$$m_k = E[X_i^k], \quad k = 1, 2, 3\cdots \tag{5.17}$$

无论 X_i 的共同的矩母函数何时存在，我们都把 r 点的 X_i 的矩母函数记为 $M_X(r)$。对随机变量 $S(t)$ 的分布有一点值得注意（t 是给定），如果 X_i 有连续的分布，那么 $S(t)$ 将有一种混合的分布：在 0 点有一块概率（与 $N(t) = 0$ 相对应），而在 $(0, \infty)$ 上有连续的分布。另一方面，如 X_i 服从正整数集上的离散型分布，$S(t)$ 将分布于非负整数上。由于对给定的 t 值，$S(t)$ 服从复合泊松分布，所以，过程 $\{S(t)\}_{t\geq 0}$ 的均

值为 $\lambda t m_1$，方差 $\lambda t m_2$，以及矩母函数为：

$$M_S(r) = \exp\{\lambda t[M_X(r) - 1]\}$$

在本章的以后内容中，我们将就保费收入率做如下假设：

$$c > \lambda m_1 \tag{5.18}$$

也就是说保险人的保费收入（每一单位时间）大于预计的赔款支出（每一单位时间），有时我们把 c 写为：

$$c = (1 + \theta)\lambda m_1$$

θ（>0）是风险保费附加系数。

三、结论

为了方便，我们在此研究将在下一节将用到的一个与 $M_X(r)$ 有关的结论。按前面所约定，$M_X(r)$ 为个体索赔额的矩母函数。

我们假设有某一数 γ（$0 < \gamma \leq \infty$）使 $M_X(r)$ 对所有 $r < \gamma$ 来说是有限的，并且：

$$\lim_{r \to \gamma^-} M_X(r) = \infty \tag{5.19}$$

（例如：如果 X'_i 有一受特定数值限制的范围，那 γ 将为 ∞。如 X'_i 服从参数为 α 的指数分布，那 γ 将等同于 α。）

在下一节中我们需要的结论是：

$$\lim_{r \to \infty}[\lambda M_X(r) - cr] = \infty \tag{5.20}$$

如 γ 是定值，（5.20）式可由（5.19）式很快得出。现在来证明 γ 是定值时，（5.20）式成立。首先，我们应注意到存在一个正数，如 ε，使概率 $P(X_i > \varepsilon) > 0$，之所以如此是因为索赔金额都为正数，我们把这个概率定义为 π。那么：

$$M_X(r) \geq e^{r\varepsilon}\pi$$

因此：

$$\lim_{r \to \infty}[\lambda M_X(r) - cr] \geq \lim_{r \to \infty}(\lambda e^{r\varepsilon}\pi - cr) = \infty$$

例 5.4 复合泊松过程 $\{s(t)\}_{t \geq 0}$ 的泊松参数为 50，个体索赔额服从参数为 100 和 0.1 的伽玛分布：

1. 求公式（5.19）式定义的参数 γ。
2. 计算 $S(1)$ 的均值和方差。
3. 计算 $S(2)$ 的均值和方差。
4. 计算 $S(2) - S(1)$ 的均值和方差。

解： 本书的附表中已经给出了伽玛分布的均值、方差和矩母函数。对于参数为 100 和 0.1 的伽玛分布，其均值、方差、矩母函数分别为：

均值: $$\frac{100}{0.1} = 1\,000\,(= m_1)$$

方差: $$\frac{100}{0.1^2} = 1\,000$$

因而 0 点的二阶矩为:
$$10\,000 + (1\,000)^2 = 1\,010\,000\ (= m_2)$$

矩母函数: $$M_X(r) = \left(\frac{0.1}{0.1-r}\right)^{100}$$

因而,对给定的 t,$S(t)$ 服从泊松参数为 λt 的复合泊松分布,由前面讲述的结论,我们可以得出:

$$E[S(t)] = \lambda t m_1 \tag{5.21}$$

$$Var[S(t)] = \lambda t m_2 \tag{5.22}$$

1. 从以上的论述中可看到,个体索赔额的矩母函数在 $r < 0.1$ 时是有限的,因而由 (5.19) 式,γ 为 0.1。

2. 和 3. 用 (5.21) 式和 (5.22) 式并注意到 λ 等于 50:

$$E[S(1)] = 50 \times 1 \times 1\,000 = 50\,000$$
$$Var[S(1)] = 50 \times 1 \times 1\,010\,000 = 50\,500\,000$$
$$E[S(2)] = 50 \times 2 \times 1\,000 = 100\,000$$
$$Var[S(2)] = 50 \times 2 \times 1\,010\,000 = 101\,000\,000$$

4. $S(2) - S(1)$ 的均值可由下面求出:
$$E[S(2) - S(1)] = E[S(2)] - E[S(1)]$$
$$= 100\,000 - 50\,000 = 50\,000$$

然而,这一方法无法用来求方差,因为 $S(1)$ 和 $S(2)$ 是不独立的,(注意,例如,到时点 1 为止发生的索赔次数 $N(1)$ 影响了 $S(1)$ 和 $S(2)$ 的值),$S(2)$ 和 $S(1)$ 可写成:

$$S(2) - S(1) = \sum_{i=N(1)+1}^{N(2)} X_1$$

其中, $N(1) = 0$,如果 $N(2) = 0$。

该公式中的求和是针对时点 1 和时点 2 之间的所有索赔而进行的,而且索赔次数服从参数为 50 的泊松分布,因而,$S(2) - S(1)$ 服从泊松参数为 50 的复合泊松分布,而个体索赔额服从参数为 100 和 0.1 的伽马分布。由 (5.22) 式:

$$Var[S(2) - S(1)] = 50 \times 1 \times 1\,010\,000 = 50\,500\,000$$

注意: $S(2) - S(1)$ 同 S,有相同的分布,更普遍地,同样可以证明对任何 $t \geq 0$,$S(t+1) - S(t)$ 与 $S(1)$ 有相同的分布。

第三节 调整系数和兰德伯格不等式

兰德伯格不等式为非确定时间内破产概率 $\psi(U)$ 提供了一个上限,这是破产分析理论中最著名的结论之一。我们还将在余额过程中引入一个重要参数——调整系数。

一、兰德伯格不等式

兰德伯格不等式即:
$$\psi(U) \leqslant \exp\{-RU\} \tag{5.23}$$

这里 U 表示保险人的初始余额,R 是余额与序列有关的参数,称为调整系数,其数值取决于索赔总额的分布及保费费率,在定义 R 及给出兰德伯格系数之前,我们将说明这一结论的重要性及调整系数的一些特点。

图 5.3 显示了在索赔额呈均值为 1 的指数分布及在保费附加系数为 10% 时关于 U 的 $\exp\{-RU\}$ 和 $\psi(U)$ 的曲线。可以看出,在 U 值很大时,$\psi(U)$ 很接近上限,以致于:
$$\psi(U) \approx \exp\{-RU\}$$

在精算中,$\exp\{-RU\}$ 经常用作 $\psi(U)$ 的近似值。

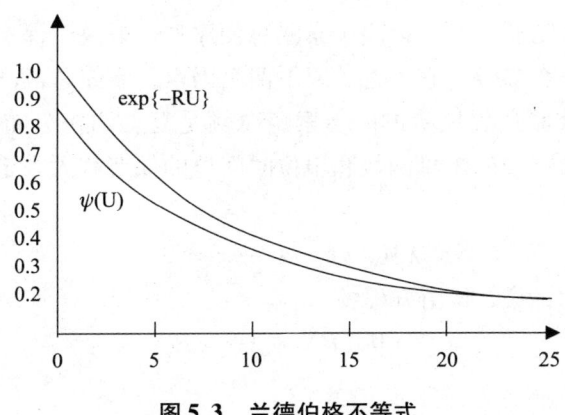

图 5.3 兰德伯格不等式

我们可以用 R 来衡量风险,R 值越大,$\psi(U)$ 的上限越小,因而,R 增大时 $\psi(U)$ 减小。R 是参数的函数,它影响着破产的概率。我们可以观察到 R 如何成为这些参数

的一个函数，图 5.4 显示了 R 作为附加系数 θ 的一个函数的图象，当

1. 索赔额服从均值为 10 的指数分布；
2. 所有索赔额为 10（见图 5.4）。

我们注意到在两种情况下，R 是 θ 的增函数，因为我们期望 $\psi(U)$ 是 θ 的减函数，所以这不足为奇，而且既然 $\psi(U) \approx \exp\{-RU\}$，我们任何使 $\psi(U)$ 递减的因素都会使 R 递增。

还注意到在索赔额服从指数分布时 R 的值小于所有索赔额为 10 时 R 的值。这一结论也不足为奇，两种索赔额分布有相同均值，但指数分布有较大的变动性，我们常会把更大的变动性与更大的风险联系起来，因而也应知道指数分布对应的 $\psi(U)$ 有更大的值，及较小的 R 值。这个例子说明 R 受保费附加系数及个体索赔额分布的影响，现在我们来定义 R 并且证明，通常来说，R 囊括了影响余额过程的全部因素。

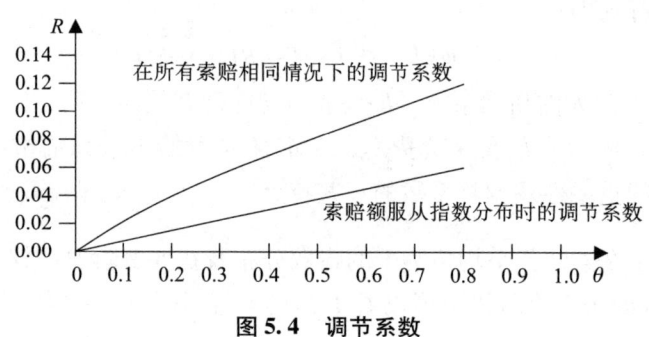

图 5.4 调节系数

二、调整系数

余额过程取决于初始余额，取决于索赔总额序列，取决于保费费率。调整系数是与余额过程有关的一个参数，它考虑了以下两个因素：索赔总额和保费收入；这一调整系数是用来衡量余额过程风险的。当索赔总额是复合泊松分布时，调整系数 R 是用泊松参数、个体索赔额的矩母函数和单位时间里的保费收入来定义的。我们定义调整系数 R 为方程：

$$\lambda M_X(r) - \lambda - cr = 0 \qquad (5.24)$$

的唯一正根。换一句话说，R 由方程：

$$\lambda M_X(R) = \lambda + CR \qquad (5.25)$$

确定。

注意等式（5.24）隐含着调整系数的值取决于泊松参数，取决于个体索赔额的分布，取决于保费收入，然而，令 $c = (1+\theta)\lambda m_1$，即：

$$M_X(r) = 1 + (1+\theta) m_1 r$$

则 R 独立于泊松参数而只取决于附加系数 θ 和个体索赔额的分布,我们将在后面的内容中讨论这一点。

下面我们证明 (5.24) 式只有唯一正根。

假定 $g(r) = \lambda M_X(r) - \lambda - cr$ 并在区间 $[0, \gamma]$ 上考虑 $g(r)$ 的曲线,注意,$g(0) = 0$,并且,在 $r=0$ 点 $g(r)$ 是减函数,因为:

$$\frac{d}{dr}g(r) = \lambda \frac{d}{dr}M_X(r) - c$$

因而在 $r=0$ 点 $g(r)$ 为 $\lambda m_1 - c$。后者根据 (5.18) 式的假设小于 0。

我们还可证明函数 $g(r)$ 有一个极点,该点是极小点并且 $g(r)$ 的曲线如图 5.5 所示,因而有唯一正数 R 满足等式 (5.24) 式。

(5.24) 式是 R 的约束方程,就某些形式的 $F(x)$ 而言,可以较容易地求得 R。

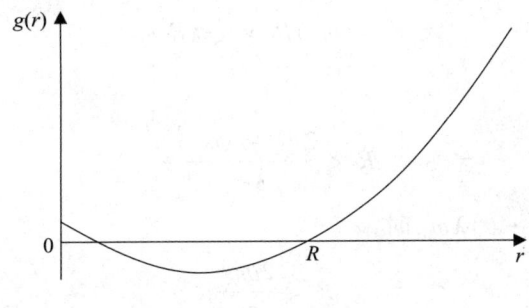

图 5.5 $g(r)$ 曲线

例 5.5 证明当 $F(x) = 1 - e^{-\alpha x}$ 时 $R = \alpha - \dfrac{\lambda}{c}$。

解:对该分布:

$$M_X(r) = \frac{\alpha}{\alpha - \gamma}$$

所以:

$$\lambda + CR = \frac{\lambda \alpha}{\alpha - R}$$

$$\lambda \alpha - \lambda R + c R \alpha - c R^2 = \lambda \alpha$$

$$R^2 - \left(\alpha - \frac{\lambda}{c}\right) R = 0$$

$$R = \alpha - \frac{\lambda}{c} \tag{5.26}$$

因为 R 是 (5.24) 式的正根,如我们指定:

$$c = \frac{(1+\theta)\lambda}{\alpha}$$

则：
$$R = \frac{\alpha\theta}{1+\theta}$$

如我们需求出 R 的数值，则很有必要对 R 的值有一定的了解。下面用等式 (5.25) 来求得 R 的一个简单的上限。

$$\begin{aligned}\lambda + cR = \lambda M_X(R) &= \lambda \int_0^\infty e^{Rx} f(x) dx \\ &> \lambda \int_0^\infty \left(1 + Rx + \frac{1}{2}R^2 x^2\right) f(x) dx \\ &= \lambda \left(1 + Rm_1 + \frac{1}{2}R^2 m_2\right)\end{aligned}$$

从而：
$$(c - \lambda m_1) R > \frac{1}{2}\lambda R^2 m_2$$

即得：
$$R < \frac{2(c - \lambda m_1)}{\lambda m_2} \tag{5.27}$$

从而，当 $c = (1+\theta)\lambda m_1$ 时，
$$R < \frac{2\theta m_1}{m_2}$$

注意如果 R 的值很小，它应该很接近这个上限，因为 e^{Rx} 的近似值是较接近其精确值的。当存在一个个体索赔额的上限时，假如为 M，我们可求得 R 的一个下限。例如，假定个体索赔额均匀地分布于 (0, 100) 上，则 $M = 100$。本结论可用与结论 (5.27) 式相同的方法证明。我们通过应用不等式：

$$\exp\{Rx\} \leq \frac{x}{M}\exp\{RM\} + 1 - \frac{x}{M} \quad 0 \leq x \leq M \tag{5.28}$$

而求得下限。

例 5.6 证明不等式 (5.28) 式

解：不等式可通过 $\exp\{RM\}$ 的级数展开式得证：

$$\begin{aligned}\frac{x}{M}\exp\{RM\} + 1 - \frac{x}{M} &= \frac{x}{M}\sum_{j=0}^\infty \frac{(RM)^j}{j!} + 1 - \frac{x}{M} \\ &= 1 + \sum_{j=1}^\infty \frac{R^j M^{j-1} x}{j!} \\ &\geq 1 + \sum_{j=1}^\infty \frac{(Rx)^j}{j!} \quad 0 \leq x \leq M \\ &= \exp\{Rx\}\end{aligned}$$

例 5.7 用不等式（5.28）式证明：

$$R > \frac{1}{M}\log\left(\frac{c}{\lambda m_1}\right)$$

其中，个体索赔额为 $(0, M)$ 上的连续分布。

解：首先是用于定义 R 的等式：

$$\begin{aligned}
\lambda + cR &= \lambda \int_0^M \exp\{Rx\} f(x) dx \\
&\leq \lambda \int_0^M \left\{\frac{x}{M}\exp\{RM\} + 1 - \frac{x}{M}\right\} f(x) dx \\
&= \frac{\lambda}{M}\exp\{RM\} m_1 + \lambda - \frac{\lambda}{M} m_1
\end{aligned}$$

变换后，得到：

$$\frac{c}{\lambda m_1} \leq \frac{1}{RM}\{\exp\{RM\} - 1\}$$

$$= 1 + \frac{RM}{2} + \frac{(RM)^2}{3!} + \cdots < \exp\{RM\}$$

从而得到所需的：

$$R > \frac{1}{M}\log\left(\frac{c}{\lambda m_1}\right)$$

例 5.8 试证所有索赔额的均值为 $E(X_i) = 10$ 而保费附加系数为 $\theta = 10\%$ 时 R 值为 0.0188。

解：索赔额均值为 10，因而 $c = (1+\theta)\lambda m_1 = 11\lambda$，同时，$M_X(r) = \exp\{10r\}$，因而（5.24）式变成：

$$\lambda + 11\lambda R = \lambda \exp\{10R\}$$

代入 $R = 0.0188$ 即可完成证明。

通过截距 $\exp\{Rx\}$ 的扩展，我们可获得 R 的其他近似值，特别是当 R 很小时。见例 5.9。

例 5.9 用近似等式 $\exp\{Rx\} \approx 1 + Rx + \frac{1}{2}(Rx)^2 + \frac{1}{6}(Rx)^3$

求当全部索赔金额的均值为 10 且费率附加系数为 10% 时 R 的近似值。

解：正如在例 5.4 中，确定 R 的等式是：

$$\lambda + 11\lambda R = \lambda \exp\{10R\}$$

用近似值代替 $\exp\{10R\}$ 得到：

$$\lambda + 11\lambda R = \lambda\left(1 + 10R + 50R^2 + \frac{1\,000R^3}{6}\right)$$

从而推得二次方程式：

$$R^2 + 0.3R - 0.006 = 0$$

其正根为 $R = 0.0188$。参考例5.8，可知近似值在千分位是正确的。

也许有的读者可能奇怪，R 为何被叫作调整系数。事实上这仅仅是目前普遍的称法罢了。更早的时候，R 被称作保险人的偿付能力常数。

三、兰德柏格不等式的证明

我们已经熟悉，兰德柏格不等式即：

$$\psi(U) \leq \exp\{-RU\}$$

这里 U 是保险人的初始余额，R 是调整系数。现在我们来证明这一结论。

因为我们工作的时间是连续的而且保费收入率是正的，破产只有在索赔时才可能发生，我们定义：$_n\psi(U)$ 为第 n 次索赔之前或当时的破产概率，于是：

$$\psi(U) = \lim_{n\to\infty} {}_n\psi(U)$$

须证明对全部 n 的值都有：

$$_n\psi(U) \leq \exp\{-RU\}$$

我们将用数学归纳法来证明。假定，对于 ≥ 1 的 n 值，

$$_n\psi(U) \leq \exp\{-RU\}$$

我们可以通过考虑第一次索赔的时间和金额来获得关于 $_n\psi(U)$ 的表达式。假设第一次索赔额发生在时点 t 上，这里 $t > 0$，并且这一次索赔金额为 x，如果破产发生于第 $(n+1)$ 次索赔之时或之前，那么以下两事件之一必然发生：或者

① 破产发生于第一次索赔，以使 $x > U + ct$，或

② 破产不在第一次索赔时发生，从而该次赔付后的余额为 $U + ct - x (\geq 0)$。我们把这赔付后的余额作为新的"初始余额"，在这新的"初始余额"的基础上，破产发生在下面的 n 次索赔中。

因为 $\{N(t)\}_{t\geq 0}$ 为泊松过程，第一次索赔的时间服从参数为 λ 的指数分布。因而，我们可认为 $\lambda e^{-\lambda t} dt$ 表示第一次索赔发生在时点 t 的概率，并由此得到：

$$_{n+1}\psi(U) = \int_0^\infty \lambda e^{-\lambda t} \int_{U+ct}^\infty f(x) dx dt$$
$$+ \int_0^\infty \lambda e^{-\lambda t} \int_0^{U+ct} f(x) {}_n\psi(U+ct-x) dx dt$$

其中第一项代表第一次索赔发生在时点 t 上，并且此次索赔导致破产，即索赔额超过初始余额 U 与到此为止的保费收入之和 ct，在这里我们用到了这样一个性质，就是任意点的索赔额与索赔发生的时间相互独立；第二项代表第一次索赔发生在时点 t 上，索赔额不足以引起破产，破产是在余额为 $U + ct - x$ 之后的 n 次索赔中发生。我

们在 $(0, \infty)$ 上对 t 和 x 积分，按 x 的情况将区间分段，对所有可能的第一次索赔时间和所有可能的索赔额积分。

根据我们的假设，

$$_{n+1}\psi(U) \leq \exp\{-RU\}$$

所以：

$$_{n+1}\psi(U) \leq \int_0^\infty \lambda e^{-\lambda t} \int_{U+ct}^\infty f(x) dx dt + \int_0^\infty \lambda e^{-\lambda t} \int_0^{U+ct} f(x) e^{-R(U+ct-x)} dx dt$$

注意到当 $x > U+ct$ 时，$e^{-R(U+ct-x)} > 1$，有：

$$\int_{U+ct}^\infty f(x) dx \leq \int_{U+ct}^\infty e^{-R(U+ct-x)} f(x) dx$$

从而可以把这些积分合并，得到：

$$_{n+1}\psi(U) \leq \int_0^\infty \lambda e^{-\lambda t} \int_0^{U+ct} f(x) e^{-R(U+ct-x)} dx dt$$

$$= e^{-RU} \int_0^\infty \lambda e^{-(\lambda+cR)t} \int_0^\infty e^{-R(U+ct-x)} f(x) dx dt$$

因为：

$$\lambda M_X(R) = \lambda + cR$$

积分等于 1，从而：

$$_{n+1}\psi(U) \leq \exp\{-RU\}$$

现在，只要我们证明 $n=1$ 时结论是正确的，就完成了用数学归纳法证明的步骤。正如上面所示，只有第一次索赔额超过 $U+ct$，这里 t 是第一次索赔额发生的时间，破产才发生在第一次索赔中，从而，应用同样的方法，

$$\psi(U) = \int_0^\infty \lambda e^{-\lambda t} \int_{U+ct}^\infty f(x) dx dt$$

$$\leq \int_0^\infty \lambda e^{-\lambda t} \int_{U+ct}^\infty e^{-R(U+ct-x)} f(x) dx$$

$$\leq \int_0^\infty \lambda e^{-\lambda t} \int_0^\infty e^{-R(U+ct-x)} f(x) dx$$

$$= e^{-ru}$$

这就完成了归纳证明。

第四节 影响破产概率的主要变量

作为破产分析理论，我们应研究有限时间内破产概率是怎样随时间而变化的，也

应研究初始余额、保费附加（loading）因素以及泊松参数是怎样影响有限和无限时间上的破产概率。我们通过引用过 $\psi(U)$ 的一个结论来开始我们的研究。

一、当 $F(x)$ 服从指数分布时，$\psi(U)$ 的一个公式

当个体索赔数额服从均值为 1 的指数分布，保费附加系数为 θ 时，要描述 $\psi(U)$ 的公式是十分方便的。公式为：当 $F(x) = 1 - e^{-x}$ 时，有：

$$\psi(U) = \frac{1}{1+\theta} e^{-\frac{\theta U}{1+\theta}} \tag{5.29}$$

上式表明，在这种情况下，破产概率是初始余额 U 的减函数，也是 θ 的减函数。我们能够由此发现，对于这类特殊的分布，最终破产概率是怎样受这几个参数值的变化所影响。

二、有限时间里的破产概率

直到现在，我们考虑的都是在有限时间里的破产概率。然而，$\psi(U)$ 并非决定诸如保费附加系数或应有初始余额（对某一业务量）的最佳标准。原因在于，$\psi(U)$ 是假定保险人按无限期计划范围进行破产分析的。在实践中，假定保险人在有限计划范围里分析破产情况是更合理的。在这种情况下，$\psi(U, t)$，即在时间 t 之前的破产概率，是比 $\psi(U)$ 更好的决定保费附加系数的标准。

现在，我们开始讨论 $\psi(U, t)$。我们将不介绍任何新的理论，也不讨论怎样去获得 $\psi(U, t)$ 的数值。我们将用一系列的数字例子来描述 $\psi(U, t)$ 的特征，在一些情况下也是 $\psi(U)$ 的特征。在这些例子中，我们采用与前面相同的假设。特别地，我们将假定，索赔总额过程为一复合泊松过程。在下面的三、四、五部分中，我们将假设：

——索赔次数的泊松参数为 1。 (5.30)

——个体索赔额的预期值为 1。 (5.31)

——个体索赔额服从指数分布。 (5.32)

假设 (5.30) 式的含义是，我们选择这样的时间单位，使得在一个单位时间内的索赔的预期次数为 1。于是 $\psi(U, 500)$ 就是在一定期间内的破产概率（已给定初始余额），在这个期间内，我们预期有 500 次索赔。在这段时期内真正发生的索赔次数服从泊松分布（参数为 500），并能取任何非负整数值。

假设 (5.31) 式的含义是，我们已选择了货币单位，使其等于一次索赔的预期数额。于是 $\psi(20, 500)$ 就是在给定初始余额为一次索赔的期望数额的 20 倍时，破

产的概率（在我们预期有 500 次索赔的期间内）。

假设（5.32）式的含义是，采用指数分布作为个体索赔额的分布，这使我们可以运用上一节末和本节初的结论对这些例子计算 $\psi(U)$ 和 $\exp\{-RU\}$。

三、$\psi(U,t)$ 作为 t 的函数

图 5.6 画出了 $0 \leq t \leq 500$ 时，$\psi(15,t)$ 的图形，保费附加系数 θ 为 0.1，所以单位时间的保费收入为 $c = (1+\theta)$，E（索赔额）$= 1.1$。图 5.6 中同时还画出了 $\psi(15)$（虚线）和 $\exp\{-15R\}$（实线）。

后两个值在图上是两条平行于时间轴的线，因为它们的值独立于时间。

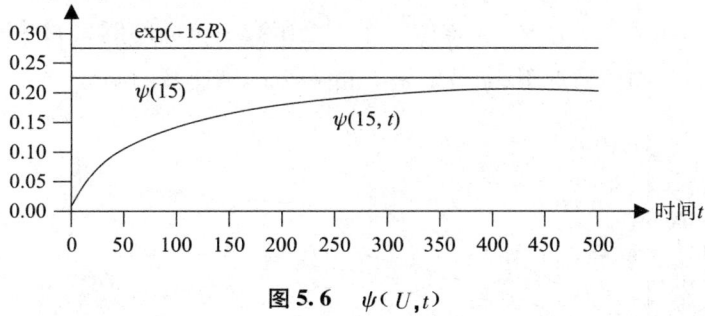

图 5.6　$\psi(U,t)$

例 5.10　计算上述业务的 $\psi(15)$，及相应的 R 和 $\exp\{-15R\}$。

解：由于个体索赔服从指数分布，因此对 $\psi(U)$ 我们采用（5.29）式。在 (5.29) 式中令 $\theta = 0.1$，得：

$$\psi(15) = \frac{1}{1.1}\exp\left(-\frac{0.1}{1.1}15\right) = 0.2325$$

R 的值为：

$$R = \frac{0.1}{1.1} = 0.0909$$

最后，我们有：

$$\exp\{-15R\} = 0.2557$$

对图 5.6，我们应注意到如下特征：

1. $\psi(15,t)$ 为 t 的增函数（见第一节）。

2. 对较小的 t 值，$\psi(15,t)$ 增长得很快（在 t 从 25 增加到 50 时，$\psi(15,t)$ 的值增长一倍；t 从 50 增加到 100 时，$\psi(15,t)$ 的值达到 $\psi(15)$）。

3. 对 t 的较大的值，$\psi(15,t)$ 的值的增长得慢一些，并渐近地达到 $\psi(15)$。

四、初始余额对破产概率的影响

图 5.7 画出了在 $0 \leq t \leq 500$ 及初始余额为 15、20 和 25 时，$\psi(U,t)$ 的值。在图 5.6 中，保费附加系数为 0.1，对 $U=15$，$\psi(U,t)$ 的图形如图 5.6 所示。

对图 5.7 我们应注意到如下特征：

（1）对 t 的任何值的值所有的曲线都具有相同的一般形状。

（2）U 的值减小，则 $\psi(U,t)$ 都减小。

（3）当 t 增加时，三条曲线的每一条都达到一个渐近的极值（在图 5.6 的讨论中，已提到 U 等于 15 的情况），按前面的方法，我们应注意到 $\psi(20) = 0.1476$，$\psi(25) = 0.0937$。

（5.2）式告诉我们，$\psi(U)$ 是 U 的一个不增函数。下面的例 5.11 将讨论，在个体索赔额服从指数分布的情况下，$\psi(U)$ 是 U 的一个严格递减的函数。

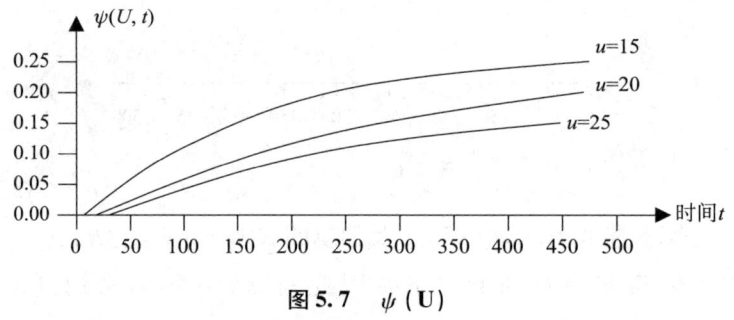

图 5.7 $\psi(U)$

例 5.11 对（5.29）式进行微分，以证明 $\psi(U)$ 是 U 的一个递减函数。

解：对 $\psi(U)$ 的关于 U 的微分为：

$$\frac{d}{dU}\psi(U) = \frac{-\theta}{1+\theta}\psi(U)$$

由于 $\theta > 0$，所以上式小于 0。于是 $\psi(U)$ 是 U 的一个递减函数。这是一个比（5.2）式的一般陈述更为精确的表达。

我们直观上就应清楚，$\psi(U,t)$ 应该是 U 的一个递减函数（$\psi(U)$ 只是其一个特例）。U 的增加即代表保险人的余额的增加，而索赔额却无任何相应的增加。所以，U 的增加意味着保险人安全性的增加，也即减少了破产的可能性。

五、保费附加系数对破产概率的影响

图 5.8 画出了对 $0 \leq t \leq 500$ 以及对三个保费附加系数值 $\theta = 0.1$、0.2 和 0.3 时的

$\psi(15,t)$ 的值。$\theta=0.1$ 时 $\psi(15,t)$ 的曲线图与图 5.6 的曲线及图 5.7 中的相同。对图 5.8 我们应注意的特点是：

(1) $\psi(15,t)$ 的曲线都具有相同的一般形式。

(2) 对所有给定的值和 t，增加 θ 值，即使 $\psi(15,t)$ 的值减少；这实际上对 U 的任何值都是成立的，并且也是一个显然的结果，因为 θ 的增加相当于在索赔总额过程不发生改变的情况下保费收入率的增加。

(3) 我们可看到，对 $\theta=0.2$ 和 0.3，在 t 大于 150 时，$\psi(15,t)$ 的值或多或少地有一定的稳定性（保持不变）。对 $t_1 \leq t_2$，$\psi(15,t_2) - \psi(15,t_1)$ 的差表示在 t_1 和 t_2 之间破产发生的概率。于是对 θ 的这些值（0.2 和 0.3），并且对于初始余额的值为 15 及如此的索赔总额过程，破产，若它终将发生的话，更可能在时间 150 前发生，即，与在第 150 次索赔后发生破产的可能性相比，破产发生在第 150 次索赔发生之前破产的概率更大。我们将在例 5.12 之后的内容中讨论这一点。

通过一般推理即可清楚，$\psi(U)$ 必须为 θ 的不增函数。例 5.12 将说明，在个体索赔额服从指数分布的情况下，$\psi(U)$ 是 θ 的一个递减函数。

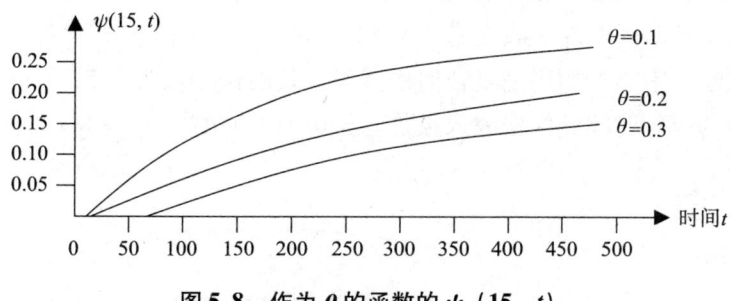

图 5.8 作为 θ 的函数的 $\psi(15, t)$

例 5.12 对（5.29）式进行微分，从而证明 $\psi(U)$ 是 θ 的递减函数。

解：首先，注意到：

$$\frac{d}{d\theta}\left(\frac{\theta}{1+\theta}\right) = \frac{d}{d\theta}\theta(1+\theta)^{-1}$$
$$= (1+\theta)^{-1} - \theta(1+\theta)^{-2} = (1+\theta)^{-2}$$

于是：

$$\frac{d}{d\theta}\psi(U) = -(1+\theta)^{-1}\psi(U) - U(1+\theta)^{-2}\psi(U)$$

由于 θ、U 和 $\psi(U)$ 都是大于 0 的数，所以上式很明显小于 0 的，既然对所有的 θ 值，该导数小于 0，所以 $\psi(U)$ 是 θ 的递减函数。

图 5.9 画出了作为 θ 的函数的 $\psi(10)$。

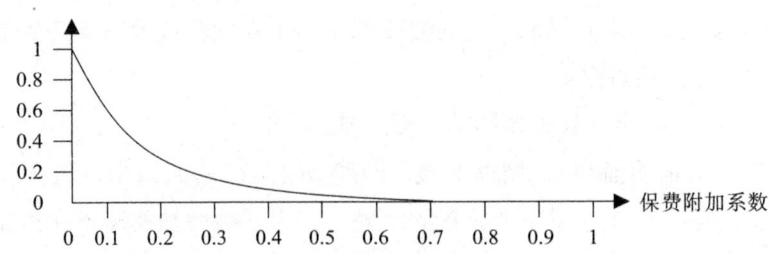

图 5.9　当个体索赔额服从均值为 1 的指数分布时，作为 θ 的函数 $\psi(10)$

六、泊松参数对破产概率的影响

在此，我们也将作（5.31）式和（5.32）式的假设，但我们将允许泊松参数变化。图 5.10 画出了对保费附加系数的三个值 $\theta = 0.1$、0.2 和 0.3，$\psi(15, 10)$ 作为 λ 的函数的图形。除了 x 轴坐标外，该图形与图 5.6 是相同的，这可通过考虑以下两种风险得到解释。

第 1 种风险：索赔总额是一泊松参数为 1 和 $F(x) = 1 - e^{-x}$ 的复合泊松过程，承保这种风险的单位时间的保费收入量 $c = (1 + \theta)$。

第 2 种风险：索赔总额仍是复合泊松过程，其泊松参数为 0.5，$F(x) = 1 - e^{-x}$，承保这种风险的单位时间的保费收入量是 $c = 0.5(1 + \theta)$。

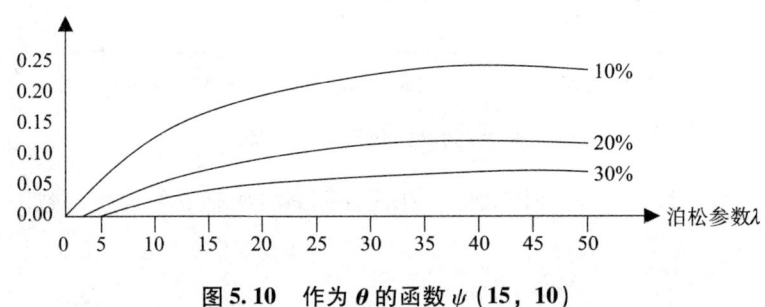

图 5.10　作为 θ 的函数 $\psi(15, 10)$

我们令单位时间为一年，可看到这两种风险的唯一区别是，在第 1 种风险下预期的索赔两倍于第 2 种风险下的索赔。这可从两种保费中得到反映：

如果时间单位为 2 年时，考虑第 2 种风险，则索赔总额分布和单位时间保费收入与第 1 种风险的相应参数相同。于是，在无限时间条件下，两种风险的破产概率是相同的。

图 5.11 所示的实线是 $\theta = 0.1$ 时，对第 1 种风险的余额过程的结果。虚线则是时间单位定为 2 年时，同样的余额过程。这表明，对第 1 种风险造成最终破产的余额过程的任何结果，同样将对第 2 种风险造成最终破产。对这两种风险来说，最终破产的

概率是没有什么区别的。只是破产所需的时间（以年为单位）将有所不同。

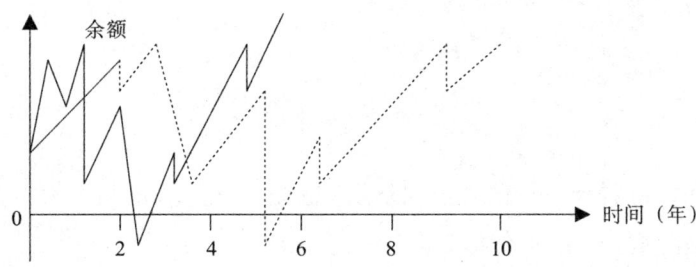

图 5.11 θ = 0.1 时余额过程的结果

若用年数来衡量时间，对第 1 种风险，在时间 1 之前破产的概率与对第 2 种风险在时间 2 之前破产的概率是相同的。这也解释了为什么图 5.6 和图 5.10 所表示的是同一函数。例如，$\lambda = 50$ 时 $\psi(15,10)$ 的值（图 5.10）与 $\lambda = 1$ 时 $\psi(15,500)$ 的值（图 5.6）是相同的。

现在让我们来讨论我们在前面提到的：在 $\theta = 0.2$ 和 0.3 时，对大于 150 的 t 的值，$\psi(15,t)$ 的值或多或少地具有一定的稳定性（保持不变）。特别地，我们应注意保费附加系数为 0.2 这种情况。考虑另一索赔总额过程，它与本章所考虑的过程基本相同，只是它的泊松参数是 150 而不是 1，（这个过程实际上与前面的过程一样，发生变化的是我们已改变了时间单位）。我们用 ψ^* 表示第二个过程的破产概率，ψ 年代表原来的过程的破产概率（与以前一样）。时间单位的改变意味着对任何 $t \geq 0$，
$$\psi^*(U,t) = \psi(U,150t) \text{。}$$

但它对最终破产概率毫无影响（在上述关系中令 $t = \infty$），于是：
$$\psi^*(U) = \psi(U)$$

前面提到的稳定性所说的要点的是：
$$\psi(15,150) \approx \psi(15)$$

从上式及以前面两个关系式，我们可知：
$$\psi(15,1) \approx \psi^*(15)$$

用文字表述，这个关系式表示，对第二个过程，初始余额为 15，则在一个单位时间内破产的概率几乎等于（事实上是略小于）最终破产概率。这一结论在相当大的程度上取决于 $\psi^*(15,1)$ 是连续时间的破产概率这一事实。为理解这一点，考虑 $\psi_1^*(15,1)$，即第二个过程的余额在一单位时间末小于 0 的概率（即破产的概率）。我们用 $S^*(1)$ 来表示一个单位时间内的索赔总额，假定 $S^*(1)$ 服从正态分布，我们可大致计算出 $\psi_1^*(15,1)$。前面我们曾探讨过，个体索赔额服从均值为 1 的指数分布，以及在一个单位时间内索赔次数服从均值为 150 的泊松分布。我们即可得到：

$$E[S^*(1)] = 150 \quad 且 \quad Var[S^*(1)] = 300。$$

使用正态分布表:
$$\psi_1(15,1) = P[S^*(1) > 15 + 1.2 \times 150]$$
$$= P\{[S^*(1) - 150]/17.32 > 45/17.32\}$$
$$= 0.005$$

从图5.8我们可看到,$\psi(15,150)$的值,也即$\psi(15,1)$的值,大概是0.07,这与上面所计算的$\psi_1^*(15,1)$的近似值是有很大差别的。

最后,我们来探讨(5.29)式的两个推论。当个体索赔额服从均值为1的指数分布时,(5.29)式给出了最终破产概率。

第1个推论是,若$\theta = 0$,则不管U的值是多少,$\psi(U) = 1$。

该结论事实上对$F(x)$的任何形式都是成立的。(这也可以得出,若$\theta < 0$,则$\psi(U) = 1$)。换句话说,若最终破产是不确定的,则保险人必须在收取保费时有一个正的保费附加系数。

第二个推论是,在这一章里我们已假定了的,个人索赔额服从均值为1的指数分布。这一均值可用10 000元、100或100 000元等单位来衡量。只要我们正确地指定货币单位,则指数分布的参数可设为1而不失一般性。用简单的话来说,当U为1元时破产的概率与U为100分时的破产概率是相同的。我们可以说,当$F(x) = 1 - e^{-\alpha x}$时的$\psi(U)$,与$F(x) = 1 - e^{-x}$时的$\psi(\alpha U)$是相等的。

换一句话说,若单位时间的期望索赔增加α倍,则最终破产概率若要不变的话,初始余额也必须增加α倍。

第六章

置信度理论

置信度理论是作为一种短期保险合同的费率厘订方法在 20 世纪 20 年代发展起来的。随着与某一保险合同索赔有关的信息的更新，该合同的置信度保费将变化。置信度理论可以看作是一种厘订费率的经验方法。同时，它也应用于损失准备金等多个领域。

条件期望值的计算是置信度理论中的重要内容，为此，我们将要运用一些相关的性质或推论：

对任意的随机变量 X、Y 和任意函数 f：

$$E[X] = E[E[X|Y]] \tag{6.1}$$

$$E[f(Y)|Y] = E[f(Y)] \tag{6.2}$$

$$E[Xf(Y)] = E[E[Xf(Y)|Y]] = E[f(Y)E[X|Y]] \tag{6.3}$$

(6.1) 式是我们熟悉的；(6.2) 式是显然的，如果给定 $Y=y$，那么 $f(Y)$ 的值即为 $f(y)$。(6.3) 式的前一个等式是 (6.1) 式的应用；第二个等式与 (6.2) 式类似，如果给定 $Y=y$，那么 $Xf(Y)$ 的值即为 $Xf(y)$，因此，对于 Y 的任何值，$E[Xf(Y)|Y]$ 等于 $f(Y)E[X|Y]$。

本章将涉及的另一概念是条件独立性。如果，两个随机变量 X_1、X_2 在给定第三个随机变量 Y 的情况下条件独立，那么

$$E[X_1 X_2 | Y] = E[X_1|Y]E[X_2|Y] \tag{6.4}$$

这意味着 X_1、X_2 与 Y 有关，但是如果知道 Y 的值，则 X_1、X_2 是独立的，但这并不表示 X_1、X_2 无条件独立的。无条件独立是指，在为给定 Y 值时，X_1、X_2 相互独立。条件独立的情况下，常常：

$$E[X_1 X_2] \neq E[X_1]E[X_2]$$

第一节 先验分布和后验分布

贝叶斯估计方法从根本上不同于古典估计方法之处，在于认为参数 θ 是一个随机变量。使用贝叶斯估计方法，对概率的表述可以涉及到参数 θ 的值。假设 $\underline{X} = (X_1, X_2, \cdots, X_n)$ 是由密度或概率函数 $f(x;\theta)$ 确定的总体的一个随机样本，要求估计 θ。在此，我们将探讨一种与矩估计法和极大似然估计法不同的估计方法。

由于参数 θ 是一个随机变量，它会有一个分布。关于 θ 的可能值，在收集数据以前，我们可以使用我们已拥有的任何信息。这种信息量化后被表述为 θ 的先验分布。

在收集了适当的数据以后，我们确定 θ 的后验分布，这形成了关于 θ 的论断的基础。

一、符号

因为 θ 是一个随机变量，按照惯例，我们本应该用大写字母 Θ 来表示它，将它的先验密度写作 $f_\Theta(\theta)$。然而，为了简单起见，我们将不区分 Θ 和 θ，我们将先验密度用 $f(\theta)$ 简单地表示。注意：既然这里提到了密度，这意味着 θ 是连续的。在大多数情况下如此。即使一个随机变量 X 是离散的，其概率密度或分布函数的参数，也将是一个连续区间上的变量。例如，服从二项分布或泊松分布的随机变量 X 是离散的，其概率密度或分布函数的参数 p 或 λ，分别是连续区间 $(0, 1)$ 或 $(0, \infty)$ 上的变量。

我们用 $f(X|\theta)$ 表示总体的概率密度函数，而不使用先前的 $f(x;\theta)$，因为它更清晰地代表给定 θ 时 X 的条件分布。在 $f(\theta)$ 和 $f(X|\theta)$ 中使用同样的字母"f"应当不会引起混乱，$f(\cdot)$ 的自变量会明确它代表的是哪个分布。

在实践中，我们常常会有某个参数的先验分布。例如，假设 θ 是一个代表某索赔额分布的均值的参数，我们将使用索赔的一个随机样本估计 θ。在收集样本数据之前，我们至少可能预计 θ 在 500 元到 1 000 元之间。因此有一种结合这些先验信息的方法是很吸引人的。

在另外一种情况下，我们要估计 θ——在保险开始的 5 年内保单终止的概率。这要通过从 5 年或更多年之间的保单中取出样本来估计。同样，在收集数据之前，经验告诉我们 θ 大约在 0.15 + 0.05 和 0.15 - 0.05 之间。

也有一些情况，在这些情况中确实没有先验的信息，那么我们需要一个"非信息性"的先验分布。例如,如果 θ 是一个二项分布的参数——概率,我们没有任何关于 θ 的先验信息,那么以一个在 (0,1) 上的均匀分布作为先验分布,看起来就比较合适。

前面提及均值预计在 500 元到 1 000 元之间的索赔额,要量化该情况下的先验信息,须选择合适的先验分布。例如,一个均值为 750,标准差为 100 的正态分布可能就很合适,因为它意味 $P(500 < \theta < 1\,000) = 0.988$,而这可能与先验信息相符。然而,有时选择正态分布可能并不是最好的,后面我们将看到,某些时候像贝塔分布、伽玛分布等可能对某些估计目标更有用。因而,先验信息的量化涉及到那种分布下的参数选择。

二、后验分布密度

假设 $\underline{X}$ 是由 $f(\underline{X}|\theta)$ 确定的总体的一个随机样本,θ 有先验密度 $f(\theta)$。

我们如何确定 $f(\theta|\underline{X})$ ——给定 $\underline{X}$ 时 θ 的后验密度?答案主要来自于运用条件密度的基本定义和性质:

$$f(\theta|\underline{X}) = \frac{f(\theta,\underline{X})}{f(\underline{X})} = \frac{f(\underline{X}|\theta)f(\theta)}{f(\underline{X})}$$

注意,有的著作对此问题是以统计值而不是样本值 $\underline{X}$ 写出来的。在实践中,这两种是相等的,就像我们在后面的一些例题中将要看到的那样。

注意 $f(\underline{X}) = \int f(\underline{X}|\theta)d\theta$,可以看出,这个结果像贝叶斯理论的一个连续型的表示形式。

常常用成正比的方法用来表示后验密度,这样可以略去系数。注意 $f(\underline{X})$ 不涉及 θ,仅仅是用于使之成为密度函数所需的适当常数,我们可以写成

$$f(\theta|\underline{X}) \propto f(\underline{X}|\theta)f(\theta)$$

这将大大简化求解后验分布的工作量。

注意到 $f(\underline{X}|\theta)$ 是样本值的联合密度,因此,后验密度与似然函数和先验密度的乘积成正比。

三、二项分布—贝塔分布和正态分布—正态分布的后验分布

(一)二项分布—贝塔分布的后验分布

根据观察值 X,对二项分布的概率 θ 进行估计。假设 θ 的先验分布为具有参数 α

和 β 的贝塔分布，即先验分布：

$$f(\theta) \propto \theta^{\alpha-1}(1-\theta)^{\beta-1}，省略系数常数 \frac{\Gamma(\alpha+\beta)}{\Gamma(\alpha)\Gamma(\beta)}。$$

似然函数：

$$f(X|\theta) \propto \theta^x(1-\theta)^{(n-x)}，省略系数常数 C_n^x$$

则 θ 的后验分布的形式为：

$$f(\theta|X) \propto \theta^x(1-\theta)^{(n-x)}\theta^{\alpha-1}(1-\theta)^{\beta-1}$$
$$= \theta^{x+\alpha-1}(1-\theta)^{n-x+\beta-1}$$

现在我们可以看出，若不考虑相关的系数常数，这就是一个参数为 $x+\alpha$ 和 $n-x+\beta$ 的贝塔分布的密度函数。因此我们可以得出结论：如果给定 X，θ 的后验分布就是这个贝塔分布。

注意：简化系数常数的成比例方法比保留全部常数要简单得多。

为什么选择贝塔分布作为先验分布？从某些方面来看，它是所有的标准分布中唯一可能的一般选择。因为 θ 是一个概率，它的范围为 $(0,1)$。像分布在 $(-\infty,\infty)$ 上的正态分布或分布在 $(0,\infty)$ 上的伽玛分布都不合适。

实际上，贝塔分布是二项分布情况下的一个自然的选择。它是被称为具有先验分布的一个例子。注意似然函数作为 θ 的函数，它的结构是在 $(0,1)$ 上的 $\theta^a(1-\theta)^b$。如果我们以相同的结构作为先验分布，那么后验分布也会有那样的结构。这里的结构是贝塔的先验分布，这就是共轭先验分布的特征。

注意在 $(0,1)$ 上均匀分布是 $\alpha=1$ 和 $\beta=1$ 时的贝塔分布的一种特殊的情况。这同前面提到的非信息性的情况是对应的。

（二）正态分布—正态分布的后验分布

从正态分布 $N(\mu,\sigma^2)$ 中取一个容量为 n 的随机样本，这里假设 σ 已知，但 μ 未知，因此必须估计。可以证明，μ 的共轭先验分布是正态分布。

事实上，似然函数为：

$$f(\underline{X}|\theta) = \prod_{i=1}^{n} \frac{1}{\sqrt{2\pi}\sigma}\exp\left\{-\frac{1}{2\sigma^2}(x_i-\mu)^2\right\}$$

$$\propto \exp\left\{-\frac{1}{2\sigma^2}\sum_{i=1}^{n}(x_i-\mu)^2\right\}$$

$$\propto \exp\left\{-\frac{1}{2\sigma^2}(n\mu^2-2\mu\sum x_i)\right\}$$

$$\propto \exp\left\{-\frac{n}{2\sigma^2}(\mu-\bar{x})^2\right\}$$

作为 μ 的函数，这个结构是正态分布密度函数的结构。因此共轭先验分布是正态分布。

如果先验分布为 N(μ_0, σ_0^2)，即：

$$f(\mu) \propto \exp\left\{-\frac{1}{2\sigma^2}(\mu - \mu_0)^2\right\}$$

$$\propto \exp\left\{-\frac{1}{2\sigma^2}(\mu^2 - 2\mu_0\mu)\right\}$$

则：

$$f(\mu \mid \underline{X}) \propto \exp\left\{-\frac{n}{2\sigma^2}(\mu^2 - 2\bar{x}\mu)\right\} \cdot \exp\left\{-\frac{1}{2\sigma^2}(\mu^2 - 2\mu_0\mu)\right\}$$

$$= \exp\left\{-\frac{1}{2}\left(\frac{n}{\sigma^2} + \frac{1}{\sigma^2}\right)\mu^2 + \left(\frac{n\bar{x}}{\sigma^2} + \frac{\mu_0}{\sigma^2}\right)\mu\right\}$$

我们在最后处理"常数"R时，实际上使用了成比例的方法。

按传统的做法给定 $\underline{X}$ 时 μ 的后验分布是均值为 μ_1，方差为 σ_1^2 的正态分布，这里我们选择一种略为不同的方式（为后面使用方便）表示成

$$\mu_1 = \frac{\frac{\bar{x}}{\sigma^2/n} + \frac{\mu_0}{\sigma^2}}{\frac{1}{\sigma^2/n} + \frac{1}{\sigma^2}} \quad 和 \quad \sigma_1 = \frac{1}{\frac{1}{\sigma^2/n} + \frac{1}{\sigma^2}}$$

现在我们已经看到了二项分布/贝塔分布和正态分布/正态分布的情况。还有一种通常的应用，是泊松分布的情况，它的共扼先验分布是伽玛分布。

第二节　置信度保费基本思想

一、置信度保费公式

置信度保费公式的基本思想是很直观的。

例6.1　某一小镇常年营运十辆公共汽车，管理者准备为该车队投保明年的事故保险，需计算该项保险的纯保费，即明年的预期索赔额。假设过去5年的数据显示，该车队每年平均索赔额为1 600元。此外，整个国家的统计数据显示，地方政府每辆公共汽车平均索赔额为250元，也就是说十辆车的索赔总额应为2 500元。当然，2 500元是基于全国的大量统计数据计算的结果，其中许多车辆是在与本镇环境条件非常不同的情况下营运的。

确定明年的纯保费，可以采用的方式包括以下两种极端情形：

（1）选择 1 600 元，因为这是基于针对性较强的本地统计数据做出的选择，而 2 500 元，其针对性相对不足，较为不合适。

（2）亦可选择 2 500 元，因为它基于更大量的统计数据推断出的，所以更稳定、更可靠。

在此将要探讨的置信度方法，是对这两种极端情况加权平均，即用下式计算纯保费：

$$Z \times 1\,600 + (1 - Z) \times 2\,500$$

其中 $0 \leqslant Z \leqslant 1$。

Z 称为置信度因子。假设 $Z = 0.6$，则纯保费为 1 960 元。

现在我们用更正式的形式表示上述思想。假设我们要估计因某一风险引起的预期索赔额，或者是预期索赔次数。这里的某一风险是指一张保单或一组保单，这些保单通常是短期的，为简单起见，假设为一年期，尽管任何短期均可。假设：

$\overline{X}$ 是纯粹从风险本身估算的下一年度索赔额（或索赔次数）的预期值；

μ 是从辅助数据测算的下一年度索赔额（或索赔次数）的期望值。此处辅助数据是指从相近风险（未必相同）统计出的索赔数据；

则置信保费（或索赔额期望值）为：

$$Z \overline{X} + (1 - Z)\mu \tag{6.5}$$

其中 $0 \leqslant Z \leqslant 1$，称为置信度因子。

置信度保费公式的吸引力在于其形式简单、合理，易于理解。

二、置信度因子

置信度因子 Z 仅是一权重因子。它的值表示我们在估计下一年度索赔总额或索赔次数时，与 μ 相比较，我们对于 $\overline{X}$ 的置信程度。Z 值越大，我们对 $\overline{X}$ 的置信程度越高。

假设例 6.1 中已有的关于该车队的数据不止五年，比如，索赔额期望值仍为 1 600 元，但数据是十年而非五年的，那么与 2 500 元相比，我们认为 1 600 元的置信度比前面例子中更高。因而 Z 由 0.6 变为 0.75，由此得出置信保费为 1 825 元。

又假设 1 600 元是由过去 5 年的索赔数据得出，而 2 500 元是由与该镇规模相仿的许多镇子的数据得出，这样 2 500 元的置信程度提高。而 1 600 元的置信程度降低，$Z = 0.4$，则置信度保费为 2 140 元。

最后，我们假设，2 500 元是由北京和上海这样的大城市统计数据得出，其他条件与例 6.1 相同。在这种情况下，2 500 元的相关性减小，因而 $Z=0.8$ 则置信度保费为 1 780 元。

从以上简单举例中可以看出，总的来说，置信度因子有以下特点：

(1) 风险本身的数据越丰富，置信度因子的值越大； (6.6)

(2) 辅助信息的数据越充分，置信度因子的值越小。 (6.7)

此外必须指出，尽管置信度因子 Z 的值反映了风险本身数据的有效性，但其值并不完全取决于风险本身的实际观测数据，即不完全取决于 $\bar{X}$。对于索赔总额或索赔次数的任意一个估计 ϕ，只要在 $\bar{X}$ 和 μ 之间取值，都可以写成公式 (6.5) 的形式，只需：

$$Z = \frac{\phi - \mu}{\bar{X} - \mu} \tag{6.8}$$

事实上：

$$\begin{aligned} Z\bar{X} + (1-Z)\mu &= \frac{\phi - \mu}{\bar{X} - \mu}\bar{X} + \left(1 - \frac{\phi - \mu}{\bar{X} - \mu}\right)\mu \\ &= \frac{\phi - \mu}{\bar{X} - \mu}\bar{X} + \frac{\bar{X} - \phi}{\bar{X} - \mu}\mu \\ &= \frac{\phi\bar{X} - \phi\mu}{\bar{X} - \mu} \\ &= \phi \end{aligned}$$

前面介绍了一些重要思想，但也引出了许多重要问题，诸如：如何衡量辅助信息的"相关性"；如何计算置信度因子 Z。这是置信度理论试图回答的主要问题。

我们用从两个相似但略有不同的方法探讨置信度因子的计算，一是贝叶斯置信度的方法；二是完全依赖经验的贝叶斯置信度理论，我们把后者称之为经验贝叶斯置信度理论。

第三节 贝叶斯置信度

本节我们用贝叶斯置信度的方法研究置信度因子等问题。我们将探讨两个模型：泊松—伽马模型及正态—正态模型。这两个模型本身很有意义，而且体现了用贝叶斯置信度方法求解的思想。这一方法的优势在于用我们已经掌握的贝叶斯统计方法来解决某些问题。当然，贝叶斯置信度方法也是有其局限性的，我们将在本节末进行总结。

一、泊松—伽马模型

估计某一风险的索赔频率,即下一年索赔次数的期望值。这一问题可以归纳如下:

假设索赔次数服从参数为 λ 的泊松分布,λ 的值未知,但可通过一定的方式估计,例如:"λ 在 50 至 150 之间的可能性为 50%。"更精确地,在获取任何有关该风险的有效数据前,已知 λ 的值服从伽马分布 Gamma(α,β)。现在,我们又有了过去 n 年该风险的索赔次数的数据。

上述问题完全符合贝叶斯统计的框架,且可进一步抽象为:

随机变量 X 表示下一年度某一风险的索赔次数。 (6.9)

X 的分布取决于某一固定参数 λ,但 λ 值未知。 (6.10)

给定 λ,X 的条件分布为以 λ 为参数的泊松分布。 (6.11)

λ 的先验分布为伽马分布 Gamma(α,β)。 (6.12)

$x_1, x_2, \cdots, x_n$ 是以前 n 年 X 的观测值(我们以 $\underline{x}$ 表示)。 (6.13)

要解决的问题是在给定数据 $\underline{x}$ 的情况下估计 λ。我们采用的估计即贝叶斯估计,λ 的估计值为 $E[\lambda | \underline{x}]$。

例 6.2

1. 试证明给定 $\underline{x}$ 时 λ 的后验分布为 Gamma($\alpha + \sum_{i=1}^{n} x_i, \beta + n$)。

2. 将 $E[\lambda | \underline{x}]$ 用 α、β、$\underline{x}$ 表示出来。

解:

1. 给定 $\underline{x}$,则 λ 的后验密度与下式成比例:

$$\left\{\prod_{i=1}^{n} e^{-\lambda} \frac{\lambda^{x_i}}{x_i!}\right\} \frac{\beta^{\alpha}}{\Gamma(\alpha)} e^{-\beta\lambda} \lambda^{\alpha-1} \qquad (6.14)$$

现在我们略去一些不含 λ 的项,则 λ 与下式成比例:

$$\exp\{-(\beta+n)\lambda\} \lambda^{A-1} \qquad (6.15)$$

其中:

$$A = \alpha + \sum_{i=1}^{n} x_i \qquad (6.16)$$

由(6.15)式和(6.16)式可以得出:给定 $\underline{x}$ 时 λ 的后验分布为 Gamma($\alpha + \sum_{i=1}^{n} x_i, \beta + n$)。

2. $E[\lambda | \underline{x}]$ 是 Gamma($\alpha + \sum_{i=1}^{n} x_i, \beta + n$)的期望值,因此

$$E[\lambda | \underline{x}] = (\alpha + \sum_{i=1}^{n} x_i) / (\beta + n) \tag{6.17}$$

我们可能会奇怪，至此尚未提及置信度理论。现在让我们进一步研究（6.17）式，索赔次数的均值观测值为 $\sum_{i=1}^{n} x_i / n$，而由伽马分布求得的均值为 α / β，（6.17）式可变化为：

$$E[\lambda | \underline{x}] = Z\{\sum_{i=1}^{n} x_i / n\} + (1 - Z)\alpha/\beta \tag{6.18}$$

其中：

$$Z = \frac{n}{\beta + n} \tag{6.19}$$

现假设没有任何有关风险本身的信息（即 $n = 0$），则 $Z = 0$，估计 λ 时，有用的信息唯有 λ 的先验分布，其均值为 α / β。

另一方面，假若仅从历史数据估计 λ，其值为 $\sum_{i=1}^{n} x_i / n$。注意验证，这是 λ 的极大似然估计；并且它是观测值 $x_1, x_2, \cdots, x_n$ 的线性函数。

Z 值也取决于风险本身的数据 n，以及辅助信息的数据（通过 β 值）。这证明了前面的结论，随着 n 的增加，$\sum_{i=1}^{n} x_i / n$ 的样本误差下降，同时，β 反映了 λ 的分布的变动程度。因而 Z 反映了对 λ 的两种估计的相对可靠程度。

从（6.18）式可以看出，λ 是两个值的加权平均数，这两个值分别是：完全由风险本身数据估计的 λ 值，以及由其他信息估计的 λ 值。这完全是公式（6.5）中的置信度估计。其中置信度因子 Z 不像前一节那样定义含糊，它精确地由公式（6.19）决定。

二、泊松—伽马模型举例

在此，以 λ 值为 150 的情况为例，对泊松—伽马模型做进一步的说明。λ 值为 150，即每年索赔次数服从参数为 150 的泊松分布。在求解过程中，假设 λ 值未知，我们仅知 λ 服从 Gamma（100，1），进而可知该分布期望值为 100，标准差为 10。每年实际索赔次数如下：

年份	索赔次数
1	144
2	144
3	174
4	148

年份	索赔次数
5	151
6	156
7	168
8	147
9	140
10	161

图 6.1 显示各年的置信度因子，图 6.2 说明 λ 的先验分布为 Gamma（100，1）时各年索赔次数的置信估计。下面的例题将显示置信度因子的计算过程。

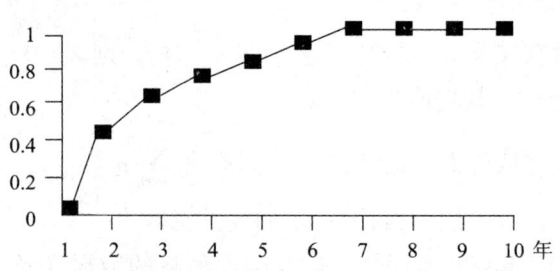

图 6.1　各年置信度因子

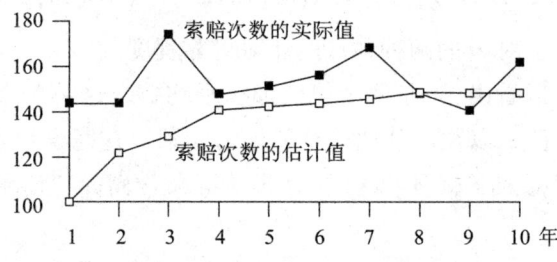

图 6.2　各年索赔次数的置信估计

例 6.3　对于 Gamma（100，1），计算：

（1）前 4 年的置信度因子。

（2）第 9 年的预期索赔次数。

解：

（1）先验分布为 Gamma（100，1）。

在第 1 年初，因为没有过去的数据，所以，置信度因子为 0；

在第 2 年初，$\beta=1$，$n=1$ 为过去的数据，所以，根据（6.19）式，$Z=0.5$；

在第 3 年初，$\beta=1$，$n=2$ 为过去的数据，所以，根据（6.19）式，$Z=2/3$；

在第 4 年初，$\beta=1$，$n=3$ 为过去的数据，所以，根据（6.19）式，$Z=0.75$；

类似地，可以求出各年度的置信度因子。参见图 6.1。

(2) 运用（6.18）式，用 8 年的数据，由（6.19）式得：
$$Z = 0.889,$$
$$\alpha/\beta = 100,$$
$$\left[\sum_{i=1}^{8} X_i/8\right] = 154.0,$$
所以由（6.18）式，第 9 年的预期索赔次数为：
$$0.889 \times 154.0 + (1 - 0.889) \times 100 = 148。$$

通过观察图 6.1 和图 6.2 可以得出下列结论：

首先，由图 6.1 可知置信度因子随时间增大。这与前一节后半部分中的讨论是一致的。随着时间的推移，来自风险本身的数据增加，用来估计该风险索赔次数期望值的数据可靠性越来越大，因而置信度因子的值增大。（从数学说，在本模型中 $Z = n/(\beta+n)$，对于任何 $\beta > 0$。随着 n 增大，Z 值也增大。）

其次，由图 6.2 可知，最初估计值为 100，但实际值均在 150 左右，且在 10 年无一低于 140。图 6.2 显示估计值随时间增加而增加。直到第 8 年末达到实际水平，这一增加是因为权重的增加，置信度的增加。

现在假设 λ 的先验分布为 Gamma（500，5）而不是 Gamma（100，1）。图 6.3，图 6.4 分别是置信度因子及索赔次数的图示。从图 6.3、图 6.4 可以看出在 Gamma（500，5）分布情况下，置信度因子与索赔次数的特征与先验分布为 Gamma（100，1）的情况不同，即置信度因子与索赔次数呈上升趋势。两种情况最大的区别在于在先验分布为 Gamma（500，5）的情况下，置信度因子增加缓慢，（从数学上说，这是因为前者比后者有更高的 β 值）。这一特性可以由置信度理论作如下解释：索赔次数的值取决于由 λ 先验分布得出的期望值，在两种情况下 λ 的期望值均为 100，但是 Gamma（500，5）的均方差（$\sqrt{20} = 4.472$）小于 Gamma（100，1）的均方差（10），可以将均方差的大小解释为我们最初估计索赔次数时的置信程度，均方差越小表示最初值的置信程度越高。于是，上述陈述可变为"均方差越小，λ 先验分布所提供信息的相关性越大。"根据这解释，我们期望一个较小的均匀差，以便得到较小的置信度因子。

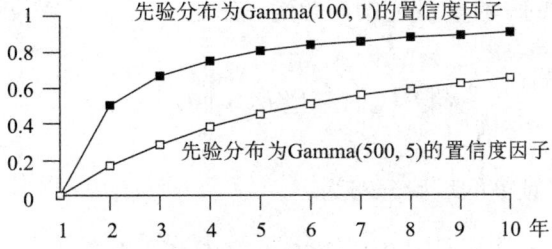

图 6.3 不同先验分布对应的置信度因子

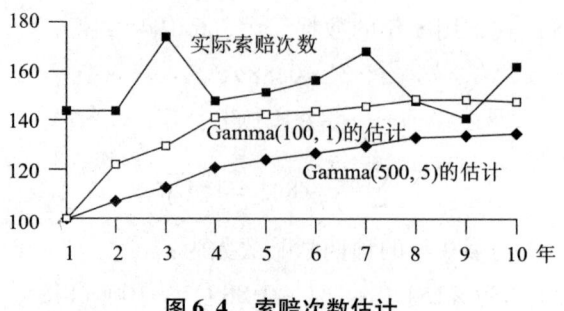

图 6.4 索赔次数估计

最后一点是关于求解下一年索赔次数的预期值。因为 X 表示下一年的索赔次数，因此有些读者容易简单地以为是求 $E[X]$，即 $E[X] = E[E[X|\lambda]] = E[\lambda] = \alpha/\beta$。

事实上，我们要求的是 $E[X|\underline{x}]$。

为了表示 α/β 不是所求值，我们只需回到图 6.2。若 α/β 是答案，那么，每年索赔次数均为 100。这显然是一个很差的估算。

三、正态—正态模型

（一）一般模型

这一模型要解决的问题是估计纯保费，即某一风险的预期索赔额。令随机变量 X 为某一风险下年索赔额，我们作以下假设：

X 的分布取决于一固定但未知的参数 θ。 (6.20)

给定 θ 时 X 的条件分布为正态分布 $N(\theta, \sigma_1^2)$。 (6.21)

我们把 θ 作为一随机变量，通过通常的贝叶斯统计方法来探讨不确定的 θ 的值。 (6.22)

θ 的先验分布为正态分布 $N(\mu, \sigma_2^2)$。 (6.23)

已知 μ，σ_1，σ_2 的值。 (6.24)

已有 n 个 X 的经验数据 $x_1, x_2, \cdots, x_n$，用 $\underline{x}$ 表示。 (6.25)

如果 θ 值已知，则纯保费为 $E[X|\theta]$，由（6.21）式知 $E[X|\theta] = \theta$。如同在泊松—伽马模型中探讨的一样，我们的问题是，给定 $\underline{x}$，求 $E[X|\theta]$。我们用贝叶斯统计方法求解，则

$$E[\theta|\underline{x}] = E[E(X|\theta)|\underline{x}]$$

例 6.4

（1）给定 $\underline{x}$，求证 θ 的后验分布为：

$$N\left[\frac{\mu\sigma_1^2 + n\sigma_2^2 \bar{x}}{\sigma_1^2 + n\sigma_2^2}, \frac{\sigma_1^2 \sigma_2^2}{\sigma_1^2 + n\sigma_2^2}\right]$$

第六章
置信度理论

其中：

$$\bar{x} = \frac{1}{n}\sum_{i=1}^{n} x_i$$

(2) 证明 $E[\theta|\underline{x}]$ 可以用置信度估计的形式表示。

解：

(1) 给定 $\underline{x}$，θ 的后验分布密度与下值成比例：

$$\prod_{j=1}^{n}\exp\left[-\frac{1}{2}(x_j-\theta)^2/\sigma_1^2\right]\exp\left[-\frac{1}{2}(\theta-\mu)^2/\sigma_2^2\right] \tag{6.26}$$

去掉不含 θ 的项，变为：

$$\exp\left(\frac{\theta n \bar{x}}{\sigma_1^2} - \frac{n\theta^2}{2\sigma_1^2} - \frac{\theta^2}{2\sigma_2^2} + \frac{\theta\mu}{\sigma_2^2}\right)$$

即：

$$\exp\left\{-\frac{(\sigma_1^2+n\sigma_2^2)}{2\sigma_1^2\sigma_2^2}\left[\theta-\left(\frac{\mu\sigma_1^2+\sigma_2^2 n\bar{x}}{\sigma_1^2+n\sigma_2^2}\right)\right]^2\right\}$$

此即给定 $\underline{x}$ 时 θ 的后验分布为正态分布，其期望值为：

$$E[\theta|\underline{x}] = \frac{\mu\sigma_1^2 + \sigma_2^2 n\bar{x}}{\sigma_1^2 + n\sigma_2^2}$$

方差为：

$$Var[\theta|\underline{x}] = \frac{\sigma_1^2\sigma_2^2}{\sigma_1^2+\mu\sigma_2^2}$$

(2) 由（1）得：

$$E[\theta|\underline{x}] = \frac{\mu\sigma_1^2+\sigma_2^2 n\bar{x}}{\sigma_1^2+n\sigma_2^2}$$

$$= \frac{\sigma_1^2}{\sigma_1^2+n\sigma_2^2}\mu + \frac{n\sigma_2^2}{\sigma_1^2+n\sigma_2^2}\bar{x}$$

$$= Z\bar{x} + (1-Z)\mu \tag{6.27}$$

其中：

$$Z = \frac{n}{n+\sigma_1^2\sigma_2^2} \tag{6.28}$$

公式（6.27）是 $E[\theta|\underline{x}]$ 的置信度估计，它是下列两个值的加数平均：① $\bar{x}$，风险本身的数据；② μ，没有风险本身数据时的最佳估计值。

注意：与泊松—伽马模型相同，这里的仅仅基于风险本身数据的估计，是观测值的线性函数。

关于置信度因子 Z，有以下几点应当清楚性质：

(1) Z 总是介于 0 和 1 之间的，即 $0 \leq Z \leq 1$；

(2) Z 是 n 的增函数，它随 n 的增大而增大，这里的 n 即有效观测值或有效信息数据的个数；

(3) Z 是 σ_2 的增函数，它随 σ_2 的增大而增大。

这些性质与泊松—伽马分布模型一致。

(二) 正态—正态模型的进一步探讨

前面的一般模型讨论了用贝叶斯统计方法计算正态—正态模型的纯保费。为了研究经验贝叶斯置信理论，我们考虑一种略有不同的方法来研究正态—正态模型。

同样，我们还是研究某一风险每年的索赔总额的期望值。令

$$X_1, X_2, \cdots, X_n, X_{n+1}$$

为各年索赔总额，并假设：

X_j 的分布取决于某一固定，但未知的参数 θ。 (6.29)

X_j 服从参数为 θ 的正态分布 $N(\theta, \sigma_1^2)$。 (6.30)

给定 θ，随机变量 $\{X_j\}$ 是独立的。 (6.31)

θ 的先验分布为 $N(\mu, \sigma_2^2)$。 (6.32)

已知 $X_1, X_2, \cdots, X_n$ 的观测值，欲据此估计第 ($n+1$) 年的 X 值。 (6.33)

所有的假设与一般模型中完全相同，只是运用了略为不同的符号；而一般模型中 $X_1, X_2, \cdots, X_n$ 以 $x_1, x_2, \cdots, x_n$ 表示，因为当时假设 $x_1, x_2, \cdots, x_n$ 为已知的，X_{n+1} 用 X 表示。(6.29) 式、(6.30) 式、(6.32) 式假设均与一般模型中相同，(6.33) 式也只是 X 符号不同。唯一一个在一般模型中没有的假设是 (6.31) 式，但一般模型中隐含了 (6.31) 式假设，如果没有这一假设，就不可能导出 (6.26) 式。

现在我们来看看以上这些假设导出的一些结果。

给定 θ 时，随机变量 $\{X_j\}$ 为独立同分布的。 (6.34)

随机变量 $\{X_j\}$ 的分布是（无条件地）相同的。 (6.35)

随机变量 $\{X_j\}$ 不是（无条件）独立的。 (6.36)

(6.34) 式是 (6.30) 式的直接结果，即给定 θ，每个 X_j 的分布函数为 $N(\theta, \delta_1^2)$。(6.35) 式亦是 (6.31) 式的结果，可以更正式地将下列公式表示为 X_j 的无条件分布函数：

$$P(X_j \leq y) = \int_{-\infty}^{\infty} \frac{1}{\sigma_2 \sqrt{2\pi}} \exp\left\{-\frac{(\theta - \mu)^2}{2\sigma_2^2}\right\} \Phi\left(\frac{y - \theta}{\sigma_1}\right) d\theta$$

其中，$\Phi(\cdot)$ 为标准正态分布的分布函数，$\Phi\left(\frac{y-\theta}{\sigma_1}\right)$ 即 $N(\theta, \sigma_1^2)$，为 $X|\theta$ 的分布函数；其余部分为 $N(\mu, \sigma_2^2)$ 的密度函数，即 θ 的密度函数。所以，该表达式即

$$\int_{-\infty}^{\infty} f_\theta(\theta) F_{X|\theta}(y) d\theta$$

表达式对每一个 j 的值均是相同的，所以（6.35）是成立的。

（6.36）式虽然没有那么显然，但下面的例子可以说明这一点。

例 6.5 设 μ，σ^2 为 θ 的先验分布的数学期望和方差，在给定 θ 的条件下，X_1, X_2 是条件独立的。试将 $E(X_1 X_2)$ 表示为 μ，σ^2 的表达式，并证明 X_1，X_2 不是无条件独立的。

解：

根据公式（6.1）和（6.4），得：

$$\begin{aligned} E(X_1 X_2) &= E[E(X_1 X_2 | \theta)] \\ &= E[E(X_1 | \theta) E(X_2 | \theta)] \\ &= E(\theta^2) \quad [因为 E(X_1 | \theta) = E(X_2 | \theta) = \theta] \\ &= \mu^2 + \sigma^2 \end{aligned}$$

上述推导思路将在今后经常使用。

我们假设 X_1，X_2 是无条件独立的，则，

$$E(X_1 X_2) = E(X_1) E(X_2)$$

运用公式

$$E(X_1) = E[E(X_1 | \theta)] = E(\theta) = \mu$$

同样，

$$E(X_2) = \mu$$

所以

$$E(X_1 X_2) = \mu^2 + \sigma^2 \neq E(X_1) E(X_2)$$

这表示 X_1、X_2 不是无条件独立的。X_1、X_2 的关系是：它们的均值来自相同的分布，但均值 θ 一旦已知，它们之间的关系就被打破；它们只是条件独立的。

四、贝叶斯方法与置信度

在泊松—伽马模型和正态—正态模型中采用的基本方法是一致的，只是变量的概率分布不同。所采用的方法是：

（1）探讨的问题是索赔额或索赔次数的分布，我们的目的是在各种情况下估计分布中的某些参数或特征，如索赔次数或索赔额分布的期望值。

（2）之后我们在贝叶斯统计的思路下作了一些假设，例如，随机变量服从泊松分布，参数未知等等。

（3）以贝叶斯方法求解出特定数值。

（4）这一数值以置信度的方式表达（即以（6.5）式的形式表达）。

上述方法在这两个模型中的运用很成功，计算出了很精确的数据结果，并且导出了计算置信度因子的公式。但这一方法也有一定的缺陷。

第一个问题是必须用贝叶斯方法，具体而言必须已知先验分布及其参数，例如，尽管（6.19）式提供了一个计算置信度因子的公式，但公式中包含参数 β，我们没有讨论如何选定 β。而 β 的选择体现了我们主观上对数据的置信度的承认程度。人们对这一方法的接受程度是不同的。

第二问题是，即使可用贝叶斯方法求解，但其结果并不一定能表达为置信度表达式。下面的例子可以说明这一点。

例 6.6 已知各年索赔分布服从参数为 θ 的泊松分布，θ 值固定但未知，θ 服从 $[0,1]$ 上的均匀分布。令：$x_1, x_2, \cdots, x_n$ 为前 n 年索赔次数的观测值，令：

$$\bar{x} = \frac{1}{n} \sum_{i=1}^{n} x_i$$

1. 证明，后验分布的期望值为：

$$\frac{\int_0^1 e^{-n\theta} \theta^{n\bar{x}+1} d\theta}{\int_0^1 e^{-n\theta} \theta^{n\bar{x}} d\theta}$$

2. 令 $n=5$ 计算下列情况下 θ 的后验分布的期望值：
(1) $\bar{x} = 0$。
(2) $\bar{x} = 0.2$。

解：

1. θ 的先验分布密度函数为：

$$f(\theta) = 1 \qquad 0 \leqslant \theta \leqslant 1$$

似然函数为：

$$L(\theta) = \prod_{i=1}^{n} \left\{ e^{-\theta} \frac{\theta^{x_i}}{x_i!} \right\} = \frac{e^{-n\theta} \theta^{\sum_{i=1}^{n} x_i}}{\prod_{i=1}^{n} x_i!}$$

略去与 θ 无关的项，则后验分布有如下的比例关系式：

$$f(\theta \mid x) \propto e^{-n\theta} \theta^{\sum_{i=1}^{n} x_i} = e^{-n\theta} \theta^{n\bar{x}}$$

即后验分布与 $e^{-n\theta} \theta^{n\bar{x}}$ 成比例。

因此，θ 的后验分布的密度函数表达式为：

$$\frac{e^{-n\theta} \theta^{n\bar{x}}}{\int_0^1 e^{-ny} y^{n\bar{x}} dy}$$

则后验分布的期望值为：

$$\frac{\int_0^1 e^{-n\theta}\theta^{n\bar{x}+1}d\theta}{\int_0^1 e^{-n\theta}\theta^{n\bar{x}}d\theta}$$

2. 计算如下：

（1） $n=5$，$\bar{x}=0$。

$$\int_0^1 e^{-5\theta}\theta d\theta = 0.03838$$

$$\int_0^1 e^{-5\theta}d\theta = 0.19865$$

将上述数字代入 1. 中表达式，可得期望值为 0.19320。

（2）
$$\int_0^1 e^{-5\theta}\theta^2 d\theta = 0.01401$$

因此，期望值为 0.01401/0.03838 = 0.36003。

上述计算结果表明 θ 的期望值不能表示为 $Z\bar{x}+(1-Z)\mu$ 的形式。 （6.37）

其中 μ 为 θ 的期望，即 $\mu=0.5$，置信度因子 Z 并不取决于 $\bar{x}$。为验证这一点，假设 $\bar{x}=0$ 如 2. 中 (1)，则期望为 0.19320，以（6.37）式计算出 $Z=0.161360$；另一方面，若 $\bar{x}=0.2$，如 2. 中 (2)，则 $Z=0.44990$；即 n 固定时，Z 随 $\bar{x}$ 变化而变化。

例 6.6 显示了用贝叶斯方法并非总能导出可用置信度形式表达的结果。

第四节　经验贝叶斯置信理论：模型 1

贝叶斯置信理论带来了大量不同复杂程度的模型开发。本书中我们只研究其中的两个。本节将研究最简单的一个模型，称之为模型 1。模型 1 能够很好地说明经验贝叶斯置信理论的基本思路。特别是，它说明了经验贝叶斯与置信理论的传统贝叶斯方法之间的相似与不同点。为了方便，我们把经验贝叶斯置信理论（Empirical Bayesian Credibility Theory）缩写为 EBCT。

一、EBCT 模型 1：说明

我们先来考虑 EBCT 模型 1 的假设。我们还记得前一节中正态—正态模型中的假设，可以把 EBCT 模型看作是正态—正态模型的更普遍的形式。我们感兴趣的问题是估计某一风险的纯保费或可能的索赔频率。用 $X_1, X_2, \cdots$，表示该风险在某一时期的索赔总额或索赔次数。更准确的说，我们的问题是，已知 $X_1, X_2, \cdots, X_n$ 的值，估计

X_{n+1} 的预期值。今后我们用 $\underline{X}$ 表示 $X_1, X_2, \cdots, X_n$。

对于 EBCT 模型 1 我们做如下的假设：

(1) 每一 X_j 的分布取决于某一参数 θ，其值是确定的（对于所有的 X_j 都一样），但未知。 (6.38)

(2) 给定 θ 时，X_j 为独立同分布的。 (6.39)

参数 θ 称为风险参数。它可能为一实数，也可能为更一般的数值，如一系列实数。

于是，有如下的结果：

随机变量 $\{X_j\}$ 服从同一分布。 (6.40)

但是，X_j 并不是无条件独立的。 (6.41)

下面定义几个符号。定义 $m(\theta)$ 及 $S^2(\theta)$ 如下：

$$m(\theta) = E(X_j \mid \theta)$$

$$S^2(\theta) = Var(X_j \mid \theta)$$

对于 $m(\theta)$ 及 $S^2(\theta)$ 应注意两点：首先，既然给定 θ，X_j 服从同一分布，那么如其符号显示，$m(\theta)$ 和 $S^2(\theta)$ 都与 j 无关。其次，既然把 θ 当作随机变量，$m(\theta)$ 与 $S^2(\theta)$ 也都是随机变量。

若已知 θ 值及给定 θ 时 X_j 的分布，在未来任何年份的预期索赔总额或预期索赔参数的很明显的估计将为 $m(\theta)$。由于我们假设 θ 未知，所以，我们的问题就是：

给定 $\underline{X}$ 时估计 $m(\theta)$ 的值。 (6.42)

我们把 EBCT 模型 1 和及正态—正态模型之间的相似点总结如下：

(1) 两个模型中 θ 的作用相同：都是来刻画模型中的基本分布，如每年度业务的索赔总额分布。参见式（6.29）与式（6.38）。

(2) X_j 的无条件分布相同，它们都服从同一分布。参见式（6.35）、式（6.36）、式（6.40）及式（6.41）。

(3) 给定 θ 时 X_j 的（条件）分布也相同：在两种情况下均条件独立。参见式（6.31）、式（6.34）与式（6.39）。

那么，两个模型间的不同点是什么呢？在本节开头时曾提到 EBCT 模型 1 可看作正态—正态模型的更普遍的形式。其与正态—正态的不同之处即更一般化的几点是：

(1) 对于 EBCT 模型 1，$E(X_j \mid \theta)$ 是 θ 与 $m(\theta)$ 的某一函数，但对于正态—正态模型它只是 θ。因此：

EBCT 模型中的 $Var[m(\theta)]$ 相当于正态—正态模型中的 σ_2^2 $[= Var(\theta)]$。

(2) 对于 EBCT 模型 1，$Var(X_j \mid \theta)$ 是 θ 与 $S^2(\theta)$ 的函数，但对于正态—正态模型是一常数 σ_1^2。因此：

EBCT 中的 $E[S^2(\theta)]$ 相当于正态—正态模型中的 $\sigma_1^2 (= E[Var(X_j \mid \theta)])$。

(3) 正态—正态模型对于给定 θ 时 X_j 及 θ 的分布均作了精确的假设，分别为 $N(\theta,\sigma_1^2)$ 和 $N(\mu,\sigma_2^2)$。EBCT 模型 1 对这些分布未作假设。

(4) 风险参数 θ 对于正态—正态模型分布是实数，但对于 EBCT 模型 1 是个更一般的数值。

二、EBCT 模型 1：置信保费的推导

前面研究了 EBCT 模型 1 的假设及其与正态—正态模型的相似与不同之处。现在我们开始探讨（6.42）式中提出的问题，即给定 $\underline{X}$ 时估计 $m(\theta)$ 的值。

若用贝叶斯方法解决该问题，给定 $\underline{X}$ 时 $m(\theta)$ 的一个显然的估计是后验分布的均值：

$$E[m(\theta)|\underline{X}] \tag{6.43}$$

这个估计很明显，它是关于 $m(\theta)$ 的贝叶斯估计。（6.43）式作为一个估计的问题在于，它并不总是可以得出用置信保费形式表达的结果，正如例 6.6 中发现的那样。我们想要的是（6.42）式中提出问题的答案，它正是置信公式（6.5）的所需形式。公式（6.5）涉及到一个基于风险本身数据的估计（表示为 $\underline{X}$），以及其他数值，Z 和 μ。在泊松—伽马模型和正态—正态模型中，估计 $\underline{X}$ 特别简单，因为它是观测值的线性函数。于是，我们很自然地选取最佳的线性函数进行估计。换言之，我们假设 $m(\theta)$ 的估计形式为：

$$a_0 + a_1 X_1 + a_2 X_2 + \cdots + a_n X_n \tag{6.44}$$

其中 $a_0, a_1, a_2, \cdots, a_n$ 是使如上形式的 $m(\theta)$ 的估计值为"最优"估计的常数。对于"最优"的涵义，一个合理的标准是选择常数以便 $m(\theta)$ 与其估计值，即（6.44）式的差额平方期望值最小。也就是说，我们可以采用如下的方法估计 $m(\theta)$：

考虑线性函数：

$$a_0 + a_1 X_1 + a_2 X_2 + \cdots + a_n X_n$$

选取适当的常数 $a_0, a_1, a_2, \cdots, a_n$，使：

$$E\{[m(\theta) - a_0 - a_1 X_1 - a_2 X_2 - \cdots - a_n X_n]^2\} \tag{6.45}$$

最小。

为解决该问题，在（6.45）式中分别对 $a_0, a_1, a_2, \cdots, a_n$ 依次求偏导，并令每一导数为 0。为了进一步推导，我们还需要用到如下的几个性质：

(1) $E[X_j m(\theta)] = Var[m(\theta)] + \{E[m(\theta)]\}^2$

(2) $E(X_j X_k) = Var[m(\theta)] + \{E[m(\theta)]\}^2$ 对于 $j \neq k$

(3) $E(X_j^2) = E[S^2(\theta)] + Var[m(\theta)] + (E[m(\theta)])^2$ \hfill (6.46)

我们先来证明这三个性质一些结果，这要用到公式（6.1）与（6.3）。

证明：

(1) 利用 (6.1) 式及 (6.3) 式及 $m(\theta)$ 的定义，有：

$$
\begin{aligned}
E[X_j m(\theta)] &= E\{E[X_j m(\theta) \mid \theta]\} \\
&= E\{m(\theta) E[X_j \mid \theta]\} \\
&= E[m(\theta)^2] \\
&= Var[m(\theta)] + \{E[m(\theta)]\}^2
\end{aligned}
$$

(2) 利用 (6.1) 式及给定 θ，X_j 与 X_k（对于 $j \neq k$）独立，有：

$$
\begin{aligned}
E(X_j X_k) &= E[E(X_j X_k \mid \theta)] \\
&= E[E(X_j \mid \theta) \cdot E(X_k \mid \theta)] \\
&= E[m(\theta) m(\theta)] \\
&= Var[m(\theta)] + \{E[m(\theta)]\}^2
\end{aligned}
$$

(3) 利用 (6.1) 式及 $S^2(\theta)$ 的定义：

$$
\begin{aligned}
E(X_j^2) &= E[E(X_j^2 \mid \theta)] \\
&= E\{[Var(X_j \mid \theta) + [E(X_j \mid \theta)]^2\} \\
&= E[S^2(\theta)] + E[m(\theta)^2] \\
&= E[S^2(\theta)] + Var[m(\theta)] + \{E[m(\theta)]\}^2
\end{aligned}
$$

现在我们在 (6.45) 式中对 a_0 求偏导，并令其为零。即：

$$E[m(\theta) - a_0 - \sum_{j=1}^{n} a_j X_j] = 0$$

由 (6.40)，随机变量 $\{X_j\}$ 服从同一分布，可得：

$$a_0 = E[m(\theta)](1 - \sum_{j=1}^{n} a_j) \tag{6.47}$$

再对 a_k 求偏导并令其为零，则：

$$a_k E\{X_k [m(\theta) - a_0 - \sum_{j=1}^{n} a_j X_j]\} = 0$$

即：

$$Var[m(\theta)] + \{E[m(\theta)]\}^2 - a_0 E[m(\theta)] - \sum_{j=1}^{n} a_j \{Var[m(\theta)] + \{E[m(\theta)]\}^2\} - a_k E[s^2(\theta)] = 0$$

移项得，

$$a_k E[s^2(\theta)] = (1 - \sum_{i=1}^{n} a_j)\{Var[m(\theta)] + \{E[m(\theta)]\}^2\} - a_0 E[m(\theta)] \tag{6.48}$$

当 $k = 1, 2, 3, \cdots, n$ 时，上式成立。也就是说，a_k 不取决于 k 的值，并且：

$$a_1 = a_2 = \cdots = a_n$$

记 a_1、a_2、$\cdots$、a_n 的值为 Z/n，则：

第六章
置信度理论

$$Z = \sum_{i=1}^{n} a_j$$

于是，估计量可以写为：

$$a_0 + \sum_{i=1}^{n} a_j X_j = a_0 + Z\bar{X} \tag{6.49}$$

其中：

$$\bar{X} = \frac{\sum_{j=1}^{n} X_j}{n}$$

(6.47) 式与 (6.48) 式是目前两个未知量 a_0 及 Z 的线性方程。由这两个方程可得：

$$a_0 = (1 - Z)E[m(\theta)] \tag{6.50}$$

$$Z = \frac{n}{n + E[S^2(\theta)]/Var[m(\theta)]} \tag{6.51}$$

因此，给定 $\bar{X}$ 估计 $m(\theta)$ 这一问题的解为 (6.49) 式的右边，其中 a_0 与 Z 由 (6.50) 式及 (6.51) 式分别给出。于是，给定 $\bar{X}$，由 EBCT 模型 1 估计 $m(\theta)$ 为：

$$(1 - Z)E[m(\theta)] + Z\bar{X}$$

其中：

$$\bar{X} = \frac{\sum_{j=1}^{n} X_j}{n}$$

且：

$$Z = \frac{n}{n + E[S^2(\theta)]/Var[m(\theta)]} \tag{6.52}$$

对于以上结果首先且最重要的一点是它是以置信估计形式表达的。换言之，(6.49) 式右边是 (6.5) 式的形式，其中：

$$E[m(\theta)] \text{ 相当于 } \mu, \sum_{j=1}^{n} X_j/n \text{ 即 } \bar{X}。$$

第二个应注意的是以上结果与正态—正态模型的结果相似之处，特别是，置信因子公式，即 (6.28) 式与 (6.51) 式间的相似之处。公式 (6.51) 是公式 (6.28) 的推广，因为，考虑到本节第一部分末的讨论，可以认为 $E[s^2(\theta)]$ 与 $Var[m(\theta)]$ 分别是 σ_1^2 与 σ_2^2 的更普遍形式。EBCT 模型与正态—正态模型间的相似点前面已多次强调过了，在这里再出现如此的结果也就不奇怪了。

应注意的最后一点是 (6.52) 式给出的置信估计公式涉及到三个参数，$E[m(\theta)]$，$E[s^2(\theta)]$ 与 $Var[m(\theta)]$，我们一直把它们作为已知数处理。与贝叶斯置信方法不同，EBCT 模型不对风险参数 θ 的分布作任何假设，但我们仍须知道这三个参数的值。由于我们选择（6.44）式中 $a_0, a_1, \cdots, a_n$ 值的标准是使其与 $m(\theta)$ 的差额平方的期望值最小，因此这三个参数是与一阶和二阶矩相关，而不是更高阶矩或其他值相关。估计这些参数的方法在下面的部分进行讨论。

在进入下一部分以前，下面的这个例题可以帮助我们熟悉有关的技巧，并帮助理解前面讲述的思想。

例 6.7 令 $r_0, r_1, \cdots, r_n$ 为实数，考虑：

$$E\{\{E[m(\theta) | \underline{X}] - r_0 - \sum_{j=1}^{n} r_j X_j\}^2\} \tag{6.53}$$

（1）证明（6.53）式可写作：

$$E\{[m(\theta) - r_0 - \sum_{j=1}^{n} r_j X_j]^2\} - 2E[AB] - E[A^2]$$

其中：

$$A = m(\theta) - E[m(\theta) | \underline{X}]$$

且：

$$B = E[m(\theta) | \underline{X}] - r_0 - \sum_{j=1}^{n} r_j X_j$$

（2）证明：

$$E[AB] = 0$$

（3）证明使（6.53）式最小的 $r_0, r_1, \cdots, r_n$ 的值是使（6.45）式最小的 $a_0, a_1, \cdots, a_n$ 的值。

解：

（1）显然：

$$E[(m(\theta) - r_0 - \sum_{j=1}^{n} r_j X_j)^2] = E[(A + B)^2]$$

展开平方式即得出所需要的形式。

（2）利用公式（6.1）：

$$E(AB) = E[E(AB | \underline{X})]$$

现在注意 B 为 $\underline{X}$ 的函数，因此，利用公式（6.3）有：

$$E[E(AB | \underline{X})] = E[BE(A | \underline{X})]$$

但：

$$E(A | \underline{X}) = E\{m(\theta) - E[m(\theta) | \underline{X}] | \underline{X}\}$$
$$= E[m(\theta) | \underline{X}] - E[m(\theta) | \underline{X}] = 0$$

再次利用（6.3）式：

$$E\{E[m(\theta)\mid \underline{X}]\mid \underline{X}\} = E[m(\theta)\mid \underline{X}]$$

因此：
$$E[AB] = E[B\times 0] = 0$$

故得证。

（3）由（1）及（2）部分的结果，可把（6.53）式写作：

$$E\{[m(\theta) - r_0 - \sum_{j=1}^{n} r_j X_j]^2\} - E(A^2)$$

注意 $E[A^2]$ 并非 $r_0, r_1, \cdots, r_n$ 的函数。这意味着使（6.53）式最小的 $r_0, r_1, \cdots, r_n$ 的值是使：

$$E\{[m(\theta) - r_0 - \sum_{j=1}^{n} r_j X_j]^2\}$$

最小的值。

而该表达式正是（6.45）式。（只是用 r 代表了 a）。这正是（3）所要证明的。

例 6.7 中有意思的一点是若我们去找出 $E[m(\theta)\mid \underline{X}]$ 的最优线性估计，而不是 $m(\theta)$ 的最优线性估计，我们可以得出同一答案。这一点并不奇怪。因为：

a）本节中"最优"均意味着使差额平方的期望值最小；

b）$E[m(\theta)\mid \underline{X}]$ 是 $\underline{X}$ 的所有函数中 $m(\theta)$ 的最优估计，（6.52）式给出了 $\underline{X}$ 所有线性函数中 $m(\theta)$ 的最优估计。

三、EBCT 模型 1：参数估计

为完成给定 $\underline{X}$ 时对 $m(\theta)$ 的估计，我们将探讨如何估计 $E[m(\theta)]$，$Var[m(\theta)]$ 与 $E[s^2(\theta)]$。为此需假设我们可从其他相似风险中得到数据，这些风险又不同于我们原来的风险。这要求我们更一般地提出问题，再做一些假设并稍微变动一下符号。前面的纯贝叶斯置信度方法与 EBCT 的重要区别之一是前者毋需数据来估计参数，后者却需要。

现在假设我们有意估计某一特定风险的纯保费或预期索赔参数。该风险是某集合中 N 个风险中的一个。这里的某集合是指以一定方式相关的不同风险的集合，后面还要对此做进一步的说明。简单起见，假设我们考察的特定风险是该集合中的风险号码为 1 的风险，记为风险 1。假设我们已知在过去几年的每一年这 N 个风险各自的索赔总额或索赔频率。用 X_{ij} 表示在第 j 年（$j = 1, 2, \cdots, n$）风险 i（$i = 1, 2, \cdots, N$）的索赔总额或索赔次数。这些值见表 6.1。

表 6.1 中数据表示不同风险的观测值：第一行即风险 1 的数据，即是我们在本节第二部分中表示为 $\underline{X}$ 的一系列观测值。在此我们把那时的 $X_1, X_2, \cdots, X_n$ 表示成了 $X_{11}, X_{12}, \cdots, X_{1n}$。那时作的两个假设（6.38）式与（6.39）式，是关于当时考虑

表6.1　　　　　　　　各年份各个风险索赔情况

风险号码	年　份			
	1	2	……	n
1	X_{11}	X_{12}	……	X_{1n}
2	X_{21}	X_{22}	……	X_{2n}
…	…	…	…	…
…	…	…	…	…
N	X_{N1}	X_{N2}	……	X_{Nn}

的单一风险的观测值之间的联系的。现在，我们对集合中 N 个风险中的每一个风险做完全同样的假设。这些假设在下面的（6.54）与（6.55）中给出。

对于风险 i，$i=1,2,\cdots,N$，每一 X_{ij}（$j=1,2,\cdots,n$）的分布取决于参数 θ_i 的值，其值是确定的（对于每一 j 值均相同）但未知。　　　　　　　（6.54）

给定 θ_j，X_{ij}（$i=1,2,n$）为独立同分布的。　　　　　　　　　　　　（6.55）

注意在本节的前两部分中表示为 θ 的风险参数现在表示为 θ_i，这意味着不同风险的风险参数值不同。当然，与本节前两部分中相同，每一给定风险的参数值各年间并不发生改变。这两个假设告诉了我们表中各行的关系，并未告诉我们任何不同行之间的关系，即集合中不同风险间的关系。关于集合中不同风险间关系，我们做如下假设：

对于 $i\neq k$，(θ_i, X_{ij}) 与 (θ_k, X_{km}) 为独立同分布的。　　　　　　　　　（6.56）

该假设告诉我们表中各行相互独立。该假设的两个直接结果为：

对于 $i\neq k$，X_{ij} 与 X_{km} 为独立同分布的。　　　　　　　　　　　　　　（6.57）

风险参数 $\theta_1, \theta_2, \cdots, \theta_N$ 为独立同分布的。　　　　　　　　　　　　　　（6.58）

不同风险，即表中各行间的联系是风险参数，$\theta_1, \theta_2, \cdots, \theta_N$ 具有相同的分布。这意味着，若我们以某些方式，知道了 $\theta_1, \theta_2, \cdots, \theta_N$ 的值，那么我们就知道了 θ 的共同分布的一些情况，因此我们就知道了 θ_1 的一些情况，至少知道其所服从的分布的一些情况。

函数 $m(\cdot)$ 与 $S^2(\cdot)$ 曾在前面介绍过。以下继续采用这些函数的定义，并将其用到集合中所有风险中，即有：

$$m(\theta_i) = E(X_{ij} | \theta_i)$$

$$S^2(\theta_i) = Var(X_{ij} | \theta_i)$$

注意，如同本节初，$E(X_{ij}|\theta_i)$ 与 $Var(X_j|\theta_i)$ 都与 j 无关，因为，给定 θ_i，随机变量 $X_{i1}, \cdots, X_{in}$ 服从同一分布。还应注意，由于 $\theta_1, \theta_2, \cdots, \theta_N$ 服从同一分布，$E[m(\theta_i)]$、$E[S^2(\theta_i)]$ 及 $Var[m(\theta_i)]$ 也与 i 无关。这些正是我们在本节前两部分中称为 $E[m(\theta)]$、$E[s^2(\theta)]$ 与 $Var[m(\theta)]$ 的参数，我们将用这些参数来对集合作出估计。

我们还需一些符号。我们将用 $\overline{X}_i$ 表示：

$$\frac{1}{n}\sum_{j=1}^{n} X_{ij}$$

并用 $\overline{X}$ 表示：

$$\sum_{i=1}^{N} \overline{X}_i/N = [\sum_{i=1}^{N}\sum_{j=1}^{n} X_{ij}/(Nn)]$$

注意现在的 $\overline{X}_1$ 即本节前两部分的 $\overline{X}$。要了解现在的符号与前两部分符号 $\overline{X}$ 意思的不同。我们现在可用这个新符号来重新给出未来年度风险集合中风险1的纯保费或索赔次数的置信估计的公式如下：

$$(1 - Z)E[m(\theta)] + Z\overline{X}_1$$

其中：

$$\overline{X}_1 = \sum_{j=1}^{n} X_{1j}/n \tag{6.59}$$

且：

$$Z = \frac{n}{n + E[S^2(\theta)]/Var[m(\theta)]}$$

要注意的是（6.59）式与（6.52）式是一样的，只是采用了符号 $\overline{X}_1$ 和 X_{1j}，而不是 $\overline{X}$ 与 X_j。

我们现在可以来估计 $E[m(\theta)]$、$E[s^2(\theta)]$ 与 $Var[m(\theta)]$。这些估计将为 $\{\{X_{ij}\}_{j=1}^{n}\}_{i=1}^{N}$ 的函数。

表6.1 中每一行对应着 θ 的一固定值。记清这一点以及 $m(\theta_i)$ 与 $S^2(\theta_i)$ 的定义，$m(\theta_i)$ 与 $S^2(\theta_i)$ 的明显的估计分别为：

$$\overline{X}_i \text{ 及 } (n-1)^{-1}\sum_{j=1}^{n}(X_{ij} - \overline{X}_i)^2$$

现在，$E[m(\theta)]$ 是不同值的 θ 对应的 $m(\theta)$ 值（在 θ 分布上）的"平均值"。$E[m(\theta)]$ 的明显的估计是 $m(\theta_i)(i = 1,2,\cdots,N)$ 的估计的平均值。换言之，$E[m(\theta)]$ 的估计是 $\overline{X}$。类似地，$E[S^2(\theta)]$ 是 $S^2(\theta)$ 的"平均值"，因此，其明显的估计是 $S^2(\theta_i)$ 的估计的平均值，即：

$$N^{-1}\sum_{i=1}^{N}(n-1)^{-1}\sum_{j=1}^{n}(X_{ij} - \overline{X}_i)^2$$

刚才对 $E[m(\theta)]$ 及 $E[S^2(\theta)]$ 作的估计是无偏估计。现在来对 $Var[m(\theta)]$ 进行估计。

对于表6.1 中每一行，$\overline{X}_i$ 是 $m(\theta_i),i = 1,2,\cdots,N$ 的估计。因此我们可能会以为这

些值的修正方差，即：

$$(N-1)^{-1}\sum_{i=1}^{N}(\overline{X_i}-\overline{X})^2$$

是 $Var[m(\theta)]$ 的明显的估计。但是，它是 $Var[m(\theta)]$ 的有偏估计。可证明 $Var[m(\theta)]$ 的无偏估计可按通常的做法由上述表达式除去一修正项来得出。（证明从略。）

$Var[m(\theta)]$ 的无偏估计为：

$$(N-1)^{-1}\sum_{i=1}^{N}(\overline{X_i}-\overline{X})^2-(Nn)^{-1}\sum_{i=1}^{N}(n-1)^{-1}\sum_{j=1}^{n}(X_{ij}-\overline{X_i})^2$$

我们把这些估计值总结如表 6.2。

表 6.2 　　　　　　　　　　各参数估计值

参数	估 计 值	
$E[m(\theta)]$	$\overline{X}$	(6.60)
$E[S^2(\theta)]$	$N^{-1}\sum_{i=1}^{N}(n-1)^{-1}\sum_{j=1}^{n}(X_{ij}-\overline{X_i})^2$	(6.61)
$Var[m(\theta)]$	$(N-1)^{-1}\sum_{i=1}^{N}(\overline{X_i}-\overline{X})^2-(Nn)^{-1}\sum_{i=1}^{N}(n-1)^{-1}\sum_{j=1}^{n}(X_{ij}-\overline{X_i})^2$	(6.62)

应注意的重要的实际的一点是，虽然 $Var[m(\theta)]$ 是非负参数（因为其为方差），（6.62）式给出的估计值却可能为负。若在实际中，（6.62）式得出一负值，一般的做法是估计 $Var[m(\theta)]$ 为零。严格来讲，这意味着 $Var[m(\theta)]$ 的估计值为零和（6.62）式所给出的值中的较大者。虽然（6.62）式得出的是 $Var[m(\theta)]$ 的无偏估计，对零和（6.62）式所给出的值的较大者却不能得出无偏估计。然而，这一方法避免了对 $Var[m(\theta)]$ 的显然无意义的估计。

参数 $E[S^2(\theta)]$ 也须为非负，但其由（6.61）式给出的估计值却总是非负，所以（6.61）式毋需调整。

例 6.8

（1）令 $W_1,\cdots,W_n$ 为一独立同分布的随机变量序列，其共同的方差为 σ^2。令：

$$\overline{W}=\frac{\sum_{i=1}^{n}W_i}{n}$$

求证：

$$(n-1)^{-1}\sum_{i=1}^{n}(W_i-\overline{W})^2$$

是 σ^2 的无偏估计。

(2) 证明 (6.61) 式是 $E[S^2(\theta)]$ 的无偏估计。

解：

(1) 该部分仅要求证明样本方差是总体方差的无偏估计，这一结果在本书的前面讲过。令 μ 表示 W_i 的均值。此例的关键部分为：

$$E[(W_i - \mu)^2] = \sigma^2 \quad \text{（定义）}$$

$$E[\overline{W}] = \mu$$

$$E[(\overline{W} - \mu)^2] = \sigma^2/n$$

$$\sum_{i=1}^{n}(W_i - \overline{W})^2 = \sum_{i=1}^{n}[W_i - \mu - (\overline{W} - \mu)]^2$$

$$= \sum_{i=1}^{n}(W_i - \mu)^2 - n(\overline{W} - \mu)^2$$

现在对以上公式的两边同时求数学期望，有：

$$E[\sum_{i=1}^{n}(W_i - \overline{W})^2] = E[\sum_{i=1}^{n}(W_i - \mu)^2] - nE[(\overline{W} - \mu)^2]$$

$$= n\sigma^2 - n\sigma^2/n = (n-1)\sigma^2$$

两边同时除于 $(n-1)$ 即得所求。

(2) 给定 θ_i，随机变量 $X_{i1}, \cdots, X_{in}$ 为独立同分布的，其共同方差为 $S^2(\theta_i) = S^2(\theta)$，应用（1）部分结论，有：

$$E[(n-1)^{-1}\sum_{i=1}^{n}(X_{ij} - \overline{X_i})^2 | \theta_i] = S^2(\theta_i)$$

由（6.1）式及该结果有：

$$E[N^{-1}\sum_{i=1}^{N}(n-1)^{-1}\sum_{i=1}^{n}(X_{ij} - \overline{X_i})^2] = N^{-1}\sum_{i=1}^{N}E\{E[(n-1)^{-1}\sum_{j=1}^{n}(X_{ij} - \overline{X_i})^2] | \theta_i\}$$

$$= N^{-1}\sum_{i=1}^{N}E[S^2(\theta_i)]$$

$$= E[S^2(\theta)]$$

即得证。

证明 (6.60) 式是 $E[m(\theta)]$ 的无偏估计非常容易。证明 (6.62) 式是 $Var[m(\theta)]$ 的无偏估计类似于例 6.8。现在我们用 (6.51) 式找出 EBCT 模型 1 的置信因子。该公式的不同部分有下列定义或解释：

N——关于风险的所有数据值数目。

$E[S^2(\theta)]$——某一风险历年数据值样本方差的平均值，即表 6.1 各行内的平均样本方差。

$Var[m(\theta)]$——不同风险平均数据值的方差，即表 6.1 中行之间的变化。

用 (6.51) 式，找出 Z。我们可以看出：

(a) Z 总是在 $0 \sim 1$ 之间。

(b) Z 是 n 的增函数。这预示着——关于风险自身的数据越多,在计算纯保费或索赔次数的置信估计时,结果越可靠。

(c) Z 是 $E[S^2(\theta)]$ 的减函数,这预示着——相对于 $Var[m(\theta)]$ 来说,$E[S^2(\theta)]$ 的值越大,风险自身得出的数据相对于其他风险的数据越易变,也就是说越不可靠。

(d) Z 是 $Var[m(\theta)]$ 的增函数。这意味着,相对于 $E[S^2(\theta)]$ 来说,$Var[m(\theta)]$ 的值越大,不同风险之间的变动越厉害,因此其他风险越与所研究之风险有较大的区别,我们对来自其他风险的数据依赖性越差。

这些在前面泊松—伽马模型和正态—正态模型中已有论述。

细心的读者可能已发现了本节中似有矛盾。在第一节中称置信因子与来自该风险的数据不应相关。然而,这些数据已用来估计 $Var[m(\theta)]$ 及 $E[S^2(\theta)]$,后者的值又接着用来计算 Z。事实上,作为 (6.59) 式给出的置信因子 Z,原则上并不取决于来自该风险的实际数据。麻烦的是,Z 的公式涉及两个参数,$Var[m(\theta)]$ 及 $E[S^2(\theta)]$,它们的值未知但在实际中可由风险自身及集合中其他风险的数据估计出。

在通过一个例子结束关于 EBCT 模型 1 的研究之前,对该模型的假设还要进一步说明。我们已经假设不管是来自不同风险还是相同的风险,X_{ij} (无条件)服从相同的分布(参见 (6.57) 式)。若 X_{ij} 来自同一风险 i,我们假设其无条件服从同一分布(参见 (6.40) 式),而在给定 θ_i 时其条件分布也是相同的(参见 (6.39) 式与 (6.55) 式)。于是 $E(X_{ij}|\theta_i)$ 和 $Var(X_{ij}|\theta_i)$ 均不取决于 j。这是在推导置信估计 (6.59) 式中唯一要求假设 X_{ij} 服从同一分布的一步。事实上,我们可以用下列假设代替假设式 (6.55) 与式 (6.56) 及式 (6.65),仍能推出同样的置信估计:

给定 θ_i,对于每一风险 i($i=1, 2, \cdots N$),X_{ij}($j=1, 2, \cdots, n$)是独立的。
(6.63)

对于 $i \neq k$,(θ_i, X_{ij}) 与 (θ_k, X_{kl}) 独立,且风险参数 $\theta_1, \theta_2, \cdots, \theta_N$ 也具有相同的分布。
(6.64)

对于每一风险 i($i=1, 2, \cdots, N$),$E(X_{ij}|\theta_i)$ 和 $Var(X_{ij}|\theta_i)$ 均与 j 无关。
(6.65)

这里的假设式 (6.63) 与式 (6.64) 是式 (6.55) 与式 (6.56) 的弱化。假设 (6.65) 式现在也须作为一个独立的假设,因为其并非式 (6.63) 与式 (6.64) 的结果。

可以证明本节的结果或公式丝毫不因这些更弱的假设而有所改变。我们在前面采用这些较强的假设,是因为它们更易于说明问题。而这里作更弱假设是因为它将帮助我们把 EBCT 模型 1 与下一节的 EBCT 模型 2 联系起来。

四、运用 EBCT 模型 1 的例子

我们将通过一数字例子来说明 EBCT 模型 1 的使用。我们也利用这个例子来对 EBCT 模型 1 作一些一般说明。

例 6.9 下述表 6.3 的数据是某保险公司过去六个连续年度承保的五张工业火险单的索赔总额数据。这些数值已排除了通货膨胀的影响，单位为万元。

表 6.3 各保单各年度索赔数据

保单号码	年份					
	1	2	3	4	5	6
1	103	73	32	102	78	87
2	112	138	29	93	104	71
3	135	155	121	123	77	134
4	91	106	109	111	116	81
5	67	133	65	93	118	89

假设我们想计算未来年度第一号保单的置信保费。使用 EBCT 模型 1，为此，我们将对上述数据为样本值的随机变量作出些假设。这些假设为（6.54）式、（6.55）式与（6.56）式，其中暗含着假设（6.38）式与（6.39）式。特别是，我们假设对于每一保单索赔总额每年的分布相同。（回忆本节第三部分的讨论，我们可将此假设弱化为：每一风险索赔总额的均值与方差每年不发生变化。）一旦通胀的影响消除了，这就可能是一个合理假设，只要保单的相关条件在过去六年保持不变（并且在计算下一年应收保费时假设保单的相关条件也不发生变化）。

1 号保单在过去 6 年的平均索赔总额为：

$$(103 + 73 + \cdots + 87)/6 = 79.17$$

根据（6.59）式，我们知道未来年度纯保费的置信估计为：

$$(1 - Z)E[m(\theta)] + Z \times 79.17$$

其中：

$$Z = \frac{6}{6 + E[S^2(\theta)]/Var[m(\theta)]}$$

（注意（6.59）式中的 n 是数据年份数而非集合中风险数）。接下来只需应用（6.60）、（6.61）式与（6.62）式到以上数据以估计 $E[m(\theta)]$，$E[S^2(\theta)]$ 及 $Var[m(\theta)]$。

第一步是对 5 张保单中的每一张计算 $\overline{X_i}$ 与 $(n-1)^{-1}\sum_{j=1}^{n}(X_{ij} - \overline{X_i})^2$ 的值。这些值的计算结果如下表 6.4：

表 6.4　　　　　　　　　　各张保单计算结果

保单号码	$\overline{X}_i$	$(n-1)^{-1}\sum_{j=1}^{n}(X_{ij}-\overline{X}_i)^2$
1	79.17	683
2	91.17	1 413
3	125.00	704
4	102.33	181
5	94.17	739

利用（6.60）式与（6.61）式估计 $E[m(\theta)]$ 与 $E[S^2(\theta)]$，即 $\overline{X}_i$ 与 $(n-1)^{-1}\sum_{j=1}^{n}(X_{ij}-\overline{X}_i)^2$ 分别平均，因此：

$$E[m(\theta)] \approx (79.17+\cdots+94.17)/5 = 98.37$$
$$E[S^2(\theta)] \approx (683+\cdots+739)/5 = 744$$

为了用（6.62）式估计 $Var[m(\theta)]$，我们首先需计算 $\overline{X}_i$ 的 5 个值的样本方差；计算后知该值为 291。运用（6.62）式后，有：

$$Var[m(\theta)] \approx 291 - 744/6 = 167$$

把这些估计值代入置信因子 Z 的公式，有：

$$Z \approx \frac{6}{6+744/167} = 0.574$$

所以，风险 1 未来年度的置信保费为：

$$0.426 \times 98.37 + 0.574 \times 79.15 = 87.35 \text{（万元）}$$

即为 873 500 元。

我们可通过注意到置信因子 Z 的消对于集合中所有保单均相同，这是 EBCT 模型 1 的重要特征。这意味着我们可以非常简单地计算集合中其他任一保单的置信保费。如，保单 2 未来年度的置信保费：

$$0.426 \times 98.37 + 0.574 \times 91.17 = 94.24 \text{（万元）}$$

分别计算后可得这些保单各年度整个置信保费如下表 6.5：

表 6.5　　　　　　　　　　各个保单的置信保费

保单数目	置信保费
1	873 500 元
2	942 400 元
3	1 136 600 元
4	1 006 400 元
5	959 600 元

若把这 5 个置信保费加以平均,可看出其为 983 700 元,即为 $E[m(\theta)]$ 的估计。这并非巧合!这些置信保费的平均可写作:

$$\sum_{j=1}^{5} [(1 - Z) \times 98.37 + Z \bar{X}_i]/5$$

因为 $E[m(\theta)]$ 的估计值在此情况下 98.37 万元,是 $\bar{X}_i$ 的平均值,容易看出该表达式总等于 (6.60) 式中给出的 $E[m(\theta)]$ 的估计。

通过观察假设 (6.56) 中说明的不同风险是如何相关来解释这一结果。更非正式地,我们可以说该集合中的保单"彼此类似"。由此保险人可以合理地对未来年度每一保单收取同一保费。纯保费的明显的估计为 98.37 万元,是 30 个(排除通货膨胀因素后的)原始数据的平均值。然而,以上进行的置信度分析使保险人可对 5 张保单收取不同的纯保费。这些不同的纯保费反映了单个保单的经验数据的价值——X_i 的值越大,置信保费越高——而保险人的总保费收入保持不变。

最后,我们探讨一下为什么要对这 5 张保单收取不同的保费。若不同保单索赔总额为独立同分布的,我们应对不同保单收取同一金额的纯保费。任何两张保单索赔经验的明显不同——本例中保单 3 比其他保单的索赔总额高——都可能预示着它们有着不同的分布,因为仅仅由于随机波动不应导致保费不同。这是保险的宗旨——在相同性质风险的集合里,风险除了随机波动之外不应当有什么不同的表现。EBCT 模型 1 的假设暗示着,不同保单的索赔经验不同,它们并不一定服从同一分布,即风险是不同的。保单之间的不同源于其风险参数 θ 的不同值。正是由此我们认为,此例中,保单 1 对应了较好索赔经验,是由于该保单与集合中其他保单存在一些真正的不同。比如在保单 1 承保的大楼中工作的人们对于防火安全比在其他保单承保的大楼中工作的人们更为关心。这一不同在从风险本身得到数据前并不是显然的——参见 (6.57) 式——但我们因此将承认保单间不同的可能性,通过收取不同保费以反映独特的索赔经验,这些经验提供了风险性质不同的证据。

第五节 经验贝叶斯置信度理论:模型 2

本节我们将运用经验贝叶斯技术,建立更复杂、也更实用的一个模型我们称之为经验贝叶斯置信度理论模型 2,简记为 EBCT 模型 2。步骤与模型 1 一样,首先提出问题并建立假定。问题即估计下一年的纯保费、预期索赔次数;建立的假定与模型 1 稍有不同。其次,将推导出纯保费和预期索赔次数的置信度估计。最后,探讨如何估计参数。

一、EBCT 模型 2：说明

我们的问题是，对于某一给定的风险，估计其下一年度的预期索赔总额，或预期索赔次数。令 Y_1，Y_2，…代表给定风险在某些年份的索赔总额或索赔次数。假设，我们已知 Y_1，…，Y_n，要估计 Y_{n+1} 的值。到此为止，与模型 1 的问题是相同的。与 EBCT 模型 1 不同的是，EBCT 模型 2 包括了另外的已知参数——风险量 P_j。P_j 值测度第 j 年中的业务量。例如，P_j 代表第 j 年承保某风险的保费收入或独立保单的数量。有一点需要注意的是我们假设已知第 $n+1$ 年开始时 P_{n+1} 的值。

下面，我们定义一个新的随机变量序列 X_1、X_2…如下：

$$X_j = Y_j/P_j, \quad j = 1, 2, \cdots。$$

随机变量 X_j 表示第 j 年的索赔总额或索赔次数，这里的索赔数据是排除了不同年份的不同业务量因素的影响之后的标准化数据。

在 EBCT 模型 2 中我们做如下假设：

X_j 的分布依赖于参数 θ 值，θ 对每个 j 相同但未知。 (6.66)

给定 θ，X_j 是独立的，但不必是相同分布的。 (6.67)

$E[X_j|\theta]$ 不依赖于 j。 (6.68)

$P_j V[X_j|\theta]$ 不依赖于 j。 (6.69)

与前一节相同，θ 是风险参数，它可能是一个实数，或更一般的数量，如实数向量。（6.66）式的假设是已知所有置信度理论的标准假设。（6.67）式的假设与（6.39）式对应，但比（6.39）式稍弱。（6.67）式不要求 X_j 相同的条件分布（给定 θ），只须条件独立。在 EBCT 模型 2 中，没有关于 X_j 的分布是无条件或给定 θ 时同分布的假设。

将上述假设与（6.63）式、（6.64）式、（6.65）式比较，可以发现，如果 P_j 等于 1，EBCT 模型 2 则与模型 2 一致。

定义 $m(\theta)$ 和 $S^2(\theta)$ 为：

$$m(\theta) = E(X_j|\theta)$$

$$S^2(\theta) = P_j Var(X_j|\theta)$$

$m(\theta)$ 的定义与模型 1 相同，$S^2(\theta)$ 则稍有不同。

为说明(6.68)式和(6.69)式的假设，我们看看这样的例子。假设我们考虑的风险是由许多每年不同数量的相互独立的保单构成，第 j 年的数量是 P_j。假设一张保单的索赔总额的均值为 $m(\theta)$，方差为 $S^2(\theta)$，其中 $m(\cdot)$ 和 $S^2(\cdot)$ 是 θ 的函数，θ 是固定但未知的风险参数。令 X_j 表示第 j 年所有有效保单的索赔总额。则有：

$$E(Y_j) = P_j m(\theta)$$
$$Var(Y_j) = P_j S^2(\theta)$$
$$E(X_j) = m(\theta)$$
$$P_j Var(X_j) = S^2(\theta)$$

可以发现,该例满足(6.68)式、(6.69)式的假定。

二、EBCT 模型 2:置信保费的推导

我们的问题在前一节已经提及了,即给定 $Y_1, Y_2, \cdots, Y_n$,估计 Y_{n+1} 的期望值。现在更准确地表述一下,我们要估计的量是(给定 θ 时)Y_{n+1} 的均值。这由 $P_{n+1} m(\theta)$ 确定的。在我们的模型中 P_{n+1} 作为第 $n+1$ 年初的风险量是已知的,要解决的问题就是估计 $m(\theta)$。已知数据是每年的 Y_j 及相应的 P_j。为方便起见,将这些数据记作 X。和第三节相同,我们选择观测数据 $X_1, X_2, \cdots, X_n$ 的线性函数作为 $m(\theta)$ 的估计。这个线性函数作为 $m(\theta)$ 的最优估计,应与 $m(\theta)$ 的差额平方的期望值最小。有一点需要注意,$X_1, X_2, \cdots, X_n$ 的线性函数也是 $Y_1, Y_2, \cdots, Y_n$ 的线性函数,因为 Y_j 是 X_j 与常数的乘积。总之,我们的问题是用以下函数估计 $m(\theta)$:

$$\alpha_0 + \alpha_1 X_1 + \alpha_2 X_2 + \cdots + \alpha_n X_n$$

为此,选择适当的 $\alpha_0, \alpha_1, \cdots, \alpha_n$,使:

$$E[E(m(\theta) - \alpha_0 - \alpha_1 X_1 - \cdots - \alpha_n X_n)^2] \tag{6.70}$$

最小。

在形式上,该问题与模型 1 一样,尽管 X_j 的定义和一些假设有所不同,但解决问题的方法是相同的。对 $\alpha_0, \alpha_1, \cdots, \alpha_n$ 逐一微分并令每个导数为 0。与模型 1 类似,我们在这里也需要有一些与(6.46)相似的性质,即:

(1) $E[X_j m(\theta)] = V[m(\theta)] + (E[m(\theta)])^2$
(2) $E[X_j X_k] = V[m(\theta)] + (E[m(\theta)])^2 \quad j \neq k$
(3) $E(X_j^2) = E[S^2(\theta)]/P_j + V[m(\theta)] + (E[m(\theta)])^2$ (6.71)

我们用与(6.46)式类似的证明方法证明这几个性质。

证明:

(1) 由(6.1)式、(6.3)式和 $m(\theta)$ 的定义:

$$\begin{aligned} E[X_j m(\theta)] &= E\{E[X_j m(\theta) | \theta]\} \\ &= E\{m(\theta) E[X_j | \theta]\} \\ &= E\{[m(\theta)]^2\} \\ &= Var[m(\theta)] + \{E[m(\theta)]\}^2 \end{aligned}$$

(2) 我们知道，对于 $j \neq k$，给定 θ 时 X_j 和 X_k 是独立的。由 (6.1)，
$$E(X_j X_k) = E[E(X_j X_k | \theta)]$$
$$= E[E(X_j | \theta) E(X_k | \theta)]$$
$$= E\{[m(\theta)]^2\} = Var[m(\theta)] + \{E[m(\theta)]\}^2$$

(3) 由 (6.1) 式和 $S^2(\theta)$ 的定义：
$$E(X_j)^2 = E[E(X_j^2 | \theta)]$$
$$= E\{Var(X_j | \theta) + [E(X_j | \theta)]^2\}$$
$$= E[S^2(\theta)]/P_j + E\{[m(\theta)]^2\}$$
$$= E[S^2(\theta)]/P_j + V[m(\theta)] + \{E[m(\theta)]\}^2$$

对 α_0 微分：
$$\frac{\partial}{\partial \alpha_0}\{E[(m(\theta) - \alpha_0 - \alpha_1 X_1 - \cdots - \alpha_n X_n)^2]\} = 0$$

即：
$$E[m(\theta) - \alpha_0 - \alpha_1 X_1 - \cdots - \alpha_n X_n] = 0$$

得：
$$\alpha_0 = E[m(\theta)]\left(1 - \sum_{j=1}^{n} \alpha_j\right) \tag{6.72}$$

对 α_k 微分：
$$\frac{\partial}{\partial \alpha_k}\{E[(m(\theta) - \alpha_0 - \alpha_1 X_1 - \cdots - \alpha_n X_n)^2]\} = 0$$

即：
$$E\{X_k[m(\theta) - \alpha_0 - \alpha_1 X_1 - \cdots - \alpha_n X_n]\} = 0$$

整理上式：
$$Var[m(\theta)] + (E[m(\theta)])^2 - \alpha_0 E[m(\theta)]$$
$$- \sum_{j=1}^{n} \alpha_j\{Var[m(\theta)] + (E[m(\theta)])^2\} - \alpha_k E[S^2(\theta)] P_k = 0$$

进一步整理，得到：
$$\alpha_k = P_k Var[m(\theta)]\left(1 - \sum_{j=1}^{n} \alpha_j\right) / E[S^2(\theta)] \tag{6.73}$$

两边相加：
$$\sum_{k=1}^{n} \alpha_k = \sum_{k=1}^{n} P_k \left(1 - \sum_{j=1}^{n} \alpha_j\right) \frac{Var[m(\theta)]}{E[S^2(\theta)]}$$

解出 $\sum_{j=1}^{n} \alpha_j$ 并代入 (6.72) 式、(6.73) 式得：
$$\alpha_0 = \frac{E[m(\theta)] E[S^2(\theta)]/Var[m(\theta)]}{\sum_{j=1}^{n} P_j + E[S^2(\theta)]/Var[m(\theta)]} \tag{6.74}$$

$$\alpha_k = \frac{P_k}{\sum_{j=1}^{n} P_j + E[S^2(\theta)]/Var[m(\theta)]} \quad (6.75)$$

将 α_0 和 α_k 的值代入表达式：

$$\alpha_0 + \alpha_1 X_1 + \alpha_2 X_2 + \cdots + \alpha_n X_n$$

结果即为 $m(\theta)$ 的最优线性估计：

$$\frac{E[m(\theta)]E[S^2(\theta)]/Var[m(\theta)] + \sum_{j=1}^{n} Y_j}{\sum_{j=1}^{n} P_j + E[S^2(\theta)]/Var[m(\theta)]}$$

我们将该结果写为如下的形式：

$$Z\overline{X} + (1-Z)E[m(\theta)]$$

其中：

$$\overline{X} = \sum_{j=1}^{n} P_j X_j \Big/ \sum_{j=1}^{n} P_j$$

$$Z = \frac{\sum_{j=1}^{n} P_j}{\sum_{j=1}^{n} P_j + E[S^2(\theta)]/Var[m(\theta)]} \quad (6.76)$$

这说明了与模型1结果的相同与不同之处。

需要注意有关解的几个方面：

(a) $\alpha_k(k=1,2,\cdots,n)$ 的值不一定相同。这意味着模型2是不对称的。这是由于模型2的数据不对称，每年有不同的风险量。如果 P_k 相等，即数据是对称的，则 α_k 都相等，模型1便与模型2相同。

(b) 如果 P_k 都等于1，(6.76)式的解与(6.52)式相同。

(c) (6.76)式的解有三个参数 $E[m(\theta)]$，$Var[m(\theta)]$ 和 $E[S^2(\theta)]$，下面将探讨这些参数的估计方法。

三、EBCT 模型2：参数估计

估计模型2的参数 $E[m(\theta)]$、$Var[m(\theta)]$ 和 $E[S^2(\theta)]$ 的程序，与模型1中采用的程序相同。

假设我们关注的风险是 N 个风险的整体，过去 n 年的每一风险的数据也已经知道。这些数据包括索赔总额或索赔次数的取值和相应的风险量。令随机变量 Y_{ij} 表示在第三章风险 z 的索赔总额或索赔次数，令 P_{ij} 为相应风险量。对每个 i 和 j，定义

$X_{ij} = Y_{ij}/P_{ij}$，表 6.6 总结了这些数据。

表 6.6　　　　　　　　各风险索赔情况总结

风险号码	年份			
	1	2	...	n
1	Y_{11}, P_{11}	Y_{12}, P_{12}	...	Y_{1n}, P_{1n}
2	Y_{21}, P_{21}	Y_{22}, P_{22}	...	Y_{2n}, P_{2n}
⋮	⋮	⋮	...	⋮
⋮	⋮	⋮	...	⋮
N	Y_{N1}, P_{N1}	Y_{N2}, P_{N2}	...	Y_{Nn}, P_{Nn}

为简单起见，假设我们关注的风险是风险 1。这表明在本节前两部分中定义的 Y_j、P_j 和 X_j 分别为 Y_{1j}、P_{1j} 和 X_{1j}。要解决的问题是估计 $X_{1,n+1}$ 的期望值。用 6.76 式给出的公式求解该问题，注意 X_j 和 P_j 现在用 X_{1j} 和 P_{1j} 表示。

其他风险数据仅仅是帮助我们估计参数 $E[m(\theta)]$、$Var[m(\theta)]$ 和 $E[S^2(\theta)]$。其他风险满足 (6.66)~(6.69) 式的假设。这些假设是

1. 对于风险 i，每一 X_{ij} 的分布依赖于参数 θ_i，对于每个 j，它的取值是相同，但未知的。　　　　　　　　　　　　　　　　　　　　　　　　　(6.77)

2. 给定 θ_i，X_{ij} 是独立的（不必须同分布）。　　　　　　　　　(6.78)

3. 存在函数 $m(\cdot)$ 使 $m(\theta_i) = E(X_{ij} \mid \theta_i)$。　　　　　　　　　(6.79)

4. 存在函数 $S^2(\cdot)$ 使 $S^2(\theta_i) = P_{ij}Var(X_j \mid \theta_i)$。　　　　　　　(6.80)

这四个假设说明集合中的每一风险满足与特定风险相同的假定。下列两个假设表明集合中不同风险的联系。

1. 作为随机变量的风险参数 $\theta_1, \theta_2, \cdots, \theta_N$ 是独立同分布的。　　(6.81)

2. 对于 $j \neq k$，(θ_i, X_{ij}) 和 (θ_k, X_{km}) 是独立的。　　　　　　　(6.82)

注意，由于 θ_i 是同分布的，$E[m(\theta_i)]$、$Var[m(\theta_i)]$ 和 $E[S^2(\theta_i)]$ 不依赖 i，因而我们可以将之记为 $E[m(\theta)]$、$Var[m(\theta)]$ 和 $E[S^2(\theta)]$。

我们定义出如下几个新的符号：

$$\overline{P}_i = \sum_{j=1}^{n} P_{ij} \qquad (6.83)$$

$$\overline{P} = \sum_{j=1}^{N} \overline{P}_i \qquad (6.84)$$

$$P^* = (Nn - 1)^{-1} \sum_{i=1}^{N} \overline{P}_i(1 - \overline{P}_i/\overline{P}) \qquad (6.85)$$

$$\overline{X}_i = \sum_{j=1}^{n} P_{ij}X_{ij}/\overline{P}_i = \sum_{j=1}^{n} P_{ij}X_{ij}/\sum_{j=1}^{n} P_{ij} \qquad (6.86)$$

第六章
置信度理论

$$\overline{X} = \sum_{i=1}^{N} \overline{P}_i \overline{X}_i / \overline{P} = \sum_{i=1}^{N} \sum_{j=1}^{n} P_{ij} X_{ij} / \overline{P} \tag{6.87}$$

注意在（6.76）式中的 $\overline{X}$ 现在用 $\overline{X}_1$ 表示，而 $\overline{X}$ 有了不同的定义，还要注意 $\overline{X}_i$ 和 $\overline{X}$ 是 X_{ij} 的加权平均，权数是风险量 P_{ij}。

使用新记号，我们可以重新写出纯保费或索赔额的公式，

$$Z \overline{X}_1 + (1 - Z) E[m(\theta)]$$

其中：

$$\overline{X}_1 = \sum_{j=1}^{n} P_{1j} X_{1j} / \sum_{j=1}^{n} P_{1j}$$

$$Z = \frac{\sum_{j=1}^{n} P_{1j}}{\sum_{j=1}^{n} P_{1j} + E[S^2(\theta)]/Var[m(\theta)]} \tag{6.88}$$

可以看出，该公式与 6.76 式是相同的，只是用了新的符号表示。

现在我们给出以观测数据 $\{\{Y_{ij}; P_{ij}\}_{j=1}^{n}\}_{i=1}^{N}$ 为基础的无偏估计（见表 6.7）。

表 6.7　　　　　　　　　各参数估计值

参数	估　计	
$E[m(\theta)]$	$\overline{X}$	(6.89)
$E[S^2(\theta)]$	$N^{-1} \sum_{i=1}^{N} (n-1)^{-1} \sum_{j=1}^{n} P_{ij} (X_{ij} - \overline{X}_i)^2$	(6.90)
$Var[m(\theta)]$	$P^{*-1} \{ (Nn-1)^{-1} \sum_{i=1}^{N} \sum_{j=1}^{n} P_{ij} (X_{ij} - \overline{X})^2 - N^{-1} \sum_{i=1}^{N} (n-1)^{-1} \sum_{j=1}^{n} P_{ij} (X_{ij} - \overline{X}_i)^2 \}$	(6.91)

对于这些估计，我们应注意：

（1）与 EBCT 模型 1 完全相同。回顾公式（6.60）式、（6.61）式和（6.62）式，如果 P_{ij} 都等于 1，则两套估计是相同的。

（2）尽管 $Var[m(\theta)]$ 肯定是非负的，但（6.91）式有可能是负的。在这种情况下，我们取 $Var[m(\theta)]$ 的估计为 0。这与模型 1 中讨论的情况类似。

（3）（6.89）式 ~（6.91）式是无偏估计的。其证明与（6.60）式 ~（6.62）式一样，但稍微麻烦些。复杂的原因是增加了风险量 P_{ij}，并且没有假定 X_{ij} 是同分布的。

例 6.10 试证：

（1）$E(\overline{X}_i) = E[m(\theta)]$；

（2）$E(\overline{X}) = E[m(\theta)]$；

(3) $E(X_{ij}^2) = P_{ij}^{-1}E[S^2(\theta)] + (E[m(\theta)])^2$;

(4) $E(\overline{X}_i^2) = \overline{P}_i^{-1}E[S^2(\theta)] + Var[m(\theta)] + (E[m(\theta)])^2$;

(5) $E[S^2(\theta)] = E[N^{-1}\sum_{i=1}^{N}(n-1)^{-1}\sum_{j=1}^{n}P_{ij}(X_{ij}-\overline{X}_i)^2]$。

证明：

(1) $E(\overline{X}_i) = E[E(\overline{X}_i \mid \theta_i)]$

$\quad = E[E(\sum_{j=1}^{n}P_{ij}X_{ij}/\sum_{j=1}^{n}P_{ij} \mid \theta_i)]$

$\quad = \sum_{j=1}^{n}P_{ij}E[E(X_{ij} \mid \theta_i)]/\sum_{j=1}^{n}P_{ij}$

$\quad = \sum_{j=1}^{n}P_{ij}E[m(\theta_i)]/\sum_{j=1}^{n}P_{ij}$

$\quad = E[m(\theta)]$

其中，由于 θ_i 是同分布，$E[m(\theta_i)]$ 对所有 i 都一样，可以写成 $E[m(\theta)]$。

(2) $E(\overline{X}) = \sum_{i=1}^{N}\overline{P}_iE(\overline{X}_i)/\overline{P}$

$\quad = \sum_{i=1}^{N}\overline{P}_iE[m(\theta)]/\overline{P}$ （根据(i)）

$\quad = E[m(\theta)]$ （根据 $\overline{P}$ 的定义）

这证明（6.89）式是 $E[m(\theta)]$ 的无偏估计。

(3) 这部分与（6.71）式的（3）相同，证明也一样（注意（6.71）式中 X_i 和 P_j 现在记为 X_{ij} 和 P_{ij}）。

(4) $\quad E(\overline{X}_i^2) = E[E(\overline{X}_i^2 \mid \theta_i)]$

$\quad = E\{Var(\overline{X}_i \mid \theta_i) + [E(\overline{X}_i \mid \theta_i)]^2\}$

$\quad = E\{\sum_{j=1}^{n}P_{ij}^2 Var(X_{ij} \mid \theta_i)\overline{P}_i^2 + \{E[m(\theta)]\}^2\}$

$\quad = E[\sum_{j=1}^{n}P_{ij}S^2(\theta_i)/\overline{P}_i^2] + E\{E\{[m(\theta)]^2\}\}$

$\quad = \overline{P}_i^{-1}E[S^2(\theta)] + Var[m(\theta)] + \{E[m(\theta)]\}^2$

(5) 第一步证明：$\sum_{j=1}^{n}P_{ij}(X_{ij}-\overline{X}_i)^2 = \sum_{j=1}^{n}P_{ij}X_{ij}^2 - \overline{P}_i\overline{X}_i^2$

由此，有

$E[N^{-1}\sum_{i=1}^{N}(n-1)^{-1}\sum_{j=1}^{n}P_{ij}(X_{ij}-\overline{X}_i)^2]$

$\quad = N^{-1}\sum_{i=1}^{N}(n-1)^{-1}[\sum_{j=1}^{n}P_{ij}E(X_{ij}^2) - \overline{P}_iE(\overline{X}_i^2)]$

$$= N^{-1} \sum_{i=1}^{N} (n-1)^{-1} \sum_{j=1}^{n} \{E[S^2(\theta)] + P_{ij} Var[m(\theta)] + P_{ij}\{E[m(\theta)]\}^2\}$$
$$- E[S^2(\theta)] - \overline{P_i} Var[m(\theta)] - \overline{P_i}\{E[m(\theta)]\}^2$$
$$= N^{-1} \sum_{i=1}^{N} (n-1)^{-1} \{(n-1)E[S^2(\theta)]\}$$
$$= E[S^2(\theta)]$$

最后，关于在 EBCT 模型 1 和模型 2 中选择估计的标准问题做两点说明：

(1) 在每种情况下，估计的唯一标准是无偏性。这是一个很低的标准，在某些情况下，并不是一个很好的标准。很多论文在探讨经验贝叶斯置信模型的最优估计，但至今为止，我们前面所探讨的模型仍然是最为人们所接受的估计。

(2) 在前面的探讨中，我们假定有效数据的年份与集合中每一风险相同。在第三节和第四节两节中均记作 n。实际中，事情并非如此简单。仅仅是为方便起见才做如此假设。在有关数据的年份与风险不同的情况，要推出与（6.60）式、（6.61）式、（6.62）式、（6.89）式、（6.90）式、（6.91）式相应的公式，并不困难，只是较繁琐，不需要增加新的知识。在此就不做更细的推演了。

四、运用 EBCT 模型 2 的实例

下面，我们通过一个例题总结一下模型 2 的应用。

例 6.11 保险公司向具有相同车型的七家汽车出租公司签发了机动车保单。每家出租公司获得一张承保所有车辆的保单，期限一年。下表 6.8 中数据是每一家公司过去 5 年中每年的索赔总额 Y（单位是千元）和运营车辆的数目 P。

表 6.8 各公司每年索赔情况

公司编号	年份				
	1	2	3	4	5
	Y, P	Y, P	Y, P	Y, P	Y, P
1	100, 80	57, 80	20, 83	180, 85	38, 85
2	2, 5	2, 5	0, 5	7, 5	1, 5
3	4, 20	12, 20	15, 20	0, 23	2, 26
4	5, 10	0, 10	1, 9	1, 9	4, 10
5	0, 15	3, 20	3, 25	0, 25	2, 30
6	6, 10	0, 11	0, 11	0, 11	12, 12
7	14, 30	4, 29	43, 29	7, 30	10, 30

首先，我们用 EBCT 模型 2 来计算第一家公司在第二年中纯保费，已知该公司拟在来年运营 87 辆汽车。为使用模型 2，必须假定所有假设都适用。比如，需要假设，对一个特定出租车公司，每年的索赔总额有相同的均值与方差；我们假设，通货膨胀的影响被忽略，或数据已经排除了通货膨胀的影响。在本节的以后内容中，我们假定 EBCT 模型 2 的假设均成立。

第一步是根据以上数据，计算出 X_{ij} 的值，这里，$X_{ij} = Y_{ij}/P_{ij}$，结果如下表 6.9：

表 6.9　　　　　　　　　　各公司每年平均索赔强度

公司编号	年　份				
	1	2	3	4	5
1	1.2500	0.7125	0.2410	2.1176	0.4471
2	0.4000	0.4000	0.0000	1.4000	0.2000
3	0.2000	0.6000	0.7500	0.0000	0.0769
4	0.5000	0.0000	0.1111	0.1111	0.4000
5	0.0000	0.1500	0.1200	0.0000	0.0667
6	0.6000	0.0000	0.0000	0.0000	1.0000
7	0.4667	0.1379	1.4828	0.2333	0.3233

根据上面这张表 6.9 中的结果和前一张表 6.8 中的 P_{ij} 的值，检验下列各值（见表 6.10）。

$$E\left[N^{-1} \sum_{i=1}^{N} (n-1)^{-1} \sum_{j=1}^{n} P_{ij} (X_{ij} - \overline{X}_i)^2 \right] \sum_{j=1}^{5} P_{ij} (X_{ij} - \overline{X}_i)^2$$

表 6.10　　　　　　　　　　各公司计算结果

公司编号	$\overline{P}_i$	$\overline{X}_i$	$\sum_{j=1}^{5} P_{ij}(X_{ij} - \overline{X}_i)^2$	$\sum_{j=1}^{5} P_{ij}(X_{ij} - \overline{X})^2$
1	413	0.9564	190.79	240.96
2	25	0.4800	5.84	6.25
3	109	0.3028	9.41	19.56
4	48	0.2292	1.80	8.69
5	115	0.0696	0.39	33.71
6	55	0.3273	9.71	14.04
7	148	0.5270	34.71	35.67

我们还需要的数据是：

$$\overline{P} = 913, P^* = 19.65, \overline{X} = 0.6079$$

这些数据是按（6.83）式、（6.84）式、（6.85）式、（6.86）式和（6.87）式

分别计算的。

现在我们可以用公式（6.89）式、（6.90）式来计算下面表 6.11 的这些估计量了：

表 6.11　　　　　　　　　　各参数估计量

参数	估计量
$E[m(\theta)]$	0.6079
$E[S^2(\theta)]$	$(190.79 + \cdots + 34.71)/(7 \times 4) = 9.02$
$Var[m(\theta)]$	$[(240.96 + \cdots + 35.67)/34 - 9.02]/19.65 = 0.078$

我们现在已有了用（6.88）式计算第一家公司来年每单位风险量的置信保费的全部数据。置信因子：

$$Z = 413/(413 + 9.02/0.78) = 0.7812$$

因此单位风险量的置信保费是：

$$0.7812 \times 0.9564 + (9.02/0.078) = 0.8801,$$

已知该公司在来年中运营的车队共有 87 辆车，这意味着保费为：

$$0.8801 \times 87 = 76.568$$

即保费为 76 568 元。

进一步计算其他 6 家汽车出租汽车公司来年的置信保费，各公司运营车辆数量如下表 6.12：

表 6.12　　　　　　　　　　各公司来年汽车数量

公司编号	来年汽车数量
2	5
3	30
4	10
5	35
6	13
7	30

对所有公司，参数 $E[m(\theta)]$、$E[S^2(\theta)]$ 和 $Var[m(\theta)]$ 的估计是相同的。然而，置信因子对不同公司会有所不同。因为每家公司 $\sum_{j=1}^{5} P_{ij}$ 有不同的值，这与模型 1 的例子有所不同，在那里，置信因子对每一单位风险是相同的。问题的关键是：置信因子 Z 应该反映所能提供的数据，数据越多，Z 值越大。在模型 1 的例子中，数据数量等价于数据年份量，因此，置信因子对单位风险是相同的。在模型 2 中，数据数量用风

险量之和来测度 $\sum_{j=1}^{5} P_{ij}$，观察（6.76）式和（6.88）式会发现，风险量总和越大，置信因子值越大。

计算后，7个公司的置信因子、每辆车保费、每公司保费列入下表6.13：

表6.13　　　　　　　各公司置信因子、每公司保费等结果

公司编号	置信因子	每辆车保费（千元）	来年车辆数（辆）	每公司保费（元）
1	0.7821	0.8801	87	76 568
2	0.1778	0.5852	5	2 926
3	0.4852	0.4599	30	13 797
4	0.2933	0.4968	10	4 968
5	0.4986	0.3395	35	11 883
6	0.3223	0.5175	13	6 728
7	0.5614	0.5625	30	16 875

第七章

利率与确定年金

第一节 利率、终值与现值

一、利息与利率

利息（interest）指借用某种资本（capital）的代价或借出某种资本的报酬。即借债人除偿还出借人（放款人）原来出借的资本外，还要支付一个附加的补偿，这个补偿叫做利息。

资本和利息需要以同种商品来计量。在用货币计量时，资本也常被称做本金（principal）。

影响利率的因素有很多。例如，如果存在违约风险（指损失资本或利息），放款者会期望获得比其他情况下高的利率；交易中采用的货币可能发生的升值或贬值也影响交易中的利息。很明显，在高通货膨胀时期，这个因素十分重要。

我们通过在现实生活中常见的银行业务来描绘利息的运动。例如，一个投资者开立了一个账户并存入初始存款 1 000 元，之后他没有向这个账户存取过款项。一年后他要结清这个账户，期望支取到超过 1 000 元的款项，假设结清账户时他得到了 1 060 元。这个数目可以被看做是本金 1 000 元以及 60 元利息，这个利息就是该账户存在期间，银行使用投资者的资本而支付的报酬。

单位本金在单位时间（一个计息期）所获得的利息即效用利率（effective rate of interest），又称实际利率①，简称为利率。利率常用百分比表示。根据单位时间的长短不同，有年利率、季利率、月利率、日利率。若无特别声明，我们提到的利率均为年利率。

二、单利

假定投资一个单位本金，在每一个单位时间所得的利息是相等的，而利息并不用于再投资，按这种形式增长的利息称为单利。例如，一个投资者在银行开了一个存款账户并存入了100元，该账户按每年单利率8%支付利息，那么每年他将得到8元的利息。如果他一年以后结算这个账户，可以得到108元；如果两年后结算，他可得到116元。

一般地，如果一位投资者把总额为 C 的本金存入单利为 i 的账户——这期间没有其他存款和提款——那么，n 年以后可得的利息为：

$$I = niC$$

若用 S_n 表示第 n 年末的本利和，则

$$S_n = C + I = C(1 + ni)$$

到此为止，在以上的讨论中我们已隐含地假定在前面两个表达式中，n 是一个整数。然而，在通常的商业惯例中，对于小于一年的部分时段，要按比例支付利息，于是可以认为上述表达式适用于所有的 n 为非负的情况。

上述表达式反映了单利的基本特征，即利息本身不再获得利息。如果一个投资者的初始存款为100元，一年后获得8元的利息，即本利和为108元，若按单利计息，第二年末的本利和为116元，第三年末的本利和为124元……也就是说，第一年中100元产生了8元的利息，第二年108元产生了8元的利息，第三年112元产生了8元的利息……而这会使投资者认为利息受益水平在下降。这种情况应用复利理论可以得到避免。

三、复利

我们看到，在以单利计息时，利息不能作为本金来赚取利息。例如，考虑100元的投资，以单利8%投资2年。在单利的情况下，每年可获利息8元。实际上，在第

---

① 本书中的实际利率和名义利率，是沿用近年来精算工作者采用的说法。它不同于货币银行学中所说的实际利率和名义利率。在货币银行学中，实际利率是指排除了通货膨胀因素之后的利率，而未排除通货膨胀因素的利率称为名义利率，即实际利率等于名义利率减通货膨胀率。

二年初，投资者已拥有 108 元，显然用 108 元在 8% 的利率下投资是更有利的，可以在下一年中获得 8.64 元利息，而不是 8 元。

复利就是假定每个计息期所得的利息可以自动地转成投资（本金），以在下一个计息期赚取利息，如此便可以解决上面的问题。在以复利计息的过程中，本利和总处于投资状态。

假如一个投资者在银行开了一个账户并存入了 100 元，该账户按 8% 的年利率以复利计息。那么，一年以后，该账户的本利和为 108 元，这 108 元又作为第二年的本金，到第二年末的本利和为：

$$本利和 = 108 \times (1 + 0.08) = 100(1 + 0.08)^2 = 116.64 （元）$$

一般地，如果将本金 C 存入复利为 i 的账户，我们假定之后没有对该账户的存款和提款，设 S_n 表示第 n 年末的本利和，那么，第 $n+1$ 年的利息为：

$$I_{n+1} = iS_n$$

$S_0 = C$，则第 $n+1$ 年末的本利和为：

$$S_{n+1} = S_n + iS_n = C(1+i)^{n+1}$$

以下如无特别的说明，书中的利息均为复利。很显然在一个计息期内，单利、复利会产生同样的结果。而在多于一个计息期时，复利下的本利和要大于单利的本利和。

单利、复利的另一个不同点与增长方式有关。当利率不变时，在单利下，每个相等计息期利息增长的绝对数额相等；而在复利下，在相等计息期内，利息增长的相对比率为常数。

复利几乎用于所有的金融活动中，单利偶尔用于短期交易和作为不足一个计息期复利的近似值。

四、实际利率与名义利率的含义

（一）实际利率

我们考虑一种投资，其本金和利息在固定期限的期末支付，没有期中支付的任何数额的利息和本金。

在讨论利息问题时，时间单位是个重要的概念，它可能是 1 个月或 1 年，在实践中较常用的是 1 年，但在某些情况下，选择一个其他的时间单位（例如 6 个月）也可能会简化问题。

设想一个从 t 时刻开始，期限为 1 时间单位的金额为 1 元的投资，假设在 $t+1$ 时刻返还 $1 + i(t)$，$i(t)$ 即前面提到的该时期的实际利率（effective rate of interest），称为实际利率是为了把它同下面将讨论的名义利率、表面利率区分开来（rates of norminal or flat interest）。如果假定利率不取决于投资的金额，那么在 t 时刻的投资 C 在 $t+1$ 时刻返还的现金是 $C[1+i(t)]$。很容易看出，C 从时刻 0 到时刻 n（n 是整个正整数）的本利总和为：

$$C[1+i(0)][1+i(1)]\cdots[1+i(n-1)] \tag{7.1}$$

在时刻 1 的本利和 $C[1+i(0)]$ 可以作为本金投资以生成时刻 2 的本利和，依次类推。

利率常以百分比表示，例如，可以说实际利率（对某一给定的时期）为 $12\frac{3}{4}\%$，这意味着这段时期的实际利率为 0.1275。

如果每期的利率水平不随投资的时刻 t 发生变化，即对于任意的 t，$i(t)=i$。在这种情况下，根据公式 (7.1)，金额为 C 的投资在 n 个时间单位后的本利和为：

$$C(1+i)^n \tag{7.2}$$

并且这个公式即使是在 n 不是整数时也成立。

（二）名义利率

名义利率是相对于实际利率而言的。我们通过一个例子来说明名义利率的概念。

在实际中常常会有一年中利息结算多次的情况——这里的结算是指把利息结转成本金，又称为计息——即计息期小于一年的情况，例如，一笔金额为 S 元的款项，年利率为 10%，每半年结算一次（每年结算两次），也就相当于这笔款项每半年的利息为 5%。在复利情况下，经过 2 个半年，即一年后的本利和为 $S(1+0.05)^2 = S \times 1.1025$，这就相当于在这一年的实际利率为 0.1025，即 10.25%。这就由于利息的结算次数不同，产生了利率的名不副实，与之相应的实际利率不再是 10% 了。于是，我们把这个 10% 称为名义利率[①]。

一般地，考虑期限为 h 时间单位的交易，$h>0$ 并且不一定是整数，我们用这种方式定义从时刻 t 开始的期限为 h 时间单位的每单位时间的名义利率 $i_h(t)$，即从时刻 t 开始期限为 h 时间单位的实际利率为 $hi_h(t)$。因此，如果在时间 t 投资金额 C，期限为 h，根据定义，在 $t+h$ 时间收到本利和（终值）将是：

$$C[1+hi_h(t)] \tag{7.3}$$

如果 $h=1$，从 t 到 $t+1$ 时期的名义利率与实际利率相等，因此：

$$I_1(t)=i(t) \tag{7.4}$$

在实际中很多情形下，$i_h(t)$ 不取决于 t。在这种情况下我们可以说：

$$I_1(t)=i_h \tag{7.5}$$

[①] 参阅本章第一节"利息与利率"部分关于实际利率的注释。

第七章
利率与确定年金

如果在这种情况下，当 $h = 1/m$，m 是一个正整数（即 h 是时间单位的某一部分），通常情况下写做 $i^{(m)}$，而不是 $i_{1/m}$，因此，作为定义，我们有：

$$i^{(m)} = i_{1/m} \tag{7.6}$$

在这种情况下，可以得出：期限为 $1/m$ 的投资 1 将生成的本利和为：

$$1 + \frac{i^{(m)}}{m} \tag{7.7}$$

注意：$i^{(m)}$ 通常称为每单位时间计息 m 次的名义利率，或称为每单位时间结转利息为本金（convertible）m 次的名义利率。

五、终值

在一定的利率情况下，一笔款项 A 经过 K 个时间单位后，其本利和成为 B，我们称 B 为 A 经过 K 个时间单位后的终值，A 为 B 在 K 个时间单位前的现值。

以计息期为 1 年的情况来说，假定各年的利率水平是不变的，初始时的 1 元到了 1 年后变成了 $(1+i)$ 元，2 年后变成了 $(1+i)^2$，我们称 $(1+i)$ 为 1 元钱在 1 年后的终值，称 $(1+i)^2$ 为 1 元钱在 2 年后的终值。例如，年利率为 5% 时，1 元钱在 1 年后的终值为 7.05 元（见图 7.1），12 年后的终值为 $(1+0.05)^{12} = 1.79586$ 元（见图 7.2）。

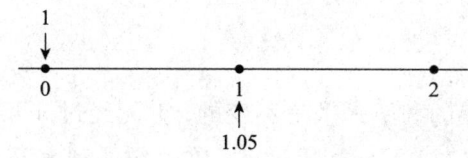

图 7.1　1 元钱在 1 年后的终值

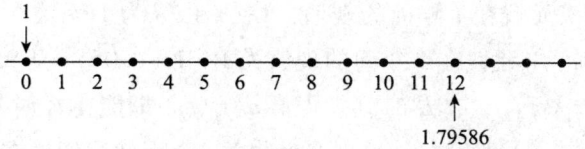

图 7.2　1 元钱在 12 年后的终值

一般地，1 元经过 n 年后变成了 $(1+i)^n$，C 元经过 n 年后变成了 $C(1+i)^n$ 元，我们称 $(1+i)^n$ 为 1 元钱在 n 年后的终值，称 $C(1+i)^n$ 为 C 元钱 n 年后的终值。

一般地，对于适当的时间单位，对于 $t_1 \leq t_2$，我们定义 $a(t_1, t_2)$ 为 t_1 时刻每单位投资额经过期限为 $(t_2 - t_1)$ 的时间在 t_2 时间的终值，我们称之为终值函数。由 $i_h(t)$ 的定义得到，对于所有的 t 及所有的 $h > 0$，有

$$a(t,t+h) = 1 + hi_h(t) \tag{7.8}$$

因此：

$$i_h(t) = \frac{a(t,t+h) - 1}{h} \quad h > 0 \tag{7.9}$$

同时定义对于所有 t，有 $a(t,t)=1$，$a(t_1,t_2)$ 经常被称为单位累积函数，或称单位终值函数，简称累积函数或终值函数，因为在 t_1 时刻金额为 C 的本金在 t_2 时刻的终值将是

$$Ca(t_1,t_2) \tag{7.10}$$

现在令 $t_0 \leq t_1 \leq t_2$ 并设想在 t_0 时刻投资 1，如果在 t_0 时刻投资期限为 $t_2 - t_0$，在 t_2 时刻终值将是 $a(t_0,t_2)$；如果在 t_0 时刻投资期限为 $t_1 - t_0$，并且到了 t_1 时刻，把所得的终值再投资，其期限为 $t_2 - t_1$，则在 t_2 时刻的终值将是 $a(t_0,t_1)a(t_1,t_2)$，在一个统一的市场上，终值不应当取决于投资者采取的行动步骤，因此我们说根据连续性原理（principle of consistencly）：

$$a(t_0,t_n) = a(t_0,t_1)a(t_1,t_2)\cdots a(t_{n-1},t_n) \tag{7.11}$$

当利率水平不变时，即对于任意的 t，$i(t)=i$，则终值函数为：

$$a(t_0,t_n) = (1+i)^{t_n-t_0}$$

特别地，我们称 $a(0,1) = (1+i)$ 为终值因子。

六、现值

前面讲过，假定各年的利率水平是不变的，1 元经过 n 年后变成了 $(1+i)^n$，C 元经过 n 年后变成了 $C(1+i)^n$ 元。反过来，在一定的利率下，多少钱经过 n 年后成为 1 元钱呢？显然，$1/(1+i)$ 经过 1 年后成为 1 元，$1/(1+i)^n$ 经过 n 年后即成为 1 元。即 $1/(1+i)$ 为 1 元钱在 1 年前的现值，$1/(1+i)^n$ 为 1 元钱在 n 年前的现值。例如，当利率为 5% 时，1 元钱在 1 年前的现值为 $1/(1+0.05) = 0.95238$ 元。

一般地，对于 $t_1 \leq t_2$，在 t_1 时刻投资 $1/a(t_1,t_2)$ 即能在 t_2 时刻产生 1 元的收益；在 t_1 时刻投资 $C/a(t_1,t_2)$ 即能在 t_2 时刻产生收益 C，因此我们说在 t_2 时刻到期的 C 在 t_1 时刻的现值为 $C/a(t_1,t_2)$。记 $v(t_1,t_2) = 1/a(t_1,t_2)$，称之为现值函数或贴现函数。

当利率水平不变时，即对于任意的 t，$i(t)=i$，则现值函数为：

$$v(t_1,t_2) = 1/(1+i)^{t_2-t_1}$$

特别地，记：

$$v(t) = v(0,t) = \frac{1}{(1+i)^t} \tag{7.12}$$

当 $t=1$ 时,称 $v=1/(1+i)$ 为现值因子或贴现因子。于是,1 元钱在 n 年前的现值为 v^n。

当利率为 5% 时,现值因子 $v=0.95238$。

由 $0.95238^{12}=0.55684$ 知,当利率为 5% 时,1 元钱在 12 年以前的现值为 0.55684 元。

第二节 利息力与固定利率

一、利息力与终值函数

假设对于 t 的每一个取值,都有一个函数 $\delta(t)$,使得:

$$\lim_{h\to 0^+} i_h(t) = \delta(t) \tag{7.13}$$

通常把 $\delta(t)$ 叫做 t 时刻每单位时间的利息力(force of interest)。根据公式 (7.13),$\delta(t)$ 有时被称做在 t 时刻可瞬时计息的利率,这里的利率即每单位时间的名义利率。

把等式 (7.9) 与 (7.13) 综合起来,可直接用终值函数 $a(t_1, t_2)$ 定义 $\delta(t)$ 如下:

$$\delta(t) = \lim_{h\to 0^+} \left[\frac{a(t, t+h) - 1}{h} \right] \tag{7.14}$$

这里,利息力函数 $\delta(t)$ 被用终值函数表示。我们还可以根据连续函数的性质,在很普遍的情况下用利息力来表述终值函数。

如果 $\delta(t)$ 和 $a(t_0, t)$ 是在 $t \geq t_0$ 上对 t 的连续函数,并且连续性原理成立,那么,对于 $t_0 \leq t_1 \leq t_2$,有:

$$a(t_1, t_2) = \exp\left[\int_{t_1}^{t_2} \delta(t) dt \right] \tag{7.15}$$

于是,一旦确定了每单位时间的利息力 $\delta(t)$ 就可以根据公式 (7.15) 确定终值函数。也可以通过公式 (7.15) 和 (7.14) 得出 $i_h(t)$,因此:

$$i_h(t) = \frac{\exp\left[\int_t^{t+h} \delta(s) ds \right] - 1}{h} \tag{7.16}$$

如果对于所有 t,$\delta(t) = \delta$,这种情形在实践中十分重要。很显然,在这种情况下:

$$a(t_0, t_0 + n) = e^{\delta n} \tag{7.17}$$

对于所有 t_0 和 $n \geq 0$，根据公式（7.17）每单位时间的实际利率为：

$$i = e^{\delta} - 1 \tag{7.18}$$

因此：

$$e^{\delta} = 1 + i \tag{7.19}$$

终值函数 $a(t_0, t_0 + n)$ 因此可以另一种方式表达：

$$a(t_0, t_0 + n) = (1 + i)^n \tag{7.20}$$

这与我们在前面讲过的性质相吻合。

现在我们定义：

$$F(t) = a(t_0, t) \tag{7.21}$$

其中，t_0 是一个固定的值，且 $t_0 \leq t$，因此 $F(t)$ 是在 t_0 时刻单位投资在 t 时刻的终值，根据公式（7.15）：

$$\log F(t) = \int_{t_0}^{t} \delta(s) ds \tag{7.22}$$

因此，对于 $t > t_0$，有：

$$\delta(t) = \frac{d}{dt} \log F(t) = \frac{F'(t)}{F(t)} \tag{7.23}$$

二、利息力与现值函数

我们知道，对 $t_1 \leq t_2$，在 t_2 时刻到期的 C 在 t_1 时刻的现值为：

$$\frac{C}{a(t_1, t_2)}$$

即：

$$C \exp\left[-\int_{t_1}^{t_2} \delta(t) dt\right] \tag{7.24}$$

也就是说一笔数额为：

$$C \exp\left[-\int_{t_1}^{t_2} \delta(t) dt\right]$$

的资金如果在 t_1 时刻投资，在 t_2 时刻即能收回 C，特别地，在 t（$t \geq 0$）时刻到期的一笔数额为 C 的资金在 0 时刻（当前时刻）的现值等于：

$$C \exp\left[-\int_{0}^{t} \delta(s) ds\right] \tag{7.25}$$

我们现在定义函数：

$$v(t) = \exp\left[-\int_{0}^{t} \delta(s) ds\right] \tag{7.26}$$

当 $t \geq 0$ 时，$v(t)$ 是在 t 时刻到期的单位资金的（贴现后）的现值。

当 $t < 0$ 时，式子 $\int_t^0 \delta(s)ds = -\int_0^t \delta(s)ds$ 说明 $v(t)$ 是从时刻 t 到时刻 0 的终值。由公式（7.25）和（7.26）得出，在一个非负时刻 t 到期的数额为 C 的资金在今天的现值为：

$$Cv(t) \tag{7.27}$$

在现实生活中最普遍的情况是对于所有 t，有 $\delta(t) = \delta$，也就是说 $\delta(t)$ 为常数，我们可以说，对于所有 t：

$$v(t) = v^t \tag{7.28}$$

在这里：

$$v = v(1)$$
$$= \frac{1}{1+i}$$
$$= e^{-\delta} \tag{7.29}$$

三、固定利率

在实践中，最常见的情况是在 t 时刻的单位时间利息力 $\delta(t)$ 是一个常量，不随 t 的变化而变化。在这种情况下可假设对所有 t：

$$\delta(t) = \delta \tag{7.30}$$

其中 δ 为常量。

$s+t$ 时刻到期的 1 单位货币在 S 的值：

$$\exp\left[-\int_s^{s+t} \delta(r)dr\right] = \exp\left[-\int_s^{s+t} \delta dr\right] = \exp(-\delta t)$$

显然与 S 无关。因此在任意时刻后经历时间 t 到期的单位资金在该时刻的现值均为：

$$v(t) = e^{-\delta t} \tag{7.31}$$
$$= v^t \tag{7.32}$$
$$= (1-d)^t \tag{7.33}$$

其中 v 和 d 可用 δ 表示为：

$$v = e^{-\delta} \tag{7.34}$$
$$1 - d = e^{-\delta} \tag{7.35}$$

这样，为了在时间 1 能够得到 1 元的返还，投资者必须在时间 0 投入 $(1-d)$ 元资金。这就相当于 1 单位时间后到期的 1 元钱，在单位时间里产生的利息为 d，因此 d 被称为单位时间贴现率。为了避免与名义贴现率混淆，d 有时被称为单位时间实际贴现率。

我们举例来说明贴现率的概念。如果 A 有一张一年后到期的面额为 100 元的票据，他想立即到银行兑现，银行只给他兑现了 90 元，也就是说银行扣去了 10%，我们称 10% 为实际贴现率，简称贴现率。

例如，某人以 8% 的实际贴现率向银行贷款 100 元，银行将先收取 8 元的利息而只给 92 元，一年后，他向银行偿还贷款 100 元。

显然，实际贴现率是在一年内的利息量（或称贴现量）与期末资金总额的比率。假设以同样的利率进行贴现，则与利率 i 等价的贴现率为：

$$d = \frac{i}{(1+i)}$$
$$= 1 - v \tag{7.36}$$

而：

$$v = \frac{1}{(1+i)}$$

因此，又称 v 为贴现因子。与之相似，根据公式（7.21），在 s 时刻投资的 1 单位货币在 $s+t$ 时刻的终值与 s 无关。

$$F(t) = e^{\delta t}$$
$$= (1+i)^t \tag{7.37}$$

其中 i 由方程：

$$1 + i = e^{\delta} \tag{7.38}$$

决定。因此投资者为了在时刻 1 得到 $(1+i)$ 元返还，必须在时刻 0 投入 1 元资金。据此 i 被称为单位时间利息率（或实际利率）。

因此 δ，i，v 和 d 之间关系见表 7.1。

表 7.1　　　　　　　　δ，i，v 和 d 之间关系

自变量＼因变量	δ	i	v	d
δ		$e^{\delta} - 1$	$e^{-\delta}$	$1 - e^{-\delta}$
i	$\log(1+i)$		$(1+i)^{-1}$	$i(1+i)^{-1}$
v	$-\log v$	$v^{-1} - 1$		$1 - v$
d	$-\log(1-d)$	$(1-d)^{-1} - 1$	$1 - d$	

当 i 很小的时候，d 和 δ 关于 i 的近似公式可以通过保留无穷级数的前面几项而舍掉后面各项得到。例如，因为：

$$\delta = \log(1+i)$$

$$= i - \frac{i^2}{2} + \frac{i^3}{3} - \frac{i^4}{4} + \cdots \qquad (如果 |i|<1)$$

对于一个较小的 i 值：

$$\delta \approx i - \frac{i^2}{2}$$

而对于一个较小的 δ 值：

$$i = \delta + \frac{\delta^2}{2}$$

与之相似：

$$\begin{aligned} d &= i(1+i)^{-1} \\ &= i(1 - i + i^2 - i^3 + \cdots) \qquad (如果 |i|<1) \\ &= i - i^2 + i^3 - i^4 + \cdots \end{aligned}$$

因此，如果 i 很小：

$$d \approx i - i^2$$

而对于较小的 d 值：

$$d \approx \delta - \frac{\delta^2}{2}$$

第三节 名义利率与名义贴现率

现在，我们开始考虑在每个单位时间里计息 m 次的情况——分 p 次支付利息。

设想一个借款者，其在时刻 0 借入 1 元而在时刻 1 偿还，假设把 0 到 1 的这个期间分成 m 个相等的间隔并在每个间隔末（如，在 $1/m, 2/m, 3/m, \cdots, 1$ 这些时刻）支付相同的利息。按过去提到的符号，我们记 $i^{(m)}$ 为 1 元本金在这 m 个间隔的全部利息总额，称之为名义利率，即在每个间隔末支付的利息额为 $\frac{i^{(m)}}{m}$ 我们可以很容易地以 i 来表达 $i^{(m)}$。

考虑 1 元本金在一个单位时间里的利息总额。若单位时间计息 m 次，则每次利息为 $\frac{i^{(m)}}{m}$，于是：

$$\sum_{t=1}^{m} \frac{i^{(m)}}{m}(1+i)^{(m-t)/m} = i \qquad (7.39)$$

如果 $i \neq 0$，

$$\frac{i^{(m)}}{m} \frac{i}{(1+i)^{1/m}-1} = i$$

因此：

$$i^{(m)} = m\{(1+i)^{1/m} - 1\} \tag{7.40}$$

$$\left(1 + \frac{i^{(m)}}{m}\right)^m = 1 + i \tag{7.41}$$

事实上，考虑 1 元资金在一个单位时间后的终值，若计息 m 次，每个时间间隔的长度为 $1/m$ 且利率为 $\frac{i^{(m)}}{m}$，则一个单位时间后的终值为 $\left(1+\frac{i^{(m)}}{m}\right)^m$，于是，即有：

$$\left(1 + \frac{i^{(m)}}{m}\right)^m = 1 + i$$

类似地，考虑这样的情况：债权人借出 1 元，在一年中按月息 2.5% 于每月初收取利息，并于最后一个月末收回 1 元。这里的利息是先支付的。12 个月的利息总额为 $2.5\% \times 12 = 25\%$，25% 即一年计息 12 次的名义贴现率，记为 $d^{(12)}$。我们把名义贴现率 $d^{(p)}$ 定义为在单位时间里支付的利息总额，这里的支付是在 0 到 1 的这个期间分成的 p 个相等间隔的间隔初（如，在 $0, 1/p, 2/p, \cdots (p-1)/p$ 这些时刻）按相同的数额进行的，即每次支付的金额为 $\frac{d^{(p)}}{p}$。

同样，可以得出：

$$d^{(p)} = p\{1 - (1-d)^{1/p}\} \tag{7.42}$$

$$\left(1 - \frac{d^{(p)}}{p}\right)^p = 1 - d \tag{7.43}$$

图 7.3 所显示的五种支付方式，在每个单位时间内利息力为 δ 的情况下，它们的价值相同。

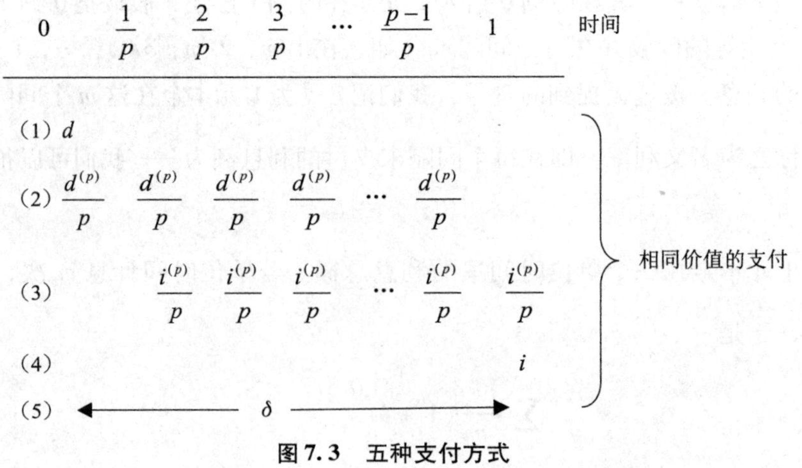

时间	0	$\frac{1}{p}$	$\frac{2}{p}$	$\frac{3}{p}$	$\cdots$	$\frac{p-1}{p}$	1	
(1)	d							
(2)	$\frac{d^{(p)}}{p}$	$\frac{d^{(p)}}{p}$	$\frac{d^{(p)}}{p}$	$\frac{d^{(p)}}{p}$	$\cdots$	$\frac{d^{(p)}}{p}$		相同价值的支付
(3)		$\frac{i^{(p)}}{p}$	$\frac{i^{(p)}}{p}$	$\frac{i^{(p)}}{p}$	$\cdots$	$\frac{i^{(p)}}{p}$	$\frac{i^{(p)}}{p}$	
(4)							i	
(5)	←			δ			→	

图 7.3 五种支付方式

多数情况下，我们在探讨相关问题时采用的基本时间单位是年，例如，我们常常将 1 个月看做 $\frac{1}{12}$ 年，1 个季度看做 $\frac{1}{4}$ 年。但是，涉及到名义利率（名义贴现率）问题的处理往往可以通过时间单位的适当选择而简化。例如，$i^{(4)}=12\%$，即名义利率为 12% 每年分 4 次计息的情况下，t 年后到期的 1 元现金的现值为：

$$(1+i)^{-t} = [1+i^{(4)}/4]^{-4t}$$
$$= [1+0.12/4]^{-4t}$$
$$= 1.03^{-4t}$$

因此，如果采用一个 $\frac{1}{4}$ 年作为基本时间单位，并且使用 3% 作为这个基本时间单位实际利率，则我们可以简单地估计未来的支付。

也就是说，选择与名义利率计息频率相符的期间为基本时间单位，使用 $i^{(p)}$ 作为每个基本时间单位的实际利率。例如，对于按月计息的年名义利率 18%，我们便可以将一个月作为基本时间单位且 1.5% 作为每个基本时间单位的利率。

注意 $i^{(p)}$ 以及 $d^{(p)}$ 可以由利息力 δ 直接给出：

$$i^{(p)} = p(e^{(\delta/p)}-1) \qquad (7.44)$$
$$d^{(p)} = p(1-e^{-\delta/p}) \qquad (7.45)$$

根据 (7.44) 以及 (7.45) 式：

$$\lim_{p\to\infty^+} i^{(p)} = \lim_{p\to\infty^+} d^{(p)} = \delta \qquad (7.46)$$

这与我们的定义也是吻合的，因为，一个连续的支付可以认为是间隔无限小或计息次数无穷大，即 $p\to\infty$ 时的极限。

很容易地，可以得出：

$$i > i^{(2)} > i^{(3)} > \cdots \qquad (7.47)$$
$$d < d^{(2)} < d^{(3)} < \cdots \qquad (7.48)$$

因此，$\{i^{(p)}\}$ 与 $\{d^{(p)}\}$ 分别从上和从下单调地趋向于共同的极限 δ。

第四节　价值方程和收益率

一、现金流量的现值

在许多复利问题中，必须计算出未来的现金流量的现值。其中，我们对离散的现金流量和连续的现金流量采用不同的计算方式。

（一）离散的现金流量

根据公式（7.27），在 t_1、t_2、$\cdots$、t_n（$0 \leq t_1 < t_2 < \cdots < t_n$）时刻到期的金额为 $c_{t_1}, c_{t_2}, \cdots, c_{t_n}$ 的现金流量其现值是：

$$c_{t_1}v(t_1) + c_{t_2}v(t_2) + \cdots + c_{t_n}v(t_n) = \sum_{j=1}^{n} c_{t_j}v(t_j) \tag{7.49}$$

如果支付的次数是无限的，现值被定义为：

$$\sum_{j=1}^{\infty} c_{t_j}v(t_j) \tag{7.50}$$

（按实际中的通常情况，我们假设该级数是收敛的。）

（二）连续的现金流量

我们考虑这样一种情况：假设在 0 时刻与 T 时刻之间投资者连续地支付款项，其中 $T>0$。在 t 时刻的付款率为每单位时间 $\rho(t)$ 元，这个现金流量的现值是多少？

要回答这个问题，须理解在 t 时刻现金流量的付款率意味着什么。如果 $M(t)$ 代表从时刻 0 到时刻 t 的支付总额，那么根据定义，对于所有 t，有：

$$\rho(t) = M'(t) \tag{7.51}$$

那么，如果 $0 \leq \alpha < \beta \leq T$，在 α 时刻和 β 时刻之间收到的总支付是：

$$M(\beta) - M(\alpha) = \int_{\alpha}^{\beta} M'(t)dt$$
$$= \int_{\alpha}^{\beta} \rho(t)dt \tag{7.52}$$

这样一来，在任一时刻的付款率就是到那个时刻为止的支付总额的导数，而在任意两个时刻之间的支付总额就是在适当的时间间隔的付款率的积分。

在 t 时刻与 $t+\Delta t$ 时刻之间所收到的总支付为 $M(t+\Delta t) - M(t)$。当 Δt 趋近于 0 时，$M(t+\Delta t) - M(t)$ 近似等于 $M'(t)dt$ 或 $\rho(t)dt$。因此，理论上可以把 t 时刻和 $t+dt$ 时刻之间收到的资金总额的现值看做为 $v(t)\rho(t)dt$，通过积分得到的整个现金流量的现值为：

$$\int_0^T v(t)\rho(t)dt \tag{7.53}$$

如果 T 为无限，我们依据类似的理由得出现值：

$$\int_0^{\infty} v(t)\rho(t)dt \tag{7.54}$$

我们把离散的现金流量和连续的现金流量的结果综合起来，可以得出计算一般现金流量的公式：

$$\sum c_t v(t) + \int_0^\infty v(t)\rho(t)dt \qquad (7.55)$$

其中，求和部分是针对时刻 t 对所有非零的离散现金流量 c_t 求和。

到此为止，我们假定所有的支付，不论是离散的，还是连续的，都是正值，如果某人有一系列的收入款项（可以把它看做是正值）以及一系列的支出款项（可以看做是负值），则它们的净现值（net present value）被定义为数额为正值的现金流量总和与数额为负值的现金流量总和的差。

（三）现金流量的估值

考虑 t_1 和 t_2 时刻的情况，这里 t_2 不一定大于 t_1。在 t_2 时刻的金额为 C 的款项在 t_1 时刻的值被定义为：

（1）如果 $t_1 \geq t_2$，等于从 t_2 时刻的款项 C 到 t_1 时刻的终值；

（2）如果 $t_1 < t_2$，等于 t_2 到期的款项 C 在 t_1 时刻的现值。

由公式（7.17）和（7.24）得出在上述两种情况中，在 t_2 时刻到期的 C 在 t_1 时刻的值为：

$$C\exp\left[-\int_{t_1}^{t_2}\delta(t)dt\right] \qquad (7.56)$$

注意公式：如果 $t_1 > t_2$，则：

$$\int_{t_2}^{t_1}\delta(t)dt = -\int_{t_1}^{t_2}\delta(t)dt$$

由于：

$$\int_{t_1}^{t_2}\delta(t)dt = \int_0^{t_2}\delta(t)dt - \int_0^{t_1}\delta(t)dt$$

由等式（7.26）和（7.37）立即推出在 t_2 时刻到期的 C 在 t_1 时刻的值为：

$$C\frac{v(t_2)}{v(t_1)} \qquad (7.57)$$

通过前面一节给出的方法，可以算出在 t 时刻（对于 t 的各种取值）离散的现金流量在一个一般的 t_1 时刻的值以及每时间单位付款为 $\rho(t)$ 的连续的现金流量的值。如下所示，等于：

$$\sum c_t \frac{v(t)}{v(t_1)} + \int_{-\infty}^{\infty}\rho(t)\frac{v(t)}{v(t_1)}dt \qquad (7.58)$$

这里的求和号是对那些使 $C_t \neq 0$ 的所有 t 的值求和。

我们注意到，在 $t_1 = 0$（当前时刻）这个特例中，现金流量的值是：

$$\sum c_t v(t) + \int_{-\infty}^{\infty}\rho(t)v(t)dt \qquad (7.59)$$

这里的求和号是对那些使 $c_t \neq 0$ 的所有 t 的值求和，这是对公式（7.36）的推广，它即适用于过去的也适用于未来的支付。如果有收入和支出的两方面的支付行为，相应的净值（net value）可以像前面一节一样被定义为数额为正值和负值的现金流量的差。如果所有的支付都在 t_1 时刻或者之后到期，它们在 t_1 时刻的值也可以被称做它的现值；如果所有的支付都在 t_1 时刻或者之前到期，它们在 t_1 时刻的值可以被称为它们的终值。由此可知，任何一个时间点上的任何金额的款项都可以被表达为之前或之后某一点上的终值或现值。此外，如果 $t_1 = 0$ 并且所有的支付都是在当前时刻或之后到期，则它们的价值可以像公式（7.36）中定义的那样也被表述为它们在 0 时刻的现值。

由公式（7.39）可以得出，在任一时刻 t_1 的现金流量的值可通过应用它在另一个时刻 t_2 的值和因子 $\dfrac{v(t_2)}{v(t_1)}$ 求出，即：

$$\begin{bmatrix}\text{现金流量在}\\ t_1\text{ 时刻的值}\end{bmatrix} = \begin{bmatrix}\text{现金流量在}\\ t_2\text{ 时刻的值}\end{bmatrix}\begin{bmatrix}\dfrac{v(t_2)}{v(t_1)}\end{bmatrix} \tag{7.60}$$

或者：

$$\begin{bmatrix}\text{现金流量在}\\ t_1\text{ 时刻的值}\end{bmatrix}[v(t_1)] = \begin{bmatrix}\text{现金流量在}\\ t_2\text{ 时刻的值}\end{bmatrix}[v(t_2)] \tag{7.61}$$

等式（7.61）的两边都是现金流量在当前时刻的值（时刻 0）。

特别地，把 t_2 作为当前值并让 $t_1 = t$，我们得出如下结果：

$$\begin{bmatrix}\text{现金流量在}\\ t\text{ 时刻的值}\end{bmatrix} = \begin{bmatrix}\text{现金流量在}\\ \text{当前时刻的值}\end{bmatrix}\begin{bmatrix}\dfrac{1}{v(t)}\end{bmatrix} \tag{7.62}$$

二、价值方程

考察这样一笔交易：投资者在时间 $t_1, t_2, \cdots, t_n$ 分别支出 $a_{t_1}, a_{t_2}, \cdots, a_{t_n}$，收入 $b_{t_1}, b_{t_2}, \cdots, b_{t_n}$（在大多数情况下，$a_{t_i}$ 和 b_{t_i} 中只有一个不为 0）。当利息力或利率为何值时，支出额恰好等于收入额呢？

设利息力为 δ 时，收入支出相等，即：

$$\sum_{r=1}^{n} a_{t_r} e^{-\delta t_r} = \sum_{r=1}^{n} b_{t_r} e^{-\delta t_r} \tag{7.63}$$

将此方程写成：

$$\sum_{r=1}^{n} c_{t_r} e^{-\delta t_r} = 0 \tag{7.64}$$

其中：

$$c_{t_r} = b_{t_r} - a_{t_r}$$

第七章
利率与确定年金

是时间 t_r 的净现金流量。此处,我们采用如下惯例:数额为负的现金流量对应于投资者的支出,数额为正的现金流量则代表投资者的收入。

方程(7.64)用代数方法表示了利息力为 δ 时,净现金流量总额为 0 的条件。该方程被称为关于此交易的利息力的价值方程。

由:
$$e^\delta = 1 + i$$

该方程可以写成:
$$\sum_{r=1}^n c_{t_r}(1+i)^{-t_r} = 0 \tag{7.65}$$

此形式被称为关于利率的价值方程或收益率方程。方程(7.72)的左端还可以被写成:
$$\sum_{r=1}^n c_{t_r} v^{t_r}$$

注意在上述方程中,n 可能是无穷大。

对于连续支付流,令 $\rho_1(t)$ 和 $\rho_2(t)$ 分别表示 t 时刻支付和接收货币的速度,我们称:
$$\rho(t) = \rho_2(t) - \rho_1(t)$$

为 t 时刻的净现金流率。则对应于方程(7.71),关于利息力的价值方程为:
$$\int_0^\infty \rho(t) e^{-\delta t} dt = 0 \tag{7.66}$$

当离散和连续现金流量都存在时,价值方程为:
$$\sum_{r=1}^n c_{t_r} e^{-\delta t_r} + \int_0^\infty \rho(t) e^{-\delta t} dt = 0 \tag{7.67}$$

与其等价的方程为:
$$\sum_{r=1}^n c_{t_r}(1+i)^{-t_r} + \int_0^\infty \rho(t)(1+i)^{-t} dt = 0 \tag{7.68}$$

三、收益率

对于某一交易,方程(7.67)可能无解,或有一解或有几个解。如果只存在一解,比如 δ_0,那么该解就被称为该交易的利息力,与其对应的利率 $i_0 = e^{\delta_0} - 1$ 则被称为单位时间收益率(该收益率也被称为该交易的内在收益率或资金加权收益率)。当且仅当方程(7.68)只有一个大于 -1 的根时(如果这样一个根存在的话),那么它就被定义为收益率。

关于给定一笔交易,价值方程的分析可能有一点复杂。我们令:

$$f(i) = \sum_{r=1}^{n} c_{t_r}(1+i)^{-t_r} + \int_0^\infty \rho(t)(1+i)^{-t_r}dt$$

但当 f 为单调函数时，对方程 $f(i)=0$ 的分析就变得相当简单。此时，只要我们能够找到 i_1 和 i_2，使 $f(i_1)$ 与 $f(i_2)$ 符号相反，那么该方程就有一个根。在这种情况下，该根是唯一的并且介于 i_1 和 i_2 之间。选择足够接近的 i_1 和 i_2，我们就可以求得满足想要精确程度的收益率。

应当注意的是，在两边同乘以 $(1+i)^{t_0}$ 后，方程（7.65）的左端变成如下等价形式：

$$\sum_{r=1}^{n} c_{t_r}(1+i)^{t_0-t_r} = 0 \qquad (7.69)$$

这个更为普遍的形式被称为 t_0 时刻的价值方程，它与原来的方程（0 时刻的价值方程）完全等价。在某些问题中选择一个合适的 t_0 可以使计算简化。

例 7.1 为得到 10 000 元的贷款借款人同意在 7 个月后偿还 11 000 元，求：(1) 年利率；(2) 年贴现率；(3) 该交易的年利息力。借款人在取得贷款后请求在原定清偿日偿还 5 000 元，而余额则在原定清偿日后六个月偿还。假定贷款人同意该请求，请在原利率基础上求得变动后交易的第二次偿还金额。

解：
为了说明方便，我们用基本原理求 i，d 和 δ。
(1) 根据方程：

$$10\,000(1+i)^{7/12} = 11\,000$$

求得年利率 $i = 0.17749$ 或 17.749%。

(2) 根据方程：

$$10\,000 = 11\,000(1-d)^{7/12}$$

求得年贴现率 $d = 0.15074$ 或 15.074%。

(3) 根据方程：

$$10\,000\,e^{(7/12)\delta} - 11\,000 = 0$$

求得年利息力 $\delta = 0.16339$ 或 16.339%。

设变动后交易的第二次支付额为 X 元，然后，运用最后清偿日（借款后 13 个月）的价值方程，得到：

$$10\,000\,e^{(13/12)\delta} - 5\,000\,e^{(1/2)\delta} - X = 0$$

因此：

$$X = 10\,000\,e^{(13/12)\delta} - 5\,000\,e^{(1/2)\delta}$$

因为假定使用原来的利息力水平，$\delta = 0.16339$（上面求得），求得上面方程的解 $X = 6510.7566$。

还可以用另一种方法求得 X 值。借款人愿意在原清偿日仅仅还 5 000 元，希望将到期的另外 6 000 再推迟六个月偿还。推迟偿还（金额 X 元）必须与它所取代的 6 000 等值。在最终清偿日将这些值列入方程，得到：

$$6\,000\, e^{(1/2)\delta} = X$$

求得 $X = 6\,510.7566$，与前面所求相等。

第五节　基本确定年金

一、年金的概念

在相同间隔的时间上进行的一系列支付称为年金。例如，在未来的 10 年中，每年年末支付 1 000 元；从 1998 年至 2015 年每年年初支付 3 000 元。年金包括每年支付一次的年金和每半年、每个季度、每月支付一次及支付更频繁的年金。在现实生活中，年金的例子很普遍，如购买房屋、汽车等固定资产时的抵押分期付款。

相邻的两个支付日期之间的间隔称为支付周期，相邻的两个计息日期之间的间隔称为计息周期。这里的计息是指将到期得到的利息结转为本金。

年金的支付分为确定的和不确定的。这里的确定是针对在相应的时间点的支付与否和数额是否确定来说的。

确定年金是指一定的时期内在相同间隔的时间上，按既定的数额进行的一系列支付。例如，用分期付款购买一个价值 82 万元的房屋，在约定的时间点上支付与否和支付的金额都是确定的，可能是先付 24 万元，然后在 10 年中每月末付款 5 500 元。

不确定年金又叫或有年金，是指在未来相应的时间点上的支付是否发生是不确定的。这种年金的一个最常见的类型是，在未来的某些年内在一个人的生存期间于每月月初支付一定数额的年金。这种年金在相应时间点上的支付与否是由其当时的生命状态决定的，是事先无法确定的。这种年金叫做生命年金。

每个支付周期末支付的年金称做期末支付的年金，如每年年末支付的年金、每月月末支付的年金；每个支付周期初支付的年金称做期初支付或期首支付的年金，如每年年初支付的年金、每个季度初支付的年金。

在不至于发生混淆时，"年金"一词一般指期末支付的确定年金。

二、期末支付年金的终值和现值

我们考虑在 0 时刻开始的 n 年中每年年末支付 1 元的年金。如图 7.4。

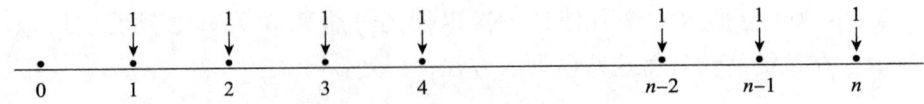

图 7.4 n 年期每年年末支付年金

为了方便，我们把每年末支付 1 元、共支付 n 年的确定年金在第 n 年末（n 时刻）的终值记为 $S_{\overline{n}|}$。

容易看出，如果 $i=0$，则 $S_{\overline{n}|}=n$；否则，第 1 年末（时刻 1）支付的 1 元在第 n 年末（时刻 n）的终值为 $(1+i)^{n-1}$，第 2 年末（时刻 2）支付的 1 元在第 n 年末的终值为 $(1+i)^{n-2}$，…，第 $n-2$ 年末（时刻 $n-2$）支付的 1 元在第 n 年末的终值为 $(1+i)^{2}$，第 $n-1$ 年末（时刻 $n-1$）支付的 1 元在第 n 年末的终值为 $(1+i)$，第 n 年末（时刻 n）支付的 1 元在第 n 年末的终值为 1，即：

$$S_{\overline{n}|} = (1+i)^{n-1} + (1+i)^{n-2} + (1+i)^{n-3} + \cdots + (1+i)^{2} + (1+i) + 1$$
$$= \frac{(1+i)^{n} - 1}{(1+i) - 1}$$
$$= \frac{(1+i)^{n} - 1}{i} \tag{7.70}$$

这里的推导过程用到了几何级数前 n 项和的公式。类似地，我们把每年末支付 1 元、共支付 n 年的确定年金在第 1 年初（0 时刻）的现值记为 $a_{\overline{n}|}$。于是，如果 $i=0$，则 $a_{\overline{n}|}=n$；否则，第 1 年末（时刻 1）支付的 1 元在第 1 年初（时刻 0）的现值为 v，第 2 年末（时刻 2）支付的 1 元在第 1 年初的现值为 v^{2}，第 3 年末（时刻 3）支付的 1 元在第 1 年初的现值为 v^{3}，…，第 $n-1$ 年末（时刻 $n-1$）支付的 1 元在第 1 年初的现值为 v^{n-1}，第 n 年末（时刻 n）支付的 1 元在第 1 年初的现值为 v^{n}，即：

$$a_{\overline{n}|} = v + v^{2} + v^{3} + \cdots + v^{n}$$
$$= \frac{v(1-v^{n})}{1-v}$$
$$= \frac{1-v^{n}}{v^{-1}-1}$$
$$= \frac{1-v^{n}}{i} \tag{7.71}$$

例如，当利率 $i=8\%$ 时，$S_{\overline{10}|}=14.4866$，即表示在未来 10 年里，每年年末 1 元的确定年金在该 10 年期末的终值是 14.4866 元；$a_{\overline{10}|}=6.7101$，即表示在未来 10 年里，每年年末 1 元的确定年金在该 10 年期初的现值是 6.7101 元。在未来 10 年里每年年末 6 500 元的确定年金的现值即 $6\,500 \times a_{\overline{10}|} = 6\,500 \times 6.7101 = 43\,615.65$ 元。由 $S_{\overline{n}|}$ 和 $a_{\overline{n}|}$ 的意义及计算公式可以得出它们之间的关系式：

$$S_{\overline{n}|} = a_{\overline{n}|}(1+i)^{n} \tag{7.72}$$

第七章
利率与确定年金

显然，$S_{\overline{n}|}$ 是 $a_{\overline{n}|}$ 在 n 年后的终值。$S_{\overline{n}|}$ 与 $a_{\overline{n}|}$ 的另一个关系式为：

$$\frac{1}{a_{\overline{n}|}} = \frac{1}{S_{\overline{n}|}} + i \qquad (7.73)$$

事实上：

$$\begin{aligned}
\frac{1}{S_{\overline{n}|}} + i &= \frac{i}{(1+i)^n - 1} + i \\
&= \frac{i + i(1+i)^n - i}{(1+i)^n - 1} \\
&= \frac{i}{1 - v^n} \\
&= \frac{1}{a_{\overline{n}|}}
\end{aligned}$$

公式（7.73）可以给出直观的解释：一笔数额为 1 元的贷款用每年年末支付年金的形式偿还，假定每年偿还的数额相同。在年利率为 i 的情况下，每年偿还额 x 应满足：

$$x a_{\overline{n}|} = 1$$

即：

$$x = \frac{1}{a_{\overline{n}|}}$$

债权人在每年末收到 x 的时候提取出数额为 i 的款项作为他当年 1 元钱投资的利息收入，而将余额 $\frac{1}{a_{\overline{n}|}} - i$ 存入利率为 i 的账户，到第 n 年末他将得到 $\left(\frac{1}{a_{\overline{n}|}} - i\right) S_{\overline{n}|}$。而作为一个投资了 1 元且在每年年末收回利息的人，n 年后在利息之外将只能再收回本金 1 元。于是，

$$\left(\frac{1}{a_{\overline{n}|}} - i\right) S_{\overline{n}|} = 1$$

即：

$$\frac{1}{a_{\overline{n}|}} - i = \frac{1}{S_{\overline{n}|}}$$

例 7.2 假设贷款利率为 9%，比较为期 10 年的 1 000 元贷款在以下列三种方式偿还贷款的情况下将支付的利息总额。

（1）全部贷款及利息累积额在第 10 年末一次性还清；

（2）利息每年末支付，本金第 10 年末还清；

（3）贷款在 10 年内的各年末平均偿还。

解：

（1）10 年末贷款的终值是：

$$1\,000 \times (1.09)^{10} = 2\,367.36$$

支付的利息总额为：

$$2\,367.36 - 1\,000 = 1\,367.36 \text{（元）}$$

（2）每年贷款所赚利息：

$$1\,000 \times 0.09 = 90$$

10 年的利息总额为：

$$10 \times 90 = 900 \text{（元）}$$

（3）设平均量为 R，则：

$$R a_{\overline{10}|} = 1\,000$$

于是：

$$R = \frac{1\,000}{a_{\overline{10}|}}$$
$$= \frac{1\,000}{6.417658}$$
$$= 155.82$$

支付的利息总量：

$$10\,(155.82) - 1\,000 = 558.20 \text{（元）},$$

由此可以看出，偿还贷款越晚，则要支付的利息额就越高；相反，偿还得越早，则要支付的利息量越少。但是，尽管三种情况下支付的利息总量是不同的，它们的现值都是 1 000 元。

三、期初支付年金的终值和现值

考虑在 0 时刻开始的 n 年中每年年初支付 1 元的年金。如图 7.5。

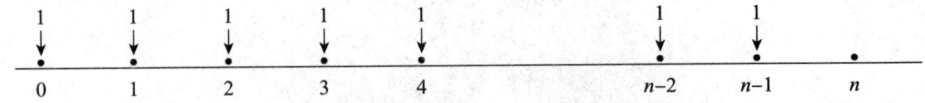

图 7.5　n 年期每年年初支付年金

我们把每年初支付 1 元、共支付 n 年的确定年金在第 n 年末（n 时刻）的终值记为 $\ddot{s}_{\overline{n}|}$。

如果 $i=0$，则 $\ddot{s}_{\overline{n}|} = n$；否则，第 1 年初（时刻 0）支付的 1 元在第 n 年末（时刻 n）的终值为 $(1+i)^n$，第 2 年初（时刻 1）支付的 1 元在第 n 年末的终值为 $(1+i)^{n-1}$，……，第 $n-1$ 年初（时刻 $n-2$）支付的 1 元在第 n 年末的终值为 $(1+i)^2$，第 n 年初（时刻 $n-1$）支付的 1 元在第 n 年末的终值为 $(1+i)$，即：

$$\ddot{s}_{\overline{n}|} = (1+i)^n + (1+i)^{n-1} + (1+i)^{n-2} + \cdots + (1+i)^2 + (1+i)$$

$$= (1+i)\frac{(1+i)^n - 1}{(1+i) - 1}$$

$$= \frac{(1+i)^n - 1}{d} \tag{7.74}$$

类似地，把每年初支付 1 元、共支付 n 年的确定年金在第 1 年初（0 时刻）的现值记为 $\ddot{a}_{\overline{n}|}$。于是，如果 $i=0$，则：

$$\ddot{a}_{\overline{n}|} = n$$

否则，第 1 年初（时刻 0）支付的 1 元在第 1 年初（时刻 0）的现值为 1，第 2 年初（时刻 1）支付的 1 元在第 1 年初的现值为 v，第 3 年初（时刻 2）支付的 1 元在第 1 年初的现值为 v^2，…，第 $n-1$ 年初（时刻 $n-2$）支付的 1 元在第 1 年初的现值为 v^{n-2}，第 n 年初（时刻 $n-1$）支付的 1 元在第 1 年初的现值为 v^{n-1}，即：

$$\ddot{a}_{\overline{n}|} = 1 + v + v^2 + v^3 + \cdots + v^{n-1}$$

$$= \frac{1 - v^n}{1 - v}$$

$$= \frac{1 - v^n}{d} \tag{7.75}$$

例如，当利率 $i=8\%$ 时，$\ddot{s}_{\overline{n}|} = 15.6455$，即表示在未来 10 年里，每年年初 1 元的确定年金在该 10 年期末的终值是 15.6455 元；$\ddot{a}_{\overline{10}|} = 7.2469$，即表示在未来 10 年里，每年年初 1 元的确定年金在该 10 年期初的现值是 7.2469 元。在未来 10 年里每年年初 6 500 元的确定年金的现值即：

$$6\ 500 \times \ddot{a}_{\overline{10}|} = 6\ 500 \times 7.2469 = 47\ 104.85 \text{ 元}。$$

很容易观察到 $\ddot{s}_{\overline{n}|}$ 和 $\ddot{a}_{\overline{10}|}$ 之间类似公式（7.72）和（7.73）的关系式：

$$\ddot{s}_{\overline{n}|} = (1+i)^n \ddot{a}_{\overline{n}|} \tag{7.76}$$

$$\frac{1}{\ddot{a}_{\overline{n}|}} = \frac{1}{\ddot{s}_{\overline{n}|}} + d \tag{7.77}$$

请考虑作一个对公式（7.73）的直观的解释。

由公式（7.70）、（7.74）容易得出：

$$\ddot{s}_{\overline{n}|} = (1+i)\ s_{\overline{n}|}$$

$$s_{\overline{n+1}|} = 1 + s_{\overline{n}|} \tag{7.78}$$

或：

$$s_{\overline{n}|} = s_{\overline{n+1}|} - 1 \tag{7.79}$$

同样，由公式（7.71）、（7.75）可得：

$$\ddot{a}_{\overline{n}|} = (1+i)\ a_{\overline{n}|} \tag{7.80}$$

$$\ddot{a}_{\overline{n}|} = 1 + a_{\overline{n-1}|} \quad (7.81)$$

此外，公式（7.70）、（7.71）、（7.74）、（7.75）可以写成如下的形式：

$$(1+i)^n = iS_{\overline{n}|} + 1 \quad (7.70)'$$

$$1 = ia_{\overline{n}|} + v^n \quad (7.71)'$$

$$(1+i)^n = d\ddot{S}_{\overline{n}|} + 1 \quad (7.74)'$$

$$1 = d\ddot{a}_{\overline{n}|} + v^n \quad (7.75)'$$

这样可以很简单地给出这些公式的直观上的解释。以第二个公式（7.71）′为例：在 0 时刻投资 1 元，之后的 n 年中每年年末提取数额为 i 的利息，直到第 n 年末（n 时刻）不仅提取数额为 i 的利息，还要收回 1 元的本金。这样，他投入资金在 0 时刻的现值为 1，即等式的左边；收入的利息现值为 $ia_{\overline{n}|}$，在 n 时刻收回的本金 1 元在 0 时刻的现值为 v^n，即等式的右边。其余三个公式也有类似的解释。

当 n 的值从 1 到 60 时，在几个利率下 $S_{\overline{n}|}$、$a_{\overline{n}|}$、$\ddot{S}_{\overline{n}|}$ 和 $\ddot{a}_{\overline{n}|}$ 的值列在附录中的复利年金表中。

有的复利年金表仅仅列出了 $S_{\overline{n}|}$ 和 $a_{\overline{n}|}$ 的值，未列出 $\ddot{S}_{\overline{n}|}$ 和 $\ddot{a}_{\overline{n}|}$ 的值，需要通过公式（7.78）和（7.80）或者（7.79）和（7.81）进行简单的计算得出 $\ddot{S}_{\overline{n}|}$ 和 $\ddot{a}_{\overline{n}|}$ 的值。

例如，当利率 $i=8\%$ 时：

$$\ddot{a}_{\overline{7}|} = (1+i) a_{\overline{7}|}$$
$$= 7.2469$$

表示在未来 7 年的每年年初 1 元的确定年金在这 7 年期初时的现值是 7.2469 元；可以很容易地理解：

$$2\,000\, S_{\overline{15}|} = 2\,000\,(1+i)^{15}\, a_{\overline{15}|}$$
$$= 2000 \times 27.1521$$
$$= 54\,304.2$$

即表示在未来 15 年，每年年末 2 000 元的确定年金在第 15 年年末的终值为 54 304.20 元。

四、永久年金

对于一个固定的利率 i 来说，$S_{\overline{n}|}$、$a_{\overline{n}|}$、$\ddot{S}_{\overline{n}|}$ 和 $\ddot{a}_{\overline{n}|}$ 都是 n 的增函数，即随着 n 的增长而增长。当 n 趋于 ∞ 时，即年金的支付永远持续下去，我们称这种永远持续下去而不中止的年金为永久年金或称永续年金。期末支付和期初支付永久年金的现值分别用 $a_{\overline{\infty}|}$ 和 $\ddot{a}_{\overline{\infty}|}$ 表示。这样，如果 $i>0$，有：

第七章
利率与确定年金

$$a_{\overline{\infty}|} = \lim_{n \to \infty} a_{\overline{n}|} = \frac{1}{i}$$

$$\ddot{a}_{\overline{\infty}|} = \lim_{n \to +\infty} \ddot{a}_{\overline{n}|} = \frac{1}{d}$$

如果 $i \leq 0$,则 $a_{\overline{\infty}|}$ 和 $\ddot{a}_{\overline{\infty}|}$ 均为无穷大。

五、延期年金

假定 m 和 n 为非负整数。每笔金额为1,分别发生在时刻 $(m+1)$,$(m+2)$,…,$(m+n)$ 的 n 次数额为1的支付在时刻0的值表示为 ${}_m|a_{\overline{n}|}$(见图7.6)。

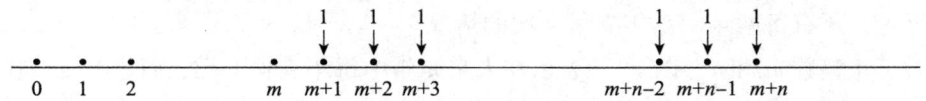

图 7.6 延期 m 期的期末支付年金

这样一系列支付可以看成是一份推迟了 m 个时间单位的期末发生的年金。当 $n > 0$,

$${}_m|a_{\overline{n}|} = v^{m+1} + v^{m+2} + v^{m+3} + \cdots + v^{m+n}$$

显然有:

$${}_m|a_{\overline{n}|} = (v^1 + v^2 + v^3 + \cdots + v^{m+n}) - (v^1 + v^2 + v^3 + \cdots + v^m)$$

和

$${}_m|a_{\overline{n}|} = v^m(v^1 + v^2 + v^3 + \cdots + v^n)$$

上面两个方程表明:

$${}_m|a_{\overline{n}|} = a_{\overline{m+n}|} - a_{\overline{m}|} \tag{7.81}$$

$${}_m|a_{\overline{n}|} = v^m a_{\overline{n}|} \tag{7.82}$$

这两个方程中任意一个都可用来计算延期期末支付年金的值。(7.81)式还可表示为:

$$a_{\overline{m+n}|} = a_{\overline{m}|} + v^m a_{\overline{n}|} \tag{7.83}$$

我们也可定义相应的期首支付的延期生命年金(见图7.7):

$${}_m|\ddot{a}_{\overline{n}|} = v^m \ddot{a}_{\overline{n}|} \tag{7.84}$$

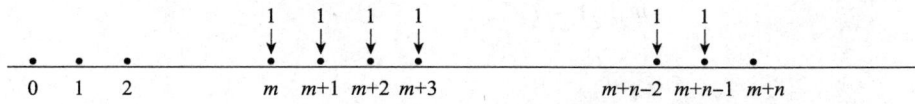

图 7.7 期首支付的延期生命年金

第六节 一般确定年金

一、支付频率高于每单位时间1次的年金（每年支付多次）

除了如前所述的基本确定年金，还存在支付频率高于或低于计息频率的确定年金，我们称之为一般确定年金。例如，每年计息一次，而每年支付 2 次、4 次、12 次，等等，还有每两年、三年支付一次的情况。

对于正整数 m 和 n，以 $a_{\overline{n}|}^{(m)}$ 表示在未来 n 年中每年支付 1 元、而这 1 元钱在 1 年中分 m 次支付、并且在每一个支付间隔的间隔末（时刻 $1/m$, $2/m$, $3/m$, $\cdots$, $(nm-1)/n$）支付的确定年金在第 1 年年初（即 0 时刻）的现值。这里的每 1 元钱分 m 次支付，即每次支付 $1/m$ 元。通常称 $a_{\overline{n}|}^{(m)}$ 为每年支付 m 次的期末支付的年金现值例如，$a_{\overline{20}|}^{(12)}$ 表示在未来 n 年中每年分 12 次支付 1 元钱，即每月月末支付 1/12 元的确定年金在这 n 年期初的现值；$a_{\overline{20}|}^{(4)}$ 表示在未来 20 年中每季度末支付 1/4 元的确定年金在这 20 年期初的现值。

根据名义利率的含义，在任何一个单位时间里的 m 个小间隔的间隔末支付 $i^{(m)}/m$，与在整个单位时间间隔的末端单独支付 i 的价值是相等的。根据比例，在单位时间里的 m 个间隔的末端分别支付 $1/m$ 与在单位时间末单独支付 $i/i^{(m)}$ 的价值也是相等的。

于是，对于现值为 $a_{\overline{n}|}^{(m)}$ 的年金，在时刻 $r-1$ 与 r 之间的 m 次数额为 $1/m$ 的支付与在 r 时一次支付 $i/i^{(m)}$ 的价值是相等的。这里，$r=1, 2, \cdots, n$。因此，这个年金与支付期为 n 年、每年末支付额为 $i/i^{(m)}$ 年金具有相同的价值。这意味着：

$$a_{\overline{n}|}^{(m)} = \frac{i}{i^{(m)}} a_{\overline{n}|} \tag{7.85}$$

事实上：

$$\begin{aligned} a_{\overline{n}|}^{(m)} &= \frac{1}{m}v^{1/m} + \frac{1}{m}v^{2/m} + \frac{1}{m}v^{3/m} + \cdots + \frac{1}{m}v^{mn/m} \\ &= \frac{1}{m}\frac{v^{1/m}(1-v^n)}{1-v^{1/m}} \\ &= \frac{1-v^n}{i^{(m)}} \end{aligned} \tag{7.86}$$

此即公式（7.85）。

类似地，以 $\ddot{a}_{\overline{n}|}^{(m)}$ 表示在未来 n 年中每年支付 1 元，而这 1 元钱在 1 年中分 m 次

第七章
利率与确定年金

支付、并且在每一个支付间隔的间隔初 [即时刻 $0, 1/m, 2/m, \cdots, n-(1/m)$] 支付 $1/m$ 元的确定年金在第 1 年年初（即 0 时刻）的现值。通常称 $\ddot{a}_{\overline{n}|}^{(m)}$ 为每年支付 m 次的期初支付的年金现值。例如，$\ddot{a}_{\overline{n}|}^{(12)}$ 表示在未来 n 年中每月月初支付 $1/12$ 元的确定年金在这 n 年期初的现值；$\ddot{a}_{\overline{20}|}^{(4)}$ 表示在未来 20 年中每季度初支付 $1/4$ 元的确定年金在这 20 年期初的现值。

类似地，根据名义贴现率的含义，在任何一个单位时间里的 m 个小间隔的间隔初支付 $d^{(m)}/m$，与在整个单位时间间隔的末端单独支付 i 的价值是相等的。根据比例，在单位时间里的 m 个间隔的初始时刻分别支付 $1/m$ 与在单位时间末单独支付 $i/d^{(m)}$ 的价值也是相等的。

于是，现值为 $\ddot{a}_{\overline{n}|}^{(m)}$ 与支付期为 n 年、每年末支付额为 $i/d^{(m)}$ 年金具有相同的价值。这意味着：

$$\ddot{a}_{\overline{n}|}^{(m)} = \frac{i}{d^{(m)}} a_{\overline{n}|} \tag{7.87}$$

与公式 (5.2) 类似可得：

$$\begin{aligned}\ddot{a}_{\overline{n}|}^{(m)} &= \frac{1}{m} + \frac{1}{m} v^{1/m} + \frac{1}{m} v^{2/m} + \cdots + \frac{1}{m} v^{(mn-1)/m} \\ &= \frac{1 - v^n}{d^{(m)}}\end{aligned} \tag{7.88}$$

此即公式 (7.87)。

容易看出：

$$a_{\overline{n}|}^{(m)} = v^{1/m} \ddot{a}_{\overline{n}|}^{(m)}$$

或：

$$\ddot{a}_{\overline{n}|}^{(m)} = (1+i)^{1/m} a_{\overline{n}|}^{(m)} \tag{7.89}$$

类似地，可以定义每年支付 m 次的期末支付的年金终值 $s_{\overline{n}|}^{(m)}$ 和每年支付 m 次的期初支付的年金终值 $\ddot{s}_{\overline{n}|}^{(m)}$。

$s_{\overline{n}|}^{(m)}$ 表示在未来 n 年中每年支付 1 元、而这 1 元钱在 1 年中分 m 次支付、并且在每一个支付间隔的间隔末支付 $1/m$ 元的确定年金在第 n 年年末（即 n 时刻）的终值。例如，$s_{\overline{n}|}^{(12)}$ 表示在未来 n 年中每月月末支付 $1/12$ 元的确定年金在这 n 年期末的终值；$s_{\overline{20}|}^{(4)}$ 表示在未来 20 年中每季度末支付 $1/4$ 元的确定年金在这 20 年期末的终值。

$\ddot{s}_{\overline{n}|}^{(m)}$ 表示在未来 n 年中每年支付 1 元、而这 1 元钱在 1 年中分 m 次支付、并且在每一个支付间隔的间隔初支付 $1/m$ 元的确定年金在第 n 年年末（即 n 时刻）的终值。例如，$\ddot{s}_{\overline{n}|}^{(12)}$ 表示在未来 n 年中每月月初支付 $1/12$ 元的确定年金在这 n 年期末的终值；$\ddot{s}_{\overline{20}|}^{(4)}$ 表示在未来 20 年中每季度初支付 $1/4$ 元的确定年金在这 20 年期末的终值。

事实上，$s_{\overline{n}|}^{(m)}$ 和 $\ddot{s}_{\overline{n}|}^{(m)}$ 为 $a_{\overline{n}|}^{(m)}$ 与 $\ddot{a}_{\overline{n}|}^{(m)}$ 在 n 年后的终值，因此：

$$s_{\overline{n}|}^{(m)} = (1+i)^n a_{\overline{n}|}^{(m)} = (1+i)^n a_{\overline{n}|}^{(m)}$$

$$= (1+i)^n \frac{i}{i^{(m)}} a_{\overline{n}|}$$

$$= \frac{i}{i^{(m)}} s_{\overline{n}|} \tag{7.90}$$

$$\ddot{s}_{\overline{n}|}^{(m)} = (1+i)^n \ddot{a}_{\overline{n}|}^{(m)}$$

$$= (1+i)^n \frac{i}{d^{(m)}} a_{\overline{n}|}$$

$$= \frac{i}{d^{(m)}} s_{\overline{n}|} \tag{7.91}$$

以上有关每年支付 m 次的年金和每年支付 1 次的年金之间的比例关系可以推广到一些其他的支付方式。例如，一份年金在 n 年中的每年末支付，在第 t 年时支付 x_t，很明显，这份年金的现值为：

$$a = \sum_{t=1}^{n} x_t v^t \tag{7.92}$$

现在试想第二份年金，同样支付 n 年，在第 t 年支付金额为 x_t，而在 t 这一年份相等的 m 次进行 m 个数额相同的支付。如果 $a^{(m)}$ 表示第二份年金的现值，而用在年末一次性支付金额 $x_t[i/i^{(m)}]$ 的方式代替在第 t 年支付 m 次（每次金额为 x_t/m）的方式，我们立即可以得到：

$$a^{(m)} = \frac{i}{i^{(m)}} a \tag{7.93}$$

在这里的 a 由等式（7.92）给出。

一份年金在期末支付，一个单位时间支付 m 次，同时支付一直持续而不终止，我们称之为每单位时间支付 m 次的永久年金，当支付的金额为恒等时，且一个单位时间支付 1 元，我们记这种永久年金的现值为 $a_{\overline{\infty}|}^{(m)}$，如果是在期初支付，则相应地，现值可以表示为 $\ddot{a}_{\overline{\infty}|}^{(m)}$。

明显地：

$$\ddot{a}_{\overline{\infty}|}^{(m)} = \frac{1}{m} a_{\overline{\infty}|}$$

在公式（7.85）和（7.86）中令 n 趋于无穷，可以得到（如果 $i > 0$），

$$a_{\overline{\infty}|}^{(m)} = 1/i^{(m)} \tag{7.94}$$

$$\ddot{a}_{\overline{\infty}|}^{(m)} = 1/d^{(m)} \tag{7.95}$$

延期 m 时间单位，每个单位时间支付 1，分 P 次支付，相应地期末支付与期初支付对应的年金现值可表示为：

第七章
利率与确定年金

$$_m|a_{\overline{n}|}^{(p)} = v^m a_{\overline{n}|}^{(p)}$$
$$_m|\ddot{a}_{\overline{n}|}^{(p)} = v^m \ddot{a}_{\overline{n}|}^{(p)}$$
(7.96)

二、支付频率低于每单位时间1次的年金（多年支付1次）

对于 $a_{\overline{n}|}^{(m)}$，到目前，我们直觉地认为 m 是一个大于 1 的正整数，并且认为 nm 的结果也是一个整数。当然，n 一般也是一个整数，不过有例外的情况，如 $m=4$，$n=5.75$，$nm=23$）。$a_{\overline{n}|}^{(m)}$ 表示 nm 次支付在 0 点时的现值，每次支付额为 $1/m$，支付时间时点为 $1/m$，$2/m$，$\cdots$，$(nm)/m$。我们应该注意到，当 m 为一个整数的倒数，而 nm 也是一个整数的情况（如当 $m=0.25$，$n=40$ 时）。例如，10 次支付，每次支付额 4，在时点 4，8，12，$\cdots$，40 支付，这份年金在 0 点的价值可以表示为 $a_{\overline{40}|}^{(0.25)}$。由公式（7.40）及（7.86）得：

$$a_{\overline{40}|}^{(0.25)} = \frac{1-v^{40}}{0.25[(1+i)^4-1]}$$

此式可表述为：

$$\frac{4}{\frac{(1+i)^4-1}{i}} \cdot \frac{1-v^{40}}{i} = \frac{4}{s_{\overline{4}|}} a_{\overline{40}|}$$

一般地，当 k、r 为大于 1 的整数，考虑在时刻 r，$2r$，$3r$，$\cdots$，kr 支付数额为 X 的年金。这是一笔每 r 个时间单位支付一次的年金，也就是支付频率低于每单位时间 1 次的年金。我们可以把这种情况表述为，在 0 到 kr 之间发生在 1，2，3，$\cdots$，r，$r+1$，$r+2$，$\cdots$，$2r$，$2r+1$，$2r+2$，$\cdots 3r$，$\cdots kr-1$，kr 的 kr 次支付，每次支付的数额为 Y，其中，选取 Y 的值使之满足：

$$YS_{\overline{r}|} = X$$

或：

$$Y = \frac{X}{s_{\overline{r}|}}$$
(7.97)

即 r 次支付、每次支付额为 Y 的期末支付的年金终值为 X，而后一种表述的年金其现值为：

$$Ya_{\overline{kr}|}$$

于是，要考虑的这笔支付频率低于每单位时间 1 次的年金的现值为：

$$\frac{X}{s_{\overline{r}|}} a_{\overline{kr}|}$$
(7.98)

三、连续年金

设 n 为一非负数。假设单位时间内支付额恒为 1,在时间 0 和 n 之间的连续支付年金在 0 时刻的现值记为 $\bar{a}_{\overline{n}|}$。显然,当利息力 δ 为常量时:

$$\bar{a}_{\overline{n}|} = \int_0^n e^{-\delta t} dt$$

$$= \frac{1 - e^{-\delta n}}{\delta}$$

$$= \frac{1 - v^n}{\delta} \quad (\text{如果 } \delta \neq 0) \tag{7.99}$$

注意在 $\bar{a}_{\overline{n}|}$ 的定义中,n 不一定是整数。如果 $\delta = 0$(或等价地,$i = 0$),$\bar{a}_{\overline{n}|}$ 等于 n。如果 m 为非负数,我们用符号 ${}_{m|}\bar{a}_{\overline{n}|}$ 表示一笔延期 m 个时间单位、在 n 个时间单位内每单位时间的支付金额为 1 的连续支付年金的现值。这样:

$$_{m|}\bar{a}_{\overline{n}|} = \int_m^{m+n} e^{-\delta t} dt$$

即:

$$_{m|}\bar{a}_{\overline{n}|} = \int_0^{m+n} e^{-\delta t} dt - \int_0^m e^{-\delta t} dt$$

或:

$$_{m|}\bar{a}_{\overline{n}|} = e^{-\delta m} \int_0^n e^{-\delta t} dt$$

因此:

$$_{m|}\bar{a}_{\overline{n}|} = \bar{a}_{\overline{m+n}|} - \bar{a}_{\overline{m}|} \tag{7.100}$$

或:

$$_{m|}\bar{a}_{\overline{n}|} = v^m \bar{a}_{\overline{n}|} \tag{7.101}$$

公式(7.99)可以写为:

$$\bar{a}_{\overline{n}|} = \frac{i}{\delta} \frac{1 - v^n}{i}$$

据此,如果 n 为整数,则:

$$\bar{a}_{\overline{n}|} = \frac{i}{\delta} a_{\overline{n}|} \quad (\text{如果 } \delta \neq 0) \tag{7.102}$$

该年金在支付停止时的终值记为 $\bar{s}_{\overline{n}|}$。

根据定义,$\bar{s}_{\overline{n}|} = \int_0^n e^{\delta(n-t)} dt$

因此:

第七章
利率与确定年金

$$\bar{s}_{\overline{n}|} = (1+i)^n \bar{a}_{\overline{n}|}$$

如果利率不为 0，则：

$$\bar{s}_{\overline{n}|} = \frac{(1+i)^n - 1}{\delta} = \frac{i}{\delta} s_{\overline{n}|} \quad （如果 \delta \neq 0） \tag{7.103}$$

第八章

生命保险与年金函数

在这一章里,我们将着重讨论寿险公司几种保险金。保险金是寿险公司的主要负债,由寿险公司在未来的时间里支付,具体支付时间视被保险人死亡时间而定。通常这些保险根据给付保险金方式的不同分为两大类:

1. 普通人寿保险: 如果被保险人在某一期限内死亡或活过某一期限,保险人将向被保险人给付一笔保险金,即一次性给付保险金。

2. 年金保险:在约定期间当被保险人活着时,保险人在相同间隔的时间上向被保险人多次给付一系列保险金。

在绪论和前两章中我们介绍过人寿保险、确定年金等概念,为了便于读者更清楚地理解相关概念而不致于发生混淆,在此把普通人寿保险称为生命保险,把以生存与否作为支付前提的年金称为生命年金。

我们只涉及按固定年实际利率计算的生命保险与生命年金的现值,该现值在某种意义上代表了为了支付将来给付所需的资金(假设它投资能获得的年实际利率为 i)。你将会发现,这个现值并不能精确地获得,但可以作为随机变量模型化,我们通过模型来研究这个现值的均值。

假定被保险人死亡率和生存概率可以从给定的生命表中得到,并且,为了简单起见,假定生命表采用终极生命表。

"年龄 x 岁的人"在寿险精算中经常使用,为了方便,通常把它缩写为 (x),例如,当你看到"(x) 死于 n 年内",意即"一个年龄为 x 岁的人在 n 年内死亡"。

下面几节探讨的是一些特殊的保险金。

第八章

生命保险与年金函数

第一节 基本生命保险

一、生存保险（pure endowment）及其预期现值

假设 (x) 投保了保险期间为 n 年、保额为 S 元的生存保险，我们知道，如果 (x) 活到 $x+n$ 岁（保险期末），寿险公司将在期末支付保险金 S 元，如图 8.1 所示；如果 (x) 活不到 $x+n$ 岁，寿险公司将不作任何支付，如图 8.2 所示。

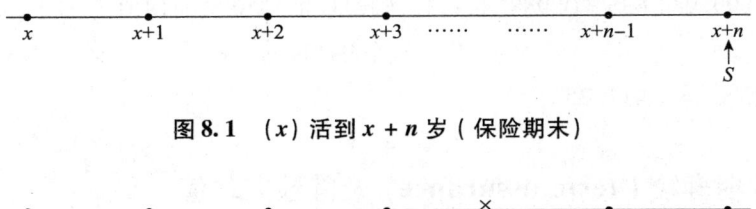

图 8.1 (x) 活到 $x+n$ 岁（保险期末）

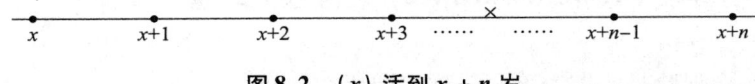

图 8.2 (x) 活到 $x+n$ 岁

显然，如果 (x) 活到 $x+n$ 岁，所得到的给付现值为 Sv^n（按固定有效利率计算），否则将一无所获。我们可以把得到的给付数额的现值作为随机变量建立模型（见表 8.1）。

表 8.1 给付现值及概率

给付的现值	Sv^n	0
P（概率）	$_np_x$	$1 - {_np_x}$

该离散型随机变量的数学期望值的计算如下：

$$Sv^n \times {_np_x} + 0 \times (1 - {_np_x}) = Sv^n \times {_np_x}$$

它的方差为：

$$(Sv^n)^2 \times {_np_x} + 0^2 \times (1 - {_np_x}) - (Sv^n \times {_np_x})^2$$
$$= (Sv^n)^2 \times {_np_x} \times (1 - {_np_x})$$

当 $S=1$ 时，即为每单位保险金对应的生存保险的给付现值的期望值，称之为生存保险的单位预期现值，用 $_nE_x$ 表示（假定年龄为 x 岁、期限为 n 年），则 $_nE_x$ 表达式为：

$$_nE_x = v^n \times {}_np_x \tag{8.1}$$

生存保险的单位预期现值也常常用 $A_{x:\overline{n}|}^{\;1}$ 表示，即

$$A_{x:\overline{n}|}^{\;1} = v^n \times {}_np_x \tag{8.2}$$

我们注意到，$_nE_x$ 的值取决于：（1）被保险人的年龄 x；（2）生存保险期限 n 年；（3）实际年利率 i，它决定了 v 的值；（4）用来建立被保险人生存模型的生命表，它决定了 $_np_x$ 的值。

例如，考虑一个 30 岁的男性购买一份期限为 10 年的生存保险，保额为 10 000 元。也就是说，如果他活到 40 岁，将得到 10 000 元的保险金；如果他在 10 年内死亡，保险公司不会有任何给付。假定死亡率按中国人身保险业经验生命表（2000～2003）进行计算，利率为 $i = 5\%$。

由题意可得：$x = 30$，$n = 10$，$S = 10\,000$，$v = 1/(1+0.05) = 0.95238$，$_{10}p_{30} = l_{40}/l_{30} = 972\,999/984\,635 = 0.988182423$。则对应的单位预期现值为：

$$_{10}E_{30} = 0.941125$$

于是，$S \times {}_{10}E_{30} = 9\,411.25$（元）

二、定期寿险（term assurance）及其预期现值

第二种生命保险是定期寿险，又称定期死亡保险。

假设 (x) 投保了保险期限为 n 年，保险金额为 S 元的定期寿险，即：当且仅当被保险人 (x) 在保险期间内死亡时，即未活过 $x + n$ 岁，寿险公司才给付保险金 S 元。如果被保险人 (x) 活到保险期末，寿险公司将不作任何支付。

为了清楚起见，我们先假定，当被保险人在保险期间内死亡时，保险金于被保险人死亡那年年末支付（以后我们将会讨论于死亡时立即给付保险金的情况）。

为了进一步弄清楚，假定 x 岁的被保险人死于 $x + y$ 岁，图 8.3 和图 8.4 标出了从零时刻起的年数，图 8.3 假定 $y > n$，所以在这种情况下，寿险公司不作任何支付。图 8.4 假定 $y < n$，即 (x) 死于 x 岁和 $x + n$ 岁之间，寿险公司将在 $x + y$ 岁年末，即 $x + y + 1$ 岁年初支付保险金。

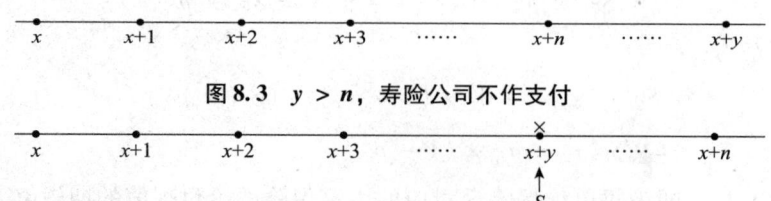

图 8.3 $y > n$，寿险公司不作支付

图 8.4 $y < n$，寿险公司将在 $x + y$ 岁年末支付保险金

我们已经知道，K_x 表示 (x) 的未来生存时间的整数部分，即 (x) 将在未来 K_x 和

$K_x + 1$ 年内死亡。在死亡年末给付的定期寿险可以描述为：若 $K_x < n$，则在 $K_x + 1$ 时给付 S；若 $K_x \geq n$，则没有给付（K_x 表示的 (x) 死亡之年年初，所以保险金给付在 $K_x + 1$ 时，而不在 K_x 时；在图 8.3 中，$K_x = 3$，保险金在 4 时候给付）。那么保险金给付现值可如下表示：

$$Sv^{K_x+1}$$

所以，这个现值是个离散型随机变量，它的可能取值和相应的概率如表 8.2 所示。

表 8.2　　　　　　　　　　保险金给付现值的概率分布

给付现值	Sv^1	Sv^2	Sv^3	...	Sv^{n-1}	Sv^n	0	
概率	q_x	$_{1\|}q_x$	$_{2\|}q_x$	...	$_{n-2\|}q_x$	$_{n-1\|}q_x$	$_np_x$	概率总和为 1

现值 Sv^m（$m = 1, 2\cdots, n$）对应的事件是"(x) 死于 $x + m - 1$ 和 $x + m$ 之间"，现值 0 表示 (x) 岁的人活过 $x + n$ 岁，所以无任何保险金给付。

当 $S = 1$ 时，即为定期寿险每单位保险金对应的给付预期现值，称之为定期寿险或定期死亡保险的单位预期现值，用 $A^1_{x:\overline{n}|}$ 表示。它与生存保险单位预期现值符号的区别是"1"的位置不同。以上面的现值和其概率，（假定 $S = 1$），我们可以得到：

$$A^1_{x:\overline{n}|} = \sum_{m=0}^{n-1} {}_{m|}q_x \times v^{m+1} \tag{8.3}$$

其方差为：

$$\sum_{m=0}^{n-1} {}_{m|}q_x \times v^{2(m+1)} - \left(\sum_{m=0}^{n-1} {}_{m|}q_x \times v^{m+1}\right)^2 \tag{8.4}$$

让我们用 V 来代替 v^2，即选取适当的利率 j，使其相应的贴现因子为：

$$V = v^2$$

显然，

$$V = v^2 = \left(\frac{1}{1+i}\right)^2 = \frac{1}{1 + 2i + i^2}$$

这意味着我们可以把 $2i + i^2$ 作为利率，V 作为一个贴现因子，而 i 是计算我们现值的基础利率，公式(8.4) 中第一项可以写作：

$$\sum_{m=0}^{n-1} {}_{m|}q_x \times V^{m+1}$$

和公式(8.3) 相比，我们可以看出，这是定期寿险保险金期望现值表达式，只是利率为 $2i + i^2$，于是，公式(8.4) 可以简化表示为：

$$^2A^1_{x:\overline{n}|} - (A^1_{x:\overline{n}|})^2 \tag{8.5}$$

$^2A^1_{x:\overline{n}|}$ 左上角的"2"不是专门的精算符号，而是表明表达式应按年利率 $j = 2i + i^2$ 来计算，而不是基础利率 i。

三、两全保险及其预期现值

假设 (x) 投保了保险期限为 n 年，保险金额为 S 元的两全保险，即：如果被保险人在保险期间内死亡，寿险公司则在被保险人死亡的这年年末给付 S 元，如果被保险人活过 $x+n$ 岁（保险期末），寿险公司则在保险期末给付 S 元。假定 y 表示被保险人 x 岁后生存的年数，如果 $y>n$，如图 8.5 所示，保险金将在时刻 n 支付；如果 $y<n$，假如 $3<y<4\leqslant n$，如图 8.6 所示，保险金将在 (x) 死亡年年末支付，即在时刻 4 支付（见图 8.6）。

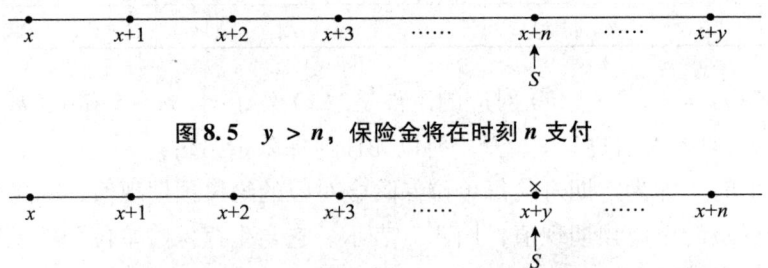

图 8.5　$y>n$，保险金将在时刻 n 支付

图 8.6　$y<n$，保险金将在 (x) 死亡年年末支付

注意，图 8.6 在定期寿险中意义与图 8.4 是一致的，但图 8.5 与图 8.3 却不相同，两全保险与定期寿险及生存保险之间的一个重要差异就是，两全保险金肯定会在将来某个时刻支付，唯一不确定的是什么时候支付，而对生存保险和定期寿险，存在着保险金不会支付的可能性。

一个 n 年期的 (x) 的两全保险给付的现值为：

$$Sv^{K_x+1}, \quad 若 K_x<n$$
$$Sv^n, \quad 若 K_x\geqslant n$$

可以写成：

$$Sv^{\min(K_x+1,n)}$$

所以，这个现值是个离散型的随机变量，其可能的取值及其概率如表 8.3 所示。

表 8.3　　　　　　　　离散型的随机变量

给付现值	Sv^1	Sv^2	Sv^3	…	Sv^{n-1}	Sv^n	
概率	q_x	$_1|q_x$	$_2|q_x$	…	$_{n-2}|q_x$	$_{n-1}p_x$	概率总和为 1

m 对应着 (x) 死于 $x+m-1$ 和 $x+m$ 之间的事实，现值 Sv^n 表明保险金在时间 n 时支付，这只要求两个不可能同时发生的事件——死或生——任意发生一个即可，或者 (x) 死于 $x+n-1$ 和 $x+n$ 之间（概率为 $_{n-1}|q_x$）或者 (x) 活过 $x+n$（概率为 $_np_x$），

二者概率之和为 $_{n-1}p_x$。

当 $S = 1$ 时，即为单位保险金对应的定期两全保险的给付预期现值（期限为 n，年龄为 x），称之为定期两全保险的单位预期现值，用 $A_{x:\overline{n}|}$ 表示（注意没有上标 "1"）。我们可以根据给付现值及其概率表得到：

$$A_{x:\overline{n}|} = \sum_{m=0}^{n-2} {}_{m|}q_x \times v^{m+1} + v^n \times {}_{n-1}p_x \tag{8.6}$$

由 ${}_{n-1}p_x = {}_{n-1|}q_x + {}_np_x$，得：

$$A_{x:\overline{n}|} = \sum_{m=0}^{n-1} {}_{m|}q_x \times v^{m+1} + v^n \times {}_np_x \tag{8.7}$$

于是，

$$A_{x:\overline{n}|} = A^1_{x:\overline{n}|} + A_{x:\overline{n}|}^{\ 1} \tag{8.8}$$

事实上，对于"在保险期限相同、投保年龄相同的情况下，定期两全保险预期现值是生存保险预期现值和定期寿险预期现值之和"，这是一个显然的事实，因为对于寿险公司，支付相同保额相同年龄、相同期限的生存保险和死亡保险保险金，等于支付相同条件的两全保险保险金，假定 x, y, z 分别代表两全保险、死亡保险和生存保险的保险金现值的随机变量，且所有的期限、年龄、保额均相等，则上述描述可表示为：

$$x = y + z$$

左右两边同时求数学期望，便可得到公式（8.8）。

然而，$V_{(x)}$ 并不等于 $V_{(y)} + V_{(z)}$，因为 y, z 并非独立。如果你知道 y 不等于零，那么 (x) 必然在期限内死亡，即 z 必为零。单位两全保险金现值的方差同样可以由其现值和概率计算出来，其公式为：

$$\sum_{m=0}^{n-1} {}_{m|}q_x \times v^{2(m+1)} + v^{2n} \times {}_np_x - (\sum_{m=0}^{n-1} {}_{m|}q_x \times v^{m+1} + v^n \times {}_np_x)^2$$

令 $V = v^2$，如定期寿险的形式一样，对定期两全保险，其方差为：

$$^2A_{x:\overline{n}|} - (A_{x:\overline{n}|})^2$$

这里如公式（8.5）一样，左上方的 "2" 表明，它应按 $2i + i^2$ 作为利率来计算。

四、终身寿险及其预期现值

终身寿险，可以看做是一种特殊的定期寿险，其期限是无限的。假设 (x) 投保了终身寿险，也就是说，从保单生效开始，无论被保险人什么时候死亡，寿险公司都在被保险人死亡的这年年末给付保险金 S 元。这笔保险金的现值可写作：

$$Sv^{K_x+1}$$

当 $S = 1$ 时，即为单位保险金对应的终身寿险的给付预期现值，称之为终身寿险的单位预期现值，用 A_x 表示，其公式可从公式（8.3）中直接得到，只需设 $n = \infty$，即：

$$A_x = \sum_{m=0}^{\infty} {}_{m|}q_x \times v^{m+1} \qquad (8.9)$$

如果所用生命表有限年是 w，那么上式中求和公式的上限是 $w-1-x$，因为在 $m \geq w-x$ 时 ${}_{m|}q_x = 0$。

从另一个角度，终身寿险可以看做一个无限期的两全保险，如果生命表有限年是 w，其期限至少等于 $w-x$，如果有一限定年限 w 在生命表上，那么非常清楚地，有：

$$A_x = A_{x:\overline{n}|} = A^1_{x:\overline{n}|}, \text{ 当 } n \geq w-x \text{ 时} \qquad (8.10)$$

也就是说，如果定期保险或两全保险的期限 n 足够长以至要活过这个期限是不可能的，那么保险金将在 (x) 的死亡年末支付，就与终身寿险一样。

终身寿险每单位保额现值的方差可以写作：

$$\sum_{m=0}^{\infty} {}_{m|}q_x \times v^{2(m+1)} - \left(\sum_{m=0}^{\infty} {}_{m|}q_x \times v^{m+1} \right)^2 \qquad (8.11)$$

与公式（8.10）一样，在求和公式上有一个无限上界，如果生命表的年龄有上限为 w 的话，上界可设置为 $w-1-x$。

如前所述，公式（8.11）可以表达为：

$$^2A_x - (A_x)^2$$

这里，第一项的左上角标"2"表明它以 $2i + i^2$ 为利率而不是 i。

五、延期支付的生命保险

延期支付的保险给付是在将来支付的。例如，一个 26 岁的人考虑用保险金支付他退休之后死亡时的丧葬费用，于是，他投保了一份延期 34 年的终身寿险。如果人在退休前死亡，他工作期间的丰厚收入会解决其丧葬费用，如果在退休之后死亡，则保险公司支付的保险金将可以为他举行一个很体面的葬礼。这就是一份终身寿险，但延期了 34 年。

我们可以从生命保险的符号，引申出延期支付的生命保险的符号。我们没有列出所有情况下的符号，读者可以从我们给出的例子中推出其他的符号。

${}_{m|}A_x$ 表示 (x) 的延期 m 年的终身寿险，即在 (x) 延期 m 年之后的死亡之年的年末给付 1 元的预期现值。也就是说，如果 (x) 在 m 年（$x+m$ 岁）之后死亡，即在其死亡的这年年末给付 1 元钱；若他在 m 年内（$x+m$ 岁之前）死亡，则没有任何支付。

类似地，${}_{m|}A^1_{x:\overline{n}|}$ 表示 (x) 的延期 m 年的期限为 n 年的定期寿险，即在 (x) 延期 m 年之后的 n 年内的死亡之年的年末给付 1 元钱的预期现值。也就是说，如果 (x) 在 $x+m$ 岁至 $x+m+n$ 岁之间死亡，就在他死亡的这年年末给付这 1 元钱，若他在 m 年内

($x+m$ 岁之前)死亡,或在 $m+n$ 年之后死亡,则没有任何给付。

在这里,我们略去证明过程,只给出延期生命保险预期现值的计算公式,并请读者思考一下为什么有这样的公式:

$$_m|A_x = v_m^m p_x \times A_{x+m} = {}_m E_x \times A_{x+m} \tag{8.12}$$

$$_m|A_{x:\overline{n}|}^{\,1} = v_m^m p_x \times A_{x+m:\overline{n}|}^{\,1} = {}_m E_x \times A_{x+m:\overline{n}|}^{\,1} \tag{8.13}$$

第二节 基本生命年金

我们到目前为止讨论的都是普通人寿保险,即一次性给付保险金,它的给付期取决于投保人死亡年限。现在我们开始探讨生命年金。

前面的章节我们用了很多的篇幅研究确定年金,这是在相同间隔的时间上进行的一系列给付。其中,每年末或每年初支付 1 元的定额确定年金的现值用 $a_{\overline{n}|}$ 或 $\ddot{a}_{\overline{n}|}$ 表示。这一章,这种思想将扩展到生命年金,其不同之处在于,生命年金款项的给付与否,取决于特定的人 (x) 是否处于生存期间。

我们先考虑每年支付一次、每次 1 元的生命年金,我们称之为基本生命年金。更加复杂的例子将在本章后面部分介绍。

一、终身生命年金及其预期现值

考虑在 (x) 生存期间每年支付一次、每次 1 元的情况,这种年金叫做终身年金,根据给付时间不同,有两种表现形式:(1)第一笔款项是立即给付的;(2)第一笔款项是一年后给付的。

对于学过 $a_{\overline{n}|}$ 与 $\ddot{a}_{\overline{n}|}$ 的读者来说,这一特点会很熟悉。在第一种情况,我们讨论期初支付即年初支付的生命年金;在第二种情况,我们讨论期末支付即年末支付的生命年金。例如,假设 (x) 死于 $x+7$ 岁与 $x+8$ 岁之间,图 8.7 表示的是现在开始支付的期初支付年金(年初支付年金),图 8.8 表示的是期末支付的年金(年末支付的年金)。

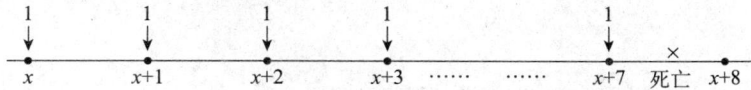

图 8.7 期初支付年金

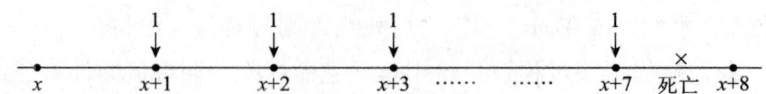

图 8.8　期末支付年金

下面我们为图 8.7 和图 8.8 作两点解释：(1) 在两个图中，第 7 年后，都没有给付，因为 (x) 在第 8 年给付的时候已经不再存活了。(2) 两图中唯一的差异就是图 8.7 中 x 点的给付。

(x) 的期末支付的终身年金（每年末支付 1 元）的现值是 $a_{\overline{K_x|}}$，这里的 K_x 和以前一样，指 (x) 的未来生存时间的整数部分。(x) 的期初支付的终身年金（每年初支付 1 元）的现值为 $\ddot{a}_{\overline{K_x+1|}}$。这几个随机变量的可能取值及其概率可用表 8.4 概括。

表 8.4　　　　　　　　　随机变量的可能取值及其概率

K_x	0	1	2	……
概　率	q_x	$_1|q_x$	$_2|q_x$	……
$a_{\overline{K_x|}}$	0	$a_{\overline{1|}}$	$a_{\overline{2|}}$	……
$\ddot{a}_{\overline{K_x+1|}}$	$\ddot{a}_{\overline{1|}}$	$\ddot{a}_{\overline{2|}}$	$\ddot{a}_{\overline{3|}}$	……

$a_{\overline{K_x|}}$ 的期望值用 a_x 表示，一个关于 a_x 的公式可以从表 8.4 得到：

$$a_x = \sum_{m=0}^{\infty} {}_m|q_x a_{\overline{m|}} \tag{8.14}$$

$\ddot{a}_{\overline{K_x+1|}}$ 的期望值用 $\ddot{a}_x$ 表示，一个关于 $\ddot{a}_x$ 的公式可以从表 8.4 得到：

$$\ddot{a}_x = \sum_{m=0}^{\infty} {}_m|q_x \ddot{a}_{\overline{m+1|}} \tag{8.15}$$

我们可以通过代数变换，使得公式 (8.15) 更加有趣。首先，回想一下第七章中的如下公式：

$$\ddot{a}_{\overline{n|}} = 1 + v^1 + v^2 + v^3 + \cdots + v^{n-1}$$
$$= (1+i) a_{\overline{n|}}$$
$$= \frac{1-v^n}{d}$$

可以得出：

$$\ddot{a}_{\overline{m+1|}} = = \frac{1 - v^{m+1}}{d}$$

而：

$$_m|q_x = \frac{l_{x+m} - l_{x+m+1}}{l_x}$$

并且：

$$\sum_{m=0}^{\infty} \frac{l_{x+m} - l_{x+m+1}}{l_x} = \frac{l_x - l_{x+1} + l_{x+1} - l_{x+2} + \cdots}{l_x} = 1$$

在公式(8.15)中代入以上三公式，得：

$$\ddot{a}_x = \sum_{m=0}^{\infty} {}_{m|}q_x \ddot{a}_{\overline{m+1|}}$$

$$= \frac{1}{d}\sum_{m=0}^{\infty} \frac{(1-v^{m+1})(l_{x+m}-l_{x+m+1})}{l_x}$$

$$= \frac{1}{d}\Big[1 - \sum_{m=0}^{\infty} v^{m+1} \times \frac{l_{x+m}}{l_x} + \sum_{m=0}^{\infty} v^{m+1} \times \frac{l_{x+m+1}}{l_x}\Big]$$

注意，第二个求和公式可以把从 0 到 ∞ 的和写成一个从 1 到 ∞ 的和，即：

$$= \frac{1}{d}\Big[1 - v\sum_{m=0}^{\infty} v^m \times \frac{l_{x+m}}{l_x} + \sum_{m=0}^{\infty} v^m \times \frac{l_{x+m}}{l_x}\Big]$$

$$= \frac{1}{d}\Big[-v\sum_{m=0}^{\infty} v^m \times \frac{l_{x+m}}{l_x} + \sum_{m=0}^{\infty} v^m \times \frac{l_{x+m}}{l_x}\Big]$$

$$= \frac{1}{d}(1-v)\sum_{m=0}^{\infty} v^m \times \frac{l_{x+m}}{l_x}$$

而 $d = (1-v)$，于是，

$$\ddot{a}_x = \sum_{m=0}^{\infty} v^m \times \frac{l_{x+m}}{l_x} \tag{8.16}$$

如果在公式(8.14)上做相应的代数变换，可以更容易地推导出：

$$a_{\overline{K_x|}} = \ddot{a}_{\overline{K_x+1|}} \tag{8.17}$$

在公式(8.17)两边同时求数学期望，可以得到重要的关系：

$$a_x = \ddot{a}_x - 1 \tag{8.18}$$

公式(8.18)和公式(8.16)给出 a_x 的如下表示式：

$$a_x = \sum_{m=1}^{\infty} v^m \times \frac{l_{x+m}}{l_x} \tag{8.19}$$

二、定期生命年金及其预期现值

定期生命年金与终身年金相似，其区别在于定期年金的给付次数有一个上限，即为保险期间，用 n 来表示。例如，考虑 (x) 的一个每年末给付1元的5年期定期生命年金。如果 (x) 在 $x+5$ 岁后某一时刻死亡，那么支付的情形将如图8.9所示。

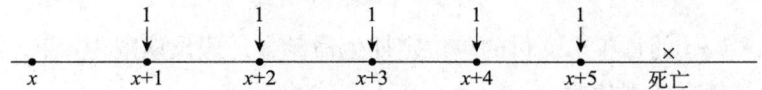

图8.9　5年期期末支付年金，(x) 若在5年后死亡，年金的领取情况

通过图8.9可以看出：第一笔给付从现在开始一年后发生，这是我们讨论的期末

支付的生命年金。我们还可看出，第5年之后就不再有给付了，这是因为5年期的年金，其最大支付期限就是5年。另外，给付是在(x)生存期间发生的。如果(x)在$x+3$岁到$x+4$岁之间死亡，即第3年末与第4年末之间死亡，则给付的次数为3次，如图8.10所示。

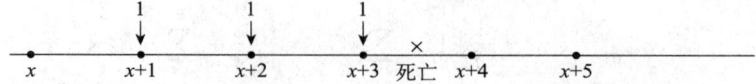

图8.10 5年期期末支付年金，(x)在$x+3$到$x+4$岁之间死亡

图8.10区别于图8.9之处是在第四年末和第五年末没有发生给付，这是因为(x)在第四年末的给付发生之前已经死亡了。

现在考虑(x)的5年期的每年初支付1元的生命年金，支付的情形如图8.11所示。

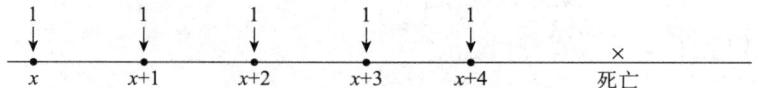

图8.11 5年期期初支付年金，(x)若在4年后死亡，年金的领取情况

与图8.9比较，在图8.11中第1年初的给付（记住这是一个期初支付的生命年金）和在第5年末没有给付，即便在(x)存活到5年以后（最大支付期限是5年）。一般的，对一个n年期的期初支付的生命年金来说，可能的最后一次支付在第n年初，即第$n-1$年末。假设与图8.10一样，(x)在$x+3$岁到$x+4$岁之间死亡，给付的情形如图8.12所示。

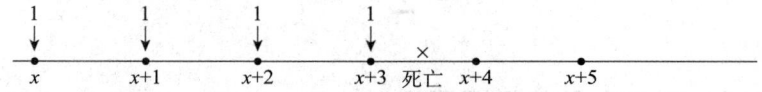

图8.12 5年期期初支付年金，(x)在$x+3$到$x+4$岁之间死亡

注意：即使(x)在$x+5$岁前（$x+4$岁之后）死亡，即第5年末之前死亡，仍然会有5次给付发生。

现在我们已经弄清楚了定期生命年金的给付形式。下面我们讨论这些给付的现值及其期望值。

首先考虑(x)的每年末支付的单位定期生命年金，假设期限为n年，给定利率为i，那么，这笔年金的现值为：

$$a_{\overline{\min(K_x,n)|}}$$

这个现值的期望值用$a_{x:\overline{n}|}$来表示。

第八章
生命保险与年金函数

我们再来考虑 (x) 的每年初支付的定期生命年金,假设期限为 n 年,给定利率为 i,那么,这笔年金的现值为:

$$a_{\overline{\min(K_x+1,n)|}}$$

这个现值的期望值用 $\ddot{a}_{x:\overline{n}|}$ 来表示。

K_x 的可能取值和相应的概率及 $a_{\overline{\min(K_x,n)|}}$ 和 $\ddot{a}_{\overline{\min(K_x+1,n)|}}$ 的值如表 8.5 所示:

表 8.5　　　　期末支付、期初支付定期生命年金可能数值及概率

K_x	0	1	2	⋯	$n-1$	n	$n+1$	⋯
概率	q_x	$_1|q_x$	$_2|q_x$	⋯	$_{n-1}|q_x$	$_n|q_x$	$_{n+1}|q_x$	⋯
$a_{\overline{\min(K_x,n)|}}$	0	$a_{\overline{1|}}$	$a_{\overline{2|}}$	⋯	$a_{\overline{n+1|}}$	$a_{\overline{n|}}$	$a_{\overline{n|}}$	⋯
$\ddot{a}_{\overline{\min(K_x+1,n)|}}$	$\ddot{a}_{\overline{1|}}$	$\ddot{a}_{\overline{2|}}$	$\ddot{a}_{\overline{3|}}$	⋯	$\ddot{a}_{\overline{n|}}$	$\ddot{a}_{\overline{n|}}$	$\ddot{a}_{\overline{n|}}$	⋯

$\min(K_x,n)$ 取 n 值的概率为 $_np_x$,于是从表 8.5 中得到如下公式:

$$a_{x:\overline{n}|} = \sum_{m=1}^{n-1} {}_m|q_x \times a_{\overline{m|}} + {}_np_x \times a_{\overline{n|}} \tag{8.20}$$

$$\ddot{a}_{x:\overline{n}|} = \sum_{m=0}^{n-2} {}_m|q_x \times \ddot{a}_{\overline{m+1|}} + {}_{n-1}p_x \times \ddot{a}_{\overline{n|}}$$

或

$$\ddot{a}_{x:\overline{n}|} = \sum_{m=0}^{n-1} {}_m|q_x \times \ddot{a}_{\overline{m+1|}} + {}_np_x \times \ddot{a}_{\overline{n|}} \tag{8.21}$$

类似于公式(8.16),可以推导出:

$$a_{x:\overline{n}|} = \sum_{m=1}^{n} v^m \times \frac{l_{x+m}}{l_x} \tag{8.22}$$

$$\ddot{a}_{x:\overline{n}|} = \sum_{m=0}^{n-1} v^m \times \frac{l_{x+m}}{l_x} \tag{8.23}$$

在本节的最后,我们探讨一下在某个期限内的死亡期间支付的生命年金。

考虑 (x) 在未来 n 年内的死亡期间每年年末支付 1 元的年金,如图 8.13 所示:

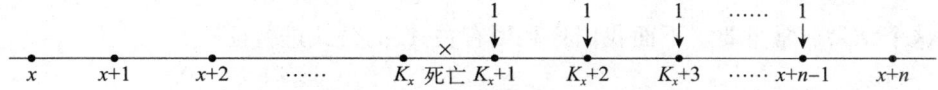

图 8.13　x 在未来 n 年内的死亡期间每年年末支付 1 元的年金

我们把这种死亡之后每年年末支付的生命年金的预期现值记为 $a_{x|\overline{n}|}$,容易理解,

$$a_{x|\overline{n}|} = a_{\overline{n}|} - a_{x:\overline{n}|} \tag{8.24}$$

类似地,我们可以定义死亡之后每年初支付的生命年金预期现值符号为 $\ddot{a}_{x|\overline{n}|}$,其表示的年金支付如图 8.14 所示。

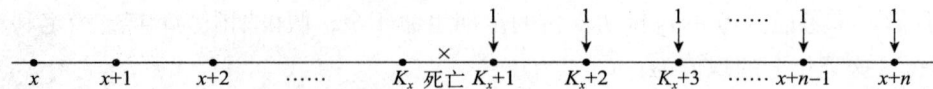

图 8.14　死亡之后每年初支付的生命年金

显然，

$$\ddot{a}_{x|\overline{n}|} = \ddot{a}_{\overline{n}|} - \ddot{a}_{x:\overline{n}|} \tag{8.25}$$

三、生命保险与生命年金的预期现值之间的关系

A_x 与 $\ddot{a}_x$ 间的重要关系，以及相应的 $A_{x:\overline{n}|}$ 与 $\ddot{a}_{x|\overline{n}|}$ 间的关系，在预期现值的计算中常常起到重要的作用，在实际工作中被广泛使用。

A_x 与 $\ddot{a}_x$ 间关系为：

$$A_x = 1 - d\ddot{a}_x \tag{8.26}$$

这里，$d = 1 - v$，是与利率 i 相应的贴现率。

为了便于读者更好地熟悉和理解相关的内容，我们将用三种方法证明或说明这个公式：(1) 通过研究寿险和生命年金的预期现值；(2) 通过公式的推导；(3) 通过对一般意义的解释及说明。

我们已经知道，$\ddot{a}_x$ 为 $\ddot{a}_{\overline{K_x+1}|}$ 的数学期望值。我们首先从这里开始。

$$\begin{aligned}
\ddot{a}_x &= E[\ddot{a}_{\overline{K_x+1}|}] \\
&= E[(1 - v^{K_x+1})/d] \\
&= \frac{1}{d} E[1 - v^{K_x+1}] \\
&= \frac{1}{d}[1 - A_x]
\end{aligned}$$

将此公式变形，即得所求公式：

$$A_x = 1 - d\ddot{a}_x$$

这个结果非常重要。下面我们将利用有关 A_x 的公式进行证明：

$$\begin{aligned}
A_x &= \sum_{m=0}^{\infty} {}_{m|}q_x \times v^{m+1} \\
&= \sum_{m=0}^{\infty} {}_mp_x \times q_{x+m} \times v^{m+1} \\
&= \sum_{m=0}^{\infty} ({}_mp_x - {}_mp_x \times p_{x+m}) \times v^{m+1} \\
&= \sum_{m=0}^{\infty} ({}_mp_x - {}_{m+1}p_x) v^{m+1}
\end{aligned}$$

$$= 1 - 1 + \sum_{m=0}^{\infty} ({}_m p_x - {}_{m+1} p_x) v^{m+1}$$

$$= 1 - \sum_{m=0}^{\infty} {}_m p_x (v^m - v^{m+1})$$

而 $1 - v = d$，故，

上式 $= 1 - d \sum_{m=0}^{\infty} {}_m p_x \times v^m$

$= 1 - d \ddot{a}_x$

最后，我们将利用一般推导来解释此公式。

假定 (x) 投资 1 元购买年利率为 i 的债券，且将于这个人死亡之年年末偿还（如图 8.15）。

显然，这项投资的预期现值为 1 元，因为它是现在进行的。

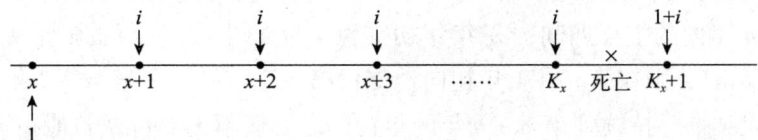

图 8.15　年利率为 i 的债券

这笔资本将于 (x) 死亡之年年末偿还，所以，这项死亡给付的预期现值为 A_x。而价值为 i 的利息将在年末支付，直至并且包括 (x) 死亡之年。这些利息的预期现值为：

$$i(A_x + \ddot{a}_x) - i$$

用语言解释，即 (x) 活着时每年年末的 i（即 $i\ddot{a}_x$）加上死亡年年末的 i（即 iA_x）。这项最初投资的预期现值应与回报的预期现值相同。因此：

$$1 = A_x + i(A_x + \ddot{a}_x) - i$$
$$= (1 + i)A_x + i\ddot{a}_x - i$$

因此：

$$(1 + i) = (1 + i)A_x + i\ddot{a}_x$$

两边同除以 $1 + i$ 得：

$$A_x = 1 - d\ddot{a}_x$$

类似地，可以证明：

$$A_{x:\overline{n}|} = 1 - d\ddot{a}_{x:\overline{n}|} \tag{8.27}$$

四、延期支付的生命年金

前一节的延期生命保险是指其保险给付在将来支付的情况，而延期的生命年金也很普遍。其中，最常见的例子是延期支付的退休年金。例如，一个机构不会同意对现年 25 岁的人提供养老金，而要当他的年龄达到 60 岁或 65 岁时开始支付，这种给付仍然是一种年金，但延期了 35 年或 40 年。

我们从生命年金的符号，也可以引申出延期支付的生命年金的符号。与前一节对延期生命保险的探讨一样，我们不列出所有情况下的符号，读者可以根据给出的符号推出其他的符号。下面是两个常用的符号：

$_m|a_x$ 表示 (x) 的延期 m 年的期末支付的生命年金，即在 (x) 延期 m 年之后的生存期间，每年年末支付 1 元的生命年金的预期现值。这意味着，若 (x) 活着，则在第 $m+1$ 年末向他支付第一个 1 元，在第 $m+2$ 年末支付第二个 1 元，依次类推，持续到死亡。注意符号中的 x 表示享受年金的人的现在的年龄，而不是开始支付年金的年龄。

$_m|\ddot{a}_{x:\overline{n}|}$ 表示 (x) 的延期 m 年、期限为 n 年的期初支付的生命年金，即在 (x) 延期 m 年之后的 n 年内的生存期间，每年年初支付 1 元的生命年金的预期现值。也就是说，若 (x) 活着，则在第 $m+1$ 年初向他支付第一个 1 元，在第 $m+2$ 年初支付第二个 1 元，依次类推，持续到第 $m+n$ 年的年初，之后便不再支付；若他在 m 年内 ($x+m$ 岁之前) 死亡，则没有任何支付。

同样，我们略去证明过程，只给出延期的计算公式，并请读者思考一下为什么有这样的公式：

$$_m|a_x = v^m{}_mp_x \times a_{x+m} = {}_mE_x \times a_{x+m} \tag{8.28}$$

$$_m|\ddot{a}_{x:\overline{n}|} = v^m{}_mp_x \times \ddot{a}_{x+m:\overline{n}|} = {}_mE_x \times \ddot{a}_{x+m:\overline{n}|} \tag{8.29}$$

第三节　基本生命保险与年金的数值计算

为了计算各种类型的生命保险与生命年金的预期现值，我们将定义换算函数，这些换算函数可以把很长的计算大大简化。

一、换算函数 D_x

第一个换算函数用 D_x 表示，是为简化生存保险的单位预期现值公式而定义的。考虑 (x) 的 n 年期的生存保险，我们已经知道：

$$A_{x:\overline{n}|}^{1} = v^n{}_np_x$$

即对于某一个生命表，有：

第八章
生命保险与年金函数

$$A_{x:\overline{n}|}^{\ 1} = v^n \frac{l_{x+n}}{l_x} = \frac{v^{x+n} l_{x+n}}{v^x l_x}$$

考虑到该表达式的分子和分母的形式相同（$v^r \times l_r$，在分子中，$r = x + n$，在分母中 $r = x$），于是，定义：

$$D_x = v^x \times l_x \tag{8.30}$$

然后有：

$$A_{x:\overline{n}|}^{\ 1} = \frac{D_{x+n}}{D_x} \tag{8.31}$$

由此，只需关于所有年龄 x 的 D_x 表，就能计算对应于表中的任何年龄和期限的所有生存保险的预期现值。这是一个相当重要的收获。只是有一点应当注意，对于不同的利率，D_x 表是不同的。

二、换算函数 C_x 和 M_x

如果 D_x 仅仅是计算生存保险的捷径，则其计算是不够合算的。事实上，它还揭示了更多的东西。在这里，我们再定义另外两种换算函数 C_x 和 M_x，它可用来计算死亡保险的预期现值。

考虑 (x) 的死亡保险，如他在 $x + k$ 岁到 $x + k + 1$ 岁之间死亡，保险公司将在 $x + k + 1$ 岁时支付保险金 1 元。其中 k 是大于等于 0 的整数。此保险的预期现值是 $v^{k+1} \times {}_{k|}q_x$。我们可将其表示为：

$$\begin{aligned} v^{k+1} \times {}_{k|}q_x &= v^{k+1} \times {}_kp_x \times q_{x+k} \\ &= v^{k+1} \times \frac{l_{x+k}}{l_x} \times q_{x+k} \\ &= \frac{v^{x+k+1} d_{x+k}}{v^x l_x} \end{aligned}$$

此表达式的分母即 D_x，而且如将分子作为另一换算函数 C_x，使用时会更方便。因此，定义：

$$C_x = v^{x+1} \times d_x \tag{8.32}$$

C_x 自身的用途是有限的，但当我们研究其他保险时，它与另一个非常有用的换算函数 M_x 有直接联系。

先看一个 (x) 的终身寿险的例子，即在被保险人死亡之年年末支付单位保险金，其预期现值为：

$$A_x = \sum_{k=0}^{\infty} {}_{k|}q_x \times v^{k+1} \tag{8.33}$$

代入已学过的符号，它可写成：

$$A_x = \sum_{k=0}^{\infty} \frac{C_{x+k}}{D_x}$$

显然，若定义：

$$M_x = \sum_{k=0}^{\infty} C_{x+k} \tag{8.34}$$

则可以简化上述表达式，于是：

$$A_x = \frac{M_x}{D_x} \tag{8.35}$$

注意，这里的 C_x 和 M_x 是指保险金死亡年末支付的情形。如果保险金为死亡立即支付，则对应有 $\overline{C}_x$ 和 $\overline{M}_x$。

三、利用换算函数计算两全保险

在这里，我们将把两全保险看做一个定期寿险和一个生存保险的组合。于是，可以证明：

$$A_{x:\overline{n}|} = \frac{M_x - M_{x+n} + D_{x+n}}{D_x} \tag{8.36}$$

换算函数的确把很长的计算大大简化了。但它们有一个缺陷，就是对每个不同的利率需要一套独立的换算函数。

四、换算函数 N_x

考虑 (x) 的年末支付的终身年金：

$$a_x = \sum_{m=1}^{\infty} v^m \times l_{x+m}/l_x = \sum_{m=1}^{\infty} v^m \times {}_m p_x$$

求和式中的每一项都是一个生存保险的预期现值，即：

$$a_x = \sum_{m=1}^{\infty} A_{x:\overline{m}|}^{\ 1} \tag{8.37}$$

因此，用换算函数 D_{x+m} 表示，即：

$$a_x = \sum_{m=1}^{\infty} \frac{D_{x+m}}{D_x} \tag{8.38}$$

于是，我们定义换算函数：

$$N_x = \sum_{k=0}^{\infty} D_{x+k} \tag{8.39}$$

从而，我们有一个关于 a_x 的简便公式：

$$a_x = \frac{N_{x+1}}{D_x} \tag{8.40}$$

换算函数 N_x 的用处是：如果我们有在同一利率下的一个 N_x 和 D_x 表，我们就可计算任何年龄的任何生命年金。

类似地，可以得到：

$$\ddot{a}_x = \frac{N_x}{D_x} \tag{8.41}$$

对于定期生命年金，通过 $a_{x:\overline{n}|} = a_x - v_n^n p_x a_{x+n}$ 可得：

$$a_{x:\overline{n}|} = \frac{N_{x+1} - N_{x+n+1}}{D_x} \tag{8.42}$$

类似地，可以得到：

$$\ddot{a}_{x:\overline{n}|} = \frac{N_x - N_{x+n}}{D_x} \tag{8.43}$$

对于延期的终身年金 $_m|\ddot{a}_x$，我们也可以很容易地推出用换算函数表示的计算公式：

$$_n|a_x = v_n^n p_x \times a_{x+n} = \frac{D_{x+n}}{D_x} \frac{N_{x+n+1}}{D_{x+n}} = \frac{N_{x+n+1}}{D_x} \tag{8.44}$$

与

$$_n|\ddot{a}_x = \frac{N_{x+n}}{D_x} \tag{8.45}$$

五、利用 M_x 计算定期的和延期支付的寿险

正如 N_x 可用来计算延期支付的生命年金，M_x 亦可用来计算定期的和延期支付的寿险。二者公式十分相似。

根据已学过的内容，很容易导出下面的公式：

$$A^1_{x:\overline{n}|} = A_x - {}_n|A_x = A_x - v^n {}_n p_x A_{x+n} \tag{8.46}$$

作为一个练习，请读者从这个公式入手，证明：

(1) $$A^1_{x:\overline{n}|} = \frac{M_x - M_{x+n}}{D_x} \tag{8.47}$$

(2) $$_n|A_x = \frac{M_{x+n}}{D_x} \tag{8.48}$$

显然，这也是十分重要的两个公式。

六、换算函数间的关系

根据寿险与年金间的关系可导出换算函数间的关系。例如,根据:

$$A_x = 1 - d\ddot{a}_x$$

即:

$$\frac{M_x}{D_x} = 1 - d\frac{N_x}{D_x}$$

得:

$$M_x = D_x - dN_x \tag{8.49}$$

类似地,可以得到:

$$C_x = (1-d)D_x - D_{x+1} \tag{8.50}$$

第四节　一般年金与保险函数

一、每年支付 m 次的生命年金

(一) 概念与符号

与每年年初或年末发生一次支付的生命年金相比,在实际中,生命年金的支付常常是更加频繁。例如,养老金通常是按月支付,即每年支付 12 次。此外,还常常有每季度支付和每半年支付一次的情况,即每年支付 4 次、2 次,等等。对于一份每年中支付 m 次的生命年金,这 m 次支付把一年分成 m 个时间间隔,在每个间隔初支付的年金,我们称为期初支付,在每个间隔末支付的年金,我们称为期末支付。例如,每月月末支付的生命年金称为每年支付 12 次的期末支付生命年金。下面我们定义每年支付 m 次的生命年金的符号 —— 在这里,要特别注意在定义的符号中,有关每年及每月所支付金额的含义。

我们先定义单位终身生命年金的预期现值符号。

考虑一个人从 x 岁开始,在生存期间每年支付 1 元,分 m 次,在期末支付的终身生命年金,我们将其预期现值表示为 $a_x^{(m)}$。右上标"(m)"表示年金在一年内的支付次数。类似地,我们定义其余几个单位生命年金预期现值的符号:

$a_x^{(m)}$ 表示一个人从 x 岁开始，在生存期间每年支付 1 元、分 m 次，在期末支付的终身生命年金在 x 岁时的现值。

$\ddot{a}_x^{(m)}$ 表示一个人从 x 岁开始，在生存期间每年支付 1 元、分 m 次，在期初支付的终身生命年金在 x 岁时的现值。

$a_{x:\overline{n}|}^{(m)}$ 表示一个人从 x 岁开始，在未来 n 年中的生存期间，每年支付 1 元、分 m 次，在期末支付的定期生命年金在 x 岁时的现值。

$\ddot{a}_{x:\overline{n}|}^{(m)}$ 表示一个人从 x 岁开始，在未来 n 年中的生存期间，每年支付 1 元、分 m 次，在期初支付的定期生命年金在 x 岁时的现值。

需要注意的是这些年金是每年支付 1 元，因此每次支付 $1/m$ 元。例如，$a_{60}^{(12)}$ 表示一个 60 岁的人在未来生存期间，每月末领取 1/12 元；$\ddot{a}_{18:\overline{37}|}^{(12)}$ 表示一个 18 岁的人在未来的 37 年间（55 岁之前）的生存期间，每月初领取 1/12 元。

（二）每年分 m 次支付的终身生命年金计算公式

我们可以直接写出每年支付 m 次的生命年金的预期现值：

$$\ddot{a}_x^{(m)} = \frac{1}{m} \sum_{k=0}^{\infty} \sum_{j=0}^{m-1} v^{k+\frac{j}{m}} \times {}_{k+\frac{j}{m}}p_x \tag{8.51}$$

注意：因子 $\frac{1}{m}$ 不能缺少，因为符号 $\ddot{a}_x^{(m)}$ 表示每年金额为 1 元的年金的预期现值。

上述表达式中各项为：

在 $k + \frac{j}{m}$ 时刻应付的金额，$\frac{1}{m}$；

× 从 $k + \frac{j}{m}$ 时刻到 0 时刻的贴现因子，$v^{k+\frac{j}{m}}$；

× 在 $k + \frac{j}{m}$ 时刻进行支付的概率，${}_{k+\frac{j}{m}}p_x$。

生命表函数通常以整数年龄编制，如 $\ddot{a}_x$ 或 $\ddot{a}_{x:\overline{n}|}$ 在制表时，通常也是使用整数的 x 与 n，因此有必要把一年多次支付年金的预期现值用每年支付一次年金的预期现值表示出来。因此，我们探讨如何用 a_x 或 $\ddot{a}_x$ 来对 $\ddot{a}_x^{(m)}$ 进行近似估算。

在此，我们不加证明地给出数学中的 Woolhouse's 公式：

对于任何适当函数 $f(t)(t \geq 0)$，有：

$$\begin{aligned}&\frac{1}{m} \sum_{k=0}^{\infty} \sum_{j=0}^{m-1} f\left(k + \frac{j}{m}\right)\\&= \sum_{k=0}^{\infty} f(k) - \frac{m-1}{2m} f(0) + \frac{m^2-1}{12m} f'(0) - \frac{m^4-1}{720m} f'(0) + \cdots\end{aligned} \tag{8.52}$$

（上述级数收敛且存在导数）。

对函数 $f(t) = v^t \times {}_t p_x$ 应用上述公式，并注意：

$$\frac{\partial}{\partial t} v^t \times {}_t p_x = \frac{\partial}{\partial t} e^{-\delta t} \times {}_t p_x = -(\delta v^t \times {}_t p_x + v^t \times {}_t p_x v_{x+t})$$

$$\frac{\partial}{\partial t} v^t \times {}_t p_x = \frac{\partial}{\partial t} e^{-\delta t} \times {}_t p_x = \delta v^t \times {}_t p_x + v^t \times {}_t p_x \mu_{x+t}$$

计算第 m^2 项，有：

$$\ddot{a}_x^{(m)} \approx \ddot{a}_x - \frac{m-1}{2m} - \frac{m^2-1}{12m}(\delta + \mu_x) \tag{8.53}$$

为简单起见我们在实际中一般采用：

$$\ddot{a}_x^{(m)} \approx \ddot{a}_x - \frac{m-1}{2m} \tag{8.54}$$

由此，我们可以得到：

$$a_x^{(m)} \approx \ddot{a}_x^{(m)} - \frac{1}{m}$$

$$= \ddot{a}_x - \frac{m+1}{2m}$$

$$= a_x + \frac{m-1}{2m} \tag{8.55}$$

（三）每年分 m 次支付的定期生命年金计算公式

对于年龄为 x 的人，在 n 年期内的生存期间，每年支付 m 次、期初支付的定期生命年金，由于相应的延期年金满足：

$$_n|\ddot{a}_x^{(m)} = v^n \times {}_n p_x \ddot{a}_{x+n}^{(m)}$$

以及：

$$\ddot{a}_{x:\overline{n}|}^{(m)} = \ddot{a}_x^{(m)} - v^n \times {}_n p_x \ddot{a}_{x+n}^{(m)}$$

因此，

$$\ddot{a}_{x:\overline{n}|}^{(m)} = \ddot{a}_x - \frac{m-1}{2m} - v^n \times {}_n p_x (\ddot{a}_{x+n} - \frac{m-1}{2m})$$

$$= \ddot{a}_{x:\overline{n}|} - \frac{m-1}{2m}(1 - v^n \times {}_n p_x) \tag{8.56}$$

$$= \ddot{a}_{x:\overline{n}|} - \frac{m-1}{2m}(1 - \frac{D_{x+n}}{D_x}) \tag{8.57}$$

类似地，

$$a_{x:\overline{n}|}^{(m)} = a_x^{(m)} - v^n \times {}_n p_x a_{x+n}^{(m)}$$

$$= a_{x:\overline{n}|} + \frac{m-1}{2m}(1 - v^n \times {}_n p_x) \tag{8.58}$$

$$= a_{x:\overline{n}|} + \frac{m-1}{2m}(1 - \frac{D_{x+n}}{D_x}) \tag{8.59}$$

这等同于：

$$\ddot{a}_{x:\overline{n}|}^{(m)} - \frac{1}{m} + \frac{1}{m}v^n \times {}_np_x$$

$$= \ddot{a}_{x:\overline{n}|} - (\frac{m-1}{2m} + \frac{1}{m})(1 - v^n \times {}_np_x)$$

$$= \ddot{a}_{x:\overline{n}|} - \frac{m-1}{2m}(1 - v^n \times {}_np_x) \tag{8.60}$$

$$= \ddot{a}_{x:\overline{n}|} - \frac{m+1}{2m}(1 - \frac{D_{x+n}}{D_x}) \tag{8.61}$$

二、死亡时立即支付的生命保险

以上我们假设死亡保险金在死亡年末给付，并且集中讨论了每年支付一次的年金，只是略微涉及了多次支付的年金。实践中，只要索赔单证的有效性得以证明，死亡保险金在死后的很短时间内给付。因此，假设延至死亡年末给付就显得不够谨慎了，而假设死亡后立即支付保险金才是谨慎的态度。

（一）终身寿险

考虑一份保额为 1 的终身寿险，在年龄为 x 的人死亡时立即支付。该保险金的现值为 V^{T_x}，因为 T_x 的密度函数为 ${}_tp_x\mu_{x+t}$。

所以，V^{T_x} 的期望值，即终身寿险给付的单位预期现值为：

$$\overline{A}_x = E(V^{T_x})$$
$$= \int_0^\infty v^t {}_tp_x \mu_{x+t} dt \tag{8.62}$$

并且，容易推导出，其方差为：

$$Var(v^{T_x}) = {}^2\overline{A}_x + (\overline{A}_x)^2$$

式中，前上标"2"为预期现值以利率 $(1+i)^2 - 1$ 计算。

（二）定期寿险与两全保险

我们可以对死亡时立即给付保险金的定期寿险和两全保险，定义其预期现值及延期寿险的符号和意义。

我们用 $\overline{A}^1_{x:\overline{n}|}$、$\overline{A}_{x:\overline{n}|}$ 分别表示在死亡时立即支付保险金的定期寿险和定期两全保险的单位预期现值。于是，

$$\overline{A}^1_{x:\overline{n}|} = \int_0^n v^t{}_tp_x \mu_{x+t} dt \tag{8.63}$$

$$\overline{A}_{x:\overline{n}|} = \overline{A}^1_{x:\overline{n}|} + A_{x:\overline{n}|}^{\ 1} \tag{8.64}$$

注意公式（8.64）中，仅死亡保险金受支付时间变化的影响，生存保险金并不受其影响。

此外，我们把如下公式的含义及其证明留给读者去考虑：

$$\overline{A}_x = \overline{A}^{\,1}_{x:\overline{n}|} + {}_{n|}\overline{A}_x \tag{8.65}$$

$$_{n|}\overline{A}_x = v^n \times {}_np_x \overline{A}_{x+n} \tag{8.66}$$

我们也可以用常见的生命表函数很方便地估算 $\overline{A}_x$、$\overline{A}_{x:\overline{n}|}$ 等。一种简单的近似是将一年中死亡的发生时间看做是服从均匀分布的。也就是说，当死亡发生在 $x+k$ 岁与 $x+k+1$ 岁之间（$k=0,1,2,\cdots$）时，就大约地认为死亡平均年龄为 $x+k+\frac{1}{2}$。在该假设下，死亡保险金平均在死亡年末之前 6 个月支付。因此，其预期现值近似为：

$$\overline{A}_x \approx (1+i)^{1/2} A_x \tag{8.67}$$

$$\overline{A}^{\,1}_{x:\overline{n}|} \approx (1+i)^{1/2} A^{\,1}_{x:\overline{n}|} \tag{8.68}$$

$$\overline{A}_{x:\overline{n}|} \approx (1+i)^{1/2} A^{\,1}_{x:\overline{n}|} + A^{\,}_{x:\overline{n}|} \tag{8.69}$$

再一次提请注意：两全保险中，仅死亡保险金受支付时间的影响。

另一种近似可以把终身或定期寿险当作一年期延期定期寿险的加总，那么（以终身寿险为例）：

$$\begin{aligned}\overline{A}_x &= {}_{0|}\overline{A}^{\,1}_{x:\overline{1}|} + {}_{1|}\overline{A}^{\,1}_{x:\overline{1}|} + {}_{2|}\overline{A}^{\,1}_{x:\overline{1}|} + \cdots \\ &= \overline{A}^{\,1}_{x:\overline{1}|} + vp_x \times \overline{A}^{\,1}_{x+1:\overline{1}|} + v^2 \times {}_2p_x \overline{A}^{\,1}_{x+2:\overline{1}|} + \cdots \end{aligned} \tag{8.70}$$

而：

$$\overline{A}^{\,1}_{x+k:\overline{1}|} = \int_0^1 v^t \times {}_tp_{x+k}\,\mu_{x+k+t}\,dt \tag{8.71}$$

我们知道，如果对每整数年龄间使用均匀分布假设，有：

$${}_tp_{x+k} \times \mu_{x+k+t} = q_{x+k} \qquad (0 \leqslant t < 1)$$

那么：

$$\overline{A}^{\,1}_{x+k:\overline{1}|} = q_{x+k}\int_0^1 v^t dt = q_{x+k}\frac{iv}{\delta}$$

因此：

$$\begin{aligned}\overline{A}_x &\approx \frac{i}{\delta}(vq_x + v^2 \times p_x \times q_{x+1} + v^3 \times {}_2p_x \times q_{x+2} + \cdots) \\ &= \frac{i}{\delta}A_x \end{aligned} \tag{8.72}$$

类似地，

$$\overline{A}^{\,1}_{x:\overline{n}|} \approx \frac{i}{\delta}A^{\,1}_{x:\overline{n}|} \tag{8.73}$$

三、连续支付的生命年金

前面我们探讨了死亡时刻立即支付的生命保险,相应地,连续而非每隔一时段支付一次的年金,也是在实际工作中起重要作用的函数。当然,这在实践中并不存在,但若支付十分频繁,如每周或每天,这一假设也是合理的。实际上,若每周支付,按连续支付的假设进行计算比使用近似 $\ddot{a}_x^{(52)} = \ddot{a}_x - \frac{51}{104}$ 等更为常见。

(一) 连续支付的终身年金

考虑一个年金,假设目前 x 岁的人在生存期间连续领取每年数额为 1 元的年金,该年金的现值为 $\bar{a}_{\overline{T_x}|}$,其预期现值表示为 $\bar{a}_x$,其值为:

$$\bar{a}_x = E[\bar{a}_{\overline{T_x}|}] = \int_0^\infty \bar{a}_{\overline{t}|} \, {}_tp_x \mu_{x+t} dt$$

注意:

$$\bar{a}_{\overline{t}|} = \int_0^t e^{-\delta s} ds$$

因此:

$$\frac{d}{dt}\bar{a}_{\overline{t}|} = e^{-\delta t} = v^t$$

联立后,有:

$$\bar{a}_x = [-\bar{a}_{\overline{t}|} \, {}_tp_x]_0^\infty + \int_0^\infty v^t \, {}_tp_x dt$$

根据近似公式 $\ddot{a}_x^{(m)} \approx \ddot{a}_x - \frac{m-1}{2m}$,令 $m \to \infty$,有:

$$\bar{a}_x \approx \ddot{a}_x - \frac{1}{2} \tag{8.74}$$

(二) 连续支付的定期年金

对于连续支付的定期生命年金,根据概念,其预期现值应为:

$$\bar{a}_{x:\overline{n}|} = E[\bar{a}_{\overline{\min[T_x,n]}|}]$$

$$= \int_0^n \bar{a}_{\overline{t}|} \, {}_tp_x \mu_{x+t} dt + \bar{a}_{\overline{n}|} \, {}_np_x$$

$$= \int_0^n v^t \times {}_tp_x dt$$

容易理解:

$$\bar{a}_x = \bar{a}_{x:\overline{n}|} + {}_{n|}\bar{a}_x$$

由公式(6.7),令 $m \to \infty$,有:

$$\bar{a}_{x:\overline{n}|} = \ddot{a}_{x:\overline{n}|} - \frac{1}{2}(1 - v^n \times {}_np_x)$$

$$= \ddot{a}_{x:\overline{n}|} - \frac{1}{2}(1 - \frac{D_{x+n}}{D_x}) \tag{8.75}$$

第九章

长期性险种的定价与准备金原理

健康保险中除了短期性医疗费用保险之外，主要是给付性的疾病保险和类似年金性的津贴、护理金保险了。这些险种的保险金形式有多种，交费方式也涵盖了人身保险的各类方式。寿险与年金是最基本的也是最典型的保险险种。其内在的精算逻辑较为简洁、清晰，同时，如果能够掌握寿险与年金的主要定价和计算准备金的方法，则可以组合出健康保险的多种交费和保险金的组合形式。因此，本章将通过讲解寿险产品的定价和准备金计算原理，帮助读者掌握长期性险种的相关精算技能。

我们已经了解了寿险与年金等各种支付形式的预期现值。我们就是在此基础上探讨如何确定相关险种的保费了。在确定保费的过程中，首先要以价值方程为原则，平衡保费收入与保险金支出和各类费用的支出。

第一节 价值方程

在第七章的第四节，我们曾探讨过一个交易项目中现金流量的价值方程。那是相对确定的现金流量的价值方程，其中的利率是其重要因素。现在我们要探讨的是一个长期性保险合同中的现金流量要遵循的方程。与之前不同的是，无论是健康保险还是整个人身保险，保险合同中涉及的现金流量具有鲜明的不确定性，我们的设计与定价是建立的概率统计的基础上，希望保费收入的数学期望与保险金和其他各项费用支出的数学期望相等。

我们在全面研究了寿险与年金等各种支付形式的预期现值的基础上，可以将保险

定价所遵循的收支相抵的方程,采用收支的预期现值的形式,即:

收入的预期现值 = 支出的预期现值

我们称这个方程为价值方程。

例如,一个公司与投保人签订一份充满不确定因素的保单,可能是定期寿险或两全保险,我们可以用预期现值的价值方程计算出投保人为了得到保险给付应承担的保费。如果投保人在保单生效时一次性交清保费,那么从保险公司的角度看,方程左边的预期现值就是确定的了,一次性支付的保费总数恰好是将来要给付保险金与费用的预期现值。如果所订的保单为被保险人在一段时间内的生存期间,每年按一定的金额交纳保费,则由于被保险人生存的不确定性,保险公司收入的现值常常是变化的,这取决于被保险人未来生存时间的长短。同样地,保险金的支出与费用的现值也经常变化,依赖于被保险人未来生存时间的长短。在保单刚开始时,我们不知道一个被保险人生命的长短。因此,我们不知道收入与支出的现值实际会有多大。我们知道的只是被保险人未来生存时间的统计分布情况,因此,只有找到一个恰当的生存模型和利率,我们才可以计算一系列收入与支出的预期现值。这就是说,对于设定的保险给付金额,我们可以找到一个适当的投保人交费标准,以支付此保险给付金额所需的成本和费用;同样,如果设定了交纳的保费数额,我们就可以找到适当的保险给付与其对应。

第二节 保费与净保费

一、保费

保险费是投保人购买各种保险而向保险人(保险公司)一次性支付或多次支付的费用,简称保费。投保人交纳保费的目的是获得保险给付。保险给付可能为下列任何标准形式——终身寿险、定期寿险、两全保险、生存保险、年金或以上情况的组合形式。保费的支付一般有以下几种方式:(1)在保单生效时一次性付清保费(趸交保费);(2)规定每年支付一定金额,保单生效时第一次支付,以后一直持续到被保险人死亡或达到约定的最大保费额度,常常即为保单约定的交费期限(每年支付保费保单);(3)一年多次支付确定的保费,通常每月支付一次,在被保险人死亡或达到约定最大限额时停交(月保费)。也常常有每星期支付一次保费的情况。保费的第一次支付总是在投保单生效之时。

下面是一些生命保险和年金保单的例子:

- 两全保险，在未来25年若生存至期满时，或在25年中死亡时支付保险金额；保费预先每年年初支付直到保单期满，如果提前死亡，则只支付到死亡时。
- 终身寿险，在死亡时支付保险金额；在未来25年中每月初交纳保费，如果提前死亡，则交费在死亡那个时间终止。
- 即期年金，趸交保费后开始每年领取年金。
- 延付年金，每月初交纳保费，直到某个期限后停止，并开始领年金。

二、净保险费

净保险费，是指在给定的假设死亡率与利率下，为了实现保单中预期的生命保险或年金的给付需交的金额。在这里，不计公司的营业等费用。净保险费也称纯保费或风险保费。保单中，净保费的计算可从下面的净保费价值方程中得出：

净保费收入的期望现值＝保险给付支出的期望现值

对趸交保费的保单，保费收入是确定的。而有些保单，其保费的交纳不是采用期初趸交的形式，而是在一段时间里多次交纳，具体的某笔保费交纳与否取决于被保险人是否处于生存状态，也就是说，寿险公司的保费收入取决于被保险人的未来生存时间，保费收入的现值和保险给付支出的现值都是随机变量，但保费的大小不是随机变量，是预期现值的函数。为了解这个方程，我们要假定被保险人的死亡率和未来可实现利率的值。这一系列假设是计算的基础，我们称之为精算计算基础。

三、利润

利润是指保单终止时（死亡或保单到期）保费的价值减去保险给付与费用支出后的余值，包含保单终止时已产生的利息[①]。利润的现值是一个随机变量，用净保费价值方程求出的净保费意味着预期利润为0，并且不计费用。

我们引入如下符号：

V_1 为净保费收入的现值。对于多次支付保费的保单来说，它是一个随机变量，但在趸交保费保单中它是确定的而不是随机的。

V_0 为保险给付支出的现值。这是一个随机变量。

V_{pr} 为利润的现值。

于是，

---

① 这是利润的初始定义，在寿险公司的经营中，利润又有新的含义，即在每年末可将提存了有效保单的准备金之后的余额作为当年利润提取出来，而不是等到保单终止之后再计算利润。事实上，有时会在更短的时间间隔末计算其利润。我们将在以后的章节中探讨此概念。

$$V_{pr} = V_1 - V_0$$

当我们用净保费价值方程去解净保费 P 时，我们知道：

$$E(V_1) = E(V_0)$$

即：

$$E(V_{pr}) = 0$$

注意：在一个具体的保单中，保费不是随机变量，就像保险金额一样，是在保单一开始就确定的。

注意：我们在保险的有关计算中几乎无一例外地都使用现值。这与利息理论中没有不确定性因素的价值方程形成了对比，在那里我们选择现值或终值来列出价值方程都可以。

四、符号

为了便于表达和应用，在研究净保费时我们约定了以下一系列标准符号：

P_x：对于年龄为 x 岁的人，其保险给付的预期现值为 A_x 时，每年应交的净保费记为 P_x，即年龄为 x 岁的人投保终身寿险，将来得到每元钱保险给付所应交的年净保费。

$P_{x:\overline{n}|}$：对于年龄为 x 岁的人，其保险给付的预期现值为 $A_{x:\overline{n}|}$ 时，每年应交的净保费记为 $P_{x:\overline{n}|}$。

$P^1_{x:\overline{n}|}$：对于年龄为 x 岁的人，其保险给付的预期现值为 $A^1_{x:\overline{n}|}$ 时，每年应交的净保费记为 $P^1_{x:\overline{n}|}$。

$_tP_x$：对于年龄为 x 岁的人，在 t 年内，生存期间交费的终身寿险，即每元钱的保险给付应交的年保费记为 $_tP_x$。

$_tP^{(m)}_{x:\overline{n}|}$：对于年龄为 x 岁的人，保险期限为 n 年的两全保险，在 t 年内的生存期间交费，每年交费 m 次，其每元钱的保险给付应交的年保费记为 $_tP^{(m)}_{x:\overline{n}|}$，即每次交费 $\frac{1}{m} {}_tP^{(m)}_{x:\overline{n}|}$ 元。

五、净保费价值方程应用举例

（一）普通寿险保单的净保费

我们在前面已给出了建立价值方程需要的函数。通常，我们可以对给定的保险给付，求应交纳的保费；有时，我们解价值方程是对给定的保费求保险给付；我们也可

第九章
长期性险种的定价与准备金原理

以在给出保费、保险给付及保险期间的情况下，解出利率 i；还有时在已给出保费、保额、利率的情况下求保险期间。

例 9.1 对于 (x) 的死亡年末支付、保额为 S 元的终身寿险，假定在保险期间内每年初支付净保费 P 元，未来每年实际利率为 i，给出相应的价值方程。

解：保费收入的预期现值就是被保险人在未来生存期间每年支付 P 元的预期现值，而每年初支付 1 元的预期现值为 $\ddot{a}_x$，因此，在利率为 i 的情况下，每年初支付 P 元的预期现值是 $P\ddot{a}_x$。我们已经知道，终身寿险每单位保险给付的预期现值为 A_x，因此，保险给付为 S 元的预期现值为 SA_x（利率为 i）。由此可得利率为 i 的净保费价值方程：

$$P\ddot{a}_x = SA_x \quad 利率为 i$$

例 9.2 一个 n 年期的定期两全保险，在被保险人死亡的年末或被保险人生存至保险期末时支付保险金额 S，求价值方程。保险期间内每年初支付保费 P，保单生效时被保险人为 x 岁，假定利率为 i。

解：所求价值方程为：

$$P\ddot{a}_{x:\overline{n}|} = SA_{x:\overline{n}|}$$

例 9.3

（1）如果被保险人在保单开始时为 x 岁，实际利率假定为 i，保险金额为 S，在保单有效期内每年初支付保费额为 P。求下面两种保险保单的净保费价值方程：

① n 年期定期寿险。

② n 年期生存保险。

（2）采用中国人身保险业经验生命表（2000~2003）CL1，计算上面①与②中的 P，已知 $S = 10\,000$，$x = 39$，$n = 25$，$i = 3\%$。

（3）采用中国人身保险业经验生命表（2000~2003）CL1，计算上面①与②中的 S，已知 $P = 1\,000$，$x = 20$，$n = 20$，$i = 3\%$。

解：此处我们略去部分解题过程，给出结果，请读者验证。

（1）所求价值方程为：

① $$P\ddot{a}_{x:\overline{n}|} = SA^1_{x:\overline{n}|}$$

② $$P\ddot{a}_{x:\overline{n}|} = Sv^n {}_np_x$$

（2）所求 P 为：

① $P = 10\,000 \times \dfrac{A^1_{39:\overline{25}|}}{\ddot{a}_{39:\overline{25}|}} = 10\,000 \times \dfrac{M_{39} - M_{64}}{N_{39} - N_{64}} = 41.56465$

② $P = 242.68753$

（3）所求 S 为：

① $S = 1\,000 \times \dfrac{\ddot{a}_{20:\overline{20}|}}{A^1_{20:\overline{20}|}} = 1\,000 \times \dfrac{N_{20} - N_{20}}{M_{20} - M_{20}} = 1\,119\,998.5$

② $S = 51\,605.4$

(二) 年金保单的净保费

例9.4 一个年龄为 x 岁的被保险人购买了一份每年年末给付 S 元的终身年金保险，趸交保费 P，求净保费的价值方程。

解：
$$P = Sa_x$$

例9.5 一个年龄为 x 岁的人购买了一份延期 n 年、年末支付的终身年金保险，每年支付 S 元，在延付期间每年交固定保费 P，如提前死亡，即停止交纳保费。求净保费的价值方程。

解：
$$P\ddot{a}_{x:\overline{n}|} = Sv^n {}_np_x a_{x+n}$$

我们不必记住预期现值的每一个公式，只要有基本生命年金和生命保险函数，我们就可以很容易地按所有保费支付的情况和保险给付的安排对任何一个简单的保险合同确定其净保费价值方程。重要的是必须弄清楚前面一章介绍的所有的生命保险与生命年金函数的意义，而且必须知道如何通过生命表函数计算出他们的值。

尽管在上述价值方程的运用中，利润的预期现值为 0，但是利润可能会有许多值，这些值的大小可能是在预期值的上下，也就是说它并不一定等于预期值，于是，出于谨慎、保守的设计思想，通常保单利润可能会大于 0。当然，某一保单完全有可能为公司提供小于 0 的利润，也就是亏损。

例9.6 一个 60 岁的人投保延期年金保险，从 70 岁起每年年末得到 5 000 元的给付，60~70 岁每年年初付一定金额的保费。

已知：利率 4%；死亡率采用英国 AM92 选择生命表，其中 $\ddot{a}_{[60]:\overline{10}|} = 8.0729$，${}_{10}p_{[60]} = 0.86947$，${}_{21}p_{[60]} = 0.52914$，$a_{70} = 9.375$。

(1) 求净保费。

(2) 在不考虑费用的情况下，计算寿险公司因该保单而赚取利润的概率。

解：

(1) 由：
$$P\ddot{a}_{[60]:\overline{10}|} = 5\,000 v^{10} \times {}_{10}p_{[60]} a_{70}$$

得：
$$P = 3\,410.63 \text{（元）}$$

(2) 如果被保险人在延期内死亡，或在年金开始支付时间之后的一段时间内死亡，则保单会产生利润。如果活到 70 岁，所交保费在 70 岁时的值为：

$$3\,410.63 \times \ddot{S}_{\overline{10}|} = 42\,586.3 \text{（元）}$$

假设在 70 岁之后又活了 t 年，计算出使不等式 $5\,000 a_{\overline{t}|} > 42\,586.3$ 成立的最小整数为 $t = 11$，于是，如果被保险人在 81 岁以前死亡，公司也会获利，81 岁以后投保人的年金支付就超过了保费支付的值，公司损失，公司获利的可能性为：

$$1 - {}_{21}p_{[60]} = 0.47086$$

六、每年多次支付保费的情况

在实际中，按月交费是很普遍的，也就是每年支付 12 次保费。尽管按季或半年支付一次的情况也在逐渐增加。按月交费保单中，交纳的保费多于相应的按年交费的保单。这主要有以下两个原因：

（1）与每年初交费相比，平均来讲，按月交费保单的保费收得较晚。按月交费保单其交费过程贯穿于整个一年之中，而不是在年初支付，它的影响在于保险人对于每一份保费都少收了一定的利息，所以按月交费的保费额就稍大一些，以补偿少收的利息。

（2）每年初交费的保单中，如果被保险人存活至保单的第 t 年，第 t 次保费一定是已支付的，因为是在年初交费，在按月交费保单中，被保险人如在年内死亡，一部分保费就没有支付，这是按月交费的保费额要稍大一点的又一原因。

例 9.7 考虑一份保险金额为 20 000 元的两全保险保单，被保险人现年 40 岁，保险期间为 20 年，保险金在死亡之年年末支付，或在保单期满时支付；保费从现在起开始每月初支付直至期满或被保险人死亡为止。已知设定年利率为 4%，死亡率采用英国 AM92 选择生命表。计算每月应交纳的净保费。

解：设 P 为所求应交月保费，则交纳保费的预期现值为

$$12P\ddot{a}^{(12)}_{[40]:\overline{20}|} \approx 12P[\ddot{a}_{[40]:\overline{20}|} - \frac{11}{24}(1 - \frac{D_{60}}{D_{[40]}})]$$
$$\approx 12P[13.930 - 0.4583(1 - 0.43013)]$$
$$\approx 164.0259P$$

而给付的预期现值为：

$$20\,000 A_{[40]:\overline{20}|} = 9\,284.6$$

于是，由 $164.0259P = 9\,284.6$ 即得：

$$P = 56.6045（元）$$

在实际工作中，有时会采用按周交纳保费的方式，我们从第八章中知道

$$\lim_{n \to \infty} \ddot{a}^{(m)}_{x:\overline{n}|} = \bar{a}_{x:\overline{n}|}$$

一般我们用函数 $\bar{a}_{x:\overline{n}|}$ 来表示按周支付的保费的价值，而不是 $\ddot{a}^{(52.18)}_{\overline{n}|}$，也就是，我们把按周交费近似认为是连续性交费。

例 9.8 一位 50 岁的人打算购买一份终身寿险，每周交净保费 65 元，在 70 岁之前的生存期间交纳保费，保险金在死亡后立即支付。按中国人身保险业经验生命表（2000—2003）CL1，年利率为 3%。根据保单，应支付的保险金是多少（提示：每年

平均有 52.18 周)?

解：在此我们略去计算细节，仅仅给出主要表达式和最终结果，请读者自行验证：

$$65 \times 52.18 \, \bar{a}_{50:\overline{20|}} \approx 65 \times 52.18 \{\ddot{a}_{50:\overline{20|}} - 0.5(1 - \frac{D_{70}}{D_{50}})\}$$

$$\approx 48\,215.35$$

$$\bar{A}_{50} \approx (1+i)^{1/2} \, A_{50} = 0.44599$$

保险金给付为 108 108.91 元。

第三节 费 用

在前面的净保费价值方程中，我们在计算时没有考虑费用或其他的保单开支。寿险公司出具一份保单，必须保证保单中所包含的全部费用，能够从投保人那里收回来。投保人实际支付的保费，被称为毛保费，它与计算出的净保费是不同的，其区别在于要负担费用以及可能的其他开支，如利润等。

一、费用的种类

常见的费用类型有下面几种：

（1）保单费用。它不依赖于保费或保险金额的多少，是固定的费用，例如：保单出立单据、每年更新信息的开支，以及合理的一般办公费用。

（2）保费比例费用，主要包括付给经纪人或出售保单中间人的佣金，习惯上按保费百分比计算。

（3）保险金比例费用，包括税收及在承保时发生的费用，如体检费用。

在保单订立的最初期，费用较多。这是因为这时要发生所有的承保费用、部门为建立合同的管理费用，和最重要的大部分保险中介的佣金。对于一份按年交费的两全保险保单，一种典型的佣金安排是：在保单开始时支付给保险中介第一笔佣金，为毛保费的 50%，即最初的佣金，其后每年支付每笔毛保费的 2.5%，即续保佣金。如果保单持有人决定停止交费，中间人也就停止收到佣金，如果保费支付间隔小于一年，那么最初的佣金费用就可以分散到整个第一年的保费中，或者在保单开始时作为一笔单独的支出。

这些费用通常表现为初始费用、续保费用和理赔费用。初始费用，即在保单开始发生的费用,包括保单费用、保费比例费用和保险金比例费。续保费用,即继续维持保单的费用,包括发保费催单、更新记录,等等,及续保佣金的费用。续保费用一般被假定在未来的支付期间里会上涨。续保费用也包括每份保单费用,保费百分比的费用和(很少的)保险金百分比的费用。理赔费用,应支付保险金时发生的费用。其大小或者和保险金额大小有关,又或者是每种类型的保单收取固定的金额。

二、通货膨胀对费用的影响

每份保单的续期费用不会总保持它们开始时的水平,一般会上升,因为寿险部门的经营费用会受物价和工资膨胀的影响。佣金占保费率的百分比不会受通货膨胀的影响。而核算每份保单保费的费用成本,需要对未来通货膨胀率作出准确的估计。如果我们假定一个固定的未来年通货膨胀率为 j ,也就是每份保单在时刻 0 的续期费用 X ,会成为 t 时刻的 $X(1+j)^t$ 。在 t 时刻的支付发生与否是不确定的,取决于被保险人的生存情况,可能性为 ${}_tp_x$ 。一般我们对费用在某一利率 i 下的预期现值感兴趣,每份保单续期费用的预期现值就是:

$$X(1+j)^t v_i^t {}_tp_x$$

我们写做:

$$X v_{i'}^t {}_tp_x$$

其中,

$$i' = \frac{1+i}{1+j} - 1,$$

也就是:

$$i' = \frac{i-j}{1+j}$$

三、隐含费用

保险单的毛保费通常是根据保费的预期现值等于保险金和费用的预期现值来计算的,也就是根据假设给定的死亡率、利率和费用,按预期利润为零来计算的。

不管怎样,保险金的支出和保费收入都是随机变动的(保费数额不是任意的,而支付的偶然性取决于被保险人生存与否,所以是随机的),于是寿险公司的实际收入减去支出在某一年可能是正的或负的。公司要保证在每一年支出不能比收入大很多。为此,它必须建立额外的基金来平衡在现金流量上的随机变动性。简而言之,公司会通过向投保人收取稍多些的保费,即比预期保险金和费用的现值多些,来建立额外基金,这意味着公司不得不在保费方面合并一笔附加费用,或形成一笔额外的利润。通常这种额外利润是不允许的，一般采用调整精算计算基础中某些假设的差异来代替隐含费用。例如，用利率的差异。如果我们使用一个保守估计的利率，也就是在保费计算中一个较低的利率假定（这是有极大可能性的）保费所产生的实际利息，加上保费本身会多于足够支付保险金的数额。

在死亡率和费用的估计方面也会有这样的问题，这样，我们将很少看到保费明显地合并了费用的膨胀或理赔费用——这些部分通过其他基本因素的差异而被隐含起来。在极端的情况下，我们可以根本不作任何费用的假定，而是替之以人为的低利率来计算毛保费，这就允许了费用的隐含。

四、毛保费价值方程

对于一个给定的保险金额，一份保单的毛保费可以通过如下的毛保费价值方程而求得：

毛保费的预期现值 = 支出的保险金的预期现值 + 支出的费用的预期现值

即：

收入的预期现值 = 支出的预期现值

这个预期现值方程（通常称为价值方程）用于计算任何保单的保费。这意味着保费计算中的原则是保单的预期利润为零（但是我们知道通常假定上的差异会形成一个隐含的、不确定的、正的利润）。还有其余的利润水平可以使用，我们可以允许带来显而易见的利润的保费为一个特定的利润水平而形成的费用负担。

其他的保费计算原则也是可能的。例如：根据已知道的有关保费收入和保险金支出的随机变动性，我们设计一个可能形成利润的保费。这是一个合理的想法，因为收入与支出的随机变动性。另一种情况是在设计上给予一个明确的特定利润。

五、求解毛保费的价值方程举例

例 9.9 一个 40 岁的人投保一份保险期间为 20 年的两全保险，保险金额为 15 000 元，在保险期内的死亡之年年末给付或在到期时给付；保费从现在起开始每年初支付直至期满或被保险人死亡为止。保险公司的初始费用是保额的 0.25% 与保费的 60% 再加上 100 元，续保费用为每次保费的 3%（不包括第一次），理赔或给付时费用预期为 50 元。计算每年应交纳的保费。采用英国 AM92 选择生命表，利率按每年 4% 计算。

解： 我们先找出保费、给付和费用的预期现值。

假定每年的保费为 P，那么保费收入的预期现值为：

第九章
长期性险种的定价与准备金原理

$$P\ddot{a}_{[40]:\overline{20|}} = 13.930P$$

考虑费用的预期现值，如下图 9.1：

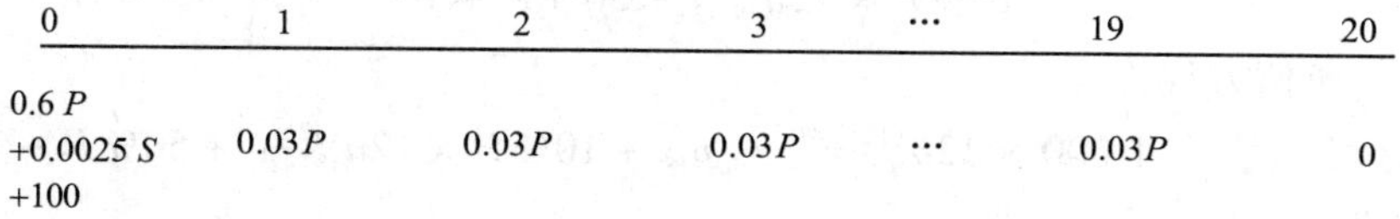

0	1	2	3	...	19	20
0.6P +0.0025S +100	0.03P	0.03P	0.03P	...	0.03P	0

图 9.1　费用

将图 9.1 改为图 9.2 更清楚。

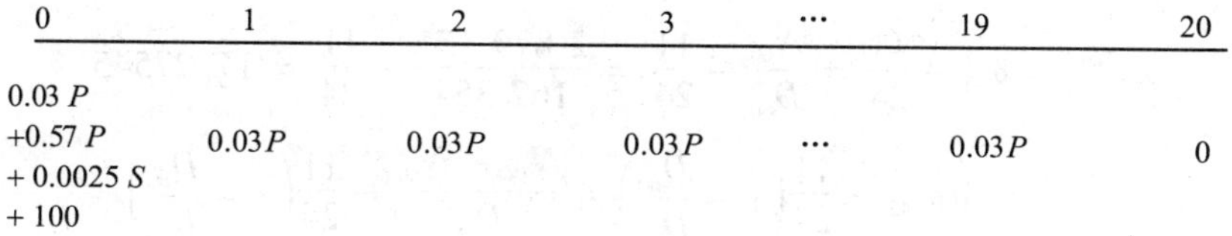

0	1	2	3	...	19	20
0.03P +0.57P +0.0025S +100	0.03P	0.03P	0.03P	...	0.03P	0

图 9.2　费用

这里，初始费用中的比例费用被表示为再发生费用（保费的 3%）和非再发生费用（保费的 57%），于是费用的预期现值为：

$$0.03P\ddot{a}_{[40]:\overline{20|}} + 0.57P + 0.0025 \times 15\,000 + 100 + 50A_{[40]:\overline{20|}}$$

保险给付的预期现值为：

$$15\,000A_{[40]:\overline{20|}}$$

于是，价值方程为：

$$P\ddot{a}_{[40]:\overline{20|}} = 0.03P\ddot{a}_{[40]:\overline{20|}} + 0.57P + 0.0025 \times 15\,000 + 100$$
$$+ 50A_{[40]:\overline{20|}} + 15\,000A_{[40]:\overline{20|}}$$

即：

$$0.97P\ddot{a}_{[40]:\overline{20|}} - 0.57P = 137.5 + 15\,050A_{[40]:\overline{20|}}$$

所以：

$$P = 550.46(\text{元})$$

例 9.10　一个 18 岁的男性投保了一份养老金保险，按保单约定，在他 60 岁后可于每月初领取 1 000 元的保险金，为此，他将于 18~60 岁期间的每月初交纳保费。已知保单的初始费用为月保费的 60% 加 10 元，续保费用每月为保费的 10%；采用中国人寿保险经验生命表（2000~2003）CL4，利率按 3% 计算。计算他应交纳的月保费。

解： 设应交月保费为 P 元。根据题意，保险给付在 60 岁时的预期现值为：

$$1\,000 \times 12\ddot{a}_{60}^{(12)}$$

应交保费在 18 岁时的预期现值为：

$$P \times 12\ddot{a}^{(12)}_{18:\overline{42}|}$$

发生的费用在 18 岁时的预期现值为：

$$10\%P \times 12\ddot{a}^{(12)}_{18:42} + 50\%P + 10$$

于是，价值方程为：

$$P \times 12\ddot{a}^{(12)}_{18:42} = 1\,000 \times 12\ddot{a}^{(12)}_{60} v^{42} \times{}_{42}p_{18} + 10\%P \times 12\ddot{a}^{(12)}_{18:\overline{42}|} + 50\%P + 10$$

或写成：

$$(1 - 10\%)P \times 12\ddot{a}^{(12)}_{18:\overline{42}|} - 50\%P - 10 = 1\,000 \times 12\ddot{a}^{(12)}_{60} \times \frac{D_{60}}{D_{18}}$$

其中：

$$\ddot{a}^{(12)}_{60} \approx \ddot{a}_{60} - \frac{11}{24} = \frac{N_{60}}{D_{60}} - \frac{11}{24} = \frac{2\,879\,151}{162\,354} - \frac{11}{24} = 17.27545$$

$$\ddot{a}^{(12)}_{18:42} \approx \ddot{a}_{18:42} - \frac{11}{24}\left(1 - \frac{D_{60}}{D_{18}}\right) = \frac{N_{18} - N_{60}}{D_{18}} - \frac{11}{24}\left(1 - \frac{D_{60}}{D_{18}}\right)$$

$$= \frac{17\,056\,775 - 2\,879\,151}{585\,017} - \frac{11}{24}\left(1 - \frac{162\,354}{585\,017}\right) = 23.903414$$

解得：

$$P = 223.32582$$

即月交保费 223.33 元。

第四节　保单价值与准备金

一、保单价值

通常，一份保单在投保人交纳了一定时期的保费之后，便具有了现金价值，我们即称之为保单价值。

被保险人在买保险时，很少怀疑保险公司的偿付能力，相信在需要时公司必定会履行其义务。这就涉及到保险公司要履行其承诺的义务和必须有良好的资信。这种资信不能靠侥幸，而是基于良好的精算管理。其精算管理的核心就是按保单价值的大小提取准备金，通过预留的准备金来保证履行其承诺。也就是说，精算师用来进行这种精算管理的工具，就是保单价值。

通常，有两种计算保单价值的方式，一种是用预期法计算的保单价值，称为预期保单价值（The prospective policy value）；一种是用追溯法计算的保单价值，称为追溯保单价值（The retrospective policy value）。考虑到通常的偿付能力监管体系的需要，本章重点探讨预期保单价值。

二、预期保单价值（The prospective policy value）

（一）预期保单价值的概念

我们把寿险保单的预期保单价值定义为：

未来支出的预期现值 − 未来收入的预期现值

通常，支出是指在生命保险或生命年金形式下的保险给付和将发生的费用，而收入是指被保险人所要交的保费。

这里定义的保单价值，是从未来的收入和支出而言，所以把它叫做预期保单价值。

先看看不计费用的简单例子。

例9.11 考虑一位30岁男性投保的一份生存保险保单，保险金额为1 000元，期限为3年，投保时一次性支付保费800元。按中国人身保险业经验生命表（2000～2003）CL1、年利率5%计算保单有效后的第一年末、第二年末、第三年末的预期保单价值为多少（不计费用）？

解：首先要留意"第 n 年末"这一专门术语，表示保单生效后起恰好过了 n 年的那一时刻。然后要留意保单在仍然有效时才有计算的价值。如果保单过期，就不会有现金流量，从而也不存在保单价值。

在第一年末，未来支出的预期现值为 $1\,000\,A_{31:\overline{2}|}^{1} = 905.28$ 元，这是因为被保险人在第一年末为31岁，只有活到33岁才能获得保险金额。因不存在未来收入，905.28元也就是第一年末保单价值。

类似地，第二年末，未来支出的预期现值为 $1\,000\,A_{32:\overline{1}|}^{1} = 951.43$ 元，这是因为投保人只有从32岁生存到33岁，才可获得保险金额。同样，因没有未来收入，951.43元就是保单价值。最后，利用相同的原理，可断定第三年末，保单价值为1 000元。

例9.12 在上一个例题中，被保险人投保时一次交清保费800元，于是对于第一年末、第二年末、第三年末，不存在未来收入。假定改变上述支付保费的方法，投保人选择了每年初支付270元的保费。那么，在第一、第二、第三年末预期保单价值是多少？

解：计算未来支出的预期现值的方法同上例题一致。在确定预期未来收入的现值之前，我们必须先明确每一年末计算保单价值是恰好在支付保费之前，还是恰好在支付保费之后。为了方便，在本书中，我们假定恰好在新的保费尚未支付之前计算保单

价值。这也是通常流行的假定。于是,在第 n 年末未来收入的预期现值为:$\ddot{a}_{30+n:\overline{3-n}|}$ 其中, $n=1,2,3$。

因此:
(1) 第一年末预期保单价值为:
$$1\,000 A_{31:\overline{2}|}^{1} - 270 \ddot{a}_{31:\overline{2}|} = 378.38\,(元);$$
(2) 第二年末预期保单价值为:
$$1\,000 A_{32:\overline{1}|}^{1} - 270 \ddot{a}_{31:\overline{1}|} = 681.43\,(元);$$
(3) 第三年末预期保单价值为 1 000(元)。

(二) 保单价值与准备金

事实上,从直观上看,预期保单价值是寿险公司在允许有未来保费收入的情况下,为应付保单所约定的未来保险给付而通过安全投资来储备的资金金额。

我们常常把保单价值用做衡量寿险公司偿付能力的尺度,这就是保单价值的重要性。在实际中,当计算了公司所有有效的保单价值之后,必须检查公司是否有至少等于全部保单价值的资金。假定有这笔钱,就要设立金额等于保单价值的准备金,并且,除了支付保险给付之外,不能挪做它用。

所以,严格的讲,保单价值是精算师计算出来的一个数,而保单准备金是与保单价值相同金额的,为将来的赔付或返还而储备的款项。这是两个不同的概念。我们在任何时候都可计算保单价值;而公司是否有能力或有足够的资金来设立相应的准备金是完全不同的另一个问题。但它们之间的紧密联系,又往往导致文字使用上的不严格,常常用"准备金"来表达"价值"。有时读者会遇到"预期保单准备金",但实际上它指"预期保单价值"。在这一章这种区别不会影响我们分析问题,但我们坚持使用"价值"。

(三) 计算保单价值的时机

什么时候计算保单价值呢?

保单价值可在保单有效期内即保单开出到满期为止的任何一个时刻计算。上述例题,都是在有效期内整数年末计算保单价值,但实际上它不是一般情况。比起每当到达一个整数年后计算,寿险公司更倾向于,在一个固定时间计算所有保单价值,这一天我们叫做估价日。所以只有在满整数年时正好是估价日的情况下,寿险公司才会在整数年末计算所有保单价值。一般来说,法律法规会规定估价的频率。例如,在英国的监管法规规定一年估价一次。但事实上公司估计的次数会更多。

(四) 预期未来支出现值与预期准备金 (The prospetive reserve)

对于一个寿险保单,我们常常要考虑另一个重要的概念——净支出,有时称为损失（Loss）。

$$净支出 = 未来支出的现值 - 未来收入的现值$$

因为等式右边的两个量是随机变动的，所以净支出也是随机变化的。在保单的起始点上，如果保单是按等价原则定价的，则预期净支出为0。

一旦保单在有效期内已生效一段时间，发生了部分收入和支出，预期的净支出不再是0，而是：

$$E(净支出) = E(未来支出的现值) - E(未来收入的现值)$$
$$= 预期保单价值$$

这就给了我们另一种角度去看待预期保单价值，即把它看做预期未来净支出。凭直觉可想到，当预计未来支出超过未来收入时，就会有预期的净支出，为了应付这样的净支出，就要求设立准备金，而预期保单价值告诉我们该设立多少准备金。

三、不考虑费用的情况下预期保单价值

（一）估价基础（The valuation basis）

我们已经探讨过保单定价时的一组假定（主要是指利率、死亡率、费用），即保单的定价基础（Pricing basis）或保费基础（Premium basis）。

当计算保单价值，即估价时，也必须（对利息、死亡率、费用）做相似的假定，这一组假设称为估价基础（Valuation basis）。按一些国家的规定，其估价基础和保费基础并不一定相同。在以后的章节中，我们将会探讨改变其中一个基础后的结果。

在这一节中，我们将考察在以下两个重要假定条件下，简单保单的预期价值。
1. 保单的估价基础和保费基础相同。
2. 忽略费用。

同样，除非有另外说明，我们假定死亡率按中国人身保险业经验生命表（2000~2003）CL1 计算，年利率 5%。

（二）生存保险的预期保单价值

例 9.12 和例 9.13 都是关于生存保险的预期保单价值。其中一个是一次性支付保费，另一个是分期支付保费。我们将进一步研究后一种情况。并且将介绍在一些简单保险给付的情况下，保单价值的标准符号。

假设 x 岁的人取得保险给付为 S，期限为 n 的生存保险保单，并每年支付保费 P，则当 t 为整数且 $0 \leq t \leq n$ 时，在 t 年末预期价值为：

$$SA_{x+t:\overline{n-t}|}^{1} - P\ddot{a}_{x+t:\overline{n-t}|} \tag{9.1}$$

上式中第一部分为保险给付的预期现值，第二部分为保费收入的预期现值。按常规：①我们计算保单价值是在保单有效期内，第 t 年末；②计算保单价值是在支付保费之前。在定价基础和估计基础相同的情况下，由于 P 满足价值方程：

$$P\ddot{a}_{x:\overline{n}|} = SA_{x:\overline{n}|}^{\ 1}$$

所以：

$$P = S\frac{A_{x:\overline{n}|}^{\ 1}}{\ddot{a}_{x:\overline{n}|}}$$

于是，保单价值（9.1）等价于：

$$S\left(A_{x+t:\overline{n-t}|}^{\ 1} - A_{x:\overline{n}|}^{\ 1}\frac{\ddot{a}_{x+t:\overline{n-t}|}}{\ddot{a}_{x:\overline{n}|}}\right) \tag{9.2}$$

即：

$$SA_{x+t:\overline{n-t}|}^{\ 1} - P\ddot{a}_{x+t:\overline{n-t}|} = S\left(A_{x+t:\overline{n-t}|}^{\ 1} - A_{x:\overline{n}|}^{\ 1}\frac{\ddot{a}_{x+t:\overline{n-t}|}}{\ddot{a}_{x:\overline{n}|}}\right) \tag{9.3}$$

注意，（9.3）式只有在保费定价基础和估价基础相同的条件下成立。请读者自己分析如果两个基础不同，哪里会出现问题。

（9.2）式中，

$$A_{x+t:\overline{n-t}|}^{\ 1} - A_{x:\overline{n}|}^{\ 1}\frac{\ddot{a}_{x+t:\overline{n-t}|}}{\ddot{a}_{x:\overline{n}|}}$$

是保险金额为 1 个单位的生存保险的预期保单价值。我们把它记作 $_tV_{x:\overline{n}|}^{\ 1}$，即：$_tV_{x:\overline{n}|}^{\ 1}$ 是指一个 x 岁人投保了保险金额为单位价值的生存保险，并且在 n 年保险期限内，每年初交保费的情况下，在保单有效期内 t 时刻（第 t 年末，$0 \leqslant t \leqslant n$）的预期保单价值。

"V"象征保险金额为单位价值的预期保单价值。"V"右边的上标和下标描述保险种类，"V"左边的下标表示有效期内估计的时间（第几年末）。

读者可以验证，对于上述 $_tV_{x:\overline{n}|}^{\ 1}$，随着 t 增加，保单价值也在增加。这是因为保单价值与生存到保险期满时的保险给付有密切的关系。随着 t 一年一年地增加，支付这笔保险金额的时间也一年一年地靠近给付时刻，于是直接可知为了应付满期时的给付，就应留出更多的款项做为准备金。

（三）定期寿险的预期保单价值

考虑一份定期寿险，保险期限为 n 年，保额为 1 元，被保险人年龄为 x 岁，每年定额支付保费。该保单在保险有效期内 t 时刻（第 t 年末，其中 t 为整数且 $0 \leqslant t \leqslant n$）的预期保单价值可表示为 $_tV_{x:\overline{n}|}^{\ 1}$ 即：

$_tV_{x:\overline{n}|}^{\ 1}$ 表示 x 岁的人投保的期限为 n 年的定期寿险在 t 年的预期保单值，其中保费每年初交纳。

采用根据与 $_tV_{x:\overline{n}|}$ 的计算公式同样的推导方式,可得 $_tV^1_{x:\overline{n}|}$ 的计算公式。按我们已熟悉的方式,把每单位保额(1 元)所交的保费记为 $P^1_{x:\overline{n}|}$,于是,

$$P^1_{x:\overline{n}|} = \frac{A^1_{x:\overline{n}|}}{\ddot{a}_{x:\overline{n}|}} \tag{9.4}$$

因此,在保单仍有效的情况下,保险给付在第 t 年末的预期现值为:

$$A^1_{x+t:\overline{n-t}|}$$

而未来若干年所交纳保费的预期现值为(假设保单仍有效):

$$P^1_{x:\overline{n}|}\ddot{a}_{x+t:\overline{n-t}|}$$

因此预期保单价值为:

$$_tV^1_{x:\overline{n}|} = A^1_{x+t:\overline{n-t}|} - P^1_{x:\overline{n}|}\ddot{a}_{x+t:\overline{n-t}|} \tag{9.5}$$

注意,我们再次强调,这个结果建立在估价基础和定价基础一致的基础上。

保单价值的大小变化是有一定规律的。一般是由较小的保单价值开始缓慢地增长,然后慢慢地减少,直至保单期末的 0。显然,到了期末,如果保单仍有效,一定是被保险人人仍活着,这就没有可支付的保险给付,也没有新的保费收入。

(四)终身寿险或两全保险的预期保单价值

考虑一份终身寿险,保额为 1 元,被保险人年龄为 x 岁,每年定额支付保费。该保单在保单有效期内 t 时刻(第 t 年末,其中 t 为整数)的预期保单价值可表示为 $_tV_x$,即:$_tV_x$ 表示 x 岁的人投保的终身寿险在第 t 年的预期保单值,其中保费每年初交纳。

采用根据与 $_tV^1_{x:\overline{n}|}$ 的计算公式同样的推导方式,可得 $_tV_x$ 的计算公式。按我们已熟悉的方式,把每单位保额(1 元)所交的保费记为 P_x,于是,

$$P_x = \frac{A_x}{\ddot{a}_x} \tag{9.6}$$

因此,在保单仍有效的情况下,保险给付在第 t 年末的预期现值为:

$$A_{x+t}$$

而未来若干年所交纳保费的预期现值为(假设保单仍有效):

$$P_x\ddot{a}_{x+t}$$

因此预期保单价值为:

$$_tV_x = A_{x+t} - P_x\ddot{a}_{x+t} \tag{9.7}$$

可以证明,

$$_tV_x = 1 - \frac{\ddot{a}_{x+t}}{\ddot{a}_x} \tag{9.8}$$

(证明过程从略)

例 9.13 对于一份两全保险,假设保险期限为 n 年,保额为 1 元,被保险人年龄

为 x 岁，每年定额支付保费。该保单在保单有效期内 t 时刻（第 t 年末，其中 t 为整数且 $0 \leqslant t \leqslant n$）的预期保单价值记为 ${}_tV_{x:\overline{n}|}$，试求出 ${}_tV_{x:\overline{n}|}$ 的计算公式。

解： 采用根据与 ${}_tV_x$ 同样的推导方式，可以推导出：

$$_tV_{x:\overline{n}|} = A_{x+t:\overline{n-t}|} - P_{x:\overline{n}|}\ddot{a}_{x+t:\overline{n-t}|} \tag{9.9}$$

和

$$_tV_{x:\overline{n}|} = 1 - \frac{\ddot{a}_{x+t:\overline{n-t}|}}{\ddot{a}_{x:\overline{n}|}} \tag{9.10}$$

我们容易证明：

$$_tV_{x:\overline{n}|} = {}_tV^1_{x:\overline{n}|} + {}_tV_{x:\overline{n}|}^{1} \tag{9.11}$$

（五）年金保险的预期准备金

年金保险的预期准备金特别简单，因为年金保险一般为趸交保费或在年金开始之前的一段时间里定期交纳保费，一旦年金开始就不再有保费收入。唯一的未来现金流量就是保险给付的支出。因此预期保单价值是简单的未来保险给付支出的预期现值。我们必须确定计算保单价值的时间是在某一笔年金给付之前还是之后。通常，我们采取如下的方法：

1. 对于年末支付的年金，计算保单价值的时间为支付年金给付以后；
2. 对于年初支付的年金，计算保单价值的时间为支付年金给付之前。

例 9.14 计算下列年金保险单在第 t 年末的保单价值。

（1）年龄为 x 岁的被保险人未来每年年末支付的生命年金；
（2）年龄为 x 岁的被保险人未来每年年初支付的生命年金；
（3）年龄为 x 岁的被保险人在 n 年内每月月初支付的定期年金。

解： 在此，我们只给出结果，略去计算过程，请读者考虑为什么有如此的结果：

（1）a_{x+t}；
（2）$\ddot{a}_{x+t}$；
（3）$\ddot{a}^{(12)}_{x+t:\overline{n-t}|}$。

四、保费保单价值的有关因素

前面探讨保单价值的过程中，我们做了以下两个重要的假设：计算预期保单价值和追溯保单价值，采用与保费定价相同的计算基础；并且计算中我们忽略了费用。

我们现在将抛开这些假设，来探讨在采用不同于保费定价的计算基础并考虑到费用的情况下保单价值的大小。也就是说，前面提到的预期保单价值与追溯保单价值等价性的前提将不再存在。

我们把符合下列两个假设条件的预期保单价值称为毛保费保单价值：
① 保费定价的计算基础和保单价值的计算基础并不要求是相同的；
② 考虑未来将发生的费用。

毛保费保单价值的有关因素

毛保费保单价值以预期保单价值的定义为基础，定义为：

未来支出的预期现值 − 未来收入的预期现值

或表示为

未来净支出的预期现值

在此我们必须注意：

（1）未来的支出不仅包括给付，而且包括发生的费用。

（2）保费定价的计算基础与保单估价的计算基础并不一致。在实务中，我们知道保费的支付是根据保单记录来的，而这将用于计算未来收入的预期现值。我们经常按保费定价的计算基础来计算毛保费，然后按保单估价的计算基础来计算毛保费保单价值。

这里毛保费保单价值的本质涵义是指，在计算保单价值时要采用恰当的计算基础，最初保单定价时的计算基础可能已经不适用了，而此时按新的计算基础来考虑未来的预期支出和预期收入之差，即未来的预期净支出。

五、计算毛保费保单价值举例

我们以定期寿险为例，处理一个保费定价的计算基础和有效保单估价的计算基础不相同的问题。

例 9.15　某寿险公司计算毛保费保单价值的计算基础如下：

死亡率　　中国人身保险业经验生命表（2000~2003）CL1
利率　　　5%
初始费用　第一次保费的 20% 加 100 元
续保费用　第二次交费起为每次保费 5% 加 20 元

一个 30 岁的人买了一份保险期限为 30 年、保额为 100 000 元的定期寿险保单，保费每年初支付，在死亡之年年末得到保险金，假定经过计算，寿险公司为他设计的是每年初交纳 300 元的保费，计算在第 11 次保费支付之前，该保单的价值。

解：考虑第 11 次保费支付以前的保单价值。因为保费是年初支付的，所以，实际上是在 10 年末的保单价值。第 10 年末，这个被保险人已经 40 岁了。于是，保险给付的预期现值是：

$$100\ 000 \times A^1_{40:\overline{20}|} = 100\ 000 \times \frac{M_{40} - M_{60}}{D_{40}} = 4\ 126.74\ (元)$$

保费收入的预期现值是：
$$300 \times \ddot{a}_{40:\overline{20|}} = 3\,843.49\,(元)$$
续保费用的预期现值是：
$$(20 + 0.05 \times 300) \times \ddot{a}_{40:\overline{20|}} = 448.41\,(元)$$
因此，保单价值是：
$$4\,126.74 + 448.41 - 3\,843.49 = 731.66\,(元)$$

注意在计算保单价值时，我们不需要考虑初始费用。这是因为我们仅仅考虑未来的收入和支出因素，而在10年末的时刻来说，初始费用存在于过去。（这里的初始费用的影响，在保费定价时已体现了。）

类似地，我们当然也能够计算出其他险种的毛保费保单价值，如生存保险、年金保险，等等。我们还可以计算更复杂一点的情况，例如受通货膨胀影响而增长费用的情况等。

第十章

复合状态模型和多原因减员模型

第一节 复合状态模型

一、简单状态模型

在第三章我们曾探讨过简单生存模型,那时,我们从数学的角度,把生存状况抽象为一个简单的过程。在这种简单生存模型中,生命个体在状态之间的转换情况只有一种,即从生存状态向死亡状态转换,我们通常把这种简单生存模型称做简单状态模型或单原因减员模型,它可以用下面的图10.1来描述:

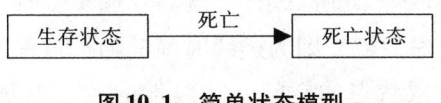

图10.1 简单状态模型

二、复合状态模型

我们可以把上述模型进一步扩展为复合状态模型,使可能的状态转换不止一个。下面的图10.2描述了一个包含疾病状态的模型。这里的可能状态共有3个,分别为"健康"、"疾病"和"死亡"。无论何时,每个人都可能在"健康"、"疾病"、"死亡"三种状态中的一种，每个人都可能沿箭头所示方向由一种状态转换到另一种状态。也就是说，生命个体可以由健康状态转换到疾病状态或死亡状态，也可以由疾病状态转换到健康状态或死亡状态，但无法由死亡状态转换到任何其他状态。

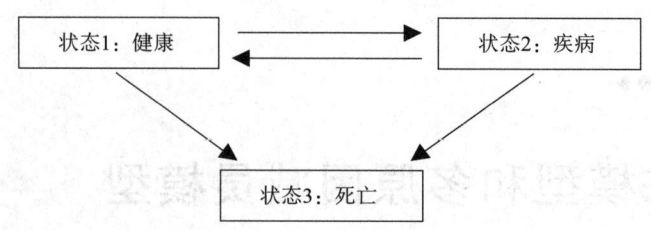

图 10.2　复合状态模型

复合状态模型是针对生命个体在任何时间点可能处于的状态和状态间可能的转换而定义的，如果在一个模型中可能的状态转换不止一个，则称此模型为复合状态模型。上述的疾病模型即为复合状态模型的一种，也是最重要的一种复合状态模型。

在疾病模型中，我们已经注意到，生命个体可以由健康状态或者由疾病状态转换到其他状态，但无法由死亡状态转换到任何其他状态。于是，我们把生命状态划分为"可转换"状态和"吸收性"状态。

"可转换"状态是指生命个体随时都有可能转换到其他状态的一种生命状态。例如：在疾病模型中的健康状态和疾病状态，它们都可能转换到其他状态。"吸收性"状态是指一旦进入就不能离开的生命状态。例如：在疾病模型中的死亡状态，任何生命个体无法从死亡状态转换到其他任何状态。

三、复合状态模型的一般形式

现在，考虑一般的模型，它有 n 个可能的状态，和一个重要的时间变量 x。

我们在一个连续的时间区间上和有限的生命状态中探讨生命状态 $\{S(x):0 \leq x \leq \infty\}$，这是一个随机过程。既然我们希望时间或年龄在它的范围内是连续地变化，那么我们考虑的模型即为连续时间的随机过程。既然只有 n 个可能的状态，这个过程就是一个有限状态的空间，从数学的意义上我们称之为状态空间。因此，对任何 x，$S(x)$ 的可能值一定是 $1,2,3,\cdots,n$。在此，我们用" $S(x) = 1$ "表示"在时刻 x 处于状态 1"，用" $S(x) = 2$ "表示"在时刻 x 处于状态 2"，…，用" $S(x) = n$ "表示"在时刻 x 处于状态 n"，我们现在考虑以下的条件概率

$$P\{S(x+t) = b | S(x) = a\}$$

其中 $a,b = 1,2,3,\cdots,n$。

上述概率，即在生命个体 x 岁时处于状态 a 的条件下，在 $x+t$ 岁时处于状态 b 的

第十章
复合状态模型和多原因减员模型

概率,我们用 ${}_tp_x^{ab}$ 来表示这个概率。这里 ${}_tp_x^{ab}$ 不仅依赖于我们关心的时间区间的长度 t,而且依赖于时间区间的出发点 x。

我们假设该随机过程为马尔可夫链。也就是说,对于一个年龄为 x 岁的生命个体,它在 $x+t$ 岁时所处的状态仅仅依赖于其在 x 岁时的状态,而与在 x 岁之前所处的状态无关。

在一般的模型中,假定状态 n 是"吸收"的,则可以用数学方式描述为

$$ {}_tp_x^{nb} = 0 \tag{10.1}$$

其中 $x, t \geq 0$,$b = 1, 2, \cdots, n-1$。

在复合状态模型中,假设生命个体在时间 x 处于一个特定的状态,不失一般性,我们假定它处于状态1;在时间 $x+t$,生命个体一定处于状态空间中的任意一种状态。运用全概率定律,对所有的 $x, t \geq 0$ 有:

$$\sum_{b=1}^n {}_tp_x^{1b} = 1$$

可以一般化为:

$$\sum_{b=1}^n {}_tp_x^{ab} = 1 \quad (\text{对所有的 } x, t \geq 0) \tag{10.2}$$

第二节 转换力与转换概率

一、转换力

我们来定义转换力。

假设出现在定义中的极限都存在,对 $x \geq 0$,我们定义由状态 a 向状态 b($a \neq b$)的转换力为:

$$\mu_x^{ab} = \lim_{t \to 0}\left[\frac{{}_tp_x^{ab}}{t}\right] \tag{10.3}$$

其中 $a \neq b$。

函数 μ_x^{ab} 是 x 的连续函数,它们对应于一般生命表中的死亡力。这些定义能被转化为以下的等价形式:

$$ {}_tp_x^{ab} = t \cdot \mu_x^{ab} + o(t) \quad (\text{对固定的 } x \geq 0) \tag{10.4}$$

其中 $o(t)$ 为 t 的高阶穷小量,即:

$$\lim_{t \to 0} \frac{o(t)}{t} = 0$$

对任何固定的 $x \geq 0$，在短（t 较小）时间区间（$x, x+t$）内从状态 a 到状态 b 间进行多次转换的概率是 $o(t)$。因此我们粗略地把 μ_x^{ab} 解释成"在时间 x"，从状态 a 转换到状态 b 的单位时间的即时概率。注意：与死亡力 μ_x 相同，μ_x^{ab} 也可能超过 1。

二、状态持续概率

状态持续概率又称未转换概率，就是生命个体继续保留在原状态而未发生任何转换的概率。用概率表达式描述即，对任何 $x, t \geq 0$，和 $a = 1, 2, \cdots, n$，有：

$$P\{S(x+u) = a, 对所有的 u \in [0,t] | S(x) = a\} \tag{10.5}$$

我们用符号 $_tp_x^{\overline{ab}}$ 表示这种概率。因此 $_tp_x^{\overline{11}}$ 表示：在 x 时处于状态 1 的生命个体，在时间区间 $[x, x+t]$ 内一直处于状态 1 的概率。注意，式子中"对任何 $x, t \geq 0$"的意思是说不包括由状态 1 转换到其他状态后又转换回状态 1 的情况。

我们令 $x, t \geq 0$ 为定值，对于很小的 $h > 0$（趋于 0^+），我们可以根据马尔可夫过程的性质推出如下表达式。

$$_{t+h}p_x^{\overline{11}} = {_tp_x^{\overline{11}}} \cdot {_hp_{x+t}^{\overline{11}}} \tag{10.6}$$

当 h 很小时，在时间区间 $[x+t, x+t+h]$ 内进行两次或多次转换的概率是 $o(h)$，因此，根据全概率公式，在 $[x+t, x+t+h]$ 上有：

$$1 = {_hp_{x+t}^{\overline{11}}} + {_hp_{x+t}^{12}} + {_hp_{x+t}^{13}} + \cdots + {_hp_{x+t}^{1n}} + o(h) \tag{10.7}$$

注意 $_hp_{x+t}^{11}$ 被 $_hp_{x+t}^{\overline{11}}$ 替代，因为在很小的时间区间内这两个概率相等，他们的区别是：$_hp_{x+t}^{11}$ 包括在 $[x+t, x+t+h]$ 间从状态 1 转换出去又回到状态 1 的概率。由（10.4）式：

$$_hp_{x+t}^{1b} = h \cdot \mu_{x+t}^{1b} + o(h)$$

其中 $b = 2, 3, \cdots, n$

得：

$$_hp_{x+t}^{\overline{11}} = 1 - h \cdot \sum_{b=2}^{n} \mu_{x+t}^{1b} + o(h)$$

因此：

$$_{t+h}p_x^{\overline{11}} = {_tp_x^{\overline{11}}}[1 - h \cdot \sum_{b=2}^{n} \mu_{x+t}^{1b} + o(h)]$$

即：

$$\frac{_{t+h}p_x^{\overline{11}} - {_tp_x^{\overline{11}}}}{h} = -(\sum_{b=2}^{n} \mu_{x+t}^{1b}) {_tp_x^{\overline{11}}} + \frac{o(h)}{h}$$

令 $h \to 0^+$，我们得到偏微分方程：

第十章
复合状态模型和多原因减员模型

$$\frac{\partial_t p_x^{\overline{11}}}{\partial t} = -\left(\sum_{b=2}^{n} \mu_{x+t}^{1b}\right){}_t p_x^{\overline{11}}$$

且满足边界条件：当 $t = 0$ 时，${}_t p_x^{\overline{11}} = 1$，

该微分方程的解为：

$${}_t p_x^{\overline{11}} = \exp\left\{-\int_0^t \sum_{b=2}^{n} \mu_{x+u}^{1b} du\right\} \tag{10.8}$$

三、估计转换力

我们假设 $\{S(x); 0 \leq x < \infty\}$ 为连续时间上的有限状态空间。"$S(x) = 1$"表示"生命个体在 x 岁时处于状态 1"，这些状态可以是指婚姻状态或养老金体系中不同类别的成员。假设我们有一个观察区间。我们观察在这个区间内状态间的转换次数和转换内容（例如由状态 1 转换到状态 2）。

假设每个个体代表一个独立的现实的过程 $\{S(x); 0 < x < \infty\}$，x 是个体的年龄。假设我们可以观察到个体的每个转换。

选定一个足够小的区间，比如 (x_1, x_2)，我们可以假设转换力 u_x^{ij} 分别等于常数 μ^{ij}（对 $i,j = 1,2,\cdots,n; i \neq j$）。

我们假设被观察的生命个体的确定年龄在 x_1 和 x_2 之间。

考虑在复合状态模型中某特定的生命个体的状态，假设他在时间 t_1 时开始被观察，并处于某一状态。

我们假设该特定的生命个体在时间 t_1 处于状态 1；

在时间 $t_1 + t_2$ 转换到状态 2；

在时间 $t_1 + t_2 + t_3$ 转换到状态 3；

在时间 $t_1 + t_2 + t_3 + t_4$ 转换到状态 1；

然后因为某种原因在时间 $t_1 + t_2 + t_3 + t_4 + t_5$ 离开我们的观察。

假设该生命个体在观察期的状态不受观察期以前状态的影响，也不影响观察期以后的状态。

有了这个进一步的假设，我们可以写出：

$${}_{t_2}P_{x_1}^{\overline{11}} \cdot \mu_{x_1+t_2}^{12} \cdot {}_{t_3}P_{x_1+t_2}^{\overline{22}} \cdot \mu_{x_1+t_2+t_3}^{23} \cdot {}_{t_4}P_{x_1+t_2+t_3}^{\overline{33}} \cdot \mu_{x_1+t_2+t_3+t_4}^{31} \cdot {}_{t_5}P_{x_1+t_2+t_3+t_4}^{\overline{11}}$$

$$= \exp\left\{-t_2 \sum_{b=2}^{n} \mu^{1b}\right\} \cdot \mu^{12} \exp\left\{-t_3 \sum_{\substack{b=1 \\ b \neq 2}}^{n} \mu^{2b}\right\} \cdot \mu^{23} \exp\left\{-t_4 \sum_{\substack{b=1 \\ b \neq 3}}^{n} \mu^{3b}\right\} \cdot \mu^{31} \exp\left\{-t_5 \sum_{b=2}^{n} \mu^{1b}\right\}$$

$$\tag{10.9}$$

假设在观察期里，有 N 个生命个体的年龄处于 (x_1, x_2)。

定义 W_i 为所有的观察期内，在定义的年龄范围内的个体停留在状态 i 的时间。

在前面的例子中个体在状态 1 的停留时间为 $t_2 + t_5$，因此，其 W_1 值为 $t_2 + t_5$。类似地 W_2、W_3 分别为 t_3、t_4。

定义 N_{ij} 为从状态 i 到状态 j ($i \neq j$) 的所有转换次数，在前面的例子中 N_{12} 为 1，N_{23} 为 1，N_{31} 为 1。

因此似然函数可以写成：

$$L = \exp\{-W_1 \sum_{b=2}^{n} \mu^{1b}\} \exp\{-W_2 \sum_{b=2}^{n} \mu^{2b}\} \cdots \exp\{-W_n \sum_{b=2}^{n} \mu^{nb}\} (\mu^{12})^{N_{12}}$$
$$(\mu^{13})^{N_{13}} (\mu^{14})^{N_{14}} \cdots (\mu^{n1})^{N_{n1}} \cdots (\mu^{nn-1})^{N_{nn-1}} \tag{10.10}$$

表达式（10.10）可以看做是死亡力似然函数表达式的推广。

考虑 $\log_e L$ 和它对各个转换力的偏导数，很直接地得出，μ^{ij} 的极大似然估计为：

$$\hat{\mu}^{ij} = N_{ij}/W_i \tag{10.11}$$

其中 $i, j = 1, 2, \cdots n, i \neq j$。

我们注意到，每一个估计是两个随机值的比值：转换的次数和在特定状态的停留时间。

如果一个特定随机试验的 N_{ij} 和 W_i 的值为 n_{ij} 和 w_i，我们可以认为极大似然估计值为：

$$\hat{\mu}^{ij} = n_{ij}/w_i \quad \text{其中 } i, j = 1, 2, \cdots n，并且 i \neq j \tag{10.12}$$

我们可以用 $\hat{\mu}_x^{ij}$ 做为 μ_x^{ij} 的估计值，这里 $x = \frac{1}{2}(x_1 + x_2)$。

在（10.11）式中的 W_i 是状态 i 的"等待时间"，对应于讨论一般生命表中的 μ_x 和 m_x 用到的 E_x^c。

对小样本，极大似然估计 $\hat{\mu}^{ij}$ 不太容易确定，但是当处于各状态的等待时间很长时，即中心风险暴露单位很大的时候，在合理的假设下，可以证明：

①此估计为无偏估计，即，当 $N \to \infty$ 时 $E(\hat{\mu}^{ij}) = \mu^{ij}$

②此估计为方差最小的估计。

③此估计服从正态分布。

④此估计的方差能被估计为 n/w^2。

例如，对大样本来说，$\hat{\mu}^{ij}$ 的方差为 n_{ij}/w_i^2，$\hat{\mu}^{ij}$ 服从均值为 μ^{ij}、方差为 μ^{ij}/W_i^2 的正态分布。

⑤μ^{ij} 是相互独立的。

四、多原因减员模型

(一) 模型的描述

我们将用一般多状态模型的框架描述多原因减员模型。

假设有 $m+1$ 个状态,用 $0,1,2,\cdots,m$ 表示。

我们把 "$S(x)=0$" 解释为 "生命个体在时间 x 时处于状态 0",状态 0 可以认为是代表所讨论的一组人的状态。

转换到状态 $1,2,\cdots,m$ 代表不同的减员原因,即以不同的方式退出状态 0,因此,我们有一个 m 种减员原因的减员模型。

如图 10.3 所示,箭头代表状态间可允许的转换。很明显,可能的转换只是从状态 0 到其他状态。在状态 $1,2,\cdots,m$ 间不可能发生转换,也不可能重新进入状态 0。方便地:状态 0 代表生存状态。

一旦个体进入状态 $1,2,\cdots,m$,他就不能离开,因此状态 $1,2,\cdots,m$ 是"吸收"的。

从状态 0 到状态 b 通常被描述成 b 类型的减少或通过 b 的方式离开。

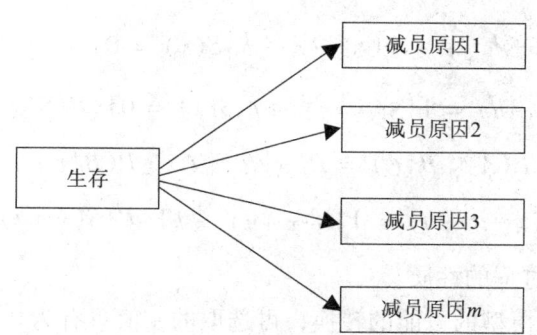

图 10.3 m 种减员原因的多原因减员模型

这暗含的意思是:在状态 0 的生命个体组成一个闭合的群体,没有新进入的成员,并且一旦离开状态 0 就不再进入。

现在考虑转换的条件概率:

$$_{t}p_{x}^{ab} = P\{S(x+t) = b \mid S(x) = a\}$$

显然,$a=0$。

在两状态间的转换力定义为:

$$\mu_{x}^{ab} = \lim_{t \to 0^+}\left[\frac{_{t}p_{x}^{ab}}{t}\right] \quad a=0,\ b=1,2,\cdots,m$$

假设转换力 μ_x^{0b} 的值已经通过实验估计出来了。μ_x^{0b} 也称为产生于减员原因 b 的减员力（$b = 1, 2, \cdots, m$）。

我们将推导用转换力表示的转换概率 ${}_tp_x^{ab}$ 的表达式。因为多原因减员模型的模式，我们注意 ${}_tp_x^{00}$ 等于复合状态模型中的 ${}_tp_x^{\overline{00}}$。因此：

$${}_tp_x^{00} = \exp\left\{ -\int_0^t \sum_{b=1}^m \mu_{x+u}^{0b} du \right\} \tag{10.13}$$

（二）转换概率或减员概率

我们现在开始研究从状态 0 转换到状态 $1, 2, \cdots, m$ 中任何一个的转换概率的表达式。不失一般性，我们选择研究向状态 1 转换的概率。考虑在时间 t 内从状态 0 到状态 1 的转换概率。

$${}_tp_x^{01} = P\{S(x+t) = 1 \mid S(x) = 0\}$$

对于给定的 x，$t \geq 0$，令 $h > 0$，且足够小，考虑：

$${}_{t+h}p_x^{01} = P\{S(x+t+h) = 1 \mid S(x) = 0\} \tag{10.14}$$

把年龄区间 $[x, x+t+h]$ 分为两个不重叠的部分：$[x, x+t]$ 和 $[x+t, x+t+h]$，那么：

$$P\{S(x+t+h) = 1 \mid S(x) = 0\}$$
$$= \sum_k P\{S(x+t+h) = 1, S(x+t) = k \mid S(x) = 0\}$$
$$= \sum_k P\{S(x+t+h) = 1 \mid S(x+t) = k, S(x) = 0\} \cdot P\{S(x+t) = k \mid S(x) = 0\}$$

在此我们利用了 $P(A \cap B \mid C) = P(A \mid B \cap C) \cdot P(B \mid C)$，所以：

上式 $= \sum_k P\{S(x+t+h) = 1 \mid S(x+t) = k\} \cdot P\{S(x+t) = k \mid S(x) = 0\}$

（根据马尔可夫过程的性质。）

给出多原因减员模型的可能的转换，可选取的 k 值只有为 0 和 1。我们注意到：

$$P\{S(x+t+h) = 1 \mid S(x+t) = 1\} = 1$$

因此我们得到：

$P\{S(x+t+h) = 1 \mid S(x) = 0\}$
$= P\{S(x+t+h) = 1 \mid S(x+t) = 0\} \cdot P\{S(x+t) = 0 \mid S(x) = 0\}$
$+ 1 \cdot P\{S(x+t) = 1 \mid S(x) = 0\}$

即：

$${}_{t+h}p_x^{01} = {}_tp_x^{00} {}_hp_{x+t}^{01} + {}_tp_x^{01} \tag{10.15}$$

μ_{x+t}^{01} 的定义能被解释为：

$${}_hp_{x+t}^{01} = h \cdot \mu_{x+t}^{01} + o(h)$$

所以：

$$_{t+h}p_x^{01} = {_tp_x^{00}} \cdot h \cdot \mu_{x+t}^{01} + {_tp_x^{01}} + o(h)$$

因此：

$$\frac{_{t+h}p_x^{01} - {_tp_x^{01}}}{h} = {_tp_x^{00}} \cdot \mu_{x+t}^{01} + \frac{o(h)}{h}$$

让 $h \to 0^+$，我们得到微分方程：

$$\frac{\partial {_tp_x^{01}}}{\partial t} = {_tp_x^{00}} \cdot \mu_{x+t}^{01} \tag{10.16}$$

考虑到边际条件：当 $t = 0$ 时，${_tp_x^{01}} = 0$
此方程的解为：

$$_tP_x^{01} = \int_0^t {_uP_x^{00}} \mu_{x+u}^{01} du \tag{10.17}$$

因此，更一般地，对 $b = 1, 2, \cdots, m$，有：

$$_tP_x^{0b} = \int_0^t {_uP_x^{00}} \mu_{x+u}^{0b} du \tag{10.18}$$

（三）多原因减员模型的符号

为了在描述上方便，我们定义几个标准符号，这不同于我们在前面使用的符号。
标准的符号表示为：

$$_t(ap)_x = {_tp_x^{00}} \tag{10.19}$$

$$(a\mu)_{x+t}^j = \mu_{x+t}^{0j} \qquad j = 1, 2, \cdots, m \tag{10.20}$$

$$_t(aq)_x^j = {_tq_x^{0j}} \qquad j = 1, 2, \cdots, m \tag{10.21}$$

$$(a\mu)_{x+t} = \sum_{j=1}^m \mu_{x+t}^{0j} \tag{10.22}$$

等式左边的符号来自于标准符号，右边的来自前面所引入的符号。
我们把 $(a\mu)_{x+t}$ 看作是总减员力。
按上述符号，由（10.13）式，${_tp_x^{00}}$ 可表示为：

$$_t(ap)_x = \exp\left\{-\int_0^t (a\mu)_{x+u} du\right\} \tag{10.23}$$

${_tp_x^{01}}$ 的表达式变为：

$$\frac{\partial {_t(aq)_x^1}}{\partial t} = {_t(ap)_x} (a\mu)_{x+t}^1$$

并且：

$$_t(aq)_x^1 = \int_0^t {_u(ap)_x} (a\mu)_{x+u}^1 du \tag{10.24}$$

对其他减员原因 $j = 2, 3, \cdots, m$，也有类似的表达式。

把所有的 m 种减员原因合起来，可得：

$$\frac{\partial}{\partial t} \sum_{j=1}^{m} {}_t(aq)_x^j = {}_t(ap)_x \sum_{j=1}^{m} (a\mu)_{x+t}^j$$

而且：

$$\sum_{j=1}^{m} {}_t(aq)_x^j = \int_0^t {}_u(ap)_x \sum_{j=1}^{m} (a\mu)_{x+u}^j du$$

记：

$${}_t(aq)_x = \sum_{j=1}^{m} {}_t(aq)_x^j \tag{10.25}$$

则可以简单地表示为：

$$\frac{\partial}{\partial t} {}_t(aq)_x = {}_t(ap)_x (a\mu)_{x+t} \tag{10.26}$$

$${}_t(aq)_x = \int_0^t {}_u(ap)_x (a\mu)_{x+u} du \tag{10.27}$$

其中：

$${}_t(aq)_x + {}_t(ap)_x = 1$$

由 ${}_t(aq)_x$ 定义可知：

$${}_t(aq)_x = P\{S(x+t) \neq 0 \mid S(x) = 0\} \tag{10.28}$$

也就是某在 x 岁时在状态 0 的生命个体（x），在 $x+t$ 岁时不在状态 0 的概率。因此生命个体（x）一定在年龄区间（$x, x+t$）内因某一种减员原因离开状态 0。

第三节 死亡、疾病模型

一、模型的描述

在死亡、疾病模型中，只有三种状态。状态的种类和可能的状态转换如图 10.2 所示。

我们把"$S(x) = i$"解释为"保单持有者在 x 岁时处于状态 i"（$i = 1, 2, 3$）。

为了方便，我们用更具体的符号表示多状态模型中的转换力：

$\sigma_x = \mu_x^{12}$（"sigma x"）表示一个年龄为 x 岁的人从健康状态到疾病状态的转换力。

第十章
复合状态模型和多原因减员模型

$\mu_x = \mu_x^{13}$（"mu x"）表示一个年龄为 x 岁的人从健康状态到死亡状态的转换力。

$\rho_x = \mu_x^{21}$（"rho x"）表示一个年龄为 x 岁的人从疾病状态到健康状态的康复力。

$v_x = \mu_x^{23}$（"nu x"）表示一个年龄为 x 岁的人疾病状态到死亡状态的死亡力。

考虑到离开状态 2 的转换力与在状态 2 里持续的时间有关会更现实一些。因此，转换力被表示为 $\rho_{x,z}$ 和 $v_{x,z}$，即

$\rho_{x,z}$（"rho x, z"）表示一个在疾病状态已持续 z 年的年龄为 x 岁的人转换到健康状态的康复力。

$v_{x,z}$（"nu x, z"）表示一个在疾病状态已持续 z 年的年龄为 x 岁的人转换到死亡状态的死亡力。

这里 z 是到现在已持续处于疾病状态的时间。然而在我们的模型中，我们假设转换力不依赖于 z。这是为了简化问题。

对于一般的 n 种状态的复合状态模型，我们用 μ_x^{ik} 表示一个 x 岁的人从状态 i 到状态 k 的转换力。

因此，用新的符号，我们有了以下的定义：

$$\sigma_x = \lim_{t \to 0^+}\left[\frac{{}_tp_x^{12}}{t}\right] \tag{10.29}$$

$$\rho_x = \lim_{t \to 0^+}\left[\frac{{}_tp_x^{21}}{t}\right] \tag{10.30}$$

$$\mu_x = \lim_{t \to 0^+}\left[\frac{{}_tp_x^{13}}{t}\right] \tag{10.31}$$

$$v_x = \lim_{t \to 0^+}\left[\frac{{}_tp_x^{23}}{t}\right] \tag{10.32}$$

这些定义有如下的等价形式，我们以 σ_x 为例：

对定值 $x \geq 0$，我们有：

$${}_tp_x^{12} = t \cdot \sigma_x + o(t) \tag{10.33}$$

我们假设通过观测已经估计出了 $\sigma_x, \rho_x, \mu_x, v_x$ 的值。

进一步地，我们定义以下两个表明状态和持续时间的函数和 $Z(x)$。

$Y(x)$ 表示一个 x 岁的人所处状态（在疾病模型中，他可能被认为是状态 1、2、3 中的一种）。

$Z(x)$ 表示一个 x 岁的人在现有状态下已经持续的时间，它可以取小于 x 的任意一个正值。

二、转换概率

我们将推导在死亡、疾病模型中的转换概率 ${}_tp_x^{11}, {}_tp_x^{12}, {}_tp_x^{13}, {}_tp_x^{22}, {}_tp_x^{21}, {}_tp_x^{23}$。

既然状态 3 是吸收的，则对所有 x，$t \geq 0$ 和 $b = 1, 2$，

$$_tp_x^{3b} = 0，并且 _tp_x^{33} = 1 \tag{10.34}$$

我们得到的表达式是以微分方程表示的。

先考虑 $_tp_x^{11}$，令 x，$t \geq 0$ 为定值，$h > 0$ 为"很小值"。

对于：

$$_{t+h}p_x^{11} = P\{S(x+t+h) = 1 \mid S(x) = 1\}$$

把年龄区间 $[x, x+t+h]$ 分为两个不重叠的部分：$[x, x+t]$ 和 $[x+t, x+t+h]$，那么，

$$P\{S(x+t+h) = 1 \mid S(x) = 1\}$$

$$= \sum_K P\{S(x+t+h) = 1, S(x+t) = k \mid S(x) = 1\} \tag{10.35}$$

$$= \sum_K P\{S(x+t+h) = 1 \mid S(x+t) = k, S(x) = 1\} \cdot P\{S(x+t) = k \mid S(x) = 1\}$$

$$= \sum_K P\{S(x+t+h) = 1 \mid S(x+t) = k\} \cdot P\{S(x+t) = k \mid S(x) = 1\}（这里我们利用了等式 P(A \cap B \mid C) = P(A \mid B \cap C) \cdot P(B \mid C) 和马尔可夫过程的性质。）$$

由死亡、疾病模型中可能的转换我们可知，k 的值只能为 1 或 2。

因此：

$$P\{S(x+t+h) = 1 \mid S(x) = 1\}$$
$$= P\{S(x+t+h) = 1 \mid S(x+t) = 1\} \cdot P\{S(x+t) = 1 \mid S(x) = 1\}$$
$$+ P\{S(x+t+h) = 1 \mid S(x+t) = 2\} \cdot P\{S(x+t) = 2 \mid S(x) = 1\}$$

$$_{t+h}p_x^{11} = {_hp_{x+t}^{11}} \cdot {_tp_x^{11}} + {_hp_{x+t}^{21}} \cdot {_tp_x^{12}}$$

在区间 $[x+t, x+t+h]$ 上，由式（10.2），得：

$$1 = {_hp_{x+t}^{11}} + {_hp_{x+t}^{12}} + {_hp_{x+t}^{13}}$$

σ_x，ρ_x 和 μ_x 的定义能解释为：

$$_hp_{x+t}^{12} = h \cdot \sigma_{x+t} + o(h) \tag{10.36}$$

$$_hp_{x+t}^{13} = h \cdot \mu_{x+t} + o(h) \tag{10.37}$$

$$_hp_{x+t}^{21} = h \cdot \rho_{x+t} + o(h) \tag{10.38}$$

因此：

$$_hp_{x+t}^{11} = 1 - h \cdot (\sigma_{x+t} + \mu_{x+t}) + o(h)$$

把 $_hp_{x+t}^{11}$ 和 $_hp_{x+t}^{21}$ 代入上式，可得：

$$_{t+h}p_x^{11} = {_tp_x^{11}}[1 - h \cdot (\sigma_{x+t} + \mu_{x+t})] + h \cdot \rho_{x+t} \cdot {_tp_x^{12}} + o(h)$$

因此：

$$\frac{{_{t+h}p_x^{11}} - {_tp_x^{11}}}{h} = -{_tp_x^{11}}(\sigma_{x+t} + \mu_{x+t}) + \rho_{x+t} \cdot {_tp_x^{12}} + \frac{o(h)}{h}$$

第十章
复合状态模型和多原因减员模型

让 $h \to 0^+$ 得微分方程：

$$\frac{\partial}{\partial t} {}_t p_x^{11} = -{}_t p_x^{11} \cdot (\sigma_{x+t} + \mu_{x+t}) + \rho_{x+t} \cdot {}_t p_x^{12} \tag{10.39}$$

对 ${}_t p_x^{12}, {}_t p_x^{21}, {}_t p_x^{22}$ 有相似的等式：

$$\frac{\partial}{\partial t} {}_t p_x^{12} = -{}_t p_x^{12} \cdot (\rho_{x+t} + \nu_{x+t}) + \sigma_{x+t} \cdot {}_t p_x^{11} \tag{10.40}$$

$$\frac{\partial}{\partial t} {}_t p_x^{21} = -{}_t p_x^{21} \cdot (\sigma_{x+t} + \mu_{x+t}) + \rho_{x+t} \cdot {}_t p_x^{22} \tag{10.41}$$

$$\frac{\partial}{\partial t} {}_t p_x^{22} = -{}_t p_x^{22} (\rho_{x+t} + \nu_{x+t}) + \sigma_{x+t} \cdot {}_t p_x^{21} \tag{10.42}$$

现在考虑 ${}_t p_x^{13}$，令 $x, t \geq 0$ 为定值，$h > 0$ 很小。

对于：

$${}_{t+h} p_x^{13} = P\{S(x+t+h) = 3 \mid S(x) = 1\}$$

我们把年龄区间 $[x, x+t+h]$ 分为两个不重叠的部分：$[x, x+t]$ 和 $[x+t, x+t+h]$，那么，由以上推导所用的方法可得：

$$P\{S(x+t+h) = 3 \mid S(x) = 1\}$$
$$= \sum_K P\{S(x+t+h) = 3, S(x+t) = k \mid S(x) = 1\}$$
$$= \sum_K P\{S(x+t+h) = 3 \mid S(x+t) = k\} \cdot P\{S(x+t) = k \mid S(x) = 1\}$$

这里 k 的值为 1，2，3。

注意：当 $k = 3$ 时 $P\{S(x+t+h) = 3 \mid S(x+t) = 3\} = 1$

所以，代入转换概率的符号并把上式展开得：

$${}_{t+h} p_x^{13} = {}_h p_{x+t}^{13} \cdot {}_t p_x^{11} + {}_h p_{x+t}^{23} \cdot {}_t p_x^{12} + {}_t p_x^{13}$$

μ_{x+t} 和 v_{x+t} 的定义可以被解释为：

$${}_h p_{x+t}^{13} = h \cdot \mu_{x+t} + o(h)$$
$${}_h p_{x+t}^{23} = h \cdot v_{x+t} + o(h)$$

因此，可得：

$${}_{t+h} p_x^{13} = h \cdot \mu_{x+t} \cdot {}_t p_x^{11} + h \cdot v_{x+t} \cdot {}_t p_x^{12} + {}_t p_x^{13} + o(h)$$

或者：

$$\frac{{}_{t+h} p_x^{13} - {}_t p_x^{13}}{h} = \mu_{x+t} \cdot {}_t p_x^{11} + v_{x+t} \cdot {}_t p_x^{12} + \frac{o(h)}{h}$$

让 $h \to 0^+$，我们得到微分方程：

$$\frac{\partial}{\partial t} {}_t p_x^{13} = \mu_{x+t} \cdot {}_t p_x^{11} + v_{x+t} \cdot {}_t p_x^{12} \tag{10.43}$$

对 ${}_t p_x^{23}$ 有相似的方程：

$$\frac{\partial}{\partial t}{}_tp_x^{23} = \mu_{x+t} \cdot {}_tp_x^{21} + v_{x+t} \cdot {}_tp_x^{22} \tag{10.44}$$

三、死亡、疾病模型的特殊符号

（一）状态标识

前面，我们把健康、疾病、死亡三种状态如上标记为 1，2，3。为了方便，我们可以用字母 H，S，D 来表示这三种状态。具体地，我们以 H 表示健康状态，以 S 表示疾病状态，以 D 表示死亡状态。

例如，我们可以采用如下的符号表示相应的概念：

（1）用 ${}_tp_x^{HH}$：一个 x 岁时健康的人在 $x+t$ 岁时处于健康状态的概率（注意：这个人在 x 到 $x+t$ 岁之间，可能曾经患病）。

（2）用 ${}_5p_{30}^{HD}$：一个 30 岁时健康的人在 5 年内死亡的概率。

（3）用 ${}_1p_{30,2}^{SD}$：一个 30 岁的人已经患病 2 年，在 1 年内死亡的概率。

（4）用 ${}_5p_{30}^{DS}$：一个 30 岁的已经死亡的人在 5 年内患病的概率，当然，其值为零。

（5）用 ${}_tp_x^{DD}$：一个 x 岁的已经死亡的人在 t 年内处于死亡状态的概率。该概率值显然为 1。

（二）转换力

采用新的状态标识符号，我们把相应的关系式可表示为如下的形式：

$$\sigma_x = \lim_{t \to 0^+} \frac{{}_tp_x^{HS}}{t} \qquad {}_tp_x^{HS} = t \cdot \sigma_x + o(t)$$

$$\mu_x = \lim_{t \to 0^+} \frac{{}_tp_x^{HD}}{t} \qquad {}_tp_x^{HD} = t \cdot \mu_x + o(t)$$

$$\rho_{x,z} = \lim_{t \to 0^+} \frac{{}_tp_{x,z}^{SH}}{t} \qquad {}_tp_{x,z}^{SH} = t \cdot \rho_{x,z} + o(t)$$

$$v_{x,z} = \lim_{t \to 0^+} \frac{{}_tp_{x,z}^{SD}}{t} \qquad {}_tp_{x,z}^{SD} = t \cdot v_{x,z} + o(t)$$

例 10.1 如果 ${}_tp_{50}^{HS} = 0.01t + 0.0001t^2 \ (0 \leq t \leq 50)$，求 σ_{50}。

解：利用公式得

$$\sigma_{50} = \lim_{t \to 0^+} \frac{{}_tp_{50}^{HS}}{t} = \lim_{t \to 0^+}(0.01 + 0.0001t) = 0.01$$

例 10.2 如果 $\sigma_x = 0.001x - 0.001$，并且 $\mu_x = 0.0005x - 0.001$，$30 \leq x \leq 35$，

第十章
复合状态模型和多原因减员模型

试求 $_5p_{30}^{\overline{HH}}$。

解:根据公式得:

$$\begin{aligned}
_5p_{30}^{\overline{HH}} &= \exp\left[-\int_0^5 (\sigma_{30+t} + \mu_{30+t})dt\right] \\
&= \exp\left[-\int_{30}^{35} (\sigma_x + \mu_x)dx\right] \\
&= \exp\left[-\int_{30}^{35} (0.001x - 0.01 + 0.0005x - 0.001)dx\right] \\
&= \exp\left[-\int_{30}^{35} (0.00105x - 0.011)dx\right] \\
&= \exp\left[(-0.000525x^2 + 0.11x)\Big|_{30}^{35}\right] = e^{-0.1155} = 0.891
\end{aligned}$$

第十一章

疾病保险

健康保险主要包括医疗保险和疾病保险。医疗保险又称医疗费用保险,即当发生医疗费用时,保险公司依据保险合同的约定予以补偿。而疾病保险是指当被保险人患有某种疾病时,即可得到保险公司的给付,以度过因疾病原因失去经济收入的时期。本章主要探讨非一次性给付的疾病保险,包括疾病保险的费率和准备金计算的基本原理。

长期业务是疾病保险的重要组成,但通常它不同于基本的人寿保险而表现出意外险或非寿险的一些特征。例如,疾病在某种程度上不像死亡那样是一个必然的问题,被保险人需向保险人证明(提交医生的检验报告)他们确实患有某种疾病,并且这种疾病属于承保范围,如此,方可获得保险金。同时,疾病不像死亡那样是一种最终结果,多数情况下被保险人都会康复,并将会因疾病提出索赔问题。

影响健康的因素很多,例如职业和地理位置。但是,如同死亡率,我们认为影响一个人健康的重要风险因素有两个,即年龄和性别;并且,一般地,年老的人比年轻的人患有疾病的风险会高一些;与死亡率不同的是,女性比男性患病的概率要高一些。

第一节 疾病给付

一、疾病保险的特征

疾病保险合同是以被保险人患有疾病为给付条件的保险合同,当被保险人患病时，保险人按保险合同的约定，向被保险人提供一定的保险金。这种疾病保险一般要涉及到疾病与被保险人工作能力的关系，例如，我们常常会设计被保险人因病而暂时失去或永久失去工作能力为给付条件的保单。

疾病保险通常以"长期丧失能力"或"永久健康保险"的方式出现。疾病保险通常以团体保险为主，但有时也会有个人险。

在世界各国，疾病保险的给付常常是每周一次，但近年来按月给付也开始变得越来越普遍。

为了避免道德风险和逆选择，疾病保险通常设有等待期、延迟期和康复期。

（一）等待期（waiting period）

出于制约逆选择和防止道德风险的考虑，保险合同通常会有条款约定刚刚投保的被保险人不可以向保险人提出索赔。一般约定，被保险人在疾病保险保单生效后的一定时期之后患有疾病，方可向保险人提出索赔要求。通常，我们称此不可提出索赔的时期为等待期。也就是说，被保险人若在等待期内患病并提出索赔，保险人则不予支付保险金。设立等待期的作法，使被保险人在交纳了一定时期保费之后方可在患病情况下提出索赔。等待期一般是 26 周。

（二）延迟期（deferred period）

绝大多数保单在被保险人患病的最初几个星期里不会提供疾病保险金给付。这样做，一部分原因是被保险人并不是在刚刚患病的时期就需要大量的疾病保险金给付，另一部分原因是此时尚不能判断所患疾病是否会在很短的时间内康复。设立延迟期即指在被保险人患有疾病的最初的一定时期，保险人不支付保险金，而被保险人患病超过延迟期后疾病保险金才会支付。根据疾病种类的不同，典型的延迟期一般为 4 周、13 周或 26 周。

（三）康复期（off period）

许多保单提供疾病保险给付会持续一个时期，也可能会是无限期的，在这些情况下，被保险人应交保费在特定的持续期内通常是上升的，或者说在此持续期内的给付水平是下降的。索赔人可能试图报告他们已康复，以便恢复到他们在健康状态下应交保费的水平。为了防止这种情况下被保险人的逆选择（道德风险），通常会设立一个较高交费标准或较低给付水平的期限，（通常为 13 周）。这个低给付水平持续期从被保险人的角度有许多优点，例如，将两份很近的疾病索赔变成一份连续的索赔，这便意味着被保险人无需一个延迟期即可得到保险给付。

二、基本疾病函数

（一）疾病力

疾病力 $\bar{z}_x$ 是一个年龄恰好为 x 的人患病（按保险责任约定的疾病）的概率，这个概率可分成若干期间，例如，$\bar{z}_x$ 为以下几项内容的总和：

$\bar{z}_x^{13}$，即 x 岁的人已患病且未超过 13 周的概率。

$\bar{z}_x^{13|13}$，即 x 岁的人已患病 13 到 26 周的概率。

$\bar{z}_x^{13|all}$，即 x 岁的人已患病且病期超过 26 周的概率。

这些期间有时用月份来描述而非用周（星期）描述。

"疾病力"也许是一个容易令人迷惑的用语，我们不能把它与"利息力"和"死亡力"进行简单的类比，因为与"利息力"或"死亡力"中的意思不同。实际上，只是一种状态的概率，而非一种转换的危险率。

我们通常用：

$$_tp_x \bar{z}_{x+t} \tag{11.1}$$

来衡量一个年龄为 x 的人在其 $x+t$ 岁时生存并且患病的概率。

（二）疾病率

与死亡率的概念一样，我们采用两种函数描述疾病率：一种是初始疾病率（initial rate of sickness），可称为"q"型比率，即患病人数与 x 岁时总人数的比率；另一种是中心疾病率（central rate of sickness），可称为"m"型比率，即患病人数与上一个生日为 x 岁的人数的比率。对于疾病函数，因为疾病是一种持续状态，这些比率通常表示为每年患病平均周数的形式。这里的患病平均周数，我们一般通过计算患病周数的数学期望值来得出，并将此数学期望值称为预期患病周数。

1. 初始疾病率

初始疾病率 s_x 是指现在恰为 x 岁的人在未来一年中的预期患病周数，也就是总患病周数与年初生存人数的比率，即：

$$s_x = \frac{52.18}{l_x} \int_0^1 l_{x+t} \bar{z}_{x+t} dt \tag{11.2}$$

$$= 52.18 \int_0^1 {}_tp_x \bar{z}_{x+t} dt \tag{11.3}$$

与过去的意义相同，这里的 l_x 即来自生命表的数据，表示年龄 x 岁时的生存人数，52.18 为一年中的平均周数，即 365.25 ÷ 7 得出的结果。

第十一章
疾病保险

2. 中心疾病率

中心疾病率 z_x 是现在年龄为 x 到 x+1 岁之间的人在未来一年中的预期患病周数,也就是在患病周数与一年中平均人数的比率,即:

$$z_x = 52.18 \cdot \frac{\int_0^1 l_{x+t}\, \bar{z}_{x+t}\, dt}{\int_0^1 l_{x+t}\, dt} \tag{11.4}$$

与 $\bar{z}_x$ 类似,s_x 和 z_x 都可以分别用 s_x^{13}、$s_x^{13|13}$、$s_x^{13|all}$ 和 z_x^{13}、$z_x^{13|13}$、$z_x^{13|all}$ 等分为各个不同的持续期。

(三) 疾病函数之间的关系

一般地,我们采用疾病函数间的如下近似关系:

$$s_x \approx 52.18 \cdot {}_{1/2}p_x\, \bar{z}_{x+1/2} \tag{11.5}$$

$$\bar{z}_x \approx 52.18 \cdot \bar{z}_{x+1/2} \tag{11.6}$$

事实上,既然函数 l_x 和 $\bar{z}_x$ 均随年龄而变化,我们可以用其的中值得出近似值,所以:

$$s_x \approx 52.18 \cdot \frac{l_{x+1/2} \cdot \bar{z}_{x+1/2}}{l_x} = 52.18 \cdot {}_{1/2}p_x\, \bar{z}_{x+1/2}$$

$$\bar{z}_x \approx 52.18 \cdot \frac{l_{x+1/2} \cdot \bar{z}_{x+1/2}}{l_{x+1/2}} = 52.18 \cdot \bar{z}_{x+1/2}$$

在本书后附有一张 MU1893~1897 经验疾病率表,表中的已生效期为 3 个月、6 个月、12 个月和 24 个月。

表中的疾病率为中心疾病率(Central rate of sickness),即 z 函数。前五列的函数即:

—— z_x^{13} (前 3 个月);

—— $z_x^{13|13}$ (第二个 3 个月);

—— $z_x^{26|26}$ (第二个 6 个月);

—— $z_x^{52|52}$ (第二个 12 个月);

—— $z_x^{104|all}$ (2 年之后)。

最后一列为 z_x,是其他列之和。

这张表源于 Lodges of the Manchester Unity of Oddfellows 提供的 1893~1897 年数据,大约依据 500 000 张保单(尽管里面可能包括某些人物加倍的保单数据)。其数据为男女混合的结果,其中绝大多数的被保险人都是男人。表中数据依据疾病率最低的职业组:A(农民),H(乡下的其他职业),J(都市居民)。表中假设康复期为 1

年。该表的精算分析是由发明疾病给付计算曼联法的 A. W. 瓦特逊完成的。

虽然这张表源于一百多年前的数据,但它有一些至今看来仍很有意义的优点。它建立在大量的被保险人数据的基础上,并按已患病时间和给定的职业组来分类排列。

今天看来它已过时,主要原因是表中的病例包括伤寒。但一些保险人仍在使用该表修改后的形式,例如使用最健康职业团体(A,H 和 J)的疾病率乘以 30%。

本书中计算所用的疾病率数据,主要来自于书后所附的这张 MU1893~1897 表。

三、疾病期间单位给付的预期现值和疾病换算函数

初始疾病率 s_x 和中心疾病率 z_x 描述了年龄为 x 岁的人在未来一年中的预期患病周数。进而,可以据此探讨疾病给付的预期现值,包括未来一年中患病期间每周单位给付的预期现值和未来各年中患病期间每周单位给付的预期现值。

本书前面章节探讨生命保险与年金的时候,为了简化计算,采用了一些换算函数。现在,我们同样面临相同的问题,也将采用类似的方法定义换算函数。下面我们给出复利条件下的换算函数的表达式及其意义。

定义:

$$① H_x = 52.18 \int_0^1 v^{x+t} l_{x+t} \bar{z}_{x+t} dt \tag{11.7}$$

换算函数(11.7)用于计算从 x 岁至 $x+1$ 岁的疾病保险给付的预期现值。

$$② H_x^{m|n} = 52.18 \int_0^1 v^{x+t} l_{x+t} \bar{z}_{x+t}^{m|n} dt \tag{11.8}$$

换算函数(11.8)用于计算从 x 岁至 $x+1$ 岁的疾病保险给付的预期现值,但限于 m 与 $m+n$ 之间的持续期。

$$③ K_x = 52.18 \int_0^\infty v^{x+t} l_{x+t} \bar{z}_{x+t} dt$$
$$= H_x + H_{x+1} + H_{x+2} + \cdots \tag{11.9}$$

换算函数(11.9)用于计算 x 岁以后的疾病保险给付的预期现值。

$$④ K_x^{m|n} = 52.18 \int_0^1 v^{x+t} l_{x+t} \bar{z}_{x+t}^{m|n} dt$$
$$= H_x^{m|n} + H_{x+1}^{m|n} + H_{x+2}^{m|n} + \cdots \tag{11.10}$$

换算函数(11.10)用于计算 x 岁以后的疾病保险给付的预期现值,但限于 m 与 $m+n$ 之间的持续期。

例 11.1 假设疾病率采用 MU1893~1897 表数据,根据表中数据求出 K_{30} 与 H_{30} 的值。

第十一章
疾病保险

解：表中没有直接给出 K_x 的 K_{30} 值，值可通过累加表中已列出的数据得到：

$$K_{30} = K_{30}^{13} + K_{30}^{13|13} + K_{30}^{26|26} + K_{30}^{52|52} + K_{30}^{104|all}$$
$$= 550\ 684 + 156\ 458 + 163\ 548 + 186\ 765 + 727\ 273$$
$$= 1\ 784\ 728$$

同样方法，我们可求得：

$$K_{31} = 1\ 758\ 296$$

于是：

$$H_{30} = K_{30} - K_{31} = 1\ 784\ 728 - 1\ 758\ 296 = 26\ 432$$

同生命年金一样，如果疾病保险的支付是每周一次，我们就近似地按连续支付来计算。

定义了上述换算函数并且明确了它们之间的关系，可以进而得出疾病期间每周给付保险金的预期现值。以下几个例题可以说明具体计算方法。

例 11.2 一个恰好 40 岁的人已投保多年，现在身体健康。假设在任何疾病期都有每周数额为 500 元的疾病给付，试计算此疾病给付的预期现值。假设疾病率采用 MU1893～1897 表数据，死亡率按 ELT12 计算，利率取 4%，其中，$D_{40} = 19\ 535$。

解：这是一份终身的疾病保险，在未来任何疾病持续期均有疾病给付，所以其预期现值为：

$$EPV = 500 \times 52.18 \int_0^{\infty} v^t \frac{l_{40+t}}{l_{40}} \bar{z}_{40+t} dt$$

$$= 500 \times \frac{52.18 \int_0^{\infty} v^{x+t} l_{x+t} \bar{z}_{40+t} dt}{v^{40} l_{40}}$$

$$= 500 \frac{K_{40}}{D_{40}}$$

根据附表求出 K_{40}，即

$$K_{40} = K_{40}^{13} + K_{40}^{13|13} + K_{40}^{26|26} + K_{40}^{52|52} + K_{40}^{104|all}$$
$$= 385\ 490 + 130\ 449 + \cdots + 700\ 172 = 1\ 532\ 767$$

所以预期现值为：

$$EPV = 500 \times \frac{1\ 532\ 767}{19\ 535} = 39\ 231.0\ （元）$$

例 11.3 在例 11.2 中，如果约定被保险人生存至 65 岁之后就不再有疾病保险金给付，则该疾病给付的预期现值为多少？

解：这是一份 25 年期的定期保险单。65 岁以后的疾病给付为：

$$EPV_{65岁以后} = 500 \times 52.18 \int_{25}^{\infty} v^t \frac{l_{40+t}}{l_{40}} \bar{z}_{40+t} dt$$

做积分变换 $t = s + 25$，得：

$$EPV_{65\text{岁以后}} = 500 \times 52.18 \int_0^\infty v^{25+s} \frac{l_{65+s}}{l_{40}} \bar{z}_{65+s} ds$$

$$= 500 \times \frac{52.18 \int_0^\infty v^{65+s} l_{65+s} \bar{z}_{65+s} ds}{v^{40} l_{40}}$$

$$= 500 \times \frac{K_{65}}{D_{40}}$$

根据附表求出 K_{65}，即：

$$K_{65} = K_{65}^{13} + K_{65}^{13|13} + K_{65}^{26|26} + K_{65}^{52|52} + K_{65}^{104|all}$$
$$= 87\,520.4 + 49\,143.5 + 68\,526.0 + 99\,768.8 + 476\,949$$
$$= 781\,907.7$$

所以 65 岁以后的疾病给付预期现值为：

$$EPV_{65\text{岁以后}} = 500 \times \frac{781\,907.7}{19\,535} = 20\,012.5$$

于是，65 岁以前的疾病给付预期现值为：

$$EPV_{65\text{岁以前}} = EPV_{\text{全部年龄}} - EPV_{65\text{岁以后}}$$
$$= 39\,231.0 - 20\,012.5 = 19\,218.5$$

从上述两个例题可以总结出，终身疾病保险（不考虑等待期和延迟期）在疾病期间每周单位给付预期现值为：

$$\frac{K_x}{D_x}$$

n 年期定期疾病保险（不考虑等待期和延迟期）在疾病期间每周单位给付预期现值为：

$$\frac{K_x - K_{x+n}}{D_x}$$

第二节　保费和准备金

同过去探讨过的长期性保险一样，疾病保险费的计算也是根据价值方程进行的。

一、等待期和延迟期

如果为一个刚刚投保的人计算其疾病给付的预期现值，从理论上讲，我们应注意到，在等待期和延迟期结束之前是没有任何疾病给付的。于是，应当对前一节所述的表达式做一些调整。

对一个刚刚投保的年龄为 x 岁的人来说，在等待期 w 年和延迟期 d 年结束之后，并且在第 n 年以前，如果每周的疾病给付为 1 元，则其预期现值近似为：

$$\frac{K_{x+w+d}^{d\mid all} - K_{x+n}^{d\mid all}}{D_x} \tag{11.11}$$

事实上，疾病给付直到等待期和延迟期结束后才会发生，所以，所求的预期现值近似为：

$$52.18 \int_{w+d}^{n} v^t \frac{l_{x+t}}{l_x} \bar{z}_{40+t}^{d\mid all} dt$$

做积分变换 $t = s + w + d$，则：

$$52.18 \int_0^{n-w-d} v^{w+d+s} \frac{l_{x+w+d+s}}{l_x} \bar{z}_{x+w+d+s}^{d\mid all} ds$$

$$= 52.18 \int_0^{n-w-d} v^{w+d+s} \frac{l_{x+w+d+s}}{l_x} \bar{z}_{x+w+d+s}^{d\mid all} ds / v^x l_x$$

$$= \frac{K_{x+w+d}^{d\mid all} - K_{x+n}^{d\mid all}}{D_x}$$

对于非整数年龄的 x，可以采用线性插值法求出 K 的值。

以上只是对真实值提供了一个近似的解，因为疾病函数是建立在某一段时间区域上平均疾病率的基础上，它们并不是在时间区域上的一个精确的连续变动的函数。在下面的例子之后，我们会说明这种方法的不精确之处。

例 11.4 一个刚刚投保的年龄恰好为 40 岁的人，假定他目前身体健康，如果等待期为一年，试计算其 65 岁前的疾病给付的预期现值，其中

（1）延迟期为 1 年；

（2）在 52 周之内的疾病给付每周 450 元，超过此期限后如果仍然生病则疾病给付降为每周 180 元。

假设：疾病率采用附表 MU1893～1897 数据；死亡率按 ELT12 计算，利率取 4%，其中，$D_{40} = 19\,535$。

解：疾病给付是在等待期和延迟期结束以后才开始，所以，每周 450 元的疾病给付是在 42 岁之后才可能开始，每周 180 元的疾病给付是在疾病持续到 43 岁后才可能开始的，所以，其预期现值近似为：

$$450 \frac{K_{42}^{52\mid 52} - K_{65}^{52\mid 52}}{D_{40}} + 180 \frac{K_{43}^{104\mid all} - K_{65}^{104\mid all}}{D_{40}}$$

$$= 450 \times \frac{168\,987 - 99\,768.8}{19\,535} + 180 \times \frac{687\,280 - 476\,949}{19\,535}$$

= 3 532.52（元）

为了说明修正后的公式的不精确,我们可以考察例 11.4 中被保险人的情况。假如此人在 40.5 岁时生病且一直病了 3 年,则疾病给付在 42 岁开始每周 450 元。但是,对于被保险人,这实际指生病后的 1.5 年至 2.5 年间的生病期,而非公式中的 1 至 2 年,由于超过 2 年的疾病只可得到每周 180 元的给付,所以上述公式低估了给付责任。

实际上,这种计算每周 180 元的方法,也是不精确的,因为其中包含了超过 2 年的整个疾病期。如果当初保单只售给 40 岁时健康的人,这个 43 岁的被保险人一般不会经历 4 年的疾病。

由于不精确之处为数值上的较小差额,在实际中也就忽略了这种修正的影响。当然,这大大简化了我们的计算。

例 11.5 某被保险人现年 30 岁,欲考虑一份 60 岁之前的疾病保险,希望在患病 3 月后就以每周 600 元的给付水平领取保险金。试在如下情况下计算其预期给付现值:

（1）假设这是一个目前健康的被保险人,并已度过了等待期。

（2）假设这是一个新投保的被保险人,等待期为 6 个月（不超过延迟期）。

（3）按 30 岁的换算函数 K 值进行计算,即忽略等待期和延迟期。

解:

（1）因为这是一个目前健康的被保险人,并且已经过了等待期,所以,最早的可能给付是开始于延迟期刚刚结束的时候,即 $30\frac{1}{4}$ 岁时。于是,预期给付现值为:

$$600 \times \frac{K_{30.25}^{13|all} - K_{60}^{13|all}}{D_{30}}$$

将附表中的 K 函数后 4 列求和,得:

$$K_{30}^{13|all} = K_{30}^{13|13} + K_{30}^{26|26} + K_{30}^{52|52} + K_{30}^{104|all}$$
$$= 156\ 458 + 163\ 548 + 186\ 765 + 727\ 273$$
$$= 1\ 234\ 044$$

$$K_{31}^{13|all} = K_{31}^{13|13} + K_{31}^{26|26} + K_{31}^{52|52} + K_{31}^{104|all}$$
$$= 153\ 867 + 161\ 647 + 185\ 383 + 725\ 401$$
$$= 1\ 226\ 298$$

$$K_{60}^{13|all} = K_{60}^{13|13} + K_{60}^{26|26} + K_{60}^{52|52} + K_{60}^{104|all}$$
$$= 68\ 315.0 + 89\ 992.7 + 124\ 022 + 552\ 353$$
$$= 834\ 682.7$$

从而,可用线性插值法求得 30.25 岁的 K 函数值:

$$K_{30.25}^{13|all} \approx \frac{3}{4} \cdot K_{30}^{13|all} + \frac{1}{4} K_{31}^{13|all}$$

$$= 1\,128\,394$$

于是

$$600 \times \frac{K_{30.25}^{13|all} - K_{60}^{13|all}}{D_{30}}$$

$$= 600 \times \frac{1\,128\,394 - 834\,682.7}{29\,372}$$

$$= 5\,999.82\,(元)$$

（2）这是一个刚刚投保的人，也就是一个健康的被保险人，所以，最早的可能给付开始于延迟期的结束时，当然，是在等待期已过的延迟期之后，即 $30\frac{3}{4}$。于是，由：

$$K_{30.75}^{13|all} \approx \frac{1}{4} \cdot K_{30}^{13|all} + \frac{3}{4} \cdot K_{31}^{13|all}$$

$$= 1\,228\,234.5$$

可得预期给付现值为：

$$600 \times \frac{K_{30.75}^{13|all} - K_{60}^{13|all}}{D_{30}}$$

$$= 600 \times \frac{1\,128\,234.5 - 834\,682.7}{29\,372} = 8\,039\,(元)$$

（3）忽略等待期和延迟期，其预期给付现值为：

$$600 \times \frac{K_{30}^{13|all} - K_{60}^{13|all}}{D_{30}}$$

$$= 600 \times \frac{1\,234\,044 - 834\,682.7}{29\,372}$$

$$= 8\,158\,(元)$$

一般地，对早期年龄的额外调整使计算复杂化，但是相对于最终结果来说，其误差是很小的。

二、保费

疾病保险的保费通常在保险期间内每周或每月支付一次。疾病保险的计算通常假定一年有52.18周，保险金给付按周支付的情况一般近似地按照连续支付的情况来计算。多数保单规定在患病期间不再交纳保费，这意味着我们在列出价值方程的时候，要考虑到一份数额与保费相同的额外的保险给付。

例 11.6 一份疾病保险单规定经过 6 个月的等待期后,在患病 6 个星期后每星期给付 200 元直到 65 岁时停止。保费是在整个期间内按月支付,但当开始支付疾病给付时便不再交纳保费。试为一个年龄恰好为 40 岁的健康状况良好的人计算保费。其中:疾病率采用附表 MU1893~1897 数据;死亡率按 ELT12 计算;利率为 4%;其中,$\overline{N}_{40} = 338\,786, \overline{N}_{65} = 47\,723.0, D_{40} = 19\,535$;费用:500 元的初始费用,及全部保费和给付的 5%,全部保费包括患病期间未交纳的保费。

解:

显然,价值方程为:

保费预期现值 = 保险给付预期现值 + 所发生费用的预期现值

假设每周交纳保费额为 P,则保费的预期现值(忽略患病期间未交纳部分)为:

$$52.18 P \bar{a}_{40:\overline{25}|} = 52.18 \frac{\overline{N}_{40} - \overline{N}_{65}}{D_{40}} P$$

$$= 52.18 \times \frac{338\,786 - 47\,723.0}{19\,535} P$$

$$= 777.46 P$$

疾病基本给付的预期现值为:

$$200 \times \frac{K_{41}^{26|\,all} - K_{65}^{26|\,all}}{D_{40}}$$

$$= 200 \times \frac{1\,009\,058 - 645\,243.8}{19\,535}$$

$$= 3\,724$$

疾病期未交纳的保费的预期现值是:

$$P \frac{K_{41}^{26|\,all} - K_{65}^{26|\,all}}{D_{40}} = 18.62 P$$

所发生费用的预期现值为:

$$500 + 0.05 \times 52.18 P \bar{a}_{40:\overline{25}|} + 0.05 \times 200 \frac{K_{41}^{26|\,all} - K_{65}^{26|\,all}}{D_{40}}$$

$$= 500 + 0.05 \times 777.46 P + 0.05 \times 200 \times 18.62$$

$$= 500 + 38.87 P + 186.20$$

于是,价值方程变成:

$$777.46 P = 3\,724 + 18.62 P + 500 + 38.87 P + 186.20$$

得出:

$$P = 6.12$$

即保费为每周 6.12 元。

三、准备金

从理论上讲,在寿险公司计算疾病保险合同准备金的时候,应该考虑此时是否正在支付疾病给付。而且,由于正在支付的疾病给付数额取决于疾病的已持续期,对一个已患病的被保险人,其保单准备金的计算应考虑到疾病给付的实际数额。但是,在实践中,这样做并没有得出有很大区别的结果,寿险公司一般就不因为被保险人的疾病状况不同而采用不同的计算准备金的方式。

容易理解,预期的准备金的计算是将未来疾病给付(计算假定被保险人目前是健康的)的预期现值减去未来保费收入的预期现值。

例 11.7 计算前例中保单 10 年后的准备金(假定该合同当时未发生疾病给付的要求)。计算准备金采用与计算保费相同的精算基础。其中,$\overline{N}_{50} = 179\,605$,$\overline{N}_{65} = 47\,723.0$,$D_{50} = 12\,676$。

解: 由预期准备金 = 未来给付和费用的预期现值 + 未来保费的预期现值

未来保费的预期现值(忽略疾病期间未交纳的部分)为:

$$52.18 P \overline{a}_{50:\overline{15}|} = 52.18 \frac{\overline{N}_{50} - \overline{N}_{65}}{D_{50}} P$$
$$= 52.18 \times 6.12 \times \frac{179\,605 - 47\,723.0}{12\,676}$$
$$= 3\,322$$

未来疾病保险基本给付的预期现值(忽略任何年龄调整)为:

$$200 \frac{K_{50}^{26|\,all} - K_{65}^{26|\,all}}{D_{50}}$$
$$= 200 \times \frac{924\,563 - 645\,243.8}{12\,676}$$
$$= 4\,408$$

未来因疾病而未交纳保费的预期现值为:

$$P \frac{K_{50}^{26|\,all} - K_{65}^{26|\,all}}{D_{50}} = 22.04 \times 6.12 = 134$$

未来费用的预期现值为:

$$0.05 \times 52.18 P \overline{a}_{50:\overline{15}|} + 0.05 \times 200 \frac{K_{50}^{26|\,all} - K_{65}^{26|\,all}}{D_{50}}$$
$$= 0.05 \times 52.18 \times 6.12 \times 10.404 + 0.05 \times 4\,408$$
$$= 386$$

于是,预期准备金为:

$$_{10}V = 4\,408 + 134 + 386 - 3\,322 = 1\,606 \text{(元)}$$

附录一：复利年金表

复利年金表一 利率：$i=2\%$

n	$(1+i)^n$	v^n	$a_{\overline{n}|}$	$\ddot{a}_{\overline{n}|}$	$a_{\overline{n}|}^{(12)}$	$\ddot{a}_{\overline{n}|}^{(12)}$	$s_{\overline{n}|}$	$1/a_{\overline{n}|}$	$1/s_{\overline{n}|}$	n
1	1.02	0.980392157	0.980392157	1	0.989346953	0.99098094	1	1.02	1	1
2	1.0404	0.961168781	1.941560938	1.98039215	1.959294945	1.96253088	2.02	0.515049505	0.49504950	2
3	1.061208	0.942322335	2.883883273	2.94156093	2.91022435	2.915030822	3.0604	0.346754673	0.32675467	3
4	1.08243216	0.923845426	3.807728699	3.88388327	3.84250808	3.848854295	4.121608	0.262623753	0.24262375	4
5	1.10408080	0.90573081	4.713459509	4.80772869	4.756511737	4.764367503	5.20404016	0.212158394	0.19215839	5
6	1.12616241	0.887971382	5.601430891	5.71345950	5.652593754	5.661929472	6.30812096	0.178525812	0.15852581	6
7	1.14868566	0.870560179	6.471991069	6.60143089	6.531105535	6.541892187	7.43428338	0.154511956	0.13451195	7
8	1.17165938	0.853490371	7.32548144	7.47199106	7.392391595	7.40460073	8.58296905	0.136509799	0.11650979	8
9	1.19509256	0.836755266	8.162236706	8.32548144	8.236789692	8.25039342	9.75462843	0.122515437	0.10251543	9
10	1.21899442	0.8203483	8.982585006	9.16223670	9.064630965	9.07960194	10.949721	0.111326528	0.09132652	10
11	1.24337430	0.804263039	9.786848045	9.98258500	9.876240055	9.892551469	12.1687154	0.102177943	0.08217794	11
12	1.26824179	0.788493176	10.57534122	10.7868480	10.67193524	10.68956081	13.4120897	0.094559597	0.07455959	12
13	1.29360663	0.773032525	11.34837375	11.5753412	11.45202856	11.47094252	14.6803315	0.088118353	0.06811835	13
14	1.31947876	0.757875025	12.10624877	12.3483737	12.21682594	12.23700302	15.9739381	0.08260197	0.06260197	14
15	1.34586833	0.74301473	12.8492635	13.1062487	12.96662728	12.98804272	17.2934169	0.077825472	0.05782547	15
16	1.37278570	0.728445814	13.57770931	13.8492635	13.70172664	13.72435616	18.6392852	0.073650126	0.05365012	16
17	1.40024141	0.714162562	14.29187188	14.5777093	14.42241229	14.44623207	20.0120709	0.069969841	0.04996984	17
18	1.42824624	0.700159375	14.99203125	15.2918718	15.12896684	15.15395356	21.4123923	0.066702102	0.04670210	18
19	1.45681117	0.68643076	15.67846201	15.9920312	15.82166739	15.84779816	22.8405586	0.063781766	0.04378176	19

续表

n	$(1+i)^n$	v^n	$a_{\overline{n}|}$	$\ddot{a}_{\overline{n}|}$	$a_{\overline{n}|}^{(12)}$	$\ddot{a}_{\overline{n}|}^{(12)}$	$s_{\overline{n}|}$	$1/a_{\overline{n}|}$	$1/s_{\overline{n}|}$	n
20	1.48594739	0.672971333	16.35143334	16.6784620	16.50078557	16.52803795	24.2973698	0.061156718	0.04115671	20
21	1.51566634	0.659775817	17.01120916	17.3514533	17.1665877	17.19493972	25.7833171	0.058784769	0.03878476	21
22	1.54597967	0.646839036	17.6580482	18.0112091	17.8193349	17.84876498	27.2989835	0.056631401	0.03663140	22
23	1.57689926	0.634155918	18.29220412	18.6580482	18.45928313	18.48977013	28.8449632	0.054668098	0.03466809	23
24	1.60843724	0.621721488	18.9139256	19.2922041	19.08668335	19.11820656	30.4218624	0.052871097	0.03287109	24
25	1.64060599	0.609530871	19.52345647	19.9139256	19.70178161	19.7343207	32.0302997	0.051220438	0.03122043	25
26	1.67341811	0.597579285	20.12103576	20.5234564	20.30481912	20.33835418	33.6709057	0.049699231	0.02969923	26
27	1.70688647	0.585862044	20.7068978	21.1210357	20.89603236	20.93054386	35.3443238	0.048293086	0.02829308	27
28	1.74102420	0.574374553	21.28127236	21.7068978	21.47565319	21.51112198	37.0512103	0.046989672	0.02698967	28
29	1.77584469	0.563112307	21.84438466	22.2812723	22.04390891	22.08031621	38.7922345	0.045778355	0.02577835	29
30	1.81136158	0.552070889	22.39645555	22.8443846	22.60102235	22.63834978	40.5680792	0.044649922	0.02464992	30
31	1.84758881	0.54124597	22.93770152	23.3964555	23.147212	23.1854415	42.3794407	0.043596347	0.02359634	31
32	1.88454059	0.530633304	23.46833482	23.9377015	23.68269205	23.72180594	44.2270296	0.042610607	0.02261060	32
33	1.92223140	0.520228729	23.98856355	24.4683348	24.20767249	24.24765343	46.1115702	0.041686531	0.02168653	33
34	1.96067603	0.510028166	24.49859172	24.9885635	24.7223592	24.76319019	48.0338016	0.040818673	0.02081867	34
35	1.99988955	0.500027613	24.99861933	25.4985917	25.22695401	25.26861838	49.9944776	0.040002209	0.02000220	35
36	2.03988734	0.49022315	25.48884248	25.9986193	25.72165481	25.76413621	51.9943671	0.039232853	0.01923285	36
37	2.08068509	0.480610932	25.96945341	26.4888424	26.20665559	26.24993801	54.0342545	0.038506779	0.01850677	37
38	2.12229879	0.471187188	26.4406406	26.9694534	26.68214655	26.72621428	56.1149396	0.037820566	0.01782056	38
39	2.16474476	0.461948223	26.90258883	27.4406406	27.14831416	27.19315181	58.2372384	0.037171144	0.01717114	39
40	2.20803966	0.452890415	27.35547924	27.9025888	27.60534123	27.65093369	60.4019831	0.036555748	0.01655574	40
41	2.25220045	0.444010211	27.79948945	28.3554792	28.05340698	28.09973946	62.6100228	0.035971884	0.01597188	41
42	2.29724446	0.435304128	28.23479358	28.7994894	28.49268713	28.53974512	64.8622233	0.035417295	0.01541729	42
43	2.34318935	0.426768753	28.66156233	29.2347935	28.92335394	28.97112321	67.1594677	0.034889933	0.01488993	43
44	2.39005314	0.418400739	29.07996307	29.6615623	29.34557631	29.39404291	69.5026571	0.034387939	0.01438793	44
45	2.43785420	0.410196803	29.49015987	30.0799630	29.7595198	29.80867007	71.8927102	0.033909616	0.01390961	45
46	2.48661128	0.402153728	29.8923136	30.4901598	30.16534676	30.21516728	74.3305644	0.033453416	0.01345341	46
47	2.53634351	0.394268361	30.28658196	30.8923136	30.56321632	30.61369396	76.8171757	0.033017922	0.01301792	47
48	2.58707038	0.386537609	30.67311957	31.2865819	30.95328452	31.00440639	79.3535192	0.032601836	0.01260183	48
49	2.63881179	0.37895844	31.05207801	31.6731195	31.33570433	31.38745779	81.9405896	0.032203964	0.01220396	49
50	2.69158802	0.371527882	31.42360589	32.0520780	31.71062571	31.76299838	84.5794014	0.03182321	0.01182321	50
51	2.74541979	0.364243022	31.78784892	32.4236058	32.07819568	32.13117543	87.2709894	0.031458561	0.01145856	51
52	2.80032818	0.357101002	32.14494992	32.7878489	32.43855841	32.49213332	90.0164092	0.031109086	0.01110908	52
53	2.85633474	0.350099021	32.49504894	33.1449499	32.7918552	32.84601361	92.8167374	0.030773919	0.01077391	53
54	2.91346144	0.343234335	32.83828327	33.4950489	33.1382246	33.19295507	95.6730722	0.030452262	0.01045226	54

续表

n	$(1+i)^n$	v^n	$a_{\overline{n}|}$	$\ddot{a}_{\overline{n}|}$	$a_{\overline{n}|}^{(12)}$	$\ddot{a}_{\overline{n}|}^{(12)}$	$s_{\overline{n}|}$	$1/a_{\overline{n}|}$	$1/s_{\overline{n}|}$	n
55	2.97173067	0.33650425	33.17478752	33.8382832	33.47780244	33.53309375	98.5865336	0.030143373	0.01014337	55
56	3.03116528	0.329906127	33.50469365	34.1747875	33.81072189	33.86656305	101.558264	0.029846564	0.00984656	56
57	3.09178859	0.323437379	33.82813103	34.5046936	34.13711351	34.19349373	104.589429	0.029561196	0.00956119	57
58	3.15362436	0.31709547	34.1452265	34.8281310	34.4571053	34.51401401	107.681218	0.029286671	0.00928667	58
59	3.21669685	0.310877912	34.45610441	35.1452265	34.77082274	34.82824958	110.834842	0.029022434	0.00902243	59
60	3.28103078	0.304782266	34.76088668	35.4561044	35.07838885	35.13632366	114.051539	0.028767966	0.00876796	60
62	3.41358443	0.2929472	35.35264002	36.0596928	35.67554721	35.73446827	120.679221	0.028286431	0.00828643	62
64	3.55149324	0.281571703	35.92141486	36.6398431	36.24951717	36.3093862	127.574662	0.027838547	0.00783854	64
66	3.69497357	0.27063793	36.46810348	37.1974655	36.80119919	36.86197936	134.748678	0.027421223	0.00742122	66
68	3.84425050	0.26012873	36.99356351	37.7334347	37.33145872	37.39311466	142.212525	0.027031729	0.00703172	68
70	3.99955822	0.250027614	37.49861929	38.2485916	37.84112762	37.90362532	149.977911	0.026667649	0.00666764	70
72	4.16114037	0.240318737	37.98406314	38.7437544	38.33100546	38.39431223	158.057018	0.026326831	0.00632683	72
74	4.32925044	0.230986868	38.45065662	39.2196697	38.80186075	38.86594518	166.462522	0.026007358	0.00600735	74
76	4.50415216	0.222017366	38.8991317	39.6771143	39.25443215	39.31926404	175.207608	0.025707515	0.00570751	76
78	4.68611991	0.213396161	39.33019194	40.1167957	39.68942965	39.75497997	184.305995	0.025425759	0.00542575	78
80	4.87543915	0.205109728	39.74451359	40.5394038	40.10753567	40.17377653	193.771957	0.025160705	0.00516070	80
82	5.07240689	0.197145067	40.14274663	40.9456015	40.50940613	40.57631071	203.620344	0.024911101	0.00491110	82
84	5.27733213	0.189489684	40.52551579	41.3360261	40.89567146	40.96321399	213.866606	0.024675812	0.00467581	84
86	5.49053635	0.182131569	40.89342156	41.7112899	41.26693764	41.33509335	224.526817	0.024453811	0.00445381	86
88	5.71235402	0.175059178	41.2470411	42.0719819	41.6237871	41.69253217	235.617701	0.024244163	0.00424416	88
90	5.94313312	0.168261417	41.58692916	42.4186677	41.96677967	42.03609122	247.156656	0.024046017	0.00404601	90
95	6.56169919	0.152399549	42.38002254	43.2276229	42.76711707	42.83775044	278.084959	0.023596023	0.00359602	95
100	7.24464611	0.138032967	43.09835164	43.9603186	43.49200732	43.5638379	312.232305	0.023202744	0.00320274	100

附：相关常数值

$i^{(2)}$	$i^{(4)}$	$i^{(12)}$	δ
0.01990098	0.019851726	0.019818976	0.01980262

$(1+i)^{1/2}$	$(1+i)^{1/4}$	$(1+i)^{1/12}$
1.00995049	1.004962932	1.001651581

$i/i^{(2)}$	$i/i^{(4)}$	$i/i^{(12)}$	i/δ
1.00497524	1.007469059	1.009133892	1.00996699

d	$d^{(2)}$	$d^{(4)}$	$d^{(12)}$
0.019607843	0.01970491	0.01975369	0.01978629

v	$v^{1/2}$	$v^{1/4}$	$v^{1/12}$
0.980392157	0.99014754	0.995061577	0.99835114

$i/d^{(2)}$	$i/d^{(4)}$	$i/d^{(12)}$
1.01497524	1.012469059	1.01080055

复利年金表二

利率：$i=3\%$

n	$(1+i)^n$	v^n	$a_{\overline{n}|}$	$\ddot{a}_{\overline{n}|}$	$a_{\overline{n}|}^{(12)}$	$\ddot{a}_{\overline{n}|}^{(12)}$	$s_{\overline{n}|}$	$1/a_{\overline{n}|}$	$1/s_{\overline{n}|}$	n
1	1.03	0.970873786	0.970873786	1	0.984152056	0.98657924	1	1.03	1	1
2	1.0609	0.942595909	1.913469696	1.97087378	1.939639488	1.944423162	2.03	0.522610837	0.49261083	2
3	1.092727	0.915141659	2.828611355	2.91346969	2.86729719	2.874368718	3.0909	0.353530363	0.32353036	3
4	1.12550881	0.888487048	3.717098403	3.82861135	3.767935735	3.777228481	4.183627	0.269027045	0.23902704	4
5	1.15927407	0.862608784	4.579707187	4.71709840	4.642342089	4.653791357	5.30913581	0.218354571	0.18835457	5
6	1.19405229	0.837484257	5.417191444	5.57970718	5.491280298	5.504823276	6.46840988	0.1845975	0.1545975	6
7	1.22987386	0.813091511	6.230282955	6.41719144	6.315492151	6.331067858	7.66246218	0.160506354	0.13050635	7
8	1.26677008	0.789409234	7.01969219	7.23028295	7.115697833	7.133247063	8.89233604	0.142456389	0.11245638	8
9	1.30477318	0.766416732	7.786108922	8.01969219	7.892596553	7.912061826	10.1591061	0.128433857	0.09843385	9
10	1.34391637	0.744093915	8.530202837	8.78610892	8.646867156	8.668192663	11.4638793	0.117230507	0.08723050	10
11	1.38423387	0.722421277	9.252624113	9.53020283	9.379168712	9.402300272	12.8077956	0.108077448	0.07807744	11
12	1.42576088	0.70137988	9.954003994	10.2526241	10.0901411	10.11502611	14.1920295	0.100462085	0.07046208	12
13	1.46853371	0.68095134	10.63495533	10.9540039	10.78040555	10.80699294	15.6177904	0.094029544	0.06402954	13
14	1.51258972	0.661117806	11.29607314	11.6349553	11.45056521	11.47880539	17.0863241	0.088526339	0.05852633	14
15	1.55796741	0.641861947	11.93793509	12.2960731	12.10120566	12.13105049	18.5989138	0.08376658	0.05376658	15
16	1.60470643	0.623166939	12.56110203	12.9379350	12.73289541	12.76429817	20.1568813	0.079610849	0.04961084	16
17	1.65284763	0.605016446	13.16611847	13.5611020	13.34618643	13.37910173	21.7615877	0.075952529	0.04595252	17
18	1.70243306	0.587394608	13.75351308	14.1661184	13.94161461	13.9759984	23.4144353	0.072708696	0.04270869	18
19	1.75350605	0.570286027	14.32379911	14.7535130	14.51970022	14.55550972	25.1168684	0.069813881	0.03981388	19
20	1.80611123	0.553675754	14.87747486	15.3237991	15.08094839	15.11814208	26.8703744	0.067215708	0.03721570	20
21	1.86029457	0.537549276	15.41502414	15.8774748	15.62584952	15.66438708	28.6764857	0.064871776	0.03487177	21
22	1.91610340	0.521892501	15.93691664	16.4150241	16.15487975	16.19472204	30.5367803	0.062747395	0.03274739	22
23	1.97358651	0.506691748	16.44360839	16.9369166	16.66850132	16.70961034	32.4528837	0.060813903	0.03081390	23
24	2.03279410	0.491933736	16.93554212	17.4436083	17.16716305	17.2095019	34.4264702	0.059047416	0.02904741	24
25	2.09377793	0.477605569	17.41314769	17.9355421	17.65130065	17.69483752	36.4592643	0.057427871	0.02742787	25
26	2.15659126	0.463694727	17.87684242	18.4131476	18.12133715	18.16602926	38.5530422	0.05593829	0.02593829	26
27	2.22128900	0.450189056	18.32703147	18.8768424	18.57768327	18.62350085	40.7096335	0.05456421	0.02456421	27
28	2.28792767	0.437076753	18.76410823	19.3270314	19.02073775	19.06764802	42.9309225	0.053293233	0.02329323	28
29	2.35656550	0.424346362	19.18845459	19.7641082	19.45088774	19.49885888	45.2188502	0.052114671	0.02211467	29

续表

n	$(1+i)^n$	v^n	$a_{\overline{n}|}$	$\ddot{a}_{\overline{n}|}$	$a_{\overline{n}|}^{(12)}$	$\ddot{a}_{\overline{n}|}^{(12)}$	$s_{\overline{n}|}$	$1/a_{\overline{n}|}$	$1/s_{\overline{n}|}$	n
30	2.42726247	0.41198676	19.60044135	20.1884545	19.86850908	19.91751019	47.5754157	0.051019259	0.02101925	30
31	2.50008034	0.399987145	20.00042849	20.6004413	20.2739667	20.32396777	50.0026781	0.049998929	0.01999892	31
32	2.57508275	0.388337034	20.38876553	21.0004284	20.66761487	20.71858678	52.5027585	0.049046618	0.01904661	32
33	2.65233523	0.377026247	20.76579178	21.3887655	21.04979756	21.10171204	55.0778412	0.048156122	0.01815612	33
34	2.73190529	0.3660449	21.13183668	21.7657917	21.42084872	21.47367831	57.7301765	0.047321963	0.01732196	34
35	2.81386245	0.355383398	21.48722007	22.1318366	21.78109256	21.83481061	60.4620818	0.046539292	0.01653929	35
36	2.89827832	0.345032425	21.8322525	22.4872200	22.13084386	22.18542449	63.2759442	0.045803794	0.01580379	36
37	2.98522667	0.334982937	22.16723544	22.8322525	22.47040823	22.52582632	66.1742225	0.045111624	0.01511162	37
38	3.07478347	0.325226152	22.49246159	23.1672354	22.80008238	22.85631353	69.1594492	0.04445934	0.01445934	38
39	3.16702698	0.315753546	22.80821513	23.4924615	23.12015436	23.1771749	72.2342327	0.043843852	0.01384385	39
40	3.26203779	0.306556841	23.11477197	23.8082151	23.43090386	23.48869079	75.4012597	0.043262378	0.01326237	40
41	3.35989892	0.297628001	23.41239997	24.1147719	23.73260241	23.79113341	78.6632975	0.042712409	0.01271240	41
42	3.46069589	0.288959224	23.7013592	24.4123999	24.02551362	24.08476701	82.0231964	0.042191673	0.01219167	42
43	3.56451677	0.280542936	23.98190213	24.7013592	24.30989343	24.36984819	85.4838923	0.04169811	0.01169811	43
44	3.67145227	0.272371782	24.25427392	24.9819021	24.58599034	24.64662602	89.0484091	0.041229847	0.01122984	44
45	3.78159584	0.264438624	24.51871254	25.2542739	24.85404559	24.91534237	92.7198613	0.040785176	0.01078517	45
46	3.89504371	0.256736528	24.77544907	25.5187125	25.1142934	25.17623203	96.5014572	0.040362538	0.01036253	46
47	4.01189502	0.249258765	25.02470783	25.7754490	25.36696118	25.42952295	100.396500	0.039960506	0.00996050	47
48	4.13225187	0.241998801	25.26670664	26.0247078	25.61226971	25.67543648	104.408396	0.039577774	0.00957777	48
49	4.25621943	0.234950292	25.50165693	26.2667066	25.85043333	25.91418747	108.540647	0.039213138	0.00921313	49
50	4.38390601	0.22810708	25.72976401	26.5016569	26.08166014	26.14598455	112.796867	0.038865494	0.00886549	50
51	4.51542319	0.221463184	25.95122719	26.7297640	26.30615219	26.37103026	117.180773	0.038533823	0.00853382	51
52	4.65088589	0.2150128	26.16623999	26.9512271	26.52410564	26.58952124	121.696196	0.038217184	0.00821718	52
53	4.79041247	0.208750292	26.37499028	27.1662399	26.73571093	26.80164841	126.347082	0.037914706	0.00791470	53
54	4.93412484	0.202670186	26.57766047	27.3749902	26.94115296	27.00759711	131.137494	0.037625584	0.00762558	54
55	5.08214859	0.196767171	26.77442764	27.5776604	27.14061124	27.20754731	136.071619	0.037349071	0.00734907	55
56	5.23461304	0.191036088	26.96546373	27.7744276	27.33426005	27.40167371	141.153768	0.037084473	0.00708447	56
57	5.39165144	0.18547193	27.15093566	27.9654637	27.52226861	27.59014595	146.388381	0.036831143	0.00683114	57
58	5.55340098	0.180069835	27.33100549	28.1509356	27.70480119	27.77312871	151.780032	0.036588482	0.00658848	58

续表

n	$(1+i)^n$	v^n	$a_{\overline{n}|}$	$\ddot{a}_{\overline{n}|}$	$a_{\overline{n}|}^{(12)}$	$\ddot{a}_{\overline{n}|}^{(12)}$	$s_{\overline{n}|}$	$1/a_{\overline{n}|}$	$1/s_{\overline{n}|}$	n
59	5.72000301	0.174825083	27.50583058	28.3310054	27.88201729	27.95078187	157.333433	0.036355928	0.00635592	59
60	5.89160310	0.16973309	27.67556367	28.5058305	28.05407176	28.12326067	163.053436	0.036132959	0.00613295	60
62	6.25040173	0.159989716	28.00034279	28.8403530	28.38329276	28.45329362	175.013391	0.035713848	0.00571384	62
64	6.63105119	0.150805652	28.30647826	29.1556726	28.69361513	28.76438133	187.701706	0.035327602	0.00532760	64
66	7.03488221	0.142148791	28.59504031	29.4528915	28.98612373	29.05761133	201.162740	0.0349711	0.0049711	66
68	7.46330654	0.133988869	28.86703771	29.7330488	29.26184114	29.33400873	215.443551	0.034641587	0.00464158	68
70	7.91782191	0.126297359	29.12342135	29.9971239	29.52173124	29.59453979	230.594063	0.034336625	0.00433662	70
72	8.40001726	0.119047374	29.36508752	30.2460401	29.76670258	29.8401153	246.667242	0.034054045	0.00405404	72
74	8.91157831	0.112213568	29.59288107	30.4806675	29.99761157	30.07159378	263.719277	0.033791911	0.00379191	74
76	9.45429343	0.10577205	29.80759833	30.7018262	30.21526544	30.28978444	281.809781	0.033548493	0.00354849	76
78	10.0300599	0.099700302	30.00998994	30.9102896	30.42042509	30.49545006	301.001996	0.033322237	0.00332223	78
80	10.6408905	0.093977097	30.20076345	31.1067863	30.61380773	30.68930964	321.363018	0.033111746	0.00311174	80
82	11.2889207	0.088582427	30.38058577	31.2920033	30.79608942	30.87204088	342.964026	0.032915758	0.00291575	82
84	11.9764160	0.083497433	30.55008556	31.4665881	30.96790739	31.0442826	365.880535	0.032733133	0.00273313	84
86	12.7057798	0.078704339	30.70985537	31.6311510	31.12986231	31.20663695	390.192660	0.032562837	0.00256283	86
88	13.4795618	0.074186388	30.86045374	31.7862673	31.28252035	31.35967149	415.985393	0.032403931	0.00240393	88
90	14.3004671	0.069927786	31.00240714	31.9324793	31.4264152	31.50392122	443.348903	0.03225556	0.00225556	90
95	16.5781607	0.060320322	31.32265592	32.2623356	31.7510439	31.82935054	519.272025	0.031925773	0.00192577	95
100	19.2186319	0.05203284	31.59890534	32.5468725	32.03107147	32.11006874	607.287732	0.031646666	0.00164666	100

附：相关常数值

$i^{(2)}$	$i^{(4)}$	$i^{(12)}$	δ
0.02977831	0.029668287	0.029595237	0.02955880

d	$d^{(2)}$	$d^{(4)}$	$d^{(12)}$
0.029126214	0.02934144	0.029449855	0.02952242

$(1+i)^{1/2}$	$(1+i)^{1/4}$	$(1+i)^{1/12}$
1.01488915	1.007417072	1.00246627

v	$v^{1/2}$	$v^{1/4}$	$v^{1/12}$
0.970873786	0.98532927	0.992637536	0.99753979

$i/i^{(2)}$	$i/i^{(4)}$	$i/i^{(12)}$	i/δ
1.00744457	1.011180723	1.013676617	1.01492610

$i/d^{(2)}$	$i/d^{(4)}$	$i/d^{(12)}$
1.02244457	1.018680723	1.01617661

复利年金表三

利率：$i=4\%$

n	$(1+i)^n$	v^n	$a_{\overline{n}|}$	$\ddot{a}_{\overline{n}|}$	$a_{\overline{n}|}^{(12)}$	$\ddot{a}_{\overline{n}|}^{(12)}$	$s_{\overline{n}|}$	$1/a_{\overline{n}|}$	$1/s_{\overline{n}|}$	n
1	1.04	0.961538462	0.961538462	1	0.979041835	0.982246964	1	1.04	1	1
2	1.0816	0.924556213	1.886094675	1.96153846	1.920428216	1.926715198	2.04	0.530196078	0.49019607	2
3	1.124864	0.888996359	2.775091033	2.88609467	2.825607427	2.834857731	3.1216	0.360348539	0.32034853	3
4	1.16985856	0.854804191	3.629895224	3.77509103	3.695972054	3.708071705	4.246464	0.275490045	0.23549004	4
5	1.21665290	0.821927107	4.451822331	4.62989522	4.532861118	4.547700526	5.41632256	0.224627113	0.18462711	5
6	1.26531901	0.790314526	5.242136857	5.45182233	5.337562141	5.355035931	6.63297546	0.190761903	0.15076190	6
7	1.31593177	0.759917813	6.00205467	6.24213685	6.111313125	6.131319974	7.89829448	0.166609612	0.12660961	7
8	1.36856905	0.730690205	6.732744875	7.00205467	6.855304456	6.877746939	9.21422626	0.148527832	0.10852783	8
9	1.42331181	0.702586736	7.435331611	7.73274487	7.570680735	7.595465174	10.5827953	0.134492993	0.09449299	9
10	1.48024428	0.675564169	8.110895779	8.43533161	8.258542543	8.285578862	12.0061071	0.123290944	0.08329094	10
11	1.53945405	0.649580932	8.760476711	9.11089577	8.919948126	8.949149715	13.4863514	0.114149039	0.07414903	11
12	1.60103221	0.62459705	9.38507376	9.76047671	9.555915034	9.587198613	15.0258054	0.106552173	0.06655217	12
13	1.66507350	0.600574086	9.985647847	10.3850737	10.16742168	10.20070717	16.6268376	0.100143728	0.06014372	13
14	1.73167644	0.577475083	10.56312293	10.9856478	10.75540883	10.79061924	18.2919111	0.094668973	0.05466897	14
15	1.80094350	0.555264503	11.11838743	11.5631229	11.3207811	11.35784239	20.0235876	0.0899411	0.0499411	15
16	1.87298124	0.533908176	11.65229561	12.1183874	11.86440827	11.90324926	21.8245311	0.085819999	0.04581999	16
17	1.94790049	0.513373246	12.16566885	12.6522956	12.38712671	12.42767894	23.6975123	0.082198522	0.04219852	17
18	2.02581651	0.493628121	12.65929697	13.1656688	12.8897406	12.93193826	25.6454128	0.078993328	0.03899332	18
19	2.10684917	0.474642424	13.1339394	13.6592969	13.37302318	13.41680298	27.6712294	0.076138618	0.03613861	19
20	2.19112294	0.456386946	13.59032634	14.1339394	13.83771797	13.88301906	29.7780785	0.07358175	0.03358175	20
21	2.27876806	0.438833602	14.02915995	14.5903263	14.28453988	14.33130375	31.9692017	0.071280105	0.03128010	21
22	2.36991879	0.421955387	14.45111533	15.0291599	14.71417634	14.76234672	34.2479697	0.069198811	0.02919881	22
23	2.46471554	0.405726333	14.85684167	15.4511153	15.12728832	15.17681112	36.6178885	0.067309057	0.02730905	23
24	2.56330416	0.390121474	15.24696314	15.8568416	15.52451137	15.57533458	39.0826041	0.065586831	0.02558683	24
25	2.66583633	0.375116802	15.62207994	16.2469631	15.90645661	15.95853021	41.6459082	0.064011963	0.02401196	25
26	2.77246978	0.360689233	15.98276918	16.6220799	16.27371166	16.32698755	44.3117446	0.06256738	0.02256738	26
27	2.88336857	0.34681657	16.32958575	16.9827691	16.62684151	16.68127346	47.0842144	0.061238541	0.02123854	27
28	2.99870331	0.333477471	16.66306322	17.3295857	16.96638944	17.02193298	49.9675829	0.060012975	0.02001297	28
29	3.11865145	0.320651415	16.98371463	17.6630632	17.29287783	17.34949021	52.9662863	0.058879934	0.01887993	29

续表

n	$(1+i)^n$	v^n	$a_{\overline{n}|}$	$\ddot{a}_{\overline{n}|}$	$a_{\overline{n}|}^{(12)}$	$\ddot{a}_{\overline{n}|}^{(12)}$	$s_{\overline{n}|}$	$1/a_{\overline{n}|}$	$1/s_{\overline{n}|}$	n
30	3.24339751	0.308318668	17.2920333	17.9837146	17.60680898	17.66444909	56.0849377	0.057830099	0.01783009	30
31	3.37313341	0.296460258	17.58849356	18.2920333	17.90866586	17.96729417	59.3283352	0.056855352	0.01685535	31
32	3.50805874	0.28505794	17.8735515	18.5884935	18.19891285	18.25849136	62.7014686	0.05594859	0.01594859	32
33	3.64838109	0.274094173	18.14764567	18.8735515	18.4779965	18.53848865	66.2095274	0.055103566	0.01510356	33
34	3.79431634	0.26355209	18.41119776	19.1476456	18.74634616	18.80771682	69.8579085	0.054314772	0.01431477	34
35	3.94608899	0.253415471	18.66461323	19.4111977	19.00437468	19.06659006	73.6522248	0.053577322	0.01357732	35
36	4.10393255	0.243668722	18.90828195	19.6646132	19.25247903	19.31550664	77.5983138	0.052886878	0.01288687	36
37	4.26808985	0.234296848	19.1425788	19.9082819	19.4910409	19.5548495	81.7022464	0.052239566	0.01223956	37
38	4.43881345	0.225285431	19.36786423	20.1425788	19.72042732	19.78498687	85.9703362	0.051631919	0.01163191	38
39	4.61636598	0.216620606	19.58448484	20.3678642	19.94099118	20.0062728	90.4091497	0.051060827	0.01106082	39
40	4.80102062	0.208289045	19.79277388	20.5844848	20.15307182	20.21904773	95.0255157	0.050523489	0.01052348	40
41	4.99306145	0.200277928	19.99305181	20.7927738	20.35699551	20.42363901	99.8265363	0.050017377	0.01001737	41
42	5.19278391	0.19257493	20.18562674	20.9930518	20.55307598	20.6203614	104.819597	0.049540201	0.00954020	42
43	5.40049526	0.185168202	20.37079494	21.1856267	20.74161489	20.80951754	110.012381	0.049089886	0.00908988	43
44	5.61651507	0.178046348	20.54884129	21.3707949	20.92290231	20.99139844	115.412877	0.048664544	0.00866454	44
45	5.84117568	0.171198412	20.7200397	21.5488412	21.09721713	21.16628393	121.029392	0.048262456	0.00826245	45
46	6.07482270	0.164613858	20.88465356	21.7200397	21.26482754	21.33444305	126.870567	0.047882049	0.00788204	46
47	6.31781561	0.158282555	21.04293612	21.8846535	21.42599139	21.49613451	132.945390	0.047521885	0.00752188	47
48	6.57052824	0.152194765	21.19513088	22.0429361	21.58095663	21.65160707	139.263206	0.047180648	0.00718064	48
49	6.83334937	0.14634112	21.341472	22.1951308	21.72996168	21.80109992	145.833734	0.046857124	0.00685712	49
50	7.10668334	0.140712615	21.48218462	22.341472	21.87323575	21.94484304	152.667083	0.0465502	0.0065502	50
51	7.39095068	0.135300592	21.61748521	22.4821846	22.01099929	22.08305758	159.773767	0.04625885	0.00625885	51
52	7.68658870	0.130096723	21.74758193	22.6174852	22.14346423	22.21595617	167.164717	0.045982124	0.00598212	52
53	7.99405225	0.125093003	21.87267493	22.7475819	22.27083437	22.34374328	174.851306	0.045719145	0.00571914	53
54	8.31381434	0.120281733	21.99295667	22.8726749	22.39330565	22.4666755	182.845358	0.045469102	0.00546910	54
55	8.64636692	0.115655513	22.10861218	22.9929566	22.5110665	22.58476187	191.159173	0.045231243	0.00523124	55
56	8.99222159	0.111207224	22.2198194	23.1086121	22.62429808	22.69836415	199.805539	0.045004866	0.00500486	56
57	9.35191046	0.106930023	22.32674943	23.2198194	22.73317461	22.80759711	208.797761	0.044789323	0.00478932	57
58	9.72598687	0.10281733	22.42956676	23.3267494	22.83786357	22.9126288	218.149672	0.044584009	0.00458400	58

续表

n	$(1+i)^n$	v^n	$a_{\overline{n}|}$	$\ddot{a}_{\overline{n}|}$	$a_{\overline{n}|}^{(12)}$	$\ddot{a}_{\overline{n}|}^{(12)}$	$s_{\overline{n}|}$	$1/a_{\overline{n}|}$	$1/s_{\overline{n}|}$	n
59	10.1150263	0.098862817	22.52842957	23.4295667	22.93852604	23.01362081	227.875658	0.044388358	0.00438835	59
60	10.5196274	0.095060401	22.62348997	23.5284295	23.03531687	23.11072851	237.990685	0.044201845	0.00420184	60
62	11.378029	0.087888684	22.80278289	23.7148942	23.21787355	23.29388283	259.450725	0.043854296	0.00385429	62
64	12.3064761	0.081258029	22.96854927	23.8872912	23.38665746	23.46321929	282.661904	0.043537795	0.00353779	64
66	13.3106846	0.075127616	23.12180961	24.0466819	23.54270767	23.61978037	307.767115	0.04324921	0.00324921	66
68	14.3968364	0.069459704	23.2635074	24.1940477	23.68698487	23.76452989	334.920912	0.04298578	0.00298578	68
70	15.5716183	0.064219401	23.39451498	24.3302955	23.82037724	23.89835896	364.290458	0.042745062	0.00274506	70
72	16.8422624	0.059374446	23.51563885	24.4562644	23.94370599	24.02209145	396.056560	0.042524892	0.00252489	72
74	18.2165910	0.054895013	23.62762468	24.5727296	24.05773035	24.1364891	430.414775	0.04232334	0.00232334	74
76	19.7030648	0.050753525	23.73116187	24.6804083	24.16315228	24.24225616	467.576621	0.042138687	0.00213868	76
78	21.3108349	0.046924487	23.82688782	24.7799633	24.26062079	24.34004374	507.770873	0.041969392	0.00196939	78
80	23.0497990	0.043384326	23.91539185	24.8720075	24.35073589	24.43045387	551.244976	0.041814075	0.00181407	80
82	24.9306626	0.040111248	23.99721879	24.9571075	24.43405238	24.51404311	598.266566	0.041671496	0.00167149	82
84	26.9650047	0.037085104	24.07287241	25.0357873	24.51108315	24.59132606	649.125118	0.041540535	0.00154053	84
86	29.1653491	0.034287263	24.14281842	25.1085311	24.58230243	24.66277849	704.133728	0.041420185	0.00142018	86
88	31.5452416	0.031700502	24.20748745	25.1757869	24.64814866	24.72884028	763.631040	0.041309533	0.00130953	88
90	34.1193333	0.029308896	24.26727759	25.2379687	24.7090272	24.78991812	827.983333	0.041207754	0.00120775	90
95	41.5113859	0.024089776	24.39775559	25.3736658	24.84188035	24.92320621	1012.78464	0.040987377	9.87377E-04	95
100	50.5049281	0.01980004	24.504999	25.4851989	24.95107596	25.03275929	1237.62370	0.040808	8.08000E-04	100

附：相关常数值

$i^{(2)}$	$i^{(4)}$	$i^{(12)}$	δ		d	$d^{(2)}$	$d^{(4)}$	$d^{(12)}$
0.03960780	0.039413626	0.039284877	0.03922071		0.038461538	0.03883864	0.039029057	0.03915668
$(1+i)^{1/2}$	$(1+i)^{1/4}$	$(1+i)^{1/12}$			v	$v^{1/2}$	$v^{1/4}$	$v^{1/12}$
1.01980390	1.009853407	1.00327374			0.961538462	0.98058067	0.990242736	0.99673694
$i/i^{(2)}$	$i/i^{(4)}$	$i/i^{(12)}$	i/δ			$i/d^{(2)}$	$i/d^{(4)}$	$i/d^{(12)}$
1.00990195	1.014877439	1.018203509	1.01986926			1.02990195	1.024877439	1.02153684

复利年金表四

利率：$i=5\%$

n	$(1+i)^n$	v^n	$a_{\overline{n}|}$	$\ddot{a}_{\overline{n}|}$	$a_{\overline{n}|}^{(12)}$	$\ddot{a}_{\overline{n}|}^{(12)}$	$s_{\overline{n}|}$	$1/a_{\overline{n}|}$	$1/s_{\overline{n}|}$	n
1	1.05	0.952380952	0.952380952	1	0.97401409	0.977982344	1	1.05	1	1
2	1.1025	0.907029478	1.859410431	1.95238095	1.901646556	1.909394099	2.05	0.537804878	0.48780487	2
3	1.157625	0.863837599	2.723248029	2.85941043	2.785106048	2.796452915	3.1525	0.367208565	0.31720856	3
4	1.21550625	0.822702475	3.545950504	3.72324802	3.62649604	3.641270834	4.310125	0.282011833	0.23201183	4
5	1.27628156	0.783526166	4.329476671	4.54595050	4.427819842	4.445859328	5.52563125	0.230974798	0.18097479	5
6	1.34009564	0.746215397	5.075692067	5.32947667	5.190985368	5.212134085	6.80191281	0.197017468	0.14701746	6
7	1.40710042	0.71068133	5.786373397	6.07569206	5.917809678	5.941919567	8.14200845	0.172819818	0.12281981	7
8	1.47745544	0.676839362	6.463212759	6.78637339	6.610023307	6.63695336	9.54910887	0.154721814	0.10472181	8
9	1.55132821	0.644608916	7.107821676	7.46321275	7.269274382	7.298890305	11.0265643	0.14069008	0.09069008	9
10	1.62889462	0.613913254	7.721734929	8.10782167	7.897132548	7.929306444	12.5778925	0.129504575	0.07950457	10
11	1.71033935	0.584679289	8.306414218	8.72173492	8.495092707	8.529702766	14.2067871	0.120388891	0.07038889	11
12	1.79585632	0.556837418	8.863251636	9.30641421	9.064578573	9.101508788	15.9171265	0.11282541	0.06282541	12
13	1.88564914	0.530321351	9.393572987	9.86325163	9.606946064	9.646085951	17.7129828	0.106455765	0.05645576	13
14	1.97993159	0.505067953	9.89864094	10.3935729	10.12348653	10.16473087	19.5986319	0.101023969	0.05102396	14
15	2.07892817	0.481017098	10.37965804	10.8986409	10.61542983	10.65867841	21.5785635	0.096342288	0.04634228	15
16	2.18287458	0.458111522	10.83776956	11.3796580	11.08394726	11.12910464	23.6574917	0.092269908	0.04226990	16
17	2.29201831	0.436296688	11.27406625	11.8377695	11.53015434	11.57712962	25.8403663	0.088699142	0.03869914	17
18	2.40661923	0.415520655	11.6895869	12.2740662	11.95511346	12.00382007	28.1323846	0.085546222	0.03554622	18
19	2.52695019	0.395733957	12.08532086	12.6895869	12.35983644	12.41019194	30.5390039	0.08274501	0.03274501	19
20	2.65329770	0.376889483	12.46221034	13.0853208	12.74528688	12.79721276	33.0659541	0.080242587	0.03024258	20
21	2.78596259	0.358942365	12.82115271	13.4622103	13.11238255	13.16580402	35.7192518	0.077996107	0.02799610	21
22	2.92526072	0.341849871	13.16300258	13.8211527	13.46199747	13.51684332	38.5052144	0.075970509	0.02597050	22
23	3.07152375	0.325571306	13.48857388	14.1630025	13.79496406	13.85116645	41.4304751	0.074136822	0.02413682	23
24	3.22509994	0.31006791	13.79864179	14.4885738	14.1120751	14.16956944	44.5019988	0.072470901	0.02247090	24
25	3.38635494	0.295302772	14.09394457	14.7986417	14.41408562	14.47281038	47.7270988	0.070952457	0.02095245	25
26	3.55567268	0.281240735	14.3751853	15.0939445	14.70171468	14.76161128	51.1134537	0.069564321	0.01956432	26
27	3.73345632	0.267848319	14.64303362	15.3751853	14.97564711	15.03665975	54.6691264	0.06829186	0.01829186	27
28	3.92012913	0.255093637	14.89812726	15.6430336	15.23653515	15.29861068	58.4025827	0.06712253	0.01712253	28
29	4.11613559	0.242946321	15.14107358	15.8981272	15.48499995	15.54808775	62.3227119	0.066045515	0.01604551	29

续表

n	$(1+i)^n$	v^n	$a_{\overline{n}\rceil}$	$\ddot{a}_{\overline{n}\rceil}$	$a_{\overline{n}\rceil}^{(12)}$	$\ddot{a}_{\overline{n}\rceil}^{(12)}$	$s_{\overline{n}\rceil}$	$1/a_{\overline{n}\rceil}$	$1/s_{\overline{n}\rceil}$	n
30	4.32194237	0.231377449	15.37245103	16.1410735	15.72163309	15.78568497	66.4388475	0.065051435	0.01505143	30
31	4.53803949	0.220359475	15.5928105	16.3724510	15.94699798	16.01196803	70.7607898	0.06413212	0.01413212	31
32	4.76494146	0.209866167	15.80267667	16.5928105	16.16163122	16.2274757	75.2988293	0.063280419	0.01328041	32
33	5.00318854	0.19987254	16.00254921	16.8026766	16.36604382	16.43272111	80.0637708	0.062490044	0.01249004	33
34	5.25334796	0.1903548	16.19290401	17.0025492	16.56072249	16.62819292	85.0669593	0.061755445	0.01175544	34
35	5.51601536	0.181290285	16.37419429	17.1929040	16.74613075	16.81435655	90.3203073	0.061071707	0.01107170	35
36	5.79181613	0.172657415	16.54685171	17.3741942	16.92271004	16.99165525	95.8363227	0.060434457	0.01043445	36
37	6.08140694	0.164435633	16.71128734	17.5468517	17.09088079	17.16051116	101.628138	0.059839794	0.00983979	37
38	6.38547729	0.156605365	16.86789271	17.7112873	17.25104342	17.3213263	107.709545	0.059284228	0.00928422	38
39	6.70475115	0.149147966	17.01704067	17.8678927	17.40357925	17.47448358	114.095023	0.058764624	0.00876462	39
40	7.03998871	0.142045682	17.15908635	18.0170406	17.54885147	17.62034766	120.799774	0.058278161	0.00827816	40
41	7.39198814	0.135281602	17.29436796	18.1590863	17.68720596	17.75926583	127.839763	0.057822292	0.00782229	41
42	7.76158755	0.128839621	17.42320758	18.2943679	17.81897215	17.89156885	135.231751	0.057394713	0.00739471	42
43	8.14966693	0.122704401	17.54591198	18.4232075	17.94446376	18.01757172	142.993338	0.056993333	0.00699333	43
44	8.55715028	0.116861334	17.66277331	18.5459119	18.06397957	18.13757446	151.143005	0.056616251	0.00661625	44
45	8.98500779	0.111296509	17.77406982	18.6627733	18.17780416	18.25186278	159.700155	0.056261735	0.00626173	45
46	9.43425818	0.105996675	17.8800665	18.7740698	18.28620853	18.3607088	168.685163	0.055928204	0.00592820	46
47	9.90597109	0.100949214	17.98101571	18.8800665	18.38945078	18.46437168	178.119421	0.055614211	0.00561421	47
48	10.4012696	0.096142109	18.07715782	18.9810157	18.48777674	18.56309823	188.025392	0.055318431	0.00531843	48
49	10.9213331	0.091563913	18.16872173	19.0771578	18.58142051	18.65712351	198.426662	0.055039645	0.00503964	49
50	11.4673997	0.087203727	18.25592546	19.1687217	18.67060505	18.74667141	209.347995	0.054776735	0.00477673	50
51	12.0407697	0.083051169	18.33897663	19.2559254	18.75554271	18.83195511	220.815395	0.05452867	0.00452867	51
52	12.6428082	0.079096351	18.41807298	19.3389766	18.83643572	18.91317769	232.856165	0.054294497	0.00429449	52
53	13.2749486	0.075329858	18.49340284	19.4180729	18.91347668	18.99053252	245.498973	0.054073337	0.00407333	53
54	13.9386961	0.071742722	18.56514556	19.4934028	18.98684902	19.06420379	258.773922	0.053864377	0.00386437	54
55	14.6356309	0.068326402	18.63347196	19.5651455	19.05672744	19.13436691	272.712618	0.053666864	0.00366686	55
56	15.3674124	0.065072764	18.69854473	19.6334719	19.12327832	19.20118892	287.348249	0.053480098	0.00348009	56
57	16.1357830	0.061974061	18.76051879	19.6985447	19.18666011	19.26482894	302.715661	0.05330343	0.00330343	57
58	16.9425722	0.059022915	18.8195417	19.7605187	19.24702372	19.32543847	318.851444	0.053136257	0.00313625	58

续表

n	$(1+i)^n$	v^n	$a_{\overline{n}|}$	$\ddot{a}_{\overline{n}|}$	$a_{\overline{n}|}^{(12)}$	$\ddot{a}_{\overline{n}|}^{(12)}$	$s_{\overline{n}|}$	$1/a_{\overline{n}|}$	$1/s_{\overline{n}|}$	n
59	17.7897008	0.0562123	18.875754	19.8195417	19.30451287	19.38316184	335.794017	0.052978016	0.00297801	59
60	18.6791858	0.053535524	18.92928953	19.875754	19.35926444	19.43813648	353.583717	0.052828185	0.00282818	60
62	20.5938024	0.048558298	19.02883404	19.9802757	19.46107008	19.54035689	391.876049	0.052551827	0.00255182	62
64	22.7046672	0.044043808	19.11912384	20.0750800	19.5534108	19.63307382	434.093344	0.052303652	0.00230365	64
66	25.0318955	0.039949032	19.20101936	20.1610703	19.63716656	19.71717081	480.637911	0.052080568	0.00208056	66
68	27.5976648	0.03623495	19.27530101	20.2390660	19.7131355	19.79344925	531.953297	0.051879864	0.00187986	68
70	30.4264255	0.032866168	19.34267665	20.3098104	19.78204157	19.86263605	588.528510	0.051699153	0.00169915	70
72	33.5451341	0.029810583	19.40378834	20.3739777	19.8445414	19.92539052	650.902683	0.051536328	0.00153632	72
74	36.9835104	0.027039077	19.45921845	20.4321793	19.90123059	19.98231067	719.670208	0.051389525	0.00138952	74
76	40.7743202	0.02452524	19.50949519	20.4849699	19.95264936	20.03393893	795.486404	0.051257093	0.00125709	76
78	44.9536880	0.022245116	19.55509768	20.5328525	19.9992877	20.08076727	879.073760	0.051137561	0.00113756	78
80	49.5614410	0.020176976	19.59646048	20.5762835	20.04159005	20.12324197	971.228821	0.051029623	0.00102962	80
82	54.6414887	0.018301112	19.63397776	20.6156766	20.07995953	20.16176777	1072.82977	0.050932114	9.32114E−04	82
84	60.2422413	0.016599648	19.66800704	20.6514073	20.11476177	20.1967118	1184.84482	0.050843992	8.43992E−04	84
86	66.4170711	0.01505637	19.6988726	20.6838162	20.14632843	20.22840707	1308.34142	0.050764326	7.64326E−04	86
88	73.2248209	0.013656571	19.72686857	20.713212	20.17496033	20.25715561	1444.49641	0.050692283	6.92283E−04	88
90	80.7303650	0.012386913	19.75226174	20.7398748	20.2009303	20.28323139	1594.60730	0.050627114	6.27114E−04	90
95	103.034676	0.00970547	19.80589059	20.7961851	20.25577732	20.33830186	2040.69352	0.050490029	4.90029E−04	95
100	131.501257	0.00760449	19.8479102	20.8403057	20.29875639	20.38145102	2610.02515	0.050383138	3.83138E−04	100

附：相关常数值

$i^{(2)}$	$i^{(4)}$	$i^{(12)}$	δ	d	$d^{(2)}$	$d^{(4)}$	$d^{(12)}$
0.04939015	0.049088938	0.048889485	0.04879016	0.047619048	0.04819985	0.04849381	0.04869111

$(1+i)^{1/2}$	$(1+i)^{1/4}$	$(1+i)^{1/12}$		v	$v^{1/2}$	$v^{1/4}$	$v^{1/12}$
1.02469507	1.012272234	1.004074124		0.952380952	0.97590007	0.987876547	0.99594240

$i/i^{(2)}$	$i/i^{(4)}$	$i/i^{(12)}$	i/δ		$i/d^{(2)}$	$i/d^{(4)}$	$i/d^{(12)}$
1.01234753	1.018559421	1.022714794	1.02479671		1.03734753	1.031059421	1.02688146

附录二：中国人身保险业经验生命表（2000~2003）

CL1（2000~2003）：中国人身保险业经验生命表（2000~2003）非养老金业务男表

利率：3%

年龄	q_x	l_x	C_x	D_x	M_x	N_x	R_x	S_x
0	0.000722	1000000	700.971	1000000	114683	30395890	7807196	775545183
1	0.000603	999278	567.975	970173	113982	29395890	7692513	745149293
2	0.000499	998675	456.051	941347	113414	28425717	7578531	715753402
3	0.000416	998177	368.937	913473	112958	27484370	7465117	687327685
4	0.000358	997762	308.123	886498	112589	26570897	7352159	659843315
5	0.000323	997405	269.805	860370	112281	25684398	7239570	633272418
6	0.000309	997082	250.512	835041	112011	24824028	7127290	607588020
7	0.000308	996774	242.354	810469	111760	23988987	7015279	582763992
8	0.000311	996467	237.514	786621	111518	23178518	6903518	558775005
9	0.000312	996157	231.265	763472	111281	22391898	6792000	535596486
10	0.000312	995847	224.459	741003	111049	21628426	6680720	513204588
11	0.000312	995536	217.854	719196	110825	20887423	6569670	491576162
12	0.000313	995225	212.12	698031	110607	20168226	6458846	470688739
13	0.00032	994914	210.482	677488	110395	19470195	6348239	450520513
14	0.000336	994595	214.5	657545	110184	18792707	6237844	431050318
15	0.000364	994261	225.531	638179	109970	18135163	6127659	412257611
16	0.000404	993899	242.935	619365	109744	17496984	6017689	394122448
17	0.000455	993498	265.527	601083	109501	16877619	5907945	376625464
18	0.000513	993046	290.522	583310	109236	16276536	5798444	359747845
19	0.000572	992536	314.339	566030	108945	15693226	5689208	343471309
20	0.000621	991969	331.137	549229	108631	15127197	5580262	327778083
21	0.000661	991353	341.988	532901	108300	14577968	5471631	312650886
22	0.000692	990697	347.369	517038	107958	14045067	5363331	298072918
23	0.000716	990012	348.706	501631	107611	13528029	5255374	284027851
24	0.000738	989303	348.702	486671	107262	13026399	5147763	270499822
25	0.000759	988573	347.923	472148	106913	12539727	5040501	257473423
26	0.000779	987823	346.427	458048	106565	12067579	4933588	244933696
27	0.000795	987053	342.977	444360	106219	11609531	4827023	232866117
28	0.000815	986268	341.093	431075	105876	11165171	4720804	221256586

续表

年龄	q_x	l_x	C_x	D_x	M_x	N_x	R_x	S_x
29	0.000842	985464	341.851	418178	105535	10734096	4614928	210091415
30	0.000881	984635	346.974	405656	105193	10315917	4509394	199357319
31	0.000932	983767	356.055	393494	104846	9910261	4404201	189041402
32	0.000994	982850	368.337	381677	104490	9516767	4299355	179131141
33	0.001055	981873	379.177	370192	104121	9135089	4194865	169614374
34	0.001121	980838	390.751	359031	103742	8764897	4090743	160479285
35	0.001194	979738	403.621	348183	103352	8405867	3987001	151714387
36	0.001275	978568	417.95	337638	102948	8057684	3883650	143308521
37	0.001367	977321	434.501	327386	102530	7720046	3780702	135250836
38	0.001472	975985	453.627	317416	102095	7392661	3678172	127530790
39	0.001589	974548	474.721	307717	101642	7075245	3576076	120138129
40	0.001715	972999	496.65	298280	101167	6767528	3474434	113062884
41	0.001845	971331	517.845	289095	100670	6469248	3373267	106295356
42	0.001978	969539	538.01	280157	100153	6180153	3272597	99826108
43	0.002113	967621	556.887	271459	99614.6	5899996	3172444	93645955
44	0.002255	965576	575.782	262996	99057.8	5628537	3072829	87745959
45	0.002413	963399	596.831	254760	98482	5365541	2973772	82117422
46	0.002595	961074	621.648	246743	97885.1	5110781	2875290	76751880
47	0.002805	958580	650.691	238935	97263.5	4864038	2777405	71641099
48	0.003042	955891	683.194	231325	96612.8	4625104	2680141	66777061
49	0.003299	952984	717.144	223904	95929.6	4393779	2583528	62151957
50	0.00357	949840	750.966	216665	95212.5	4169876	2487599	57758177
51	0.003847	946449	782.859	209604	94461.5	3953210	2392386	53588302
52	0.004132	942808	813.225	202716	93678.6	3743607	2297925	49635091
53	0.004434	938912	843.744	195998	92865.4	3540891	2204246	45891484
54	0.004778	934749	878.808	189446	92021.7	3344893	2111381	42350593
55	0.005203	930283	924.665	183049	91142.9	3155447	2019359	39005700
56	0.005744	925442	985.921	176793	90218.2	2972398	1928216	35850253
57	0.006427	920127	1064.87	170658	89232.3	2795605	1837998	32877854
58	0.00726	914213	1160.35	164622	88167.4	2624948	1748766	30082249
59	0.008229	907576	1267.64	158667	87007.1	2460325	1660598	27457302
60	0.009313	900107	1381.38	152778	85739.4	2301658	1573591	24996976
61	0.01049	891725	1496.57	146947	84358	2148880	1487852	22695318
62	0.011747	882371	1610.03	141170	82861.5	2001934	1403494	20546437
63	0.013091	872005	1721.51	135448	81251.4	1860763	1320632	18544504
64	0.014542	860590	1832.32	129782	79529.9	1725315	1239381	16683740
65	0.016134	848075	1945	124169	77697.6	1595533	1159851	14958425
66	0.017905	834392	2061.82	118608	75752.6	1471364	1082153	13362892
67	0.019886	819453	2183.43	113091	73690.8	1352756	1006401	11891528

续表

年龄	q_x	l_x	C_x	D_x	M_x	N_x	R_x	S_x
68	0.022103	803157	2309.31	107614	71507.4	1239664	932709.9	10538773
69	0.024571	785405	2437.31	102170	69198	1132050	861202.5	9299108.2
70	0.027309	766107	2565.38	96757.2	66760.7	1029880	792004.5	8167057.9
71	0.03034	745185	2691.53	91373.7	64195.4	933122.7	725243.7	7137177.9
72	0.033684	722576	2813.13	86020.8	61503.8	841749	661048.4	6204055.2
73	0.037371	698237	2928.08	80702.2	58690.7	755728.2	599544.6	5362306.2
74	0.04143	672143	3033.78	75423.6	55762.6	675026	540853.9	4606578
75	0.045902	644296	3128.15	70193	52728.8	599602.5	485091.3	3931552
76	0.050829	614722	3208.66	65020.4	49600.7	529409.5	432362.4	3331949.5
77	0.056262	583476	3272.91	59917.9	46392	464389.1	382761.8	2802540
78	0.062257	550648	3318.35	54899.8	43119.1	404471.2	336369.7	2338150.8
79	0.068871	516367	3342.08	49982.4	39800.8	349571.4	293250.6	1933679.6
80	0.076187	480804	3342.21	45184.6	36458.7	299589	253449.9	1584108.2
81	0.084224	444173	3313.87	40526.3	33116.5	254404.4	216991.2	1284519.2
82	0.093071	406763	3255.86	36032.1	29802.6	213878.1	183874.8	1030114.8
83	0.1028	368905	3166.51	31726.7	26546.7	177846.1	154072.2	816236.71
84	0.113489	330982	3045.04	27636.1	23380.2	146119.3	127525.4	638390.65
85	0.125221	293419	2891.77	23786.1	20335.2	118483.2	104145.2	492271.3
86	0.13808	256677	2708.19	20201.6	17443.4	94697.09	83810.05	373788.07
87	0.152157	221235	2497.29	16905	14735.2	74495.52	66366.65	279090.99
88	0.167543	187572	2263.51	13915.3	12237.9	57590.53	51631.44	204595.47
89	0.184333	156146	2012.72	11246.5	9974.41	43675.21	39393.52	147004.94
90	0.202621	127363	1752.03	8906.22	7961.69	32428.71	29419.1	103329.73
91	0.2225	101557	1489.41	6894.79	6209.67	23522.49	21457.41	70901.02
92	0.244059	78960.3	1233.22	5204.56	4720.26	16627.7	15247.75	47378.53
93	0.267383	59689.3	991.588	3819.75	3487.04	11423.14	10527.49	30750.828
94	0.292544	43729.4	771.664	2716.91	2495.45	7603.394	7040.451	19327.686
95	0.319604	30936.6	579.044	1866.11	1723.78	4886.488	4545.004	11724.292
96	0.348606	21049.2	417.214	1232.71	1144.74	3020.381	2821.221	6837.804
97	0.379572	13711.3	287.293	779.593	727.525	1787.67	1676.483	3817.4233
98	0.412495	8506.87	188.063	469.593	440.232	1008.077	948.9581	2029.7535
99	0.447334	4997.83	116.33	267.853	252.169	538.4838	508.7262	1021.6764
100	0.48401	2762.13	67.5366	143.722	135.839	270.6309	256.5574	483.19258
101	0.522397	1425.23	36.5165	71.9989	68.3025	126.9094	120.7183	212.56166
102	0.562317	680.695	18.2263	33.3853	31.786	54.91051	52.41578	85.65225
103	0.603539	297.929	8.31278	14.1866	13.5596	21.52518	20.62979	30.74174
104	0.64577	118.117	3.42359	5.46061	5.24687	7.338586	7.070143	9.21656
105	1	41.8406	1.82328	1.87797	1.82328	1.877974	1.823275	1.8779736

CL2（2000～2003）：中国人身保险业经验生命表（2000～2003）非养老金业务女表

利率：3%

年龄	q_x	l_x	C_x	D_x	M_x	N_x	R_x	S_x
0	0.000661	1000000	641.748	1000000	99268.1	30925130	7320224	810435115
1	0.000536	999339	504.897	970232	98626.3	29925130	7220956	779509985
2	0.000424	998803	387.556	941468	98121.4	28954898	7122329	749584855
3	0.000333	998380	295.387	913659	97733.9	28013430	7024208	720629957
4	0.000267	998047	229.867	886752	97438.5	27099771	6926474	692616527
5	0.000224	997781	187.18	860695	97208.6	26213019	6829036	665516756
6	0.000201	997557	163.032	835439	97021.4	25352324	6731827	639303737
7	0.000189	997357	148.804	810942	96858.4	24516885	6634805	613951413
8	0.000181	997168	138.329	787174	96709.6	23705943	6537947	589434528
9	0.000175	996988	129.824	764108	96571.3	22918769	6441238	565728585
10	0.000169	996813	121.7	741723	96441.4	22154661	6344666	542809816
11	0.000165	996645	115.339	719998	96319.7	21412938	6248225	520655155
12	0.000165	996481	111.962	698911	96204.4	20692941	6151905	499242217
13	0.000169	996316	111.317	678443	96092.4	19994029	6055701	478549276
14	0.000179	996148	114.451	658571	95981.1	19315586	5959608	458555247
15	0.000192	995969	119.166	639275	95866.7	18657015	5863627	439239661
16	0.000208	995778	125.312	620536	95747.5	18017740	5767760	420582646
17	0.000226	995571	132.163	602337	95622.2	17397204	5672013	402564905
18	0.000245	995346	139.07	584661	95490	16794867	5576391	385167701
19	0.000264	995102	145.454	567493	95351	16210207	5480901	368372833
20	0.000283	994840	151.341	550819	95205.5	15642714	5385550	352162627
21	0.0003	994558	155.716	534624	95054.2	15091895	5290344	336519913
22	0.000315	994260	158.692	518897	94898.4	14557271	5195290	321428018
23	0.000328	993946	160.377	503624	94739.8	14038375	5100392	306870747
24	0.000338	993620	160.401	488795	94579.4	13534750	5005652	292832372
25	0.000347	993285	159.822	474398	94419	13045955	4911073	279297622
26	0.000355	992940	158.689	460421	94259.2	12571556	4816654	266251667
27	0.000362	992587	157.049	446852	94100.5	12111135	4722394	253680111
28	0.000372	992228	156.63	433680	93943.4	11664284	4628294	241568975
29	0.000386	991859	157.732	420892	93786.8	11230604	4534351	229904692
30	0.000406	991476	161.011	408475	93629.1	10809712	4440564	218674088

续表

年龄	q_x	l_x	C_x	D_x	M_x	N_x	R_x	S_x
31	0.000432	991074	166.264	396417	93468	10401237	4346935	207864376
32	0.000465	990645	173.677	384704	93301.8	10004820	4253467	197463139
33	0.000496	990185	179.776	373326	93128.1	9620115.9	4160165	187458319
34	0.000528	989694	185.709	362272	92948.3	9246790.2	4067037	177838203
35	0.000563	989171	192.15	351535	92762.6	8884517.9	3974088	168591413
36	0.000601	988614	199.033	341104	92570.5	8532982.9	3881326	159706895
37	0.000646	988020	207.579	330970	92371.4	8191879	3788755	151173912
38	0.000699	987382	217.927	321122	92163.9	7860909.1	3696384	142982033
39	0.000761	986692	230.185	311551	91945.9	7539786.8	3604220	135121124
40	0.000828	985941	242.971	302247	91715.7	7228235.4	3512274	127581337
41	0.000897	985124	255.341	293201	91472.8	6925988.5	3420558	120353102
42	0.000966	984241	266.734	284405	91217.4	6632787.9	3329086	113427113
43	0.001033	983290	276.659	275855	90950.7	6348382.5	3237868	106794325
44	0.001103	982274	286.506	267544	90674	6072527.5	3146917	100445943
45	0.001181	981191	297.503	259465	90387.5	5804983.7	3056243	94373415
46	0.001274	980032	311.215	251610	90090	5545519	2965856	88568432
47	0.001389	978783	329.005	243970	89778.8	5293909	2875766	83022913
48	0.001527	977424	350.669	236535	89449.8	5049938.6	2785987	77729004
49	0.00169	975931	376.222	229295	89099.1	4813403.2	2696537	72679065
50	0.001873	974282	404.133	222241	88722.9	4584107.9	2607438	67865662
51	0.002074	972457	433.654	215363	88318.8	4361867.2	2518715	63281554
52	0.002295	970440	464.92	208657	87885.1	4146503.8	2430396	58919687
53	0.002546	968213	499.596	202115	87420.2	3937846.7	2342511	54773183
54	0.002836	965748	538.918	195728	86920.6	3735731.9	2255091	50835336
55	0.003178	963009	584.655	189489	86381.7	3540003.6	2168170	47099605
56	0.003577	959949	636.862	183385	85797	3350515	2081789	43559601
57	0.004036	956515	695.159	177407	85160.2	3167130.1	1995992	40209086
58	0.004556	952655	758.792	171544	84465	2989723.4	1910831	37041956
59	0.005133	948314	826.209	165789	83706.2	2818179.1	1826366	34052233
60	0.005768	943447	896.751	160134	82880	2652389.9	1742660	31234053
61	0.006465	938005	970.21	154573	81983.3	2492255.9	1659780	28581663
62	0.007235	931941	1047.33	149101	81013.1	2337682.6	1577797	26089408
63	0.008094	925198	1129.32	143711	79965.7	2188581.7	1496784	23751725
64	0.009059	917709	1217.21	138396	78836.4	2044870.9	1416818	21563143
65	0.010148	909396	1311.83	133148	77619.2	1906475.1	1337982	19518272
66	0.011376	900167	1413.25	127958	76307.4	1773327.5	1260363	17611797
67	0.01276	889927	1521.51	122818	74894.1	1645369.8	1184055	15838470
68	0.014316	878572	1636.18	117719	73372.6	1522552.3	1109161	14193100

续表

年龄	q_x	l_x	C_x	D_x	M_x	N_x	R_x	S_x
69	0.016066	865994	1757.18	112654	71736.4	1404833.5	1035788	12670548
70	0.018033	852081	1884.11	107616	69979.3	1292179.5	964052	11265714
71	0.020241	836715	2016.18	102597	68095.2	1184564	894073	9973534.8
72	0.022715	819779	2152.25	97592.6	66079	1081966.9	825978	8788970.9
73	0.025479	801158	2290.58	92597.8	63926.7	984374.37	759899	7707003.9
74	0.028561	780745	2429.35	87610.2	61636.1	891776.54	695972	6722629.5
75	0.031989	758446	2566.24	82629.1	59206.8	804166.32	634336	5830853
76	0.035796	734185	2698.82	77656.2	56640.6	721537.21	575129	5026686.7
77	0.040026	707904	2824.96	72695.6	53941.7	643881.01	518488	4305149.5
78	0.044726	679569	2942.07	67753.2	51116.8	571185.45	464547	3661268.5
79	0.049954	649175	3047.57	62837.8	48174.7	503432.2	413430	3090083
80	0.055774	616746	3138.5	57960	45127.1	440594.42	365255	2586650.8
81	0.062253	582347	3211.37	53133.3	41988.6	382634.44	320128	2146056.4
82	0.069494	546095	3263.81	48374.4	38777.3	329501.12	278139	1763421.9
83	0.077511	508144	3288.69	43701.6	35513.4	281126.74	239362	1433920.8
84	0.086415	468758	3283.77	39140	32224.8	237425.13	203849	1152794.1
85	0.096294	428250	3245.6	34716.3	28941	198285.08	171624	915368.96
86	0.107243	387012	3171.43	30459.5	25695.4	163568.81	142683	717083.87
87	0.119364	345508	3059.53	26400.9	22524	133109.29	116987	553515.06
88	0.132763	304266	2909.5	22572.4	19464.4	106708.37	94463.5	420405.77
89	0.147553	263871	2722.64	19005.5	16554.9	84135.942	74999.1	313697.4
90	0.16385	224936	2502.18	15729.3	13832.3	65130.462	58444.2	229561.46
91	0.181775	188080	2253.48	12769	11330.1	49401.175	44611.9	164431
92	0.201447	153892	1983.88	10143.6	9076.63	36632.201	33281.8	115029.82
93	0.222987	122891	1702.55	7864.26	7092.75	26488.616	24205.2	78397.619
94	0.246507	95487.9	1419.85	5932.65	5390.2	18624.353	17112.4	51909.003
95	0.272115	71949.4	1146.59	4340.01	3970.35	12691.698	11722.2	33284.651
96	0.299903	52370.9	893.018	3067.02	2823.77	8351.684	7751.89	20592.953
97	0.329942	36664.7	667.787	2084.67	1930.75	5284.6638	4928.12	12241.269
98	0.362281	24567.5	477.003	1356.17	1262.96	3199.9923	2997.37	6956.6057
99	0.396933	15667.2	323.582	839.663	785.959	1843.8264	1734.41	3756.6134
100	0.433869	9448.34	207.088	491.624	462.377	1004.1636	948.451	1912.787
101	0.473008	5349	124.092	270.217	255.289	512.5394	486.075	908.62337
102	0.514211	2818.88	69.0214	138.255	131.197	242.3222	230.786	396.08397
103	0.557269	1369.38	35.2791	65.2064	62.1753	104.06754	99.589	153.76177
104	0.601896	606.268	16.3786	28.0281	26.8962	38.861141	37.4137	49.694229
105	1	241.358	10.5176	10.8331	10.5176	10.833088	10.5176	10.833088

CL3（2000~2003）：中国人身保险业经验生命表（2000~2003）养老金业务男表

利率：3%

年龄	q_x	l_x	C_x	D_x	M_x	N_x	R_x	S_x
0	0.000627	1000000	608.738	1000000	105089	30725273	7446635	799233220
1	0.000525	999373	494.553	970265	104480	29725273	7341546	768507947
2	0.000434	998848	396.714	941510	103986	28755007	7237065	738782675
3	0.000362	998415	321.122	913691	103589	27813497	7133080	710027667
4	0.000311	998053	267.749	886758	103268	26899806	7029490	682214170
5	0.000281	997743	234.802	860662	103000	26013049	6926222	655314364
6	0.000269	997463	218.167	835359	102765	25152387	6823222	629301316
7	0.000268	997194	210.968	810810	102547	24317027	6720457	604148929
8	0.00027	996927	206.297	786983	102336	23506217	6617909	579831901
9	0.000271	996658	200.976	763855	102130	22719234	6515573	556325684
10	0.000272	996388	195.789	741406	101929	21955378	6413443	533606450
11	0.000271	996117	189.336	719616	101733	21213972	6311514	511651072
12	0.000272	995847	184.45	698467	101544	20494356	6209781	490437100
13	0.000278	995576	182.978	677939	101359	19795889	6108237	469942743
14	0.000292	995299	186.543	658010	101177	19117951	6006877	450146854
15	0.000316	995009	195.938	638658	100990	18459941	5905701	431028903
16	0.000351	994694	211.234	619861	100794	17821282	5804711	412568963
17	0.000396	994345	231.293	601595	100583	17201422	5703917	394747680
18	0.000446	993951	252.809	583842	100352	16599827	5603334	377546258
19	0.000497	993508	273.39	566584	100099	16015985	5502982	360946431
20	0.00054	993014	288.249	549808	99825.3	15449402	5402884	344930446
21	0.000575	992478	297.831	533506	99537.1	14899594	5303058	329481044
22	0.000601	991907	302.057	517669	99239.2	14366088	5203521	314581451
23	0.000623	991311	303.812	502289	98937.2	13848419	5104282	300215363
24	0.000643	990694	304.242	487356	98633.4	13346130	5005345	286366944
25	0.00066	990057	302.995	472857	98329.1	12858774	4906712	273020814
26	0.000676	989403	301.103	458781	98026.1	12385918	4808382	260162040
27	0.000693	988734	299.482	445117	97725	11927137	4710356	247776122
28	0.000712	988049	298.524	431853	97425.5	11482019	4612631	235848986
29	0.000734	987346	298.572	418977	97127	11050166	4515206	224366967
30	0.000759	986621	299.528	406475	96828.4	10631189	4418079	213316801

续表

年龄	q_x	l_x	C_x	D_x	M_x	N_x	R_x	S_x
31	0.000788	985872	301.686	394336	96528.9	10224715	4321250	202685611
32	0.00082	985095	304.554	382549	96227.2	9830379	4224721	192460896
33	0.000855	984287	308.051	371102	95922.7	9447830	4128494	182630518
34	0.000893	983446	312.104	359985	95614.6	9076728	4032572	173182688
35	0.000936	982568	317.321	349188	95302.5	8716742	3936957	164105960
36	0.000985	981648	323.903	338700	94985.2	8367554	3841654	155389218
37	0.001043	980681	332.658	328511	94661.3	8028854	3746669	147021664
38	0.001111	979658	343.666	318610	94328.6	7700342	3652008	138992811
39	0.001189	978570	356.685	308987	93985	7381732	3557679	131292468
40	0.001275	977406	370.902	299631	93628.3	7072745	3463694	123910737
41	0.001366	976160	385.308	290533	93257.4	6773114	3370066	116837992
42	0.001461	974827	399.555	281685	92872.1	6482582	3276809	110064877
43	0.00156	973402	413.599	273081	92472.5	6200897	3183937	103582296
44	0.001665	971884	427.911	264714	92058.9	5927815	3091464	97381399.1
45	0.001783	970266	444.15	256576	91631	5663102	2999405	91453583.6
46	0.001918	968536	463.036	248658	91186.9	5406526	2907774	85790481.8
47	0.002055	966678	480.736	240953	90723.8	5157868	2816587	80383955.8
48	0.002238	964692	507.253	233454	90243.1	4916915	2725863	75226088.3
49	0.002446	962533	537.045	226147	89735.8	4683460	2635620	70309173.7
50	0.002666	960178	566.909	219023	89198.8	4457313	2545885	65625713.4
51	0.00288	957618	592.993	212077	88631.9	4238290	2456686	61168400.3
52	0.003085	954860	614.925	205307	88038.9	4026212	2368054	56930110.7
53	0.0033	951915	636.652	198712	87424	3820905	2280015	52903898.3
54	0.003545	948773	661.807	192288	86787.3	3622193	2192591	49082993.1
55	0.003838	945410	693.171	186026	86125.5	3429905	2105804	45460800.4
56	0.004207	941781	734.854	179914	85432.3	3243879	2019678	42030895.7
57	0.004676	937819	789.65	173939	84697.5	3063965	1934246	38787016.7
58	0.005275	933434	860.815	168083	83907.8	2890026	1849548	35723051.9
59	0.006039	928510	951.74	162327	83047	2721942	1765641	32833026.3
60	0.006989	922903	1062.92	156647	82095.3	2559615	1682594	30111084
61	0.007867	916453	1153.48	151022	81032.4	2402968	1600498	27551468.6
62	0.008725	909243	1232.25	145470	79878.9	2251946	1519466	25148500.4
63	0.009677	901310	1315.32	140000	78646.6	2106477	1439587	22896554
64	0.010731	892588	1402.4	134607	77331.3	1966477	1360940	20790077
65	0.0119	883010	1493.67	129284	75928.9	1831869	1283609	18823600.4
66	0.013229	872502	1592.94	124025	74435.2	1702585	1207680	16991731.1
67	0.014705	860959	1696.35	118820	72842.3	1578560	1133245	15289146.1
68	0.016344	848299	1803.59	113663	71145.9	1459740	1060403	13710586.1

续表

年龄	q_x	l_x	C_x	D_x	M_x	N_x	R_x	S_x
69	0.018164	834434	1914.25	108548	69342.3	1346078	989256.8	12250846
70	0.020184	819278	2027.66	103473	67428.1	1237529	919914.4	10904768.4
71	0.022425	802741	2143.03	98431.2	65400.4	1134056	852486.4	9667239.38
72	0.024911	784740	2259.43	93421.2	63257.4	1035625	787085.9	8533182.94
73	0.027668	765191	2375.71	88440.8	60998	942204	723828.5	7497557.7
74	0.030647	744020	2484.17	83489.1	58622.3	853763.2	662830.6	6555353.7
75	0.033939	721218	2589.03	78573.3	56138.1	770274.1	604208.3	5701590.49
76	0.037577	696741	2688.6	73695.7	53549.1	691700.8	548070.2	4931316.43
77	0.041594	670559	2780.77	68860.6	50860.5	618005.1	494521.2	4239615.62
78	0.046028	642668	2863.31	64074.2	48079.7	549144.5	443660.7	3621610.5
79	0.05092	613087	2933.81	59344.6	45216.4	485070.3	395581	3072465.99
80	0.056312	581869	2989.58	54682.3	42282.6	425725.7	350364.6	2587395.66
81	0.062253	549103	3028.04	50100.1	39293	371043.3	308082.1	2161669.99
82	0.068791	514919	3046.36	45612.8	36264.9	320943.3	268789.1	1790626.65
83	0.075983	479498	3042.12	41237.9	33218.6	275330.5	232524.1	1469683.39
84	0.083883	443064	3012.84	36994.7	30176.5	234092.5	199305.6	1194352.94
85	0.092554	405898	2956.73	32904.3	27163.6	197097.8	169129.1	960260.404
86	0.102059	368331	2872.44	28989.2	24206.9	164193.5	141965.5	763162.567
87	0.112464	330739	2759.46	25272.4	21334.5	135204.3	117758.6	598969.07
88	0.123836	293543	2618.22	21776.9	18575	109931.8	96424.1	463764.81
89	0.136246	257192	2450.37	18524.4	15956.8	88154.91	77849.09	353832.998
90	0.149763	222151	2258.73	15534.5	13506.4	69630.5	61892.31	265678.089
91	0.164456	188881	2047.45	12823.3	11247.7	54096.01	48385.89	196047.585
92	0.180392	157818	1821.85	10402.4	9200.25	41272.71	37138.2	141951.575
93	0.197631	129349	1588.25	8277.53	7378.4	30870.34	27937.95	100678.868
94	0.216228	103786	1353.67	6448.19	5790.15	22592.81	20559.55	69808.5235
95	0.236229	81344.2	1125.35	4906.71	4436.48	16144.62	14769.4	47215.7129
96	0.257666	62128.4	910.199	3638.45	3311.13	11237.91	10332.93	31071.0931
97	0.280553	46120	714.26	2622.28	2400.93	7599.46	7021.795	19833.1833
98	0.304887	33180.9	542.178	1831.64	1686.67	4977.184	4620.862	12233.7228
99	0.330638	23064.5	396.802	1236.11	1144.5	3145.544	2934.189	7256.53881
100	0.357746	15438.5	279.01	803.308	747.693	1909.431	1789.693	4110.99445
101	0.386119	9915.43	187.774	500.901	468.684	1106.123	1042	2201.56326
102	0.415626	6086.89	120.466	298.537	280.909	605.2225	573.3165	1095.44
103	0.446094	3557.02	73.357	169.376	160.444	306.6852	292.407	490.217465
104	0.477308	1970.26	42.2097	91.0859	87.0866	137.3091	131.9635	183.53224
105	1	1029.84	44.8769	46.2232	44.8769	46.22317	44.87687	46.2231729

CL4（2000~2003）：中国人身保险业经验生命表（2000~2003）养老金业务女表

利率：3%

年龄	q_x	l_x	C_x	D_x	M_x	N_x	R_x	S_x
0	0.000575	1000000	558.252	1E+06	91503.9	31191700	6992760	830830251
1	0.000466	999425	438.997	970316	90945.6	30191700	6901256	799638552
2	0.000369	998959.3	337.336	941615	90506.6	29221384	6810311	769446852
3	0.00029	998590.7	257.298	913852	90169.3	28279769	6719804	740225468
4	0.000232	998301.1	199.785	886978	89912	27365917	6629635	711945699
5	0.000195	998069.5	162.994	860943	89712.2	26478940	6539723	684579782
6	0.000175	997874.8	141.989	835704	89549.2	25617996	6450010	658100842
7	0.000164	997700.2	129.165	811222	89407.2	24782292	6360461	632482846
8	0.000158	997536.6	120.796	787465	89278.1	23971070	6271054	607700555
9	0.000152	997379	112.806	764408	89157.3	23183605	6181776	583729485
10	0.000147	997227.4	105.901	742031	89044.5	22419198	6092619	560545879
11	0.000143	997080.8	100.005	720312	88938.6	21677167	6003574	538126682
12	0.000143	996938.2	97.0779	699232	88838.6	20956854	5914635	516449515
13	0.000147	996795.6	96.8729	678769	88741.5	20257622	5825797	495492660
14	0.000156	996649.1	99.7949	658902	88644.6	19578853	5737055	475235038
15	0.000167	996493.6	103.704	639611	88544.8	18919950	5648411	455656186
16	0.000181	996327.2	109.106	620878	88441.1	18280339	5559866	436736236
17	0.000196	996146.9	114.686	602685	88332	17659461	5471425	418455897
18	0.000213	995951.6	120.979	585017	88217.3	17056775	5383093	400796436
19	0.00023	995739.5	126.803	567856	88096.4	16471759	5294875	383739661
20	0.000246	995510.5	131.643	551190	87969.6	15903902	5206779	367267902
21	0.000261	995265.6	135.569	535004	87837.9	15352712	5118810	351363999
22	0.000274	995005.8	138.14	519286	87702.3	14817708	5030972	336011287
23	0.000285	994733.2	139.463	504023	87564.2	14298422	4943269	321193579
24	0.000293	994449.7	139.162	489203	87424.7	13794399	4855705	306895157
25	0.000301	994158.3	138.757	474816	87285.6	13305196	4768280	293100757
26	0.000308	993859.1	137.807	460847	87146.8	12830380	4680995	279795562
27	0.000316	993553	137.226	447287	87009	12369533	4593848	266965182
28	0.000325	993239	136.98	434122	86871.8	11922246	4506839	254595649
29	0.000337	992916.2	137.856	421340	86734.8	11488125	4419967	242673402
30	0.000351	992581.6	139.354	408930	86596.9	11066784	4333232	231185278

续表

年龄	q_x	l_x	C_x	D_x	M_x	N_x	R_x	S_x
31	0.000366	992233.2	141.027	396881	86457.6	10657854	4246635	220118494
32	0.000384	991870	143.601	385180	86316.6	10260973	4160178	209460640
33	0.000402	991489.1	145.898	373817	86173	9875793	4073861	199199667
34	0.000421	991090.6	148.283	362784	86027.1	9501976	3987688	189323873
35	0.000441	990673.3	150.74	352069	85878.8	9139192	3901661	179821897
36	0.000464	990236.4	153.915	341664	85728	8787123	3815783	170682705
37	0.000493	989777	158.697	331558	85574.1	8445460	3730054	161895582
38	0.000528	989289	164.932	321743	85415.4	8113901	3644480	153450122
39	0.000569	988766.7	172.471	312207	85250.5	7792159	3559065	145336221
40	0.000615	988204.1	180.882	302941	85078	7479952	3473814	137544062
41	0.000664	987596.3	189.489	293936	84897.1	7177011	3388736	130064110
42	0.000714	986940.5	197.692	285186	84707.7	6883075	3303839	122887098
43	0.000763	986235.9	204.959	276682	84510	6597890	3219132	116004023
44	0.000815	985483.4	212.389	268418	84305	6321208	3134622	109406134
45	0.000873	984680.2	220.697	260387	84092.6	6052790	3050317	103084926
46	0.000942	983820.6	231.003	252583	83871.9	5792403	2966224	97032135.6
47	0.001014	982893.8	241.189	244995	83640.9	5539820	2882352	91239732.9
48	0.001123	981897.2	259.073	237618	83399.7	5294825	2798711	85699912.9
49	0.001251	980794.5	279.881	230438	83140.7	5057207	2715311	80405087.8
50	0.001393	979567.5	302.195	223446	82860.8	4826769	2632171	75347880.7
51	0.001548	978203	325.585	216636	82558.6	4603323	2549310	70521111.5
52	0.001714	976688.7	349.457	210001	82233	4386687	2466751	65917788.5
53	0.001893	975014.7	374.069	203535	81883.5	4176686	2384518	61531101.6
54	0.002093	973169	400.784	197232	81509.5	3973152	2302635	57354415.1
55	0.002318	971132.1	430.038	191087	81108.7	3775919	2221125	53381263.3
56	0.002607	968881	468.479	185091	80678.6	3584833	2140017	49605343.9
57	0.002979	966355.2	518.38	179232	80210.2	3399741	2059338	46020511.3
58	0.00341	963476.4	574.38	173493	79691.8	3220510	1979128	42620770
59	0.003816	960190.9	621.917	167865	79117.4	3047017	1899436	39400260.5
60	0.004272	956526.9	673.376	162354	78495.5	2879151	1820319	36353244
61	0.004781	952440.6	728.532	156952	77822.1	2716797	1741823	33474092.9
62	0.005351	947887	787.855	151652	77093.6	2559845	1664001	30757296.1
63	0.005988	942814.8	851.385	146447	76305.7	2408193	1586908	28197451.4
64	0.006701	937169.2	919.471	141330	75454.3	2261745	1510602	25789258.9
65	0.007499	930889.3	992.304	136295	74534.9	2120415	1435147	23527513.7
66	0.008408	923908.5	1072.08	131332	73542.6	1984120	1360613	21407098.9
67	0.009438	916140.3	1158.54	126435	72470.5	1852788	1287070	19422978.6
68	0.010592	907493.8	1250.41	121594	71311.9	1726353	1214600	17570190.7

续表

年龄	q_x	l_x	C_x	D_x	M_x	N_x	R_x	S_x
69	0.011886	897881.6	1347.87	116802	70061.5	1604759	1143288	15843838.1
70	0.013337	887209.4	1450.91	112052	68713.7	1487957	1073226	14239079.5
71	0.014964	875376.7	1559.42	107338	67262.8	1375904	1004512	12751123
72	0.016787	862277.5	1673.03	102652	65703.3	1268567	937250	11375218.7
73	0.018829	847802.5	1791.3	97989	64030.3	1165915	871546	10106652.1
74	0.021117	831839.2	1913.73	93344	62239	1067926	807516	8940737.27
75	0.023702	814273.3	2041.39	88711	60325.3	974582.2	745277	7872811.47
76	0.026491	794973.4	2162.64	84086	58283.9	885871	684952	6898229.31
77	0.029602	773913.7	2284.07	79474	56121.3	801785	626668	6012358.33
78	0.03307	751004.3	2404.01	74875	53837.2	722310.8	570547	5210573.31
79	0.036935	726168.6	2520.56	70291	51433.2	647435.5	516709	4488262.5
80	0.041241	699347.6	2631.52	65723	48912.6	577144.9	465276	3840827.05
81	0.046033	670505.8	2734.13	61177	46281.1	511422.3	416364	3263682.11
82	0.051365	639640.4	2825.62	56661	43547	450245.4	370082	2752259.83
83	0.057291	606785.3	2902.65	52185	40721.3	393584.5	326536	2302014.42
84	0.063872	572021.9	2961.82	47762	37818.7	341399.5	285814	1908429.92
85	0.071174	535485.7	2999.63	43409	34856.9	293637.2	247996	1567030.37
86	0.079267	497373.1	3012.56	39145	31857.2	250227.8	213139	1273393.19
87	0.088225	457947.8	2997.31	34993	28844.7	211082.4	181281	1023165.41
88	0.098129	417545.4	2951.13	30976	25847.4	176089.7	152437	812083.048
89	0.109061	376572	2871.89	27123	22896.2	145113.5	126589	635993.385
90	0.121107	335502.7	2758.53	23461	20024.3	117990.6	103693	490879.904
91	0.134355	294871	2611.33	20019	17265.8	94529.68	83668.8	372889.259
92	0.148896	255253.6	2432.16	16825	14654.5	74510.58	66403	278359.576
93	0.164816	217247.4	2224.61	13902	12222.3	57685.88	51748.5	203848.995
94	0.182201	181441.5	1994.12	11273	9997.7	43783.39	39526.2	146163.111
95	0.201129	148382.7	1747.77	8950.5	8003.59	32510.44	29528.5	102379.717
96	0.221667	118538.6	1494	6942	6255.82	23559.95	21524.9	69869.2719
97	0.24387	92262.53	1242.04	5245.8	4761.82	16617.92	15269.1	46309.3193
98	0.267773	69762.47	1001.16	3851	3519.78	11372.09	10507.3	29691.3944
99	0.293385	51081.96	779.8	2737.7	2518.62	7521.088	6987.52	18319.3037
100	0.320685	36095.28	584.749	1878.1	1738.82	4783.41	4468.9	10798.2155
101	0.349615	24520.07	420.45	1238.7	1154.07	2905.271	2730.08	6014.805
102	0.380069	15947.48	288.616	782.16	733.618	1666.583	1576.01	3109.53443
103	0.411894	9886.339	188.256	470.76	445.002	884.4233	842.396	1442.95184
104	0.444879	5814.215	116.098	268.79	256.746	413.6613	397.394	558.528566
105	1	3227.593	140.648	144.87	140.648	144.8672	140.648	144.867233

CL1（2000～2003）：中国人身保险业经验生命表（2000～2003）非养老金业务男表

利率：5%

年 龄	q_x	l_x	$\bar{C}_x$	D_x	$\bar{M}_x$	N_x	$\bar{R}_x$	S_x
0	0.000722	1000000	704.6	1000000	35099.5	20280675	1990352	385104097
1	0.000603	999278	560.041	951693	34394.9	19280675	1955253	364823421
2	0.000499	998675	441.115	905828	33834.8	18328982	1920858	345542746
3	0.000416	998177	350.057	862263	33393.7	17423154	1887023	327213764
4	0.000358	997762	286.786	820861	33043.6	16560891	1853629	309790610
5	0.000323	997405	246.339	781493	32756.9	15740030	1820586	293229719
6	0.000309	997082	224.367	744038	32510.5	14958537	1787829	277489689
7	0.000308	996774	212.926	708389	32286.1	14214499	1755318	262531152
8	0.000311	996467	204.698	674448	32073.2	13506110	1723032	248316653
9	0.000312	996157	195.517	642132	31868.5	12831662	1690959	234810543
10	0.000312	995847	186.148	611363	31673	12189530	1659091	221978882
11	0.000312	995536	177.229	582069	31486.9	11578166	1627418	209789352
12	0.000313	995225	169.278	554179	31309.6	10996097	1595931	198211186
13	0.00032	994914	164.771	527624	31140.4	10441918	1564621	187215089
14	0.000336	994595	164.718	502338	30975.6	9914294	1533481	176773171
15	0.000364	994261	169.89	478257	30810.9	9411955.7	1502505	166858877
16	0.000404	993899	179.515	455317	30641	8933699	1471694	157446922
17	0.000455	993498	192.471	433460	30461.5	8478382.3	1441053	148513223
18	0.000513	993046	206.578	412631	30269	8044922.4	1410592	140034840
19	0.000572	992536	219.256	392780	30062.4	7632291.4	1380323	131989918
20	0.000621	991969	226.573	373863	29843.2	7239511	1350260	124357627
21	0.000661	991353	229.541	355838	29616.6	6865648.5	1320417	117118115
22	0.000692	990697	228.711	338670	29387	6509810	1290801	110252467
23	0.000716	990012	225.219	322319	29158.3	6171140.2	1261414	103742657
24	0.000738	989303	220.927	306751	28933.1	5848820.8	1232255	97571516.8
25	0.000759	988573	216.234	291928	28712.2	5542069.7	1203322	91722696
26	0.000779	987823	211.203	277816	28495.9	5250141.4	1174610	86180626.3
27	0.000795	987053	205.117	264380	28284.7	4972325.5	1146114	80930484.9
28	0.000815	986268	200.105	251591	28079.6	4707945	1117829	75958159.5
29	0.000842	985464	196.729	239415	27879.5	4456354.2	1089750	71250214.5
30	0.000881	984635	195.874	227822	27682.8	4216939.2	1061870	66793860.3

续表

年龄	q_x	l_x	$\bar{C}_x$	$\bar{D}_x$	$\bar{M}_x$	N_x	$\bar{R}_x$	S_x
31	0.000932	983767	197.172	216782	27486.9	3989117	1034187	62576921
32	0.000994	982850	200.088	206267	27289.7	3772334.5	1006700	58587804.1
33	0.001055	981873	202.054	196250	27089.7	3566067.5	979410.7	54815469.6
34	0.001121	980838	204.255	186707	26887.6	3369817.9	952321.1	51249402.1
35	0.001194	979738	206.964	177617	26683.4	3183110.8	925433.5	47879584.1
36	0.001275	978568	210.229	168957	26476.4	3005493.8	898750.1	44696473.3
37	0.001367	977321	214.391	160706	26266.2	2836536.7	872273.7	41690979.5
38	0.001472	975985	219.565	152844	26051.8	2675830.4	846007.6	38854442.8
39	0.001589	974548	225.398	145352	25832.2	2522986	819955.8	36178612.4
40	0.001715	972999	231.318	138210	25606.8	2377634.2	794123.6	33655626.4
41	0.001845	971331	236.596	131403	25375.5	2239423.8	768516.8	31277992.2
42	0.001978	969539	241.127	124915	25138.9	2108020.6	743141.3	29038568.4
43	0.002113	967621	244.833	118731	24897.8	1983105.7	718002.4	26930547.8
44	0.002255	965576	248.319	112839	24652.9	1864374.3	693104.7	24947442.1
45	0.002413	963399	252.494	107223	24404.6	1751535.8	668451.7	23083067.8
46	0.002595	961074	257.983	101871	24152.1	1644312.9	644047.1	21331532
47	0.002805	958580	264.892	96767.9	23894.1	1542442.2	619895	19687219.1
48	0.003042	955891	272.827	91901.4	23629.2	1445674.3	596000.9	18144776.9
49	0.003299	952984	280.93	87258.9	23356.4	1353772.9	572371.6	16699102.7
50	0.00357	949840	288.575	82829.6	23075.5	1266514	549015.2	15345329.8
51	0.003847	946449	295.101	78603.7	22786.9	1183684.4	525939.7	14078815.8
52	0.004132	942808	300.708	74572.7	22491.8	1105080.7	503152.8	12895131.4
53	0.004434	938912	306.051	70728.1	22191.1	1030508.1	480661	11790050.7
54	0.004778	934749	312.697	67061.4	21885.1	959779.97	458469.9	10759542.6
55	0.005203	930283	322.747	63562.9	21572.4	892718.53	436584.8	9799762.67
56	0.005744	925442	337.574	60221.1	21249.6	829155.66	415012.5	8907044.13
57	0.006427	920127	357.661	57024	20912	768934.57	393762.9	8077888.47
58	0.00726	914213	382.305	53959.5	20554.4	711910.58	372850.8	7308953.9
59	0.008229	907576	409.701	51016.9	20172.1	657951.06	352296.5	6597043.32
60	0.009313	900107	437.957	48187.7	19762.4	606934.13	332124.4	5939092.26
61	0.01049	891725	465.441	45465.7	19324.4	558746.41	312362	5332158.13
62	0.011747	882371	491.187	42846.4	18859	513280.75	293037.6	4773411.72
63	0.013091	872005	515.195	40326.8	18367.8	470434.34	274178.6	4260130.97
64	0.014542	860590	537.911	37903.7	17852.6	430107.58	255810.9	3789696.63
65	0.016134	848075	560.115	35573.8	17314.7	392203.92	237958.3	3359589.05
66	0.017905	834392	582.447	33333.2	16754.6	356630.15	220643.6	2967385.13
67	0.019886	819453	605.053	31177.5	16172.1	323296.99	203889	2610754.97
68	0.022103	803157	627.747	29102.4	15567.1	292119.52	187716.9	2287457.99

续表

年龄	q_x	l_x	$\bar{C}_x$	D_x	$\bar{M}_x$	N_x	$\bar{R}_x$	S_x
69	0.024571	785405	649.92	27103.9	14939.3	263017.17	172149.9	1995338.47
70	0.027309	766107	671.042	25179	14289.4	235913.27	157210.5	1732321.29
71	0.03034	745185	690.629	23325.1	13618.4	210734.28	142921.1	1496408.03
72	0.033684	722576	708.081	21540.4	12927.7	187409.16	129302.8	1285673.75
73	0.037371	698237	722.976	19823.7	12219.6	165868.75	116375.1	1098264.59
74	0.04143	672143	734.808	18174.1	11496.7	146045.09	104155.4	932395.838
75	0.045902	644296	743.233	16591.6	10761.9	127870.96	92658.76	786350.752
76	0.050829	614722	747.84	15076.2	10018.6	111279.37	81896.9	658479.792
77	0.056262	583476	748.286	13628.5	9270.79	96203.172	71878.27	547200.425
78	0.062257	550648	744.222	12249.2	8522.5	82574.707	62607.48	450997.253
79	0.068871	516367	735.267	10939.7	7778.28	70325.47	54084.98	368422.546
80	0.076187	480804	721.291	9701.17	7043.01	59385.815	46306.7	298097.076
81	0.084224	444173	701.552	8535.3	6321.72	49684.644	39263.69	238711.261
82	0.093071	406763	676.143	7444.21	5620.17	41149.342	32941.97	189026.616
83	0.1028	368905	645.062	6429.88	4944.02	33705.127	27321.81	147877.274
84	0.113489	330982	608.502	5494.18	4298.96	27275.247	22377.78	114172.147
85	0.125221	293419	566.866	4638.71	3690.46	21781.068	18078.82	86896.8996
86	0.13808	256677	520.766	3864.62	3123.6	17142.353	14388.36	65115.8317
87	0.152157	221235	471.066	3172.37	2602.83	13277.734	11264.76	47973.4785
88	0.167543	187572	418.834	2561.6	2131.76	10105.36	8661.934	34695.7445
89	0.184333	156146	365.335	2030.87	1712.93	7543.7647	6530.171	24590.3845
90	0.202621	127363	311.958	1577.64	1347.59	5512.8905	4817.242	17046.6198
91	0.2225	101557	260.146	1198.07	1035.64	3935.2552	3469.648	11533.7293
92	0.244059	78960.3	211.297	887.142	775.489	2737.1854	2434.013	7598.47413
93	0.267383	59689.3	166.66	638.692	564.192	1850.0433	1658.524	4861.28872
94	0.292544	43729.4	127.226	445.635	397.532	1211.3508	1094.331	3011.24545
95	0.319604	30936.6	93.6499	300.255	270.306	765.71555	696.7991	1799.89467
96	0.348606	21049.2	66.1915	194.564	176.656	465.46097	426.4928	1034.17912
97	0.379572	13711.3	44.7112	120.703	110.465	270.89715	249.8364	568.718146
98	0.412495	8506.87	28.7106	71.3212	65.7537	150.19457	139.3715	297.820997
99	0.447334	4997.83	17.4212	39.9062	37.0431	78.873371	73.61772	147.626426
100	0.48401	2762.13	9.92142	21.0046	19.6219	38.967122	36.57461	68.7530549
101	0.522397	1425.23	5.26226	10.3221	9.70048	17.962525	16.95271	29.7859327
102	0.562317	680.695	2.5765	4.69509	4.43822	7.640466	7.252225	11.8234076
103	0.603539	297.929	1.15272	1.95711	1.86172	2.9453742	2.814004	4.18294154
104	0.64577	118.117	0.4657	0.73897	0.70899	0.9882677	0.952286	1.23756733
105	1	41.8406	0.24329	0.2493	0.24329	0.2492997	0.243292	0.24929966

CL2（2000~2003）：中国人身保险业经验生命表（2000~2003）非养老金业务女表

利率：5%

年 龄	q_x	l_x	$\bar{C}_x$	D_x	$\bar{M}_x$	N_x	$\bar{R}_x$	S_x
0	0.000661	1000000	645.07	1000000	27078.7	20445053	1698740	394532290
1	0.000536	999339	497.844	951751	26433.6	19445053	1671661	374087238
2	0.000424	998803	374.863	905944	25935.7	18493301	1645228	354642185
3	0.000333	998380	280.271	862438	25560.9	17587357	1619292	336148884
4	0.000267	998047	213.949	821096	25280.6	16724919	1593731	318561527
5	0.000224	997781	170.9	781787	25066.7	15903823	1568451	301836608
6	0.000201	997557	146.017	744393	24895.8	15122035	1543384	285932785
7	0.000189	997357	130.735	708803	24749.7	14377643	1518488	270810750
8	0.000181	997168	119.217	674923	24619	13668840	1493738	256433107
9	0.000175	996988	109.756	642667	24499.8	12993917	1469119	242764267
10	0.000169	996813	100.928	611957	24390	12351250	1444620	229770350
11	0.000165	996645	93.8312	582718	24289.1	11739293	1420230	217419100
12	0.000165	996481	89.3483	554878	24195.3	11156575	1395941	205679808
13	0.000169	996316	87.1422	528368	24105.9	10601697	1371745	194523233
14	0.000179	996148	87.8885	503122	24018.8	10073330	1347639	183921535
15	0.000192	995969	89.7663	479078	23930.9	9570207.3	1323621	173848206
16	0.000208	995778	92.5982	456177	23841.1	9091129	1299690	164277998
17	0.000226	995571	95.8005	434364	23748.5	8634951.5	1275848	155186869
18	0.000245	995346	98.8868	413587	23652.7	8200587.2	1252100	146551918
19	0.000264	995102	101.457	393796	23553.8	7787000.3	1228447	138351331
20	0.000283	994840	103.552	374945	23452.4	7393204.6	1204893	130564330
21	0.0003	994558	104.516	356989	23348.8	7018260	1181441	123171126
22	0.000315	994260	104.484	339888	23244.3	6661271	1158092	116152866
23	0.000328	993946	103.583	323600	23139.8	6321383.5	1134848	109491595
24	0.000338	993620	101.625	308090	23036.3	5997783.1	1111708	103170211
25	0.000347	993285	99.329	293320	22934.6	5689693.3	1088672	97172428.1
26	0.000355	992940	96.7464	279255	22835.3	5396373.6	1065737	91482734.8
27	0.000362	992587	93.9229	265863	22738.6	5117118.4	1042902	86086361.3
28	0.000372	992228	91.8881	253111	22644.6	4851255.6	1020163	80969242.8
29	0.000386	991859	90.7722	240968	22552.7	4598144.5	997518.6	76117987.3
30	0.000406	991476	90.8939	229405	22462	4357176	974965.8	71519842.8

续表

年龄	q_x	l_x	$\bar{C}_x$	D_x	$\bar{M}_x$	N_x	$\bar{R}_x$	S_x
31	0.000432	991074	92.0718	218392	22371.1	4127770.8	952503.8	67162666.8
32	0.000465	990645	94.345	207903	22279	3909378.3	930132.8	63034896
33	0.000496	990185	95.798	197911	22184.7	3701475.4	907853.8	59125517.6
34	0.000528	989694	97.0742	188393	22088.9	3503564.6	885669.1	55424042.2
35	0.000563	989171	98.528	179327	21991.8	3315171.7	863580.2	51920477.6
36	0.000601	988614	100.113	170692	21893.3	3135844.6	841588.4	48605305.9
37	0.000646	988020	102.423	162466	21793.2	2965153	819695.2	45469461.3
38	0.000699	987382	105.481	154629	21690.7	2802687.3	797902	42504308.3
39	0.000761	986692	109.292	147163	21585.2	2648058	776211.3	39701621
40	0.000828	985941	113.166	140049	21476	2500895	754626	37053563
41	0.000897	985124	116.662	133269	21362.8	2360846.4	733150.1	34552668
42	0.000966	984241	119.546	126809	21246.1	2227577.2	711787.3	32191821.6
43	0.001033	983290	121.632	120654	21126.6	2100768	690541.2	29964244.4
44	0.001103	982274	123.562	114790	21004.9	1980114	669414.6	27863476.5
45	0.001181	981191	125.861	109203	20881.4	1865324.1	648409.6	25883362.5
46	0.001274	980032	129.154	103880	20755.5	1756121	627528.3	24018038.4
47	0.001389	978783	133.936	98807.4	20626.4	1652240.9	606772.7	22261917.4
48	0.001527	977424	140.036	93971.6	20492.4	1553433.4	586146.4	20609676.6
49	0.00169	975931	147.379	89360.1	20352.4	1459461.9	565653.9	19056243.1
50	0.001873	974282	155.297	84961	20205	1370101.8	545301.5	17596781.3
51	0.002074	972457	163.467	80763.7	20049.7	1285140.7	525096.5	16226679.5
52	0.002295	970440	171.915	76758.3	19886.3	1204377	505046.8	14941538.8
53	0.002546	968213	181.218	72935.4	19714.3	1127618.7	485160.5	13737161.7
54	0.002836	965748	191.758	69285.4	19533.1	1054683.4	465446.2	12609543
55	0.003178	963009	204.07	65799	19341.4	985397.99	445913.1	11554859.6
56	0.003577	959949	218.058	62466.5	19137.3	919599.03	426571.7	10569461.6
57	0.004036	956515	233.485	59279.1	18919.2	857132.51	407434.4	9649862.59
58	0.004556	952655	250.003	56228.4	18685.8	797853.39	388515.1	8792730.08
59	0.005133	948314	267.03	53306.9	18435.8	741624.95	369829.4	7994876.69
60	0.005768	943447	284.309	50507.9	18168.7	688318.02	351393.6	7253251.74
61	0.006465	938005	301.739	47825.3	17884.4	637810.12	333224.9	6564933.72
62	0.007235	931941	319.518	45253.4	17582.7	589984.81	315340.5	5927123.6
63	0.008094	925198	337.969	42786.7	17263.2	544731.36	297757.8	5337138.8
64	0.009059	917709	357.335	40419.4	16925.2	501944.66	280494.7	4792407.44
65	0.010148	909396	377.776	38146	16567.9	461525.24	263569.5	4290462.78
66	0.011376	900167	399.231	35960.8	16190.1	423379.28	247001.6	3828937.54
67	0.01276	889927	421.626	33858.8	15790.8	387418.47	230811.6	3405558.26
68	0.014316	878572	444.766	31835	15369.2	353559.68	215020.7	3018139.8

续表

年龄	q_x	l_x	$\bar{C}_x$	D_x	$\bar{M}_x$	N_x	$\bar{R}_x$	S_x
69	0.016066	865994	468.561	29885	14924.5	321724.69	199651.5	2664580.12
70	0.018033	852081	492.837	28004.6	14455.9	291839.69	184727.1	2342855.43
71	0.020241	836715	517.338	26190.1	13963.1	263835.06	170271.2	2051015.74
72	0.022715	819779	541.733	24438.1	13445.7	237644.94	156308.1	1787180.69
73	0.025479	801158	565.571	22745.7	12904	213206.84	142862.4	1549535.75
74	0.028561	780745	588.41	21110.6	12338.4	190461.13	129958.4	1336328.91
75	0.031989	758446	609.724	19531.1	11750	169350.5	117620	1145867.78
76	0.035796	734185	629.011	18006.1	11140.3	149819.36	105870	976517.277
77	0.040026	707904	645.871	16534.8	10511.3	131813.31	94729.72	826697.912
78	0.044726	679569	659.833	15117.1	9865.39	115278.54	84218.46	694884.6
79	0.049954	649175	670.475	13753.3	9205.56	100161.45	74353.06	579606.057
80	0.055774	616746	677.329	12444.1	8535.09	86408.148	65147.5	479444.607
81	0.062253	582347	679.852	11190.5	7857.76	73964.082	56612.42	393036.459
82	0.069494	546095	677.794	9994.14	7177.91	62773.596	48754.66	319072.376
83	0.077511	508144	669.952	8856.77	6500.11	52779.459	41576.75	256298.78
84	0.086415	468758	656.208	7781.21	5830.16	43922.692	35076.64	203519.322
85	0.096294	428250	636.226	6770.28	5173.95	36141.482	29246.48	159596.63
86	0.107243	387012	609.844	5826.99	4537.73	29371.2	24072.53	123455.148
87	0.119364	345508	577.122	4954.37	3927.88	23544.205	19534.8	94083.9481
88	0.132763	304266	538.367	4155.24	3350.76	18589.833	15606.92	70539.7432
89	0.147553	263871	494.194	3431.98	2812.39	14434.597	12256.16	51949.9103
90	0.16385	224936	445.527	2786.26	2318.2	11002.621	9443.771	37515.3137
91	0.181775	188080	393.601	2218.8	1872.67	8216.3561	7125.573	26512.6932
92	0.201447	153892	339.912	1729.02	1479.07	5997.5609	5252.901	18296.3371
93	0.222987	122891	286.154	1314.97	1139.16	4268.5383	3773.831	12298.7762
94	0.246507	95487.9	234.093	973.092	853.004	2953.5705	2634.674	8030.23795
95	0.272115	71949.4	185.439	698.303	618.91	1980.478	1781.67	5076.66746
96	0.299903	52370.9	141.678	484.08	433.471	1282.1749	1162.76	3096.18941
97	0.329942	36664.7	103.927	322.765	291.793	798.09446	729.2886	1814.01456
98	0.362281	24567.5	72.8216	205.973	187.865	475.32948	437.4959	1015.9201
99	0.396933	15667.2	48.4587	125.098	115.044	269.35685	249.6305	540.590623
100	0.433869	9448.34	30.4221	71.8498	66.5851	144.25908	134.5867	271.233775
101	0.473008	5349	17.8825	38.7395	36.1629	72.409233	68.00165	126.974697
102	0.514211	2818.88	9.75697	19.4432	18.2805	33.669782	31.83874	54.5654633
103	0.557269	1369.38	4.89212	8.99553	8.52349	14.226562	13.55828	20.8956816
104	0.601896	606.268	2.22794	3.79295	3.63137	5.2310354	5.034796	6.66912003
105	1	241.358	1.40343	1.43808	1.40343	1.4380846	1.403427	1.43808464

CL3（2000～2003）：中国人身保险业经验生命表（2000～2003）养老金业务男表

利率：5%

年 龄	q_x	l_x	$\bar{C}_x$	D_x	$\bar{M}_x$	N_x	$\bar{R}_x$	S_x
0	0.000627	1000000	611.889	1000000	30678.8	20371271	1801196	390883171
1	0.000525	999373	487.644	951784	30066.9	19371271	1770517	370511899
2	0.000434	998848	383.721	905985	29579.3	18419488	1740450	351140628
3	0.000362	998415	304.689	862468	29195.6	17513503	1710871	332721141
4	0.000311	998053	249.208	821101	28890.9	16651034	1681675	315207638
5	0.000281	997743	214.38	781758	28641.7	15829933	1652784	298556603
6	0.000269	997463	195.397	744322	28427.3	15048176	1624143	282726670
7	0.000268	997194	185.351	708687	28231.9	14303854	1595715	267678494
8	0.00027	996927	177.794	674759	28046.5	13595166	1567483	253374641
9	0.000271	996658	169.909	642455	27868.7	12920407	1539437	239779475
10	0.000272	996388	162.371	611696	27698.8	12277952	1511568	226859068
11	0.000271	996117	154.029	582409	27536.5	11666257	1483869	214581116
12	0.000272	995847	147.196	554525	27382.4	11083848	1456333	202914859
13	0.000278	995576	143.24	527975	27235.2	10529323	1428950	191831011
14	0.000292	995299	143.249	502694	27092	10001348	1401715	181301689
15	0.000316	995009	147.598	478616	26948.7	9498653.9	1374623	171300341
16	0.000351	994694	156.089	455681	26801.2	9020037.8	1347674	161801687
17	0.000396	994345	167.656	433829	26645.1	8564356.9	1320873	152781649
18	0.000446	993951	179.762	413007	26477.4	8130527.5	1294228	144217292
19	0.000497	993508	190.694	393165	26297.6	7717520.2	1267751	136086765
20	0.00054	993014	197.228	374257	26106.9	7324355.4	1241453	128369245
21	0.000575	992478	199.903	356242	25909.7	6950098.8	1215346	121044889
22	0.000601	991907	198.878	339083	25709.8	6593856.4	1189436	114094790
23	0.000623	991311	196.223	322742	25510.9	6254773	1163727	107500934
24	0.000643	990694	192.758	307182	25314.7	5932030.6	1138216	101246161
25	0.00066	990057	188.311	292366	25122	5624848.3	1112901	95314130.3
26	0.000676	989403	183.571	278260	24933.6	5332481.8	1087779	89689282.1
27	0.000693	988734	179.105	264831	24750.1	5054221.4	1062845	84356800.2
28	0.000712	988049	175.131	252045	24571	4789390.6	1038095	79302578.8
29	0.000734	987346	171.823	239872	24395.8	4537345.5	1013524	74513188.3
30	0.000759	986621	169.09	228282	24224	4297473.6	989129	69975842.7

续表

年龄	q_x	l_x	$\bar{C}_x$	D_x	$\bar{M}_x$	N_x	$\bar{R}_x$	S_x
31	0.000788	985872	167.064	217246	24054.9	4069191.7	964904	65678369.1
32	0.00082	985095	165.44	206738	23887.9	3851945.5	940850	61609177.4
33	0.000855	984287	164.152	196732	23722.4	3645207.4	916962	57757231.9
34	0.000893	983446	163.144	187204	23558.3	3448475.3	893239	54112024.5
35	0.000936	982568	162.711	178130	23395.1	3261271.7	869681	50663549.2
36	0.000985	981648	162.923	169489	23232.4	3083141.8	846286	47402277.5
37	0.001043	980681	164.14	161259	23069.5	2913653	823053	44319135.7
38	0.001111	979658	166.341	153420	22905.4	2752394.1	799984	41405482.8
39	0.001189	978570	169.354	145952	22739	2598974.3	777079	38653088.7
40	0.001275	977406	172.75	138836	22569.7	2453022.7	754340	36054114.4
41	0.001366	976160	176.042	132056	22396.9	2314186.3	731770	33601091.7
42	0.001461	974827	179.074	125596	22220.9	2182129.8	709373	31286905.4
43	0.00156	973402	181.837	119441	22041.8	2056533.5	687152	29104775.6
44	0.001665	971884	184.546	113576	21860	1937092.8	665110	27048242
45	0.001783	970266	187.901	107987	21675.4	1823517.1	643250	25111149.3
46	0.001918	968536	192.159	102662	21487.5	1715530	621575	23287632.1
47	0.002055	966678	195.705	97585.4	21295.3	1612868.4	600087	21572102.2
48	0.002238	964692	202.566	92747.5	21099.6	1515283	578792	19959233.8
49	0.002446	962533	210.379	88133.2	20897.1	1422535.5	557693	18443950.8
50	0.002666	960178	217.847	83731.1	20686.7	1334402.3	536795	17021415.3
51	0.00288	957618	223.53	79531.3	20468.9	1250671.2	516109	15687013
52	0.003085	954860	227.382	75526	20245.3	1171139.8	495640	14436341.8
53	0.0033	951915	230.932	71707.6	20017.9	1095613.9	475395	13265202
54	0.003545	948773	235.484	68067.6	19787	1023906.3	455377	12169588.1
55	0.003838	945410	241.946	64596.5	19551.5	955838.68	435590	11145681.8
56	0.004207	941781	251.61	61284.3	19309.6	891242.22	416038	10189843.2
57	0.004676	937819	265.222	58120.5	19058	829957.9	396729	9298600.94
58	0.005275	933434	283.617	55094	18792.7	771837.43	377671	8468643.03
59	0.006039	928510	307.602	52193.7	18509.1	716743.42	358878	7696805.61
60	0.006989	922903	336.991	49408.1	18201.5	664549.72	340369	6980062.19
61	0.007867	916453	358.738	46726.5	17864.5	615141.63	322167	6315512.46
62	0.008725	909243	375.936	44151.3	17505.8	568415.17	304303	5700370.83
63	0.009677	901310	393.636	41682	17129.9	524263.87	286797	5131955.67
64	0.010731	892588	411.701	39313	16736.2	482581.89	269667	4607691.8
65	0.0119	883010	430.143	37039.1	16324.5	443268.92	252931	4125109.9
66	0.013229	872502	449.992	34855.6	15894.4	406229.77	236606	3681840.98
67	0.014705	860959	470.078	32756.7	15444.4	371374.17	220712	3275611.21
68	0.016344	848299	490.276	30738.1	14974.3	338617.5	205267	2904237.05

续表

年龄	q_x	l_x	$\bar{C}_x$	D_x	$\bar{M}_x$	N_x	$\bar{R}_x$	S_x
69	0.018164	834434	510.443	28795.9	14484	307879.43	190293	2565619.54
70	0.020184	819278	530.387	26926.5	13973.6	279083.53	175809	2257740.11
71	0.022425	802741	549.887	25126.7	13443.2	252157.01	161835	1978656.58
72	0.024911	784740	568.713	23393.6	12893.3	227030.31	148392	1726499.57
73	0.027668	765191	586.59	21724.6	12324.6	203636.75	135499	1499469.26
74	0.030647	744020	601.686	20117.6	11738	181912.18	123174	1295832.51
75	0.033939	721218	615.139	18572.4	11136.3	161794.57	111436	1113920.33
76	0.037577	696741	626.631	17087.7	10521.2	143222.12	100300	952125.763
77	0.041594	670559	635.766	15662.5	9894.56	126134.38	89778.8	808903.647
78	0.046028	642668	642.168	14296.2	9258.79	110471.88	79884.3	682769.262
79	0.05092	613087	645.448	12988.8	8616.63	96175.66	70625.5	572297.378
80	0.056312	581869	645.19	11740.4	7971.18	83186.901	62008.8	476121.718
81	0.062253	549103	641.041	10551.6	7325.99	71446.547	54037.7	392934.817
82	0.068791	514919	632.636	9423.6	6684.95	60894.898	46711.7	321488.27
83	0.075983	479498	619.721	8357.47	6052.31	51471.301	40026.7	260593.372
84	0.083883	443064	602.067	7354.7	5432.59	43113.836	33974.4	209122.07
85	0.092554	405898	579.599	6416.92	4830.52	35759.132	28541.8	166008.234
86	0.102059	368331	552.351	5545.73	4250.92	29342.208	23711.3	130249.102
87	0.112464	330739	520.518	4742.6	3698.57	23796.483	19460.4	100906.894
88	0.123836	293543	484.469	4008.79	3178.06	19053.879	15761.8	77110.4112
89	0.136246	257192	444.773	3345.1	2693.59	15045.086	12583.8	58056.5326
90	0.149763	222151	402.18	2751.76	2248.81	11699.982	9890.17	43011.4463
91	0.164456	188881	357.615	2228.24	1846.63	8948.2229	7641.36	31311.4642
92	0.180392	157818	312.15	1773.13	1489.02	6719.9872	5794.72	22363.2413
93	0.197631	129349	266.943	1384.07	1176.87	4946.8549	4305.71	15643.2541
94	0.216228	103786	223.183	1057.65	909.925	3562.7849	3128.84	10696.3992
95	0.236229	81344.2	182.004	789.484	686.742	2505.1327	2218.91	7133.61434
96	0.257666	62128.4	144.404	574.271	504.738	1715.6487	1532.17	4628.48167
97	0.280553	46120	111.16	406.001	360.334	1141.3773	1027.43	2912.83299
98	0.304887	33180.9	82.7715	278.187	249.174	735.37612	667.098	1771.45573
99	0.330638	23064.5	59.4239	184.163	166.403	457.18917	417.924	1036.07961
100	0.357746	15438.5	40.9878	117.402	106.979	273.02597	251.521	578.890435
101	0.386119	9915.43	27.0594	71.8112	65.9909	155.6242	144.543	305.864469
102	0.415626	6086.89	17.0292	41.9843	38.9315	83.813009	78.5518	150.240267
103	0.446094	3557.02	10.1723	23.3662	21.9022	41.828697	39.6203	66.4272589
104	0.477308	1970.26	5.74169	12.3264	11.7299	18.462469	17.7181	24.5985618
105	1	1029.84	5.98821	6.13609	5.98821	6.1360932	5.98821	6.13609316

CL4（2000~2003）：中国人身保险业经验生命表（2000~2003）养老金业务女表

利率：5%

年 龄	q_x	l_x	$\bar{C}_x$	D_x	$\bar{M}_x$	N_x	$\bar{R}_x$	S_x
0	0.00058	1000000	561.143	1000000	23804.4	20512155	1544064	399111358
1	0.00047	999425	432.865	951833	23243.2	19512155	1520260	378599203
2	0.00037	998959	326.288	906086	22810.4	18560322	1497017	359087047
3	0.00029	998591	244.131	862620	22484.1	17654237	1474206	340526725
4	0.00023	998301	185.951	821305	22240	16791616	1451722	322872489
5	0.0002	998069	148.818	782014	22054	15970312	1429482	306080872
6	0.00018	997875	127.17	744630	21905.2	15188298	1407428	290110561
7	0.00016	997700	113.481	709047	21778	14443669	1385523	274922262
8	0.00016	997537	104.106	675172	21664.5	13734622	1363745	260478594
9	0.00015	997379	95.3686	642919	21560.4	13059450	1342081	246743972
10	0.00015	997227	87.8262	612211	21465.1	12416530	1320520	233684523
11	0.00014	997081	81.356	582972	21377.2	11804319	1299055	221267992
12	0.00014	996938	77.4708	555132	21295.9	11221347	1277678	209463673
13	0.00015	996796	75.8347	528622	21218.4	10666214	1256382	198242327
14	0.00016	996649	76.6341	503376	21142.6	10137592	1235164	187576112
15	0.00017	996494	78.119	479330	21065.9	9634217	1214021	177438520
16	0.00018	996327	80.6227	456429	20987.8	9154886	1192955	167804303
17	0.0002	996147	83.1317	434616	20907.2	8698457	1171967	158649417
18	0.00021	995952	86.0232	413838	20824.1	8263842	1151060	149950960
19	0.00023	995739	88.4468	394048	20738	7850003	1130236	141687118
20	0.00025	995510	90.0742	375197	20649.6	7455955	1109498	133837115
21	0.00026	995266	90.9933	357243	20559.5	7080758	1088848	126381160
22	0.00027	995006	90.953	340143	20468.5	6723515	1068289	119300402
23	0.00029	994733	90.0747	323857	20377.6	6383372	1047820	112576887
24	0.00029	994450	88.1683	308347	20287.5	6059516	1027443	106193515
25	0.0003	994158	86.2373	293578	20199.3	5751169	1007155	100134000
26	0.00031	993859	84.0154	279514	20113.1	5457591	986956	94382830.9
27	0.00032	993553	82.0677	266121	20029.1	5178077	966843	88925240
28	0.00033	993239	80.3604	253369	19947	4911956	946814	83747162.6
29	0.00034	992916	79.3338	241225	19866.6	4658587	926867	78835206.8
30	0.00035	992582	78.6683	229661	19787.3	4417362	907000	74176619.9

续表

年龄	q_x	l_x	$\bar{C}_x$	D_x	$\bar{M}_x$	N_x	$\bar{R}_x$	S_x
31	0.00037	992233	78.0966	218648	19708.6	4187701	887213	69759258.3
32	0.00038	991870	78.007	208160	19630.6	3969053	867504	65571557.7
33	0.0004	991489	77.745	198171	19552.5	3760893	847874	61602505.2
34	0.00042	991091	77.5112	188659	19474.8	3562721	828321	57841612.5
35	0.00044	990673	77.2946	179599	19397.3	3374062	808846	54278891.4
36	0.00046	990236	77.419	170972	19320	3194463	789449	50904829
37	0.00049	989777	78.3043	162755	19242.6	3023491	770129	47710366.2
38	0.00053	989289	79.8305	154928	19164.3	2860737	750886	44686874.9
39	0.00057	988767	81.8896	147473	19084.4	2705809	731722	41826138.3
40	0.00062	988204	84.2471	140370	19002.5	2558336	712638	39120329.7
41	0.00066	987596	86.5748	133604	18918.3	2417966	693635	36561993.6
42	0.00071	986941	88.6021	127157	18831.7	2284362	674717	34144027.6
43	0.00076	986236	90.1095	121015	18743.1	2157205	655885	31859665.2
44	0.00082	985483	91.5974	115165	18653	2036190	637142	29702459.9
45	0.00087	984680	93.3676	109591	18561.4	1921025	618489	27666270
46	0.00094	983821	95.866	104282	18468.1	1811433	599928	25745245.1
47	0.00101	982894	98.1867	99222.4	18372.2	1707152	581460	23933811.6
48	0.00112	981897	103.458	94401.7	18274	1607929	563087	22226659.8
49	0.00125	980794	109.639	89805.4	18170.5	1513528	544813	20618730.4
50	0.00139	979568	116.125	85421.9	18060.9	1423722	526643	19105202.6
51	0.00155	978203	122.73	81240.9	17944.8	1338300	508582	17681480.3
52	0.00171	976689	129.22	77252.5	17822	1257060	490637	16343179.8
53	0.00189	975015	135.686	73447.7	17692.8	1179807	472815	15086120.3
54	0.00209	973169	142.607	69817.8	17557.1	1106359	455122	13906313.3
55	0.00232	971132	150.102	66354	17414.5	1036542	437565	12799954
56	0.00261	968881	160.404	63047.8	17264.4	970187.5	420151	11763412.5
57	0.00298	966355	174.11	59889	17104	907139.8	402886	10793224.9
58	0.00341	963476	189.244	56867.2	16929.9	847250.8	385782	9886085.14
59	0.00382	960191	201.003	53974.5	16740.7	790383.6	368852	9038834.31
60	0.00427	956527	213.489	51208.2	16539.7	736409.1	352112	8248450.67
61	0.00478	952441	226.576	48561.3	16326.2	685200.9	335572	7512041.58
62	0.00535	947887	240.359	46027.8	16099.6	636639.6	319246	6826840.64
63	0.00599	942815	254.793	43601.4	15859.2	590611.8	303146	6190201.05
64	0.0067	937169	269.928	41276.5	15604.5	547010.4	287287	5599589.24
65	0.0075	930889	285.761	39047.5	15334.5	505733.9	271682	5052578.83
66	0.00841	923909	302.854	36909.3	15048.8	466686.4	256348	4546844.93
67	0.00944	916140	321.044	34856.1	14745.9	429777.1	241299	4080158.56

续表

年龄	q_x	l_x	$\bar{C}_x$	D_x	$\bar{M}_x$	N_x	$\bar{R}_x$	S_x
68	0.01059	907494	339.903	32883	14424.9	394921	226553	3650381.44
69	0.01189	897882	359.417	30985.4	14085	362038	212128	3255460.44
70	0.01334	887209	379.524	29159.2	13725.5	331052.6	198043	2893422.42
71	0.01496	875377	400.136	27400.3	13346	301893.4	184318	2562369.83
72	0.01679	862278	421.11	25705	12945.9	274493.2	170972	2260476.41
73	0.01883	847802	442.291	24070	12524.8	248788.2	158026	1985983.25
74	0.02112	831839	463.52	22492.2	12082.5	224718.2	145501	1737195.09
75	0.0237	814273	485.024	20968.8	11619	202226	133419	1512476.92
76	0.02649	794973	504.045	19496.9	11133.9	181257.2	121800	1310250.91
77	0.0296	773914	522.207	18076.6	10629.9	161760.3	110666	1128993.66
78	0.03307	751004	539.159	16706.2	10107.7	143683.7	100036	967233.325
79	0.03694	726169	554.532	15384.5	9568.53	126977.6	89928.2	823549.579
80	0.04124	699348	567.915	14110.7	9014	111593.1	80359.7	696572.01
81	0.04603	670506	578.821	12884.6	8446.08	97482.37	71345.7	584978.922
82	0.05137	639640	586.794	11706.1	7867.26	84597.82	62899.6	487496.553
83	0.05729	606785	591.31	10576	7280.47	72891.69	55032.3	402898.736
84	0.06387	572022	591.871	9495.36	6689.16	62315.64	47751.8	330007.049
85	0.07117	535486	588.009	8465.59	6097.29	52820.28	41062.7	267691.404
86	0.07927	497373	579.296	7488.63	5509.28	44354.69	34965.4	214871.122
87	0.08823	457948	565.385	6566.7	4929.98	36866.05	29456.1	170516.435
88	0.09813	417545	546.07	5702.24	4364.6	30299.36	24526.1	133650.381
89	0.10906	376572	521.285	4897.79	3818.53	24597.12	20161.5	103351.024
90	0.12111	335503	491.172	4155.84	3297.24	19699.33	16343	78753.9043
91	0.13436	294871	456.105	3478.61	2806.07	15543.48	13045.8	59054.5785
92	0.1489	255254	416.72	2867.85	2349.97	12064.87	10239.7	43511.0958
93	0.16482	217247	373.899	2324.61	1933.25	9197.022	7889.72	31446.2238
94	0.1822	181442	328.775	1849.02	1559.35	6872.415	5956.48	22249.2015
95	0.20113	148383	282.67	1440.12	1230.57	5023.39	4397.13	15376.787
96	0.22167	118539	237.025	1095.69	947.901	3583.267	3166.56	10353.3965
97	0.24387	92262.5	193.298	812.201	710.877	2487.578	2218.66	6770.12997
98	0.26777	69762.5	152.842	584.885	517.579	1675.377	1507.78	4282.55215
99	0.29339	51082	116.78	407.875	364.737	1090.492	990.205	2607.175
100	0.32069	36095.3	85.9022	274.486	247.956	682.6172	625.468	1516.6829
101	0.34962	24520.1	60.5896	177.583	162.054	408.131	377.512	834.065671
102	0.38007	15947.5	40.7992	109.998	101.465	230.5476	215.458	425.934641
103	0.41189	9886.34	26.1053	64.9438	60.6654	120.5499	113.993	195.38703
104	0.44488	5814.22	15.7925	36.3751	34.5601	55.60611	53.3276	74.8371267
105	1	3227.59	18.7676	19.231	18.7676	19.23102	18.7676	19.2310216

附录三：中国人身保险业经验生命表（2010～2013）

年龄	非养老类业务一表		非养老类业务二表		养老类业务表	
	男（CL1）	女（CL2）	男（CL3）	女（CL4）	男（CL5）	女（CL6）
0	0.000867	0.000620	0.000620	0.000455	0.000566	0.000453
1	0.000615	0.000456	0.000465	0.000324	0.000386	0.000289
2	0.000445	0.000337	0.000353	0.000236	0.000268	0.000184
3	0.000339	0.000256	0.000278	0.000180	0.000196	0.000124
4	0.000280	0.000203	0.000229	0.000149	0.000158	0.000095
5	0.000251	0.000170	0.000200	0.000131	0.000141	0.000084
6	0.000237	0.000149	0.000182	0.000119	0.000132	0.000078
7	0.000233	0.000137	0.000172	0.000110	0.000129	0.000074
8	0.000238	0.000133	0.000171	0.000105	0.000131	0.000072
9	0.000250	0.000136	0.000177	0.000103	0.000137	0.000072
10	0.000269	0.000145	0.000187	0.000103	0.000146	0.000074
11	0.000293	0.000157	0.000202	0.000105	0.000157	0.000077
12	0.000319	0.000172	0.000220	0.000109	0.000170	0.000080
13	0.000347	0.000189	0.000240	0.000115	0.000184	0.000085
14	0.000375	0.000206	0.000261	0.000121	0.000197	0.000090
15	0.000402	0.000221	0.000280	0.000128	0.000208	0.000095
16	0.000427	0.000234	0.000298	0.000135	0.000219	0.000100
17	0.000449	0.000245	0.000315	0.000141	0.000227	0.000105
18	0.000469	0.000255	0.000331	0.000149	0.000235	0.000110
19	0.000489	0.000262	0.000346	0.000156	0.000241	0.000115
20	0.000508	0.000269	0.000361	0.000163	0.000248	0.000120
21	0.000527	0.000274	0.000376	0.000170	0.000256	0.000125
22	0.000547	0.000279	0.000392	0.000178	0.000264	0.000129
23	0.000568	0.000284	0.000409	0.000185	0.000273	0.000134
24	0.000591	0.000289	0.000428	0.000192	0.000284	0.000139
25	0.000615	0.000294	0.000448	0.000200	0.000297	0.000144
26	0.000644	0.000300	0.000471	0.000208	0.000314	0.000149
27	0.000675	0.000307	0.000497	0.000216	0.000333	0.000154
28	0.000711	0.000316	0.000526	0.000225	0.000354	0.000160
29	0.000751	0.000327	0.000558	0.000235	0.000379	0.000167
30	0.000797	0.000340	0.000595	0.000247	0.000407	0.000175
31	0.000847	0.000356	0.000635	0.000261	0.000438	0.000186
32	0.000903	0.000374	0.000681	0.000277	0.000472	0.000198
33	0.000966	0.000397	0.000732	0.000297	0.000509	0.000213
34	0.001035	0.000423	0.000788	0.000319	0.000549	0.000231

续表

年龄	非养老类业务一表		非养老类业务二表		养老类业务表	
	男（CL1）	女（CL2）	男（CL3）	女（CL4）	男（CL5）	女（CL6）
35	0.001111	0.000454	0.000850	0.000346	0.000592	0.000253
36	0.001196	0.000489	0.000919	0.000376	0.000639	0.000277
37	0.001290	0.000530	0.000995	0.000411	0.000690	0.000305
38	0.001395	0.000577	0.001078	0.000450	0.000746	0.000337
39	0.001515	0.000631	0.001170	0.000494	0.000808	0.000372
40	0.001651	0.000692	0.001270	0.000542	0.000878	0.000410
41	0.001804	0.000762	0.001380	0.000595	0.000955	0.000450
42	0.001978	0.000841	0.001500	0.000653	0.001041	0.000494
43	0.002173	0.000929	0.001631	0.000715	0.001138	0.000540
44	0.002393	0.001028	0.001774	0.000783	0.001245	0.000589
45	0.002639	0.001137	0.001929	0.000857	0.001364	0.000640
46	0.002913	0.001259	0.002096	0.000935	0.001496	0.000693
47	0.003213	0.001392	0.002277	0.001020	0.001641	0.000750
48	0.003538	0.001537	0.002472	0.001112	0.001798	0.000811
49	0.003884	0.001692	0.002682	0.001212	0.001967	0.000877
50	0.004249	0.001859	0.002908	0.001321	0.002148	0.000950
51	0.004633	0.002037	0.003150	0.001439	0.002340	0.001031
52	0.005032	0.002226	0.003409	0.001568	0.002544	0.001120
53	0.005445	0.002424	0.003686	0.001709	0.002759	0.001219
54	0.005869	0.002634	0.003982	0.001861	0.002985	0.001329
55	0.006302	0.002853	0.004297	0.002027	0.003221	0.001450
56	0.006747	0.003085	0.004636	0.002208	0.003469	0.001585
57	0.007227	0.003342	0.004999	0.002403	0.003731	0.001736
58	0.007770	0.003638	0.005389	0.002613	0.004014	0.001905
59	0.008403	0.003990	0.005807	0.002840	0.004323	0.002097
60	0.009161	0.004414	0.006258	0.003088	0.004660	0.002315
61	0.010065	0.004923	0.006742	0.003366	0.005034	0.002561
62	0.011129	0.005529	0.007261	0.003684	0.005448	0.002836
63	0.012360	0.006244	0.007815	0.004055	0.005909	0.003137
64	0.013771	0.007078	0.008405	0.004495	0.006422	0.003468
65	0.015379	0.008045	0.009039	0.005016	0.006988	0.003835
66	0.017212	0.009165	0.009738	0.005626	0.007610	0.004254
67	0.019304	0.010460	0.010538	0.006326	0.008292	0.004740
68	0.021691	0.011955	0.011496	0.007115	0.009046	0.005302
69	0.024411	0.013674	0.012686	0.008000	0.009897	0.005943
70	0.027495	0.015643	0.014192	0.009007	0.010888	0.006660

续表

年龄	非养老类业务一表		非养老类业务二表		养老类业务表	
	男（CL1）	女（CL2）	男（CL3）	女（CL4）	男（CL5）	女（CL6）
71	0.030965	0.017887	0.016106	0.010185	0.012080	0.007460
72	0.034832	0.020432	0.018517	0.011606	0.013550	0.008369
73	0.039105	0.023303	0.021510	0.013353	0.015387	0.009436
74	0.043796	0.026528	0.025151	0.015508	0.017686	0.010730
75	0.048921	0.030137	0.029490	0.018134	0.020539	0.012332
76	0.054506	0.034165	0.034545	0.021268	0.024017	0.014315
77	0.060586	0.038653	0.040310	0.024916	0.028162	0.016734
78	0.067202	0.043648	0.046747	0.029062	0.032978	0.019619
79	0.074400	0.049205	0.053801	0.033674	0.038437	0.022971
80	0.082220	0.055385	0.061403	0.038718	0.044492	0.026770
81	0.090700	0.062254	0.069485	0.044160	0.051086	0.030989
82	0.099868	0.069880	0.077987	0.049977	0.058173	0.035598
83	0.109754	0.078320	0.086872	0.056157	0.065722	0.040576
84	0.120388	0.087611	0.096130	0.062695	0.073729	0.045915
85	0.131817	0.097754	0.105786	0.069596	0.082223	0.051616
86	0.144105	0.108704	0.115900	0.076863	0.091239	0.057646
87	0.157334	0.120371	0.126569	0.084501	0.100900	0.064084
88	0.171609	0.132638	0.137917	0.092504	0.111321	0.070942
89	0.187046	0.145395	0.150089	0.100864	0.122608	0.078241
90	0.203765	0.158572	0.163239	0.109567	0.134870	0.086003
91	0.221873	0.172172	0.177519	0.118605	0.148212	0.094249
92	0.241451	0.186294	0.193067	0.127985	0.162742	0.103002
93	0.262539	0.201129	0.209999	0.137743	0.178566	0.112281
94	0.285129	0.216940	0.228394	0.147962	0.195793	0.122109
95	0.309160	0.234026	0.248299	0.158777	0.214499	0.132540
96	0.334529	0.252673	0.269718	0.170380	0.234650	0.143757
97	0.361101	0.273112	0.292621	0.183020	0.256180	0.155979
98	0.388727	0.295478	0.316951	0.196986	0.279025	0.169421
99	0.417257	0.319794	0.342628	0.212604	0.303120	0.184301
100	0.446544	0.345975	0.369561	0.230215	0.328401	0.200836
101	0.476447	0.373856	0.397652	0.250172	0.354803	0.219242
102	0.506830	0.403221	0.426801	0.272831	0.382261	0.239737
103	0.537558	0.433833	0.456906	0.298551	0.410710	0.262537
104	0.568497	0.465447	0.487867	0.327687	0.440086	0.287859
105	1.000000	1.000000	1.000000	1.000000	1.000000	1.000000

附录四：英国 AM92 经验生命表

x	$l_{[x]}$	$l_{[x-1]+1}$	l_x	$d_{[x]}$	$d_{[x-1]+1}$	d_x	x
17	9997.8091		10000.0000	4.2691		6.0000	17
18	9991.8904	9993.5400	9994.0000	4.2565	5.4765	5.9364	18
19	9986.0351	9987.6338	9988.0636	4.2441	5.4333	5.8630	19
20	9980.2432	9981.7911	9982.2006	4.2416	5.4001	5.8096	20
21	9974.5046	9976.0016	9976.3909	4.2392	5.3671	5.7564	21
22	9968.8391	9970.2654	9970.6346	4.2567	5.3341	5.7032	22
23	9963.1967	9964.5824	9964.9313	4.2742	5.3211	5.6700	23
24	9957.5775	9958.9225	9959.2613	4.2917	5.3081	5.6469	24
25	9951.9913	9953.2858	9953.6144	4.3291	5.3051	5.6337	25
26	9946.3982	9947.6622	9947.9807	4.3764	5.3220	5.6405	26
27	9940.7984	9942.0218	9942.3402	4.4435	5.3488	5.6671	27
28	9935.1818	9936.3549	9936.6730	4.5205	5.3855	5.7037	28
29	9929.5088	9930.6613	9930.9694	4.6172	5.4519	5.7600	29
30	9923.7497	9924.8916	9925.2094	4.7237	5.5381	5.8559	30
31	9917.9145	9919.0260	9919.3535	4.8598	5.6439	5.9715	31
32	9911.9538	9913.0547	9913.3821	5.0254	5.7892	6.1166	32
33	9905.8282	9906.9285	9907.2655	5.2204	5.9640	6.3010	33
34	9899.4984	9900.6078	9900.9645	5.4447	6.1780	6.5346	34
35	9892.9151	9894.0536	9894.4299	5.7082	6.4410	6.8173	35
36	9886.0395	9887.2069	9887.6126	6.0107	6.7530	7.1586	36
37	9878.8128	9880.0288	9880.4540	6.3620	7.1334	7.5585	37
38	9871.1665	9872.4508	9872.8954	6.7617	7.5820	8.0267	38
39	9863.0227	9864.4047	9864.8688	7.2296	8.1184	8.5824	39
40	9854.3036	9855.7931	9856.2863	7.7652	8.7421	9.2353	40
41	9844.9025	9846.5384	9847.0510	8.3780	9.4724	9.9849	41
42	9834.7030	9836.5245	9837.0661	9.0676	10.3185	10.8601	42
43	9823.5994	9825.6354	9826.2060	9.8531	11.2995	11.8701	43
44	9811.4473	9813.7463	9814.3359	10.7533	12.4340	13.0236	44
45	9798.0837	9800.6939	9801.3123	11.7675	13.7406	14.3589	45
46	9783.3371	9786.3162	9786.9534	12.9140	15.2373	15.8744	46
47	9766.9983	9770.4231	9771.0789	14.2110	16.9517	17.6075	47
48	9748.8603	9752.7874	9753.4714	15.6664	18.9009	19.5850	48
49	9728.6499	9733.1938	9733.8865	17.2975	21.1210	21.8136	49

续表

x	$l_{[x]}$	$l_{[x-1]+1}$	l_x	$d_{[x]}$	$d_{[x-1]+1}$	d_x	x
50	9706.0977	9711.3524	9712.0728	19.1307	23.6374	24.3579	50
51	9680.8990	9686.9669	9687.7149	21.1915	26.4648	27.2128	51
52	9652.6965	9659.7075	9660.5021	23.4850	29.6553	30.4499	52
53	9621.1006	9629.2115	9630.0522	26.0443	33.2400	34.0808	53
54	9585.6916	9595.0563	9595.9715	28.8913	37.2384	38.1536	54
55	9545.9929	9556.8003	9557.8179	32.0554	41.6963	42.7139	55
56	9501.4839	9513.9375	9515.1040	35.5546	46.6468	47.8134	56
57	9451.5938	9465.9293	9467.2906	39.4226	52.1289	53.4902	57
58	9395.6971	9412.1712	9413.8004	43.6806	58.1672	59.7965	58
59	9333.1284	9352.0165	9354.0040	48.3643	64.8001	66.7876	59
60	9263.1422	9284.7641	9287.2164	53.4854	72.0498	74.5020	60
61	9184.9687	9209.6568	9212.7143	59.0869	79.9398	82.9973	61
62	9097.7405	9125.8818	9129.7170	65.1762	88.4846	92.3197	62
63	9000.5884	9032.5642	9037.3973	71.7707	97.6872	102.5202	63
64	8892.5741	8928.8177	8934.8771	78.8860	107.5565	113.6159	64
65	8772.7359	8813.6881	8821.2612	86.5343	118.0682	125.6412	65
66	8640.0481	8686.2016	8695.6199	94.6949	129.1899	138.6082	66
67	8493.5187	8545.3532	8557.0118	103.3576	140.8616	152.5202	67
68	8332.1396	8390.1611	8404.4916	112.5005	153.0281	167.3586	68
69	8154.9318	8219.6390	8237.1329	122.0712	165.5846	183.0785	69
70	7960.9776	8032.8606	8054.0544	132.0089	178.4098	199.6036	70
71	7749.4659	7828.9686	7854.4508	142.2259	191.3478	216.8300	71
72	7519.7027	7607.2400	7637.6208	152.6199	204.2316	234.6124	72
73	7271.1461	7367.0828	7403.0084	163.0409	216.8427	252.7683	73
74	7003.5216	7108.1052	7150.2401	173.3372	228.9379	271.0728	74
75	6716.8231	6830.1844	6879.1673	183.3223	240.2586	289.2415	75
76	6411.3459	6533.5008	6589.9258	192.7699	250.5206	306.9456	76
77	6087.8084	6218.5759	6282.9803	201.4456	259.4079	323.8122	77
78	5747.3624	5886.3628	5959.1680	209.0833	266.6051	339.4104	78
79	5391.6400	5538.2791	5619.7577	215.4176	271.8187	353.2973	79
80	5022.7931	5176.2224	5266.4604	220.1641	274.7435	364.9815	80
81	4643.5129	4802.6290	4901.4789	223.0604	275.1330	373.9828	81
82	4257.0056	4420.4525	4527.4960	223.8589	272.7817	379.8252	82
83	3866.9884	4033.1467	4147.6708	222.3557	267.5468	382.0710	83
84	3477.5929	3644.6327	3765.5998	218.4067	259.3849	380.3519	84

续表

x	$l_{[x]}$	$l_{[x-1]+1}$	l_x	$d_{[x]}$	$d_{[x-1]+1}$	d_x	x
85	3093.2863	3259.1862	3385.2479	211.9396	248.3467	374.4084	85
86	2718.7128	2881.3467	3010.8395	202.9818	234.6050	364.0978	86
87	2358.5299	2515.7310	2646.7416	191.6494	218.4334	349.4440	87
88	2017.2298	2166.8805	2297.2976	178.1839	200.2306	330.6478	88
89	1698.9089	1839.0458	1966.6499	162.9288	180.4913	308.0954	89
90	1407.0550	1535.9801	1658.5545	146.3197	159.7895	282.3639	90
91		1260.7354	1376.1906		138.7464	254.2017	91
92			1121.9889			224.4864	92
93			897.5025			194.1783	93
94			703.3242			164.2600	94
95			539.0643			135.6620	95
96			403.4023			109.1962	96
97			294.2061			85.5001	97
98			208.7060			64.9940	98
99			143.7120			47.8644	99
100			95.8476			34.0743	100
101			61.7733			23.3937	101
102			38.3796			15.4512	102
103			22.9284			9.7925	103
104			13.1359			5.9391	104
105			7.1968			3.4373	105
106			3.7596			1.8927	106
107			1.8669			0.9885	107
108			0.8784			0.4881	108
109			0.3903			0.2271	109
110			0.1632			0.0992	110
111			0.0640			0.0405	111
112			0.0234			0.0154	112
113			0.0080			0.0055	113
114			0.0025			0.0018	114
115			0.0007			0.0005	115
116			0.0002			0.0001	116
117			0.0000			0.0000	117
118			0.0000			0.0000	118
119			0.0000			0.0000	119
120			0.0000			0.0000	120

x	$q_{[x]}$	$q_{[x-1]+1}$	q_x	$\mu_{[x]}$	$\mu_{[x-1]+1}$	μ_x	x
17	0.000427		0.000600	0.000367		0.000603	17
18	0.000426	0.000548	0.000594	0.000367	0.000488	0.000597	18
19	0.000425	0.000544	0.000587	0.000367	0.000485	0.000591	19
20	0.000425	0.000541	0.000582	0.000369	0.000483	0.000585	20
21	0.000425	0.000538	0.000577	0.000370	0.000482	0.000580	21
22	0.000427	0.000535	0.000572	0.000374	0.000480	0.000574	22
23	0.000429	0.000534	0.000569	0.000377	0.000481	0.000570	23
24	0.000431	0.000533	0.000567	0.000380	0.000481	0.000568	24
25	0.000435	0.000533	0.000566	0.000385	0.000482	0.000566	25
26	0.000440	0.000535	0.000567	0.000391	0.000485	0.000566	26
27	0.000447	0.000538	0.000570	0.000400	0.000489	0.000568	27
28	0.000455	0.000542	0.000574	0.000408	0.000495	0.000572	28
29	0.000465	0.000549	0.000580	0.000419	0.000502	0.000577	29
30	0.000476	0.000558	0.000590	0.000430	0.000512	0.000585	30
31	0.000490	0.000569	0.000602	0.000443	0.000523	0.000596	31
32	0.000507	0.000584	0.000617	0.000460	0.000537	0.000609	32
33	0.000527	0.000602	0.000636	0.000479	0.000555	0.000626	33
34	0.000550	0.000624	0.000660	0.000500	0.000576	0.000647	34
35	0.000577	0.000651	0.000689	0.000524	0.000601	0.000674	35
36	0.000608	0.000683	0.000724	0.000551	0.000630	0.000706	36
37	0.000644	0.000722	0.000765	0.000582	0.000665	0.000744	37
38	0.000685	0.000768	0.000813	0.000616	0.000706	0.000788	38
39	0.000733	0.000823	0.000870	0.000656	0.000754	0.000840	39
40	0.000788	0.000887	0.000937	0.000701	0.000810	0.000902	40
41	0.000851	0.000962	0.001014	0.000752	0.000875	0.000974	41
42	0.000922	0.001049	0.001104	0.000808	0.000950	0.001057	42
43	0.001003	0.001150	0.001208	0.000871	0.001037	0.001154	43
44	0.001096	0.001267	0.001327	0.000943	0.001136	0.001265	44
45	0.001201	0.001402	0.001465	0.001023	0.001250	0.001394	45
46	0.001320	0.001557	0.001622	0.001113	0.001380	0.001541	46
47	0.001455	0.001735	0.001802	0.001214	0.001529	0.001709	47
48	0.001607	0.001938	0.002008	0.001326	0.001698	0.001902	48
49	0.001778	0.002170	0.002241	0.001451	0.001890	0.002122	49

续表

x	$q_{[x]}$	$q_{[x-1]+1}$	q_x	$\mu_{[x]}$	$\mu_{[x-1]+1}$	μ_x	x
50	0.001971	0.002434	0.002508	0.001592	0.002108	0.002372	50
51	0.002189	0.002732	0.002809	0.001750	0.002354	0.002656	51
52	0.002433	0.003070	0.003152	0.001925	0.002633	0.002978	52
53	0.002707	0.003452	0.003539	0.002122	0.002947	0.003343	53
54	0.003014	0.003881	0.003976	0.002342	0.003300	0.003756	54
55	0.003358	0.004363	0.004469	0.002588	0.003696	0.004221	55
56	0.003742	0.004903	0.005025	0.002862	0.004139	0.004747	56
57	0.004171	0.005507	0.005650	0.003170	0.004636	0.005340	57
58	0.004649	0.006180	0.006352	0.003513	0.005189	0.006005	58
59	0.005182	0.006929	0.007140	0.003898	0.005806	0.006754	59
60	0.005774	0.007760	0.008022	0.004327	0.006493	0.007593	60
61	0.006433	0.008680	0.009009	0.004809	0.007254	0.008533	61
62	0.007164	0.009696	0.010112	0.005348	0.008099	0.009586	62
63	0.007974	0.010815	0.011344	0.005949	0.009032	0.010763	63
64	0.008871	0.012046	0.012716	0.006623	0.010063	0.012078	64
65	0.009864	0.013396	0.014243	0.007377	0.011199	0.013544	65
66	0.010960	0.014873	0.015940	0.008220	0.012449	0.015176	66
67	0.012169	0.016484	0.017824	0.009162	0.013821	0.016993	67
68	0.013502	0.018239	0.019913	0.010216	0.015326	0.019012	68
69	0.014969	0.020145	0.022226	0.011393	0.016972	0.021255	69
70	0.016582	0.022210	0.024783	0.012709	0.018771	0.023741	70
71	0.018353	0.024441	0.027606	0.014178	0.020733	0.026496	71
72	0.020296	0.026847	0.030718	0.015819	0.022869	0.029543	72
73	0.022423	0.029434	0.034144	0.017648	0.025190	0.032912	73
74	0.024750	0.032208	0.037911	0.019687	0.027708	0.036631	74
75	0.027293	0.035176	0.042046	0.021959	0.030436	0.040732	75
76	0.030067	0.038344	0.046578	0.024487	0.033385	0.045251	76
77	0.033090	0.041715	0.051538	0.027300	0.036569	0.050223	77
78	0.036379	0.045292	0.056956	0.030423	0.040000	0.055689	78
79	0.039954	0.049080	0.062867	0.033892	0.043691	0.061689	79
80	0.043833	0.053078	0.069303	0.037737	0.047656	0.068271	80
81	0.048037	0.057288	0.076300	0.041996	0.051909	0.075481	81
82	0.052586	0.061709	0.083893	0.046709	0.056462	0.083372	82
83	0.057501	0.066337	0.092117	0.051916	0.061329	0.091999	83
84	0.062804	0.071169	0.101007	0.057665	0.066524	0.101417	84

续表

x	$q_{[x]}$	$q_{[x-1]+1}$	q_x	$\mu_{[x]}$	$\mu_{[x-1]+1}$	μ_x	x
85	0.068516	0.076199	0.110600	0.064000	0.072061	0.111691	85
86	0.074661	0.081422	0.120929	0.070978	0.077952	0.122884	86
87	0.081258	0.086827	0.132028	0.078646	0.084213	0.135066	87
88	0.088331	0.092405	0.143929	0.087067	0.090853	0.148309	88
89	0.095902	0.098144	0.156660	0.096302	0.097889	0.162691	89
90	0.103990	0.104031	0.170247	0.106409	0.105333	0.178289	90
91		0.110052	0.184714		0.113198	0.195190	91
92			0.200079			0.213482	92
93			0.216354			0.233257	93
94			0.233548			0.254610	94
95			0.251662			0.277645	95
96			0.270688			0.302462	96
97			0.290613			0.329170	97
98			0.311414			0.357882	98
99			0.333058			0.388711	99
100			0.355505			0.421777	100
101			0.378702			0.457202	101
102			0.402588			0.495111	102
103			0.427090			0.535631	103
104			0.452127			0.578890	104
105			0.477608			0.625023	105
106			0.503432			0.674162	106
107			0.529493			0.726443	107
108			0.555674			0.782002	108
109			0.581857			0.840973	109
110			0.607918			0.903494	110
111			0.633731			0.969700	111
112			0.659171			1.039723	112
113			0.684114			1.113695	113
114			0.708442			1.191744	114
115			0.732042			1.274000	115
116			0.754809			1.360581	116
117			0.776648			1.451603	117
118			0.797477			1.547178	118
119			0.817225			1.647417	119
120			1.000000			2.000000	120

$i = 4\%$

x	$D_{[x]}$	$D_{[x-1]+1}$	D_x	$N_{[x]}$	$N_{[x-1]+1}$	N_x	x
17	5132.61		5133.73	119958.58		119959.94	17
18	4932.28	4933.09	4933.32	114824.96	114825.98	114826.20	18
19	4739.80	4740.55	4740.76	109891.73	109892.68	109892.88	19
20	4554.85	4555.56	4555.75	105151.06	105151.94	105152.13	20
21	4377.15	4377.80	4377.98	100595.40	100596.21	100596.38	21
22	4206.41	4207.01	4207.16	96217.50	96218.25	96218.40	22
23	4042.33	4042.89	4043.04	92010.40	92011.10	92011.24	23
24	3884.66	3885.19	3885.32	87967.43	87968.07	87968.21	24
25	3733.16	3733.64	3733.77	84082.16	84082.76	84082.88	25
26	3587.56	3588.01	3588.13	80348.43	80349.00	80349.12	26
27	3447.63	3448.06	3448.17	76760.35	76760.88	76760.99	27
28	3313.16	3313.55	3313.66	73312.22	73312.71	73312.82	28
29	3183.91	3184.28	3184.38	69998.60	69999.06	69999.16	29
30	3059.68	3060.03	3060.13	66814.23	66814.68	66814.78	30
31	2940.27	2940.60	2940.69	63754.13	63754.56	63754.65	31
32	2825.48	2825.79	2825.89	60813.46	60813.87	60813.96	32
33	2715.13	2715.43	2715.52	57987.58	57987.98	57988.07	33
34	2609.03	2609.33	2609.42	55272.07	55272.45	55272.55	34
35	2507.02	2507.31	2507.40	52662.65	52663.03	52663.13	35
36	2408.92	2409.20	2409.30	50155.24	50155.63	50155.73	36
37	2314.57	2314.86	2314.96	47745.94	47746.33	47746.43	37
38	2223.83	2224.12	2224.22	45430.98	45431.37	45431.47	38
39	2136.53	2136.83	2136.93	43206.74	43207.15	43207.25	39
40	2052.54	2052.85	2052.96	41069.80	41070.21	41070.31	40
41	1971.72	1972.04	1972.15	39016.82	39017.25	39017.36	41
42	1893.92	1894.27	1894.37	37044.65	37045.10	37045.21	42
43	1819.02	1819.40	1819.50	35150.25	35150.73	35150.84	43
44	1746.89	1747.30	1747.41	33330.72	33331.23	33331.34	44
45	1677.42	1677.86	1677.97	31583.27	31583.82	31583.93	45
46	1610.47	1610.96	1611.07	29905.26	29905.86	29905.96	46
47	1545.95	1546.49	1546.59	28294.14	28294.79	28294.89	47

续表

x	$D_{[x]}$	$D_{[x-1]+1}$	D_x	$N_{[x]}$	$N_{[x-1]+1}$	N_x	x
48	1483.73	1484.32	1484.43	26747.50	26748.20	26748.30	48
49	1423.70	1424.37	1424.47	25263.01	25263.77	25263.87	49
50	1365.77	1366.51	1366.61	23838.46	23839.30	23839.41	50
51	1309.83	1310.65	1310.75	22471.77	22472.69	22472.79	51
52	1255.78	1256.70	1256.80	21160.92	21161.94	21162.04	52
53	1203.53	1204.55	1204.65	19904.01	19905.14	19905.24	53
54	1152.98	1154.11	1154.22	18699.23	18700.48	18700.59	54
55	1104.05	1105.30	1105.41	17544.87	17546.25	17546.37	55
56	1056.63	1058.02	1058.15	16439.29	16440.82	16440.95	56
57	1010.66	1012.19	1012.34	15380.96	15382.66	15382.81	57
58	966.04	967.73	967.90	14368.41	14370.30	14370.47	58
59	922.70	924.57	924.76	13400.27	13402.37	13402.57	59
60	880.56	882.61	882.85	12475.24	12477.57	12477.80	60
61	839.55	841.80	842.08	11592.08	11594.68	11594.96	61
62	799.59	802.06	802.40	10749.66	10752.54	10752.88	62
63	760.62	763.33	763.74	9946.87	9950.07	9950.48	63
64	722.59	725.54	726.03	9182.71	9186.25	9186.74	64
65	685.44	688.64	689.23	8456.21	8460.12	8460.71	65
66	649.11	652.57	653.28	7766.46	7770.77	7771.48	66
67	613.56	617.30	618.14	7112.62	7117.36	7118.20	67
68	578.75	582.78	583.77	6493.86	6499.06	6500.06	68
69	544.65	548.97	550.14	5909.43	5915.12	5916.29	69
70	511.25	515.87	517.23	5358.59	5364.78	5366.14	70
71	478.53	483.43	485.01	4840.63	4847.34	4848.92	71
72	446.48	451.68	453.48	4354.86	4362.10	4363.91	72
73	415.12	420.59	422.64	3900.59	3908.38	3910.43	73
74	384.46	390.20	392.51	3477.14	3485.47	3487.78	74
75	354.54	360.52	363.11	3083.84	3092.69	3095.27	75
76	325.40	331.60	334.46	2719.96	2729.30	2732.16	76
77	297.09	303.48	306.62	2384.76	2394.56	2397.70	77
78	269.69	276.21	279.63	2077.47	2087.67	2091.08	78
79	243.27	249.89	253.56	1797.25	1807.78	1811.45	79

续表

x	$D_{[x]}$	$D_{[x-1]+1}$	D_x	$N_{[x]}$	$N_{[x-1]+1}$	N_x	x
80	217.91	224.57	228.48	1543.20	1553.98	1557.89	80
81	193.71	200.35	204.47	1314.35	1325.29	1329.41	81
82	170.75	177.31	181.60	1109.67	1120.65	1124.94	82
83	149.14	155.55	159.97	928.03	938.92	943.34	83
84	128.97	135.16	139.65	768.19	778.88	783.37	84
85	110.30	116.22	120.71	628.87	639.22	643.72	85
86	93.22	98.79	103.23	508.67	518.57	523.01	86
87	77.76	82.94	87.26	406.14	415.45	419.77	87
88	63.95	68.69	72.83	319.75	328.38	332.51	88
89	51.78	56.06	59.95	247.93	255.80	259.69	89
90	41.24	45.02	48.61	189.12	196.15	199.74	90
91		35.53	38.78		147.88	151.13	91
92			30.40			112.35	92
93			23.38			81.95	93
94			17.62			58.56	94
95			12.99			40.94	95
96			9.34			27.95	96
97			6.55			18.61	97
98			4.47			12.06	98
99			2.96			7.59	99
100			1.90			4.63	100
101			1.18			2.73	101
102			0.70			1.55	102
103			0.40			0.85	103
104			0.22			0.45	104
105			0.12			0.23	105
106			0.06			0.11	106
107			0.03			0.05	107
108			0.01			0.02	108
109			0.01			0.01	109
110			0.00			0.00	110

x	$C_{[x]}$	$C_{[x-1]+1}$	C_x	$M_{[x]}$	$M_{[x-1]+1}$	M_x	x
17	2.11		2.96	518.82		519.89	17
18	2.02	2.60	2.82	515.93	516.71	516.93	18
19	1.94	2.48	2.68	513.19	513.91	514.11	19
20	1.86	2.37	2.55	510.58	511.25	511.43	20
21	1.79	2.26	2.43	508.09	508.72	508.88	21
22	1.73	2.16	2.31	505.73	506.31	506.46	22
23	1.67	2.08	2.21	503.47	504.01	504.14	23
24	1.61	1.99	2.12	501.30	501.80	501.93	24
25	1.56	1.91	2.03	499.23	499.69	499.81	25
26	1.52	1.85	1.96	497.23	497.67	497.78	26
27	1.48	1.78	1.89	495.31	495.72	495.82	27
28	1.45	1.73	1.83	493.46	493.83	493.93	28
29	1.42	1.68	1.78	491.66	492.01	492.10	29
30	1.40	1.64	1.74	489.90	490.23	490.33	30
31	1.39	1.61	1.70	488.19	488.50	488.59	31
32	1.38	1.59	1.68	486.50	486.80	486.89	32
33	1.38	1.57	1.66	484.84	485.12	485.21	33
34	1.38	1.57	1.66	483.18	483.46	483.55	34
35	1.39	1.57	1.66	481.53	481.80	481.90	35
36	1.41	1.58	1.68	479.87	480.14	480.24	36
37	1.43	1.61	1.70	478.19	478.46	478.56	37
38	1.46	1.64	1.74	476.48	476.76	476.86	38
39	1.51	1.69	1.79	474.74	475.02	475.12	39
40	1.56	1.75	1.85	472.94	473.23	473.33	40
41	1.61	1.82	1.92	471.07	471.38	471.48	41
42	1.68	1.91	2.01	469.12	469.46	469.56	42
43	1.75	2.01	2.11	467.09	467.44	467.55	43
44	1.84	2.13	2.23	464.94	465.33	465.43	44
45	1.94	2.26	2.36	462.68	463.10	463.20	45
46	2.04	2.41	2.51	460.27	460.74	460.84	46
47	2.16	2.58	2.68	457.71	458.23	458.33	47

续表

x	$C_{[x]}$	$C_{[x-1]+1}$	C_x	$M_{[x]}$	$M_{[x-1]+1}$	M_x	x
48	2.29	2.77	2.87	454.98	455.55	455.65	48
49	2.43	2.97	3.07	452.05	452.68	452.78	49
50	2.59	3.20	3.30	448.91	449.61	449.71	50
51	2.76	3.44	3.54	445.53	446.32	446.42	51
52	2.94	3.71	3.81	441.90	442.78	442.88	52
53	3.13	4.00	4.10	437.99	438.96	439.07	53
54	3.34	4.31	4.41	433.78	434.86	434.97	54
55	3.56	4.64	4.75	429.24	430.44	430.55	55
56	3.80	4.99	5.11	424.35	425.68	425.80	56
57	4.05	5.36	5.50	419.08	420.55	420.69	57
58	4.32	5.75	5.91	413.41	415.03	415.19	58
59	4.60	6.16	6.35	407.30	409.09	409.28	59
60	4.89	6.59	6.81	400.74	402.71	402.93	60
61	5.19	7.03	7.29	393.70	395.85	396.12	61
62	5.51	7.48	7.80	386.14	388.50	388.83	62
63	5.83	7.94	8.33	378.05	380.63	381.02	63
64	6.16	8.40	8.88	369.41	372.22	372.69	64
65	6.50	8.87	9.44	360.20	363.25	363.82	65
66	6.84	9.33	10.01	350.40	353.70	354.38	66
67	7.18	9.78	10.59	339.99	343.56	344.37	67
68	7.51	10.22	11.18	328.98	332.81	333.77	68
69	7.84	10.63	11.76	317.37	321.47	322.59	69
70	8.15	11.02	12.33	305.15	309.53	310.84	70
71	8.44	11.36	12.87	292.35	297.00	298.51	71
72	8.71	11.66	13.39	278.98	283.90	285.64	72
73	8.95	11.90	13.88	265.09	270.27	272.24	73
74	9.15	12.08	14.31	250.72	256.14	258.37	74
75	9.30	12.19	14.68	235.93	241.57	244.06	75
76	9.41	12.23	14.98	220.78	226.63	229.38	76
77	9.45	12.17	15.19	205.37	211.38	214.40	77
78	9.43	12.03	15.31	189.79	195.92	199.20	78
79	9.35	11.79	15.33	174.14	180.36	183.89	79

续表

x	$C_{[x]}$	$C_{[x-1]+1}$	C_x	$M_{[x]}$	$M_{[x-1]+1}$	M_x	x
80	9.18	11.46	15.23	158.56	164.80	168.56	80
81	8.95	11.04	15.00	143.16	149.37	153.34	81
82	8.63	10.52	14.65	128.07	134.21	138.34	82
83	8.25	9.92	14.17	113.45	119.44	123.69	83
84	7.79	9.25	13.56	99.42	105.20	109.52	84
85	7.27	8.52	12.84	86.12	91.63	95.96	85
86	6.69	7.73	12.00	73.65	78.85	83.12	86
87	6.08	6.92	11.08	62.14	66.96	71.11	87
88	5.43	6.10	10.08	51.65	56.06	60.04	88
89	4.78	5.29	9.03	42.25	46.22	49.96	89
90	4.12	4.50	7.96	33.97	37.47	40.93	90
91		3.76	6.89		29.84	32.97	91
92			5.85			26.08	92
93			4.86			20.23	93
94			3.96			15.37	94
95			3.14			11.41	95
96			2.43			8.27	96
97			1.83			5.84	97
98			1.34			4.01	98
99			0.95			2.67	99
100			0.65			1.72	100
101			0.43			1.07	101
102			0.27			0.64	102
103			0.17			0.37	103
104			0.10			0.21	104
105			0.05			0.11	105
106			0.03			0.05	106
107			0.01			0.03	107
108			0.01			0.01	108
109			0.00			0.01	109
110			0.00			0.00	110

附录五：中国人身保险业重大疾病经验发生率表（2006～2010）

6 病种经验发生率男表（CI1）

年龄	ix	kx	年龄	ix	kx	年龄	ix	kx
0	0.000350	2.00%	35	0.001218	32.52%	70	0.034692	60.61%
1	0.000312	8.47%	36	0.001351	34.28%	71	0.036997	59.56%
2	0.000276	10.91%	37	0.001508	36.18%	72	0.039483	58.41%
3	0.000244	11.94%	38	0.001691	38.21%	73	0.041442	57.17%
4	0.000229	12.57%	39	0.001905	40.31%	74	0.043501	55.86%
5	0.000223	13.10%	40	0.002151	42.43%	75	0.045666	54.47%
6	0.000217	13.92%	41	0.002434	44.49%	76	0.047943	53.02%
7	0.000213	14.97%	42	0.002757	46.44%	77	0.050338	51.54%
8	0.000210	15.78%	43	0.003123	48.23%	78	0.052172	50.04%
9	0.000209	16.73%	44	0.003535	49.86%	79	0.054090	48.57%
10	0.000210	17.66%	45	0.003997	51.36%	80	0.056377	47.14%
11	0.000212	18.53%	46	0.004512	52.80%	81	0.058783	45.78%
12	0.000217	19.30%	47	0.005084	54.23%	82	0.061314	44.50%
13	0.000224	19.92%	48	0.005715	55.68%	83	0.063460	43.32%
14	0.000232	20.36%	49	0.006406	57.15%	84	0.065722	42.23%
15	0.000244	20.58%	50	0.007155	58.57%	85	0.068104	41.21%
16	0.000257	20.52%	51	0.007960	59.91%	86	0.070612	40.25%
17	0.000274	20.15%	52	0.008818	61.13%	87	0.073252	39.31%
18	0.000293	19.52%	53	0.009726	62.23%	88	0.076030	38.37%
19	0.000315	18.75%	54	0.010681	63.16%	89	0.078952	37.40%
20	0.000340	18.01%	55	0.011682	63.90%	90	0.081576	36.40%
21	0.000368	17.53%	56	0.012725	64.42%	91	0.084315	35.37%
22	0.000399	17.49%	57	0.013809	64.71%	92	0.087175	34.31%
23	0.000434	17.98%	58	0.014930	64.80%	93	0.090160	33.26%
24	0.000472	18.96%	59	0.016086	64.73%	94	0.093276	31.87%
25	0.000514	20.26%	60	0.017274	64.58%	95	0.096528	30.19%
26	0.000560	21.68%	61	0.018492	64.39%	96	0.099922	28.65%
27	0.000610	23.04%	62	0.019737	64.24%	97	0.103466	27.25%
28	0.000663	24.23%	63	0.021006	64.13%	98	0.107164	25.97%
29	0.000721	25.25%	64	0.022298	64.02%	99	0.111026	24.81%
30	0.000783	26.18%	65	0.023845	63.84%	100	0.114981	23.75%
31	0.000850	27.15%	66	0.025712	63.51%	101	0.119140	22.80%
32	0.000924	28.23%	67	0.027942	63.02%	102	0.123482	21.95%
33	0.001007	29.48%	68	0.029876	62.36%	103	0.128017	21.20%
34	0.001104	30.92%	69	0.031957	61.55%	104	0.132753	20.55%
						105	0.137700	13.77%

6 病种经验发生率女表（CI2）

年龄	i_x	k_x	年龄	i_x	k_x	年龄	i_x	k_x
0	0.000479	2.00%	35	0.001454	41.55%	70	0.022095	55.10%
1	0.000383	15.16%	36	0.001612	43.13%	71	0.023621	54.31%
2	0.000314	16.21%	37	0.001785	44.82%	72	0.025271	53.49%
3	0.000263	17.33%	38	0.001974	46.63%	73	0.026600	52.60%
4	0.000222	18.54%	39	0.002180	48.51%	74	0.028010	51.56%
5	0.000195	19.82%	40	0.002403	50.40%	75	0.029505	50.35%
6	0.000182	21.20%	41	0.002644	52.20%	76	0.031093	48.95%
7	0.000175	22.71%	42	0.002905	53.84%	77	0.032755	47.38%
8	0.000180	23.98%	43	0.003185	55.29%	78	0.033889	45.68%
9	0.000192	25.37%	44	0.003485	56.53%	79	0.035080	43.92%
10	0.000210	26.58%	45	0.003807	57.60%	80	0.036505	42.18%
11	0.000231	27.52%	46	0.004149	58.55%	81	0.037997	40.52%
12	0.000252	28.09%	47	0.004485	59.42%	82	0.039569	39.00%
13	0.000271	28.27%	48	0.004807	60.27%	83	0.041026	37.63%
14	0.000288	28.08%	49	0.005124	61.07%	84	0.042558	36.38%
15	0.000304	27.59%	50	0.005442	61.83%	85	0.044169	35.18%
16	0.000319	26.89%	51	0.005770	62.51%	86	0.045862	34.01%
17	0.000334	26.07%	52	0.006117	63.12%	87	0.047640	32.83%
18	0.000349	25.24%	53	0.006489	63.67%	88	0.049314	31.64%
19	0.000366	24.48%	54	0.006895	64.12%	89	0.051065	30.43%
20	0.000385	23.89%	55	0.007343	64.45%	90	0.052629	29.20%
21	0.000407	23.59%	56	0.007840	64.63%	91	0.054253	27.96%
22	0.000433	23.68%	57	0.008395	64.63%	92	0.055939	26.73%
23	0.000463	24.21%	58	0.009016	64.48%	93	0.057687	25.54%
24	0.000499	25.16%	59	0.009711	64.16%	94	0.059501	24.13%
25	0.000540	26.42%	60	0.010487	63.70%	95	0.061381	22.55%
26	0.000589	27.89%	61	0.011353	63.13%	96	0.063331	21.11%
27	0.000644	29.43%	62	0.012316	62.45%	97	0.065353	19.80%
28	0.000709	30.99%	63	0.013385	61.66%	98	0.067449	18.61%
29	0.000782	32.52%	64	0.014567	60.77%	99	0.069623	17.53%
30	0.000865	34.04%	65	0.015871	59.78%	100	0.071820	16.54%
31	0.000958	35.55%	66	0.016887	58.75%	101	0.074126	15.66%
32	0.001063	37.06%	67	0.018082	57.73%	102	0.076516	14.87%
33	0.001180	38.55%	68	0.019389	56.78%	103	0.078995	14.17%
34	0.001310	40.04%	69	0.020791	55.91%	104	0.081565	13.54%
						105	0.084200	8.42%

25 病种经验发生率男表（CI3）

年龄	i_x	k_x	年龄	i_x	k_x	年龄	i_x	k_x
0	0.000595	2.60%	35	0.001396	35.78%	70	0.038500	67.25%
1	0.000530	11.01%	36	0.001550	37.71%	71	0.041480	66.67%
2	0.000469	14.18%	37	0.001732	39.80%	72	0.044662	65.92%
3	0.000420	15.63%	38	0.001945	42.03%	73	0.047245	65.03%
4	0.000393	16.42%	39	0.002190	44.34%	74	0.049972	64.06%
5	0.000378	17.03%	40	0.002474	46.67%	75	0.052903	63.05%
6	0.000359	17.87%	41	0.002800	48.95%	76	0.056087	62.01%
7	0.000344	18.98%	42	0.003172	51.11%	77	0.059566	60.99%
8	0.000331	19.76%	43	0.003595	53.10%	78	0.062548	60.01%
9	0.000319	20.64%	44	0.004070	54.91%	79	0.065766	59.06%
10	0.000310	21.48%	45	0.004600	56.54%	80	0.069520	58.14%
11	0.000303	22.21%	46	0.005183	58.01%	81	0.073459	57.21%
12	0.000301	22.82%	47	0.005817	59.34%	82	0.077563	56.29%
13	0.000302	23.30%	48	0.006502	60.57%	83	0.081201	55.43%
14	0.000307	23.62%	49	0.007235	61.69%	84	0.085051	54.65%
15	0.000318	23.72%	50	0.008018	62.70%	85	0.089178	53.97%
16	0.000334	23.54%	51	0.008854	63.64%	86	0.093649	53.38%
17	0.000354	23.02%	52	0.009753	64.54%	87	0.098518	52.87%
18	0.000379	22.18%	53	0.010719	65.42%	88	0.103839	52.41%
19	0.000408	21.16%	54	0.011752	66.25%	89	0.109632	51.94%
20	0.000441	20.18%	55	0.012842	66.98%	90	0.115226	51.42%
21	0.000478	19.50%	56	0.013971	67.55%	91	0.121086	50.79%
22	0.000519	19.33%	57	0.015120	67.95%	92	0.127085	50.04%
23	0.000565	19.80%	58	0.016274	68.16%	93	0.133086	49.13%
24	0.000616	20.84%	59	0.017430	68.22%	94	0.138967	47.49%
25	0.000670	22.26%	60	0.018591	68.16%	95	0.144605	45.23%
26	0.000726	23.83%	61	0.019770	68.06%	96	0.149921	43.00%
27	0.000782	25.33%	62	0.020984	67.97%	97	0.155199	40.88%
28	0.000838	26.65%	63	0.022254	67.95%	98	0.159675	38.70%
29	0.000893	27.78%	64	0.023600	67.97%	99	0.164318	36.72%
30	0.000949	28.80%	65	0.025290	68.02%	100	0.169022	34.91%
31	0.001009	29.86%	66	0.027409	68.04%	101	0.173944	33.29%
32	0.001078	31.05%	67	0.030020	68.01%	102	0.179050	31.83%
33	0.001162	32.43%	68	0.032422	67.90%	103	0.184345	30.53%
34	0.001267	34.01%	69	0.035071	67.66%	104	0.189837	29.39%
						105	0.195500	19.55%

25 病种经验发生率女表（CI4）

年龄	i_x	k_x	年龄	i_x	k_x	年龄	i_x	k_x
0	0.000815	2.60%	35	0.001596	43.58%	70	0.025119	61.09%
1	0.000651	19.70%	36	0.001770	45.24%	71	0.027204	60.70%
2	0.000533	21.07%	37	0.001962	47.04%	72	0.029458	60.25%
3	0.000448	22.53%	38	0.002171	48.95%	73	0.031386	59.76%
4	0.000377	24.10%	39	0.002398	50.94%	74	0.033501	59.24%
5	0.000332	25.77%	40	0.002643	52.92%	75	0.035859	58.71%
6	0.000304	27.20%	41	0.002909	54.81%	76	0.038512	58.16%
7	0.000286	28.80%	42	0.003195	56.54%	77	0.041472	57.58%
8	0.000289	30.02%	43	0.003503	58.06%	78	0.043977	56.97%
9	0.000301	31.32%	44	0.003834	59.36%	79	0.046729	56.29%
10	0.000322	32.32%	45	0.004188	60.48%	80	0.049920	55.55%
11	0.000346	32.97%	46	0.004564	61.47%	81	0.053258	54.75%
12	0.000369	33.22%	47	0.004933	62.40%	82	0.056702	53.91%
13	0.000390	33.07%	48	0.005288	63.28%	83	0.059933	53.08%
14	0.000408	32.57%	49	0.005636	64.13%	84	0.063221	52.24%
15	0.000424	31.80%	50	0.005986	64.92%	85	0.066581	51.38%
16	0.000438	30.85%	51	0.006348	65.63%	86	0.070056	50.46%
17	0.000451	29.78%	52	0.006731	66.28%	87	0.073705	49.50%
18	0.000465	28.67%	53	0.007143	66.84%	88	0.077300	48.52%
19	0.000480	27.62%	54	0.007592	67.31%	89	0.081165	47.51%
20	0.000496	26.77%	55	0.008081	67.64%	90	0.084876	46.45%
21	0.000515	26.24%	56	0.008616	67.84%	91	0.088764	45.31%
22	0.000538	26.20%	57	0.009197	67.90%	92	0.092736	44.06%
23	0.000568	26.69%	58	0.009830	67.83%	93	0.096689	42.66%
24	0.000605	27.69%	59	0.010520	67.61%	94	0.100547	40.78%
25	0.000651	29.05%	60	0.011280	67.24%	95	0.104229	38.29%
26	0.000704	30.61%	61	0.012127	66.72%	96	0.107687	35.90%
27	0.000764	32.19%	62	0.013086	66.08%	97	0.111101	33.66%
28	0.000831	33.70%	63	0.014186	65.33%	98	0.113990	31.45%
29	0.000905	35.10%	64	0.015460	64.52%	99	0.116966	29.46%
30	0.000987	36.44%	65	0.016933	63.70%	100	0.119940	27.63%
31	0.001078	37.77%	66	0.018181	62.94%	101	0.123049	26.00%
32	0.001182	39.12%	67	0.019700	62.30%	102	0.125869	24.47%
33	0.001302	40.53%	68	0.021419	61.82%	103	0.128762	23.10%
34	0.001439	42.01%	69	0.023306	61.45%	104	0.131727	21.88%
						105	0.134800	13.48%

附录六：MU1893~1897 经验疾病率表

MU1893~1897 经验疾病率表
职业：A，H，J
死亡率采用英国 ELT12 生命表   利率：4%

年龄 x	D_x	疾病给付换算函数					年龄 x
		K_x^{13}	$K_x^{13/13}$	$K_x^{26/26}$	$K_x^{52/52}$	$K_x^{104/all}$	
16	51621	934156	194925	186421	198447	738483	16
17	49597	892859	192496	185561	198447	738483	17
18	47642	854158	190065	184588	198447	738483	18
19	45758	818386	187543	183467	198260	738483	19
20	43947	785554	184896	182167	197857	738483	20
21	42206	755486	182096	180659	197297	738311	21
22	40535	727768	179159	178963	196511	737939	22
23	38931	701901	176179	177135	195477	737303	23
24	37394	677477	173202	175227	194294	736387	24
25	35919	654200	170270	173284	193048	735214	25
26	34503	631912	167383	171312	191816	733841	26
27	33143	610502	164541	169351	190598	732319	27
28	31836	589870	161780	167401	189363	730727	28
29	30580	569959	159096	165466	188084	729041	29
30	29372	550684	156458	163548	186765	727273	30
31	28210	531998	153867	161647	185383	725401	31
32	27092	513859	151295	159767	183945	723410	32
33	26016	496253	148746	157908	182485	721233	33
34	24982	479168	146196	156047	181082	718861	34
35	23986	462592	143625	154161	179711	716291	35
36	23028	446490	141039	152257	178347	713517	36
37	22105	430783	138444	150317	176948	710538	37
38	21216	415425	135823	148345	175475	707354	38
39	20360	400332	133162	146350	173937	703903	39
40	19535	385490	130449	144315	172341	700172	40
41	18740	370869	127712	142229	170676	696153	41
42	17973	356477	124940	140099	168987	691839	42
43	17232	342342	122141	137917	167262	687280	43

续表

疾病给付换算函数							
年龄 x	D_x	K_x^{13}	$K_x^{13/13}$	$K_x^{26/26}$	$K_x^{52/52}$	$K_x^{104/all}$	年龄 x
44	16516	328488	119340	135672	165490	682505	44
45	15824	314921	116527	133392	163679	677524	45
46	15155	301631	113707	131100	161820	672335	46
47	14507	288594	110889	128786	159907	666951	47
48	13878	275764	108037	126444	157949	661331	48
49	13269	263113	105118	124055	155940	655413	49
50	12676	250633	102109	121604	153851	649108	50
51	12100	238319	99023.9	119052	151658	642282	51
52	11539	226180	95856.3	116392	149342	634824	52
53	10992	214228	92611.9	113610	146875	626668	63
54	10458	202473	89297.8	110692	144258	617777	54
55	9936.7	190909	85932.6	107633	141453	608201	55
56	9427.3	179533	82514.8	104419	138452	598025	56
57	8929.4	168353	79045.3	101041	135221	587332	57
58	8442.7	157391	75527.4	97505.6	131746	576170	58
59	7967.2	146659	71958.2	93821.5	128013	564536	59
60	7502.5	136170	68315.0	89992.7	124022	552353	60
61	7049.0	125918	64604.3	86012.7	119765	539475	61
62	6606.8	115908	60814.7	81868.1	115225	525702	62
63	6176.2	106155	56967.0	77560.2	110374	510797	63
64	5757.6	96685.4	53070.6	73102.9	105212	494579	64
65	5351.3	87520.4	49143.5	68526.0	99768.8	476949	65
66	4957.7	78680.3	45220.9	63855.9	94067.8	457903	66
67	4577.4	70198.6	41311.4	59102.6	88136.8	437512	67
68	4210.7	62109.0	37435.8	54269.0	81958.7	415875	68
69	3858.0	54471.9	33623.2	49375.3	75519.8	393060	69
70	3519.6	47356.1	29904.9	44461.7	68868.8	369131	70
71	3195.8	40815.2	26332.2	39596.3	62096.1	344166	71
72	2887.1	34878.1	22956.1	34869.8	55331.8	318294	72
73	2593.6	29542.4	19812.8	30359.0	48680.7	291770	73

续表

年龄 x	D_x	疾病给付换算函数					年龄 x
		K_x^{13}	$K_x^{13/13}$	$K_x^{26/26}$	$K_x^{52/52}$	$K_x^{104/all}$	
74	2315.9	24780.1	16921.0	26124.4	42317.8	264830	74
75	2054.0	20558.6	14288.1	22206.7	36296.0	237846	75
76	1808.4	16848.7	11916.5	18622.3	30683.7	211190	76
77	1579.5	13628.4	9804.08	15381.6	25549.1	185263	77
78	1367.4	10871.5	7947.48	12499.5	20954.8	160426	78
79	1172.5	8554.97	6339.66	9972.18	16916.2	137023	79
80	994.93	6643.24	4975.23	7833.95	13430.8	115290	80
81	834.73	5091.68	3842.65	6066.48	10486.0	95445.5	81
82	691.80	3851.37	2922.15	4643.75	8048.87	77651.5	82
83	565.84	2871.03	2192.09	3521.92	6078.75	62044.7	83
84	456.37	2105.89	1626.29	2649.45	4523.95	48687.3	84
85	362.61	1517.86	1194.27	1974.61	3325.78	37530.2	85
86	283.61	1076.82	869.22	1455.37	2417.51	28424.0	86
87	218.17	756.18	627.11	1058.97	1739.86	21141.4	87
88	164.95	530.71	448.01	760.13	1241.61	15424.2	88
89	122.50	375.78	317.22	538.22	879.14	11019.7	89
90	89.310	261.61	220.84	374.70	612.05	7717.90	90
91	63.896	179.03	151.13	256.43	418.85	5296.46	91
92	44.849	120.42	101.65	172.48	281.72	3562.44	92
93	30.878	79.60	67.20	114.01	186.23	2354.93	93
94	20.854	51.72	43.66	74.08	121.00	1530.03	94
95	13.817	33.03	27.88	47.31	77.28	977.20	95
96	8.9827	20.74	17.51	29.71	48.53	613.65	96
97	5.7331	12.81	10.81	18.35	29.97	379.00	97
98	3.5940	7.78	6.57	11.15	18.21	230.28	98
99	2.2141	4.65	3.93	6.67	10.89	137.67	99
100	1.3414	2.74	2.31	3.92	6.40	80.98	100

MU1893～1897 经验疾病率表

职业：A，H，J

疾病率（每年患病周数）

年龄	最初三个月	第二个三个月	第二个六个月	第二个十二个月	两年以后	整个未来生存期间	年龄
16	0.816	0.048	0.017	0.000	0.000	0.881	16
17	0.796	0.050	0.020	0.000	0.000	0.866	17
18	0.766	0.054	0.024	0.004	0.000	0.848	18
19	0.732	0.059	0.029	0.009	0.000	0.829	19
20	0.698	0.065	0.035	0.013	0.004	0.815	20
21	0.670	0.071	0.041	0.019	0.009	0.810	21
22	0.651	0.075	0.046	0.026	0.016	0.814	22
23	0.640	0.078	0.050	0.031	0.024	0.823	23
24	0.635	0.080	0.053	0.034	0.032	0.834	24
25	0.633	0.082	0.056	0.035	0.039	0.845	25
26	0.633	0.084	0.058	0.036	0.045	0.856	26
27	0.635	0.085	0.060	0.038	0.049	0.867	27
28	0.638	0.086	0.062	0.041	0.054	0.881	28
29	0.643	0.088	0.064	0.044	0.059	0.898	29
30	0.649	0.090	0.066	0.048	0.065	0.918	30
31	0.656	0.093	0.068	0.052	0.072	0.941	31
32	0.663	0.096	0.070	0.055	0.082	0.966	32
33	0.670	0.100	0.073	0.055	0.093	0.991	33
34	0.677	0.105	0.077	0.056	0.105	1.020	34
35	0.685	0.110	0.081	0.058	0.118	1.052	35
36	0.696	0.115	0.086	0.062	0.132	1.091	36
37	0.709	0.121	0.091	0.068	0.147	1.136	37
38	0.726	0.128	0.096	0.074	0.166	1.190	38
39	0.744	0.136	0.102	0.080	0.187	1.249	39
40	0.764	0.143	0.109	0.087	0.210	1.313	40
41	0.784	0.151	0.116	0.092	0.235	1.378	41
42	0.803	0.159	0.124	0.098	0.259	1.443	42

续表

年龄	最初三个月	第二个三个月	第二个六个月	第二个十二个月	两年以后	整个未来生存期间	年龄
43	0.821	0.166	0.133	0.105	0.283	1.508	43
44	0.839	0.174	0.141	0.112	0.308	1.574	44
45	0.858	0.182	0.148	0.120	0.335	1.643	45
46	0.879	0.190	0.156	0.129	0.363	1.717	46
47	0.904	0.201	0.165	0.138	0.396	1.804	47
48	0.932	0.215	0.176	0.148	0.436	1.907	48
49	0.962	0.232	0.189	0.161	0.486	2.030	49
50	0.994	0.249	0.206	0.177	0.551	2.177	50
51	1.027	0.268	0.225	0.196	0.631	2.347	51
52	1.061	0.288	0.247	0.219	0.724	2.539	52
53	1.096	0.309	0.272	0.244	0.829	2.750	53
54	1.134	0.330	0.300	0.275	0.939	2.978	54
55	1.175	0.353	0.332	0.310	1.051	3.221	55
56	1.218	0.378	0.368	0.352	1.165	3.481	56
57	1.262	0.405	0.407	0.400	1.285	3.759	57
58	1.308	0.435	0.449	0.455	1.418	4.065	58
59	1.356	0.471	0.495	0.516	1.575	4.413	59
60	1.409	0.510	0.547	0.585	1.770	4.821	60
61	1.466	0.555	0.607	0.665	2.017	5.310	61
62	1.526	0.602	0.674	0.759	2.332	5.893	62
63	1.587	0.653	0.747	0.865	2.718	6.570	63
64	1.650	0.707	0.824	0.980	3.174	7.335	64
65	1.715	0.761	0.906	1.106	3.695	8.183	65
66	1.779	0.820	0.997	1.244	4.277	9.117	66
67	1.841	0.882	1.100	1.406	4.924	10.153	67
68	1.893	0.945	1.213	1.596	5.655	11.302	68
69	1.929	1.008	1.332	1.803	6.487	12.559	69
70	1.948	1.064	1.449	2.017	7.435	13.913	70
71	1.952	1.110	1.554	2.224	8.506	15.346	71
72	1.947	1.147	1.646	2.427	9.679	16.846	72
73	1.940	1.178	1.725	2.592	10.974	18.409	73

续表

年龄	最初 三个月	第二个 三个月	第二个 六个月	第二个 十二个月	两年 以后	整个未来 生存期间	年龄
74	1.932	1.205	1.793	2.756	12.350	20.036	74
75	1.921	1.228	1.856	2.906	13.802	21.713	75
76	1.901	1.247	1.913	3.031	15.305	23.397	76
77	1.871	1.260	1.956	3.118	16.856	25.061	77
78	1.824	1.266	1.990	3.180	18.428	26.688	78
79	1.764	1.259	1.973	3.216	20.053	28.265	79
80	1.696	1.238	1.932	3.219	21.692	29.777	80
81	1.625	1.206	1.864	3.193	23.313	31.201	81
82	1.559	1.161	1.784	3.133	24.819	32.456	82
83	1.497	1.107	1.707	3.042	26.134	33.487	83
84	1.436	1.055	1.648	2.926	27.246	34.311	84
85	1.365	1.006	1.607	2.811	28.183	34.972	85
86	1.278	0.965	1.580	2.701	29.027	35.551	86
87	1.177	0.935	1.560	2.601	29.846	36.119	87
88	1.078	0.910	1.544	2.522	30.645	36.699	88
89	1.078	0.910	1.544	2.522	31.177	37.231	89
90	1.078	0.910	1.544	2.522	31.610	37.664	90
91	1.078	0.910	1.544	2.522	31.891	37.945	91
92	1.078	0.910	1.544	2.522	31.891	37.945	92
93	1.078	0.910	1.544	2.522	31.891	37.945	93
94	1.078	0.910	1.544	2.522	31.891	37.945	94
95	1.078	0.910	1.544	2.522	31.891	37.945	95
96	1.078	0.910	1.544	2.522	31.891	37.945	96
97	1.078	0.910	1.544	2.522	31.891	37.945	97
98	1.078	0.910	1.544	2.522	31.891	37.945	98
99	1.078	0.910	1.544	2.522	31.891	37.945	99
100	1.078	0.910	1.544	2.522	31.891	37.945	100

附 录

MU1893~1897 经验疾病率表

职业：A，H，J

利率：4%

年龄	最初 三个月	第二个 三个月	第二个 六个月	第二个 十二个月	两年 以后	整个未来 生存期间	年龄
16	18.096	3.776	3.611	3.844	14.306	43.633	16
17	18.002	3.881	3.741	4.002	14.890	44.516	17
18	17.929	3.989	3.874	4.165	15.501	45.458	18
19	17.885	4.099	4.010	4.333	16.139	46.466	19
20	17.875	4.207	4.145	4.502	16.804	47.533	20
21	17.900	4.314	4.280	4.675	17.493	48.662	21
22	17.954	4.420	4.415	4.848	18.205	49.842	22
23	18.029	4.525	4.550	5.021	18.939	51.064	23
24	18.117	4.632	4.686	5.196	19.693	52.324	24
25	18.213	4.740	4.824	5.375	20.469	53.621	25
26	18.315	4.851	4.965	5.559	21.269	54.959	26
27	18.420	4.965	5.110	5.751	22.096	56.342	27
28	18.528	5.082	5.258	5.948	22.953	57.769	28
29	18.638	5.203	5.411	6.151	23.840	59.243	29
30	18.749	5.327	5.568	6.359	24.761	60.764	30
31	18.858	5.454	5.730	6.572	25.714	62.328	31
32	18.967	5.584	5.897	6.790	26.702	63.940	32
33	19.075	5.717	6.070	7.014	27.723	65.599	33
34	19.181	5.852	6.246	7.248	28.775	67.302	34
35	19.286	5.988	6.427	7.492	29.863	69.056	35
36	19.389	6.125	6.612	7.745	30.985	70.856	36
37	19.488	6.263	6.800	8.005	32.144	72.700	37
38	19.581	6.402	6.992	8.271	33.341	74.587	38
39	19.663	6.540	7.188	8.543	34.573	76.507	39
40	19.733	6.678	7.388	8.822	35.842	78.463	40
41	19.790	6.815	7.590	9.108	37.148	80.451	41
42	19.834	6.952	7.795	9.402	38.493	82.476	42
43	19.867	7.088	8.004	9.706	39.884	84.549	43

续表

年龄	最初三个月	第二个三个月	第二个六个月	第二个十二个月	两年以后	整个未来生存期间	年龄
44	19.889	7.226	8.215	10.020	41.324	86.674	44
45	19.901	7.364	8.430	10.344	42.816	88.855	45
46	19.903	7.503	8.651	10.678	44.364	91.099	46
47	19.893	7.644	8.878	11.023	45.974	93.412	47
48	19.871	7.785	9.111	11.381	47.653	95.801	48
49	19.829	7.922	9.349	11.752	49.394	98.246	49
50	19.772	8.055	9.593	12.137	51.208	100.765	50
51	19.696	8.184	9.839	12.534	53.081	103.334	51
52	19.601	8.307	10.087	12.942	55.016	105.953	52
53	19.489	8.425	10.336	13.362	57.011	108.623	53
54	19.361	8.539	10.584	13.744	59.072	111.300	54
55	19.213	8.648	10.832	14.235	61.208	114.136	55
56	19.044	8.753	11.076	14.686	63.436	116.995	56
57	18.854	8.852	11.316	15.143	65.775	119.940	57
58	18.642	8.946	11.549	15.605	68.245	122.987	58
59	18.408	9.032	11.776	16.068	70.858	126.142	59
60	18.150	9.106	11.995	16.531	73.623	129.405	60
61	17.863	9.165	12.202	16.990	76.532	132.772	61
62	17.544	9.209	12.391	17.440	79.570	136.154	62
63	17.188	9.224	12.558	17.871	82.704	139.545	63
64	16.793	9.217	12.697	18.274	85.900	142.881	64
65	16.355	9.183	12.805	18.644	89.127	146.114	65
66	15.870	9.121	12.880	18.974	92.362	149.207	66
67	15.336	9.025	12.912	19.255	95.581	152.109	67
68	14.750	8.891	12.888	19.464	98.766	154.759	68
69	14.119	8.715	12.798	19.575	101.882	157.089	69
70	13.455	8.497	12.633	19.567	104.879	159.031	70
71	12.772	8.240	12.390	19.431	107.693	160.526	71
72	12.081	7.951	12.078	19.165	110.247	161.522	72
73	11.390	7.639	11.705	18.770	112.496	162.000	73
74	10.700	7.306	11.280	18.273	114.353	161.912	74

续表

年龄	最初三个月	第二个三个月	第二个六个月	第二个十二个月	两年以后	整个未来生存期间	年龄
75	10.009	6.956	10.811	17.671	115.797	161.244	75
76	9.317	6.590	10.298	16.967	116.783	159.955	76
77	8.628	6.207	9.738	16.175	117.292	158.040	77
78	7.950	5.812	9.141	15.325	117.322	155.550	78
79	7.296	5.407	8.505	14.427	116.864	152.499	79
80	6.677	5.001	7.882	13.499	115.878	148.937	80
81	6.100	4.603	7.268	12.562	114.343	144.876	81
82	5.567	4.224	6.713	11.635	112.245	140.384	82
83	5.074	3.874	6.224	10.743	109.650	135.565	83
84	4.614	3.564	5.805	9.913	106.684	130.580	84
85	4.186	3.294	5.446	9.172	103.500	125.598	85
86	3.797	3.065	5.132	8.524	100.222	120.740	86
87	3.466	2.874	4.854	7.975	96.903	116.072	87
88	3.217	2.716	4.608	7.527	93.508	111.576	88
89	3.068	2.540	4.394	7.177	89.957	107.136	89
90	2.929	2.473	4.196	6.853	86.417	102.868	90
91	2.802	2.365	4.013	6.555	82.892	98.627	91
92	2.685	2.266	3.846	6.282	79.432	94.511	92
93	2.578	2.176	3.692	6.031	76.266	90.743	93
94	2.480	2.094	3.552	5.802	73.369	87.297	94
95	2.391	2.018	3.424	5.593	70.724	84.150	95
96	2.309	1.949	3.307	5.403	68.315	81.283	96
97	2.234	1.886	3.201	5.228	66.107	78.656	97
98	2.165	1.828	3.102	5.067	64.074	76.236	98
99	2.100	1.775	3.013	4.918	62.179	73.985	99
100	2.043	1.722	2.922	4.771	60.370	71.828	100

附录七：常用随机变量的分布

一、常见的离散型随机变量的分布

1. 离散型均匀分布（Uniform distribution（discrete））

参数：a，b，h，其中，$a<b$，$h>0$，$b-a$ 为 h 的倍数

分布率：$P(X=x) = \dfrac{h}{b-a+h}, x=a, a+h, a+2h, \cdots, b-h, b$

数学期望：$E(X) = \dfrac{a+b}{2}$

方差：$Var(X) = \dfrac{1}{12}(b-a)(b-a+2h)$

概率母函数：$G(t) = \dfrac{h}{b-a+h} \dfrac{t^{b+h}-t^a}{t^h-1}$

矩母函数：$M(t) = \dfrac{h}{b-a+h} \dfrac{e^{(b+h)t}-e^{at}}{e^{ht}-1}$

对于均匀分布的简单形式：

$P(X=x) = \dfrac{1}{k}, x=1,2,3,\cdots,k$

即 $a=1$，$b=k$，$h=1$ 的情况，此时，

$G(t) = \dfrac{t}{k} \dfrac{1-t^k}{1-t} \quad (t \neq 1)$

数学期望：$E(X) = \dfrac{k+1}{2}$

方差：$Var(X) = \dfrac{1}{12}(k^2-1)$

概率母函数：$G(t) = \dfrac{t}{k} \dfrac{1-t^k}{1-t} \quad (t \neq 1)$

矩母函数：$M(t) = \dfrac{1}{k} \dfrac{(e^{kt}-1)e^t}{e^t-1}$

2. 贝努里分布（Bernoulli distribution）

参数：θ，其中，$0<\theta<1$

分布率：$P(X=x) = \theta^x (1-\theta)^{1-x}, x=0,1, 0<\theta<1$

数学期望：$E(X) = \theta$

方差：$Var(X) = \theta(1-\theta)$

概率母函数：$G(t) = 1 - \theta + \theta t$

矩母函数：$M(t) = 1 - \theta + \theta e^t$

3. 二项分布（Binomial distribution），记 $X \sim B(n,p)$

参数：n, p，其中，n 为正整数，$0 < p < 1$, $q = 1 - p$

分布率：$P(X = x) = C_n^x p^x q^{n-x}, x = 0, 1, \cdots, n$

数学期望：$E(X) = np$

方差：$Var(X) = npq$

概率母函数：$G(t) = (q + pt)^n$

矩母函数：$M(t) = (q + pe^t)^n$

偏斜系数：$Sk(X) = \dfrac{q-p}{\sqrt{npq}}$

最可能值：当 $(n+1)p$ 为整数时，最可能值 k_0 有两个：$k_0 = (n+1)p$ 和 $k_0 = (n+1)p - 1$

当 $(n+1)p$ 不是整数时，最可能值为：$k_0 = [(n+1)p]$

其中 $[(n+1)p]$ 表示数 $(n+1)p$ 的整数部分（即不超过 $(n+1)p$ 的最大整数）。

4. 负二项分布（Negative binomial distribution），记 $X \sim NB(n,p)$

参数：k, p，其中，k 为已知正整数，$0 < p < 1$, $q = 1 - p$

分布率：$P(X = x) = C_{k-1}^{x-1} p^k q^{x-k}, x = k, k+1, k+2, \cdots$

数学期望：$E(X) = \dfrac{k}{p}$

方差：$Var(X) = \dfrac{kq}{p^2}$

概率母函数：$G(t) = \left(\dfrac{pt}{1-qt}\right)^k$

矩母函数：$M(t) = \left(\dfrac{pe^t}{1-qe^t}\right)^k$

偏斜系数：$Sk(X) = \dfrac{2-p}{\sqrt{kp}}$

5. 几何分布（Geometric distribution）

参数：$p, 0 < p < 1, q = 1 - p$

分布率：$P(X = x) = pq^{x-1}, x = 1, 2, 3, \cdots$

数学期望：$E(X) = \dfrac{1}{p}$

方差：$Var(X) = \dfrac{q}{p^2}$

概率母函数：$G(t) = \dfrac{pt}{1-qt}$

矩母函数：$M(t) = \dfrac{pe^t}{1-qe^t}$

偏斜系数：$Sk(X) = \dfrac{2-p}{\sqrt{p}}$

6. 泊松分布（Poisson distribution），记为 $X \sim Poi(\lambda)$ 或 $X \sim Poisson(\lambda)$

参数：λ，其中，$\lambda > 0$

分布率：$P(X=x) = \dfrac{\lambda^x e^{-\lambda}}{x!}, x = 0, 1, 2, \cdots$

数学期望：$E(X) = \lambda$

方差：$Var(X) = \lambda$

概率母函数：$G(t) = e^{\lambda(t-1)}$

矩母函数：$M(t) = e^{\lambda(e^t-1)}$

偏斜系数：$Sk(X) = \dfrac{1}{\sqrt{\lambda}}$

7. 超几何分布

参数：N, M, n，其中，$0 \leqslant n \leqslant N, 0 \leqslant M \leqslant N$，且均为整数

当 $m < n$，规定 $C_m^n = 0$

分布率：$P(X=x) = \dfrac{C_M^x C_{N-M}^{n-x}}{C_N^n}, x = 0, 1, 2, \cdots, n$

数学期望：$E(X) = n\dfrac{M}{N}$

方差：$Var(X) = n\dfrac{N-n}{N-1}\dfrac{M(N-M)}{N^2}$

特别地，若 n 是一个固定的正整数，且当 $N \to \infty$ 时，$\dfrac{M}{N} \to p$，则：

$\lim\limits_{N \to \infty} \dfrac{C_M^x C_{N-M}^{n-x}}{C_N^n} = C_n^x p^x (1-p)^{n-x} \quad (x = 0, 1, \cdots, n)$

二、常见的连续型随机变量的分布

1. 标准正态分布（Standard normal distribution），记做 $X \sim N(0, 1)$

参数：无

概率密度函数：$f(x) = \dfrac{1}{\sqrt{2\pi}} e^{-\frac{x^2}{2}}, (-\infty < x < +\infty)$

数学期望：$E(X) = 0$

方差：$Var(X) = 1$

矩母函数：$M(t) = e^{\frac{1}{2}t^2}$

2. 正态分布（Standard normal distribution），记做 $X \sim N(\mu, \sigma^2)$

参数：μ, σ^2，其中，$\sigma > 0$

概率密度函数：$f(x) = \dfrac{1}{\sqrt{2\pi}\sigma} e^{-\frac{(x-\mu)^2}{2\sigma^2}}, (-\infty < x < +\infty)$

数学期望：$E(X) = \mu$

方差：$Var(X) = \sigma^2$

矩母函数：$M(t) = e^{\mu t + \frac{1}{2}t^2\sigma^2}$

3. 指数分布（Exponential distribution）

参数：λ，其中，$\lambda > 0$

概率密度函数：$f(x) = \lambda e^{-\lambda x}, x > 0$

分布函数：$F(x) = 1 - e^{-\lambda x}$

数学期望：$E(X) = \dfrac{1}{\lambda}$

方差：$Var(X) = \dfrac{1}{\lambda^2}$

矩母函数：$M(t) = \left(1 + \dfrac{t}{\lambda}\right)^{-1}$

高阶矩：$E(X^r) = \dfrac{\Gamma(1+r)}{\lambda^r}, r = 1, 2, 3, \cdots$

偏斜系数：$Sk(X) = 2$

4. 伽马分布（Gamma distribution），记为 Gamma (α, β)

（1）形式1：

参数：α, β，其中，$\alpha > 0, \beta > 0$

概率密度函数：$f(x) = \begin{cases} \dfrac{1}{\beta^\alpha \Gamma(\alpha)} x^{(\alpha-1)} e^{-x/\beta}, & x > 0 \\ 0, & 其他 \end{cases}$

其中，$\Gamma(\alpha) = \int_0^\infty y^{\alpha-1} e^{-y} dy$，下同

数学期望：$E(X) = \alpha\beta$

方差：$Var(X) = \alpha\beta^2$

矩母函数：$M(t) = (1-\beta t)^{-\alpha}$

高阶矩：$E(X^r) = \dfrac{\Gamma(\alpha+r)}{\Gamma(\alpha)}\beta^r, r=1,2,3,\cdots$

偏斜系数：$Sk(X) = \dfrac{2}{\sqrt{\alpha}}$

(2) 形式2：

参数：α, λ，其中，$\alpha > 0, \lambda > 0$

概率密度函数：$f(x) = \begin{cases} \dfrac{\lambda^\alpha}{\Gamma(\alpha)} x^{(\alpha-1)} e^{-\lambda x}, & x > 0, \\ 0 & \text{其他} \end{cases}$

分布函数：当 2α 为整数时，$2\lambda X \sim \chi^2_{2\alpha}$

数学期望：$E(X) = \dfrac{\alpha}{\lambda}$

方差：$Var(X) = \dfrac{\alpha}{\lambda^2}$

矩母函数：$M(t) = (1-\beta t)^{-\alpha}$

高阶矩：$E(X^r) = \dfrac{\Gamma(\alpha+r)}{\Gamma(\alpha)\lambda^r}, r=1,2,3,\cdots$

偏斜系数：$Sk(X) = \dfrac{2}{\sqrt{\alpha}}$

(3) 指数分布和 χ^2 分布是伽马分布的两个特例。

当 $\alpha = 1$，$\beta = \theta$ 时的伽马分布为均值为 θ 的指数分布；

当 $\alpha = \upsilon/2$（υ 为正整数），$\beta = 2$ 时即为参数为 υ 的 χ^2 分布。

5. χ^2 分布（Chi-square）（卡方分布）

伽马分布 Gamma (α, β) 当 $\alpha = \upsilon/2$（υ 为正整数），$\beta = 2$ 时的特殊形式，即参数为 υ 的 χ^2 分布。

6. 均匀分布（Uniform distribution），记为 U (a, b)

参数：a, b，其中，$a < b$

概率密度函数：$f(x) = \dfrac{1}{b-a}, a < x < b$

分布函数：$F(x) = \dfrac{x-a}{b-a}$

数学期望：$E(X) = \dfrac{a+b}{2}$

方差：$Var(X) = \dfrac{1}{12}(b-a)^2$

高阶矩：$E(X^r) = \dfrac{1}{b-a}\dfrac{1}{r+1}(b^{r+1}-a^{r+1})$，$r=1,2,3,\cdots$

矩母函数：$M(t) = \dfrac{1}{b-a}\dfrac{1}{t}(e^{bt}-e^{at})$

7. β 分布（Beta distribution），记为 B (α, β)

参数：α,β，其中，$\alpha>0,\beta>0$

概率密度函数：$f(x) = \dfrac{\Gamma(\alpha+\beta)}{\Gamma(\alpha)\Gamma(\beta)}x^{\alpha-1}(1-x)^{\beta-1}$，$0<x<1$

数学期望：$E(X) = \dfrac{\alpha}{\alpha+\beta}$

方差：$Var(X) = \dfrac{\alpha\beta}{(\alpha+\beta)^2(\alpha+\beta+1)}$

高阶矩：$E(X^r) = \dfrac{\Gamma(\alpha+\beta)\Gamma(\alpha+r)}{\Gamma(\alpha)\Gamma(\alpha+\beta+r)}$，$r=1,2,3,\cdots$

偏斜系数：$Sk(X) = \dfrac{2(\beta-\alpha)}{(\alpha+\beta+2)}\sqrt{\dfrac{\alpha+\beta+1}{\alpha\beta}}$

概率密度函数：$f(x) = \dfrac{\alpha\gamma\lambda^{\alpha}x^{\gamma-1}}{(\lambda+x^{\gamma})^{\alpha+1}}$，$x>0$

分布函数：$F(x) = 1 - \left(\dfrac{\lambda}{\lambda+x^{\gamma}}\right)^{\alpha}$

高阶矩：$E(X^r) = \Gamma\left(\alpha - \dfrac{r}{\gamma}\right)\Gamma\left(1 + \dfrac{r}{\gamma}\right)\dfrac{\lambda^{r/\gamma}}{\Gamma(\alpha)}$，$r=1,2,3,\cdots,r<\alpha\gamma$

跋

"完善国民健康政策,为人民群众提供全方位全周期健康服务",这是中国共产党十九大对全国人民作出的深入民心的伟大承诺,是进一步实施健康中国、惠及万民的伟大战略。

中国共产党已经将保障人民健康当作了党和国家的一项重要工作,把为人民健康服务提升到了一个前所未有的高度。健康保险作为国家健康服务产业中的关键一环,在提升国民整体健康水平与健康保障方面,都面临着前所未有的发展机遇与空间,无论是现在还是将来,都会发挥着越来越重要的作用。

人食五谷,焉得无病?人的一生,总是在健康与不健康状态之间徘徊,但福寿安康是人们亘古通今的幸福期许。随着我国迈进上中等收入国家行列,人们对健康生活愈加渴望,对健康保障和健康服务的需求愈加多样,也自然会进一步提高对商业健康保险服务的要求。

已经成立十余年的我国首家专业健康保险公司——中国人民健康保险股份有限公司,以"让每一位中国人的健康更有保障、生活更加美好、生命更有尊严"为其崇高的使命,以"人民保险,服务人民"为其矢志不渝的追求,在"健康中国"建设的征程中,肩负着服务"国家治理体系和治理能力现代化"这一历史角色的重担,在建设"政府信任、人民满意的中国健康保险第一品牌"的道路上走出了成效。在近五年来,人保健康构建了清晰的发展模式;实现了多元化销售渠道建设和业务转型;达到了服务能力的明显提升;成为了国家医疗保障体制改革的积极参与者和重要推动力量。在实现两个一百年奋斗目标和中华民族伟大复兴中国梦的文化大背景下,人保健康将继续把握战略机遇,牢记时代赋予健康保险的重要使命,致力于打造成服务"健康中国"建设的领军企业,成为国际一流的健康保险供应商。

党的十九大报告提出要"加强应用基础研究",要"建立以企业为主体、市场为导向、产学研深度融合的技术创新体系"。人保健康理应责无旁贷地承担起健康保险综合研究这一具有里程碑意义的开创性工作,因此,公司决定协调和组织一批知名专家学者,立足国内实际,借鉴国际经验,编著一套具有中国特色的《健康保险系列丛书》,系统梳理健康保险的基础理论和经营实践,初步构建相对系统、科学、完整的健康保险理论体系,为培养健康保险行业高水平人才奠定坚实的基础。

《健康保险系列丛书》项目由人保健康党委书记、总裁宋福兴同志亲自挂帅,组建了以公司高管为成员的高规格编委会,邀请保险、财税、公共管理、社会保障、医疗卫生领域近40位著名专家,共同编著。

为确保专业性和权威性,丛书编委会多次召开由多位专家学者参加的专题研讨会。整体来看,丛书既考虑了健康保险的既往经验、现实状况和未来发展趋势,体系上比较完善;同时又对健康保险的相关领域作了探索研究,拓宽了研究范围。从功能定位看,丛书体现了理论与实践并重的编写特色:既要有理论高度,具有一定的前瞻性,达到高等教育教材的编写水平;同时要有实效性,能满足专业健康保险公司经营发展中的现实需求。专家们认为,丛书对把握健康保险经营规律以及行业的可持续发展具有重大意义,充分体现了中国人保一贯以社会责任为己任的优良传统,利于当代、功在千秋。

在丛书的编著工作中,专家学者们都全情投入,科学严谨地为编著工作贡献着智慧。马海涛教授、王欢教授、王国军教授、王绪瑾教授、王稳教授、朱铭来教授、孙祁祥教授、李晓林教授、杨燕绥教授、张晓教授、卓志教授、赵尚梅教授、郝演苏教授、辛丹博士等专家学者负责各分册编著工作,李保仁教授、魏华林教授、庹国柱教授、李玲教授、孙洁教授、郑伟教授、于保荣教授、余晖教授、朱恒鹏教授、朱俊生教授、董朝晖博士等专家学者给予丛书编写许多指导和帮助,在此一并表示最衷心的感谢!

本丛书是对健康保险经营实践经验的阶段性总结和思考。但由于编写时间紧,难免有疏漏之处。而且随着健康保险专业化经营不断深化,还会有很多需要改进的地方。我们希望本丛书能构建起健康保险行业的理论体系与研究架构,对引领健康保险规范、良性和可持续发展起到积极作用。我们也希望借助本丛书,能培养出一批高素质的干部员工队伍,为"健康中国"的建设添砖加瓦,为实现两个一百年奋斗目标和中华民族伟大复兴中国梦贡献力量。